汉译世界学术名著丛书

罗马共和国政制

〔英〕安德鲁·林托特 著

晏绍祥 译

商务印书馆

2017年·北京

© Andrew Lintott 1999

Constitution of the Roman Republic

Originally Published in English in 1999

This translation is published by arrangement with Oxford University Press and is for sale in the Mainland (part) of The People's of China only.

《罗马共和国政制》原以英文出版于1999年，其中译本经牛津大学出版社安排，授权出版，并仅在中华人民共和国的大陆地区销售。

据牛津大学出版社2002年版译出

汉译世界学术名著丛书
出 版 说 明

我馆历来重视移译世界各国学术名著。从 20 世纪 50 年代起,更致力于翻译出版马克思主义诞生以前的古典学术著作,同时适当介绍当代具有定评的各派代表作品。我们确信只有用人类创造的全部知识财富来丰富自己的头脑,才能够建成现代化的社会主义社会。这些书籍所蕴藏的思想财富和学术价值,为学人所熟知,毋需赘述。这些译本过去以单行本印行,难见系统,汇编为丛书,才能相得益彰,蔚为大观,既便于研读查考,又利于文化积累。为此,我们从 1981 年着手分辑刊行,至 2013 年年底已先后分十四辑印行名著 600 种。现继续编印第十五辑。到 2015 年年底出版至 650 种。今后在积累单本著作的基础上仍将陆续以名著版印行。希望海内外读书界、著译界给我们批评、建议,帮助我们把这套丛书出得更好。

商务印书馆编辑部
2015 年 3 月

林托特与罗马共和国政制研究

古代罗马人通过扩张建立了地跨欧亚非三洲的大帝国,而且把这个帝国维持了约五百年之久。扩张的任务在共和国时代基本完成,帝国时代虽不无扩张,但主要是守成。共和国政制与罗马强大之间的联系,自古代就引起了人们的注意。第一个对罗马政制进行理论探讨的,是在罗马做人质的希腊人波里比阿。他把政治制度的优越性作为罗马能够最终击败强敌、取得地中海霸权的根本原因,为此特意中断有关第二次布匿战争的叙述,在《通史》第六卷中对罗马共和国的政制进行探讨。他把罗马政制视为所有混合政制的典范,认为其中包含着君主制、贵族制和民主制三种因素。三种因素既相互制约,又相互竞争,让罗马共和国的政治体制达到最完美的境界。公元前1世纪,当罗马共和国风雨飘摇之时,西塞罗借阐述自己的理想政制对罗马共和国的发展史也进行了追溯。虽然《论共和国》和《论法律》的大部分内容失传,但从中仍可窥见罗马共和国政制的贵族特征,民主因素则若有若无。西塞罗对森都里亚大会表决方式的推崇:让所有人都参与投票,但把权力保留在第一等级公民手中,生动地表现了他的贵族政治观。[①] 但无论

[①] 西塞罗:《论共和国、论法律》,沈叔平、苏力译,商务印书馆2002年版,第74页。

如何，他也不否认，政治需要人民的参与，共和国是由人民组成的，是"人民之事业"。① 在这个意义上，他的理想中，多少还包含些许民主因素。古代的这些看法，给近代评价罗马政治生活提供了基本参照。

近代对罗马共和国历史的研究始自文艺复兴时代的西欧，马基雅维利的《论李维》，实际是借讨论罗马共和国的制度阐述自己的政治理想。启蒙运动时期的不少思想家，都曾对罗马共和国的强大及其与政治制度的关系表达过自己的看法。孟德斯鸠的《罗马盛衰原因论》可为代表。近代早期的这些学者大多把罗马的强大与罗马人的所谓美德联系起来，对罗马的制度，多抱着崇敬的眼光。对罗马史尝试着进行科学研究的，是德国的尼布尔等人，但真正奠定近代共和国制度研究基础的，是德国最伟大的古史学家蒙森。在其第一部著作《罗马史》中，蒙森已经显示出他对制度史的浓厚兴趣，并对罗马共和国各个时期的制度变迁做了精彩论述。他承认罗马平民在与贵族的斗争中取得了一系列胜利，争取到众多社会和政治权利，但他同时指出："贵族的覆亡绝未使罗马共和国脱去其贵族政治的性质。""以元老院、骑士阶级和监察官之职为基础——贵族阶级不但能大致霸占政府，而且能按他们的意旨改造宪法。"罗马的扩张及其政治的复杂，必然把贵族变成世袭。②罗马共和国后来的垮台，就源自政治上的腐败。尽管他也认为，罗

---

① 西塞罗：《论共和国、论法律》，王焕生译，中国政法大学出版社1997年版，第39页。

② 特奥多尔·蒙森：《罗马史》第三卷，李稼年译，商务印书馆2005年版，第275、281—283页。

马共和国的政治体制,是一个活的有机体,远比专制的帝国优越。在他后来出版的有关罗马法律的多种著作中,蒙森更倾向于强调高级官员的作用,认为他们是王权的继承者,并且把罗马的元首制与共和国的高级官员联系起来。但蒙森的论述,大多停留在制度的层面,很少深入到社会结构和宗教、意识形态的层次,因此给后人留下了足够的开拓空间。

20世纪罗马共和国政治生活的研究以格尔泽尔1912年出版的《罗马的显贵》为标志。① 该书以共和国末期的资料为基础,分析共和国后期显贵对罗马政治生活的控制,共分两部分:第一部分讨论显贵的定义,第二部分分析显贵控制政治生活的手段。他认为,1800名骑士构成了罗马最富有的公民,同时也是罗马军官的主要来源,而军事生涯又是出任政治官职的前提,所以,"共和国时期,事实上已经存在着对出任官职的荣誉资格限定",即罗马的官员,都出自骑士阶层。人民授予官职的自由只限于三类人:执政官或者副执政官的后代,或者有骑士资格者。"罗马公民团体对任官者的挑选,依据纯粹的富豪政治原则,其根源是罗马公职的性质——它无薪给,所以需要经济上的独立。但担任官职乃骑士等级特权的事实,还因为'治权'的观念——它把民政和军事权力集中于一人,因此,军官阶级也是官员的来源。"②

如此之少的显贵如何让罗马人民和同盟者一直顺从地接受他们的统治,是格尔泽尔著作第二部分的主题。在概述了共和国末

---

① Matthias Gelzer, *Die römische Nobilität*, Leipzig, 1912. 本文采用英译本。见 Matthias Gelzer, *The Roman Nobility*, Oxford: Basil Blackwell, 1969。

② Matthias Gelzer, *The Roman Nobility*, pp. 13—14, 18.

期选举的特点——候选人缺少有组织政党的支持——后,格尔泽尔指出,竞选胜利的基础来自各种类型的人际关系。这些关系包括:以忠诚为基础建立的个人之间的联系;通过代人出庭,或者为他人辩护建立的对平民和地位较低者的保护关系;对非罗马公民共同体的保护;平等者之间的政治友谊;依靠雄厚的财政实力举办各种公益活动,吸引选民的注意;建立自己的小帮派。通过这一系列办法,"罗马全体人民,包括统治者和被统治者,组成了一个基于忠诚和个人联系的、多重关系的社会,其主要形式是法庭中的庇护和对共同体的庇护,以及政治友谊和经济义务。这些关系决定了政治权力的分配。为行使其权力,公民和臣民都要寻求强者的保护,初入政坛者需要一个强有力的保护人以有利于升迁;政治权力基于元老资格,而他们来自由人民选举的官员。因此,最强大的人,是那些依附者和朋友能动员最大多数选民的人。大贵族家族政治权力的世袭特征正因此产生,政治生活的活力在他们的手中,政治斗争也由他们率领依附者进行。不论这些依附者以何种途径取得,也无论斗争以何种手段、在哪个领域进行,都无区别。即使在历史进程中偶尔有新人走上前台,总体图景并无改变。"①

格尔泽尔笔下罗马共和国的政治生活,只能用彻头彻尾的贵族特征来形容。不过与蒙森不同,格尔泽尔抛开了罗马共和国的制度,把笔触深入到罗马的社会结构,将政治生活置于社会层面,从社会和心理方面阐释了罗马显贵对政治生活的控制,以及控制得以实现的基础和手段,关注显贵通过庇护操纵罗马政治、垄断高

---

① Matthias Gelzer, *The Roman Nobility*, p. 139.

级官职的问题。最重要的是,他从罗马政治斗争中抽去了阶级或者等级利益这个核心。

格尔泽尔的开创性研究在塞姆那里得到了充分重视,塞姆的《罗马革命》以共和国末期的历史为核心,尤其重视奥古斯都元首制的形成和性质。在分析罗马共和国政治的一般特征,特别是显贵对罗马政治的支配地位时,塞姆明确宣布,罗马共和国实行寡头政治,他认为在驱逐国王后,显贵小心地将权力保存在自己手里,他们"虽然经常被迫承认了平民的政治平等地位,但某些显贵大家族,如瓦列里乌斯、法比乌斯、科尔涅利乌斯等,仍然轮流保持着自己的王朝,维持着犹如国王的地位。常设机构元老院掌握的权力,使它在把主权赋予人民后,能有效地防止人民行使。执政官是政府首脑,但政策很大程度上取决于前执政官。这一小撮显贵的统治,与其说是因为成文法的规定,不如说是因为他们享有的权威。"[①]"罗马共和国政治生活的特点,不是由政党和近代的、议会式的特点决定和控制的,不是公开的元老院和人民、贵族派和民主派、显贵和新人之间的对立决定的,而是因争夺权力、财富和荣誉引发的斗争决定的。竞争就在显贵内部进行,他们或者作为个人,或者作为集团进行斗争。在选举和法庭中,斗争是公开的;在秘密阴谋中,斗争经过了伪装。就像在共和国初期一样,在共和国的最后一代人中,罗马共和国,即罗马人民的事务,是名义而已,封建的社会等级仍然在城邦中残存,并统治着帝国。贵族家庭决定着共

---

① Ronald Syme, *The Roman Revolution*, Oxford, Clarendon Press, 1939; Paperback ed., Oxford: Oxford University Press, 1960, pp. 10—11.

和国的历史,并给每个时代命名,那里有西庇阿时代,梅特路斯时代也丝毫不差。"①

《罗马革命》出版之时,正值法西斯势力在欧洲甚嚣尘上之际。学者们都承认,塞姆的著作是就当时的形势有感而发。作为一部叙事性著作,塞姆的著作达到了艺术和知识的统一,从而给英语世界的罗马共和国政治史定下了基调。② 用莫米利亚诺的话说,塞姆一个个地描述了奥古斯都的追随者,让格尔泽尔的论点有了实质性的内容,他对奥古斯都元首政治的解释不是用意识形态或者政治制度话语,而是依附者和相互竞争的贵族家族。③ 此后,学者们顺着格尔泽尔开辟的道路,继续对罗马共和国政治生活贵族特征的其他方面进行探讨。直到20世纪80年代,格尔泽尔和塞姆模式都被视为正统,统治着罗马共和国政治史的研究。

从罗马政治斗争中完全抽掉等级或阶级利益冲突,并且把罗马社会视为一个通过庇护关系组成的网络,显然不能完全解释罗马复杂的政治斗争。对罗马显贵来说,以庇护关系为基础操纵罗马政治,始终是一个理想,而且可能是从来没有完全实现的理想,因为在罗马历史上,也不断发生着显贵控制失灵或者人民公然对抗显贵决定的情况。此外,罗马历史提供的资料也不能让格尔泽尔那种完全抛开罗马共和国制度安排的作用,将政治生活简化为

---

① Ronald Syme, *The Roman Revolution*, pp. 11—12.

② Fergus Millar, "Style Abides", in Fergus Millar, *Rome, the Greek World and the East*, vol. ii, Chapel Hill and London: The University of North Carolina Press, 2004, pp. 403—405.

③ A. D. Momigliano, *Studies on Modern Scholarship*, Berkeley and Los Angeles: University of California Press, 1994, p. 75.

显贵家族之间争权斗争的看法得到所有人的认同。①

首先对格尔泽尔模式发起冲击的是英国牛津大学古代史教授布隆特。布隆特很大程度上赞同格尔泽尔等对罗马共和国政治一般特征的分析,但他希望重新树立阶级和集团利益在罗马政治生活中的核心地位,即强调罗马的政治斗争,是不同阶层、不同地区集团利益冲突的结果。在其1971年出版的《罗马共和国的社会冲突》中,布隆特强调,罗马共和国的政体是寡头式的,一小撮贵族为了自己的利益,未采取措施改善下层平民的处境。由于下层平民无法直接表达自己的社会、政治和经济要求,只得求助于贵族集团中的某些人物,所以,共和国存在真正的社会冲突,即富有的显贵和贫穷的公民之间的冲突。② 对格尔泽尔设想的无所不在的庇护制以及它在共和国社会中的作用,布隆特也不认同。他承认共和国存在着庇护人现象,但"许多因素会削弱共和国时代庇护人的权威。附庸对庇护人的义务是道德上的,但从道德上说,国家的利益是第一位的;当一个人拥有一个以上的庇护人时,义务会发生冲突"。③ 共和国后期一系列的事件,也不是显贵家族率领自己的追随者进行的权力争夺,"而是相互对立的政治家们——他们被认为是全体意大利人、同盟者共同体、骑士、城市平民以及组成军团的

---

① 具有讽刺意味的是,格尔泽尔在评价斯卡拉德的《罗马政治:公元前220—前150年》时,似乎并不赞成单纯用贵族家族集团来笼统地解释罗马共和国的政治生活。见 Robin Seager,"Introduction"in Matthias Gelzer, *The Roman Nobility*。

② P. A. Brunt, *Social Conflicts in the Roman Republic*, New York: W. W. Norton & Company Inc.,1971.

③ P. A. Brunt, *The Fall of the Roman Republic and Related Essays*, Oxford: the Clarendon Press,1988,p.441.

农民的权利和利益的代表——的成功。权力和利益在当时可以被视为独立和自由。所有这些人都认为,他们是在为自己的利益而非他们忠诚的个人或者家族而战斗。"①

对格尔泽尔模式最有力的批判来自英国牛津大学古代史教授米拉。米拉希望把格尔泽尔的观点完全颠倒过来,强调罗马政治的民主特征。② 20世纪80—90年代,他连续发表一系列文章和著作,特别是他关于早期、古典和后期罗马共和国政治生活的四篇论文,希望重树人民大会在罗马政治中的地位。③ 他以波里比阿有关罗马政制中民主因素的理论为出发点,系统讨论了罗马人民大会在早期、古典和后期罗马共和国政治生活中的作用,并对罗马共和国的制度做出了全新的界定。首先,庇护关系不可能作为理解

---

① P. A. Brunt, *The Fall of the Roman Republic and Related Essays*, Oxford: the Clarendon Press, 1988, pp. 441—442.

② 必须指出的是,米拉的矛头也许不仅仅指向格尔泽尔,应也包括他自己的老师塞姆,他对塞姆的评价说明了这一点。见 Fergul Millar, *Rome, the Greek World and the East*, vol. Ⅱ, pp. 407—408。

③ 分别是:Fergus Millar, "Review on Kurt A. Raaflaub, ed. *Social Struggles in Archaic Rome: New Perspectives on the Conflict of the Orders* (1986), and K.-J. Hölkeskamp, *Die Entsthhung der Nobilität: Studien zur Sozialen und Politischen Geschichte der R. mischen Republik im 4. Jhdt. Ⅴ. Chr.* (1987)", *The Journal of Roman Studies*, 79(1989); "Political Character of the Classical Roman Republic", *The Journal of Roman Studies*, 74(1984); "Politics, Persuasion, and the People before the Social War (150—190 B. C.)", *The Journal of Roman Studies*, 76(1986); "Popular Politics at Rome in the Late Republic", in Ⅰ. Malkin and Z. W. Rubinsohn, eds. *Leaders and Masses in the Roman World: Studies in Honor of Zvi Yavetz*, Leiden, New York and Cologne, 1995. 这些论文后均收入 Fergus Millar, *Rome, the Greek World and the East*, vol. Ⅰ, edited by Hannah M. Cotton and Guy M. Rogers, Chapel Hill and London: The University of North Carolina Press, 2002, p. 85 ff., 其中第一篇的篇名改成了更加醒目的"Political Power in Mid-Republican Rome: Curia or Comitium?",其他未做变动。

罗马政治过程的钥匙。罗马公民集体太大，此类制度不可能有效发挥作用。最重要的是，罗马公民集体直接就立法进行投票，选举所有一年一任的政治和军事官员，在森都里亚大会和部落大会组成的人民法庭中判决案件。其次，共和国时代罗马的主权至少在理论上最终属于罗马公民集体。罗马政治实践的核心不是贵族对依附者进行庇护，并把自己的意志强加到后者头上，而毋宁说是演说家在罗马广场对大众发表演说，其余的人民投票。

作为牛津大学古代史教授和 20 世纪西方最杰出的罗马史专家之一，米拉的论著引起了学术界广泛的注意，激起了激烈的争论。但米拉并未因此退缩，反而将自己的观点步步推进。在 1995 年发表的论文中，米拉直接把罗马共和国的政治界定为直接民主式的。理由有两点：所有官职都由人民大会选举产生，人民有权进行立法。[1] 在《共和国后期罗马的大众》和《政治思想中的罗马共和国》两部专著中，他甚至认为，虽然罗马不是雅典，但罗马的政治，就是一种民主政治。他的努力，是希望恢复罗马在西方民主传统中的地位。[2]

虽然米拉有关罗马共和国政治民主特征的论述具有相当的说服力，迫使人们更多地注意显贵阶层寻求大众支持的努力；对罗马政治的公开性，尤其是人民大会预备会和人民大会的作用，给予充分的重视，不再把它们作为纯粹的形式抛弃；对演说家的作用，也

---

[1] Fergus Millar, *Rome, the Greek World and the East*, vol. Ⅰ, pp. 165—166.
[2] Fergus Millar, *The Crowd in Rome in the Late Republic*, Ann Arbor: the University of Michigan Press, 1998; Fergus Millar, *The Roman Republic in Political Thought*, Hanover and London: University Press of New England, 2002.

有了更深入的认识。① 但总体上看,米拉对格尔泽尔的批评得到的主要不是喝彩,而是批评。1990年,诺斯和布克哈特同时发表了有关格尔泽尔模式批评者的评论。他们承认,格尔泽尔的模式遇到了全面的挑战,但批评者的理论和方法,都不够有力。布克哈特指出,布隆特对格尔泽尔关于显贵定义的批评,对所谓新人概念的讨论,虽然对格尔泽尔有所补充,但不足以推翻格尔泽尔的基本看法。② 对于米拉将人民大会视为罗马政治中心、影响人民的途径唯有演说,因此罗马政治乃民主政治的观点,布克哈特和诺斯同时表示保留。布克哈特认为,米拉的论证很大程度上停留在制度层面,理论和资料上过于依赖波里比阿,但波里比阿忽视了罗马的许多制度,以及它们在社会和价值观影响下的实际运作。最重要的是,罗马三大机构之间的自由程度存在明显区别,人民大会受到那些指导它的人的控制。在人民与领袖的关系中,人民始终处在比较被动的地位,只有在政治精英内部发生矛盾时,人民大会才能作为论坛发挥作用,即使此时,它也不过是精英进行政治斗争的工具。

正是在上述背景下,林托特推出了他的专著《罗马共和国政制》③。林托特长期执教于牛津大学,现任该大学伍斯特学院古代

---

① 他的学生,同时也是他的批评者的诺斯,正是这样看的。见 John North, "Introduction: Pursuing Democracy", in Alan K. Bowman et al., eds., *Representation of Empire: Rome and the Mediterranean World*, Oxford: Oxford University Press, 2002, pp. 1—12。

② Leonhard Burckhardt, "The Political Elite of the Roman Republic: Comments on Recent Discussion of the Concepts Nobilitas and Homo Novus", *Historia*, Band XXXIX/1(1990), pp. 83—84.

③ Andrew Lintott, *The Constitution of the Roman Republic*, Oxford: the Clarendon Press, 1999.

史教授,是英国目前最有影响的罗马史专家之一。从20世纪60年代起,林托特就开始关注罗马共和国历史,先后写出了大量论文,涉及共和国的政治制度、政治活动、司法体系和土地改革等问题,并出版了《罗马共和国时代的暴力活动》(Violence in Republican Rome, Oxford: the Clarendon Press, 1968)、《罗马的治权:政治与管理》(Imperium Romanum: Politics and Administration, London and New York: Routledge, 1993)、《罗马共和国的司法改革与土地改革:附有译文和注疏的乌尔比诺法典的新版本》(Judicial Reform and Land Reform in the Roman Republic: A New Edition, with Translation and Commentary, of the Laws from Urbino, Cambridge: Cambridge University Press, 1992)以及《古典城市中的暴力、内战与革命》(Violence, Civil Strife and Revolution in Classical City, London: Croom Helm, 1982)等重要著作。他是新版《剑桥古代史》(The Cambridge Ancient History)第9卷和第10卷的主编之一,并承担了相当篇幅的写作任务。《罗马共和国政制》是他多年来有关共和国政制研究的总结性著作。

从学术传承上看,林托特显然受到蒙森等重视制度传统的影响。在该书的序言中,作者对蒙森在罗马政治制度研究中的贡献做了充分肯定,并将之上溯到马基雅维利。全书的核心是对罗马各种官职、机构及其权力的分析,所走的正是蒙森的路子。不过林托特并不完全追随蒙森,有关社会与宗教影响的一章,显示了格尔泽尔以来罗马共和国政治活动研究的转型。他所以关注罗马共和国政制,如他在《导言》中所说,是因为"在罗马史研究中,对政制的理解将具有多方面的益处。罗马共和国的政制，是依据复杂规则所进行的一场游戏，不了解这些规则，就无法解释选手们的行为。其次，有关宪政规范的知识，会帮助我们在古代（或现代）的权威之间进行选择，或者填补我们资料上的空白。此外，对宪政规范的恰当理解，是防止我们根据主观标准做出时代误置的政治判断的保证"。一句话，对于理解罗马共和国的政治与社会来说，政治制度是关键。当然，今天的学者们已经不会再像波里比阿或者文艺复兴和启蒙运动时代的学者们那样，从罗马共和国的政制中寻求让祖国强大的经验，但正如作者在中文版序言中指出的那样，"赢得并控制一个庞大帝国的能力，乃一个社会和谐与力量的象征"，在他的心目中，罗马的强大与政治制度之间的关系，成为他关注政治制度的一个重要原因。

该书的第一大突出特点是它的系统性。他以波里比阿的论述开篇，认为波里比阿的论述是一篇不错的理论指南，然后以公元前190—前189年罗马的政治生活为例，讨论了罗马一年中政治生活的周期，并在第三章中追溯了政治制度的发展。从第四章开始，该书进入了共和国具体的制度层面，分别讨论了人民大会、元老院、高级和低级官职、司法体系。对于这些重要机构的历史及其权力，该书都根据古典文献做出了说明。第十章开始进入社会和意识形态层次，首先论述了宗教和社会的影响，然后讨论政制的平衡性问题。像多数学者一样，涉及争论不休的罗马政制的性质。在塞姆和米拉之间，他似乎采取了中间但更偏向米拉的立场。他承认罗马人民大会和雅典存在本质的不同，尤其是在民主程度上。但这并不表示罗马政治中完全缺乏表达民意的手段。在竞争激烈时，低等级的公民可能发挥作用;人民大会的立法具有相当的公开性;选举贿赂的流行,说明保护关系不能保证选举的成功,选民会受到来自不同方面的压力,但压力本身并不是问题,因为"这些压力是民主社会一般具有的特征"。"人民不仅愿意根据自己的利益投票,而且有要求立法的意愿,……他们从提比略·格拉古那里要求到了土地法案。"①他以公元前190—前189年罗马的政治生活为例,指出即使在贵族们视为稳定和谐的古典共和国时期,人民也并不总是顺从元老院和政治精英的领导,通过了一系列显贵们不喜欢的法案。保民官对元老院的顺从,不意味着他们不再代表人民的利益,可能是他们认为,那样的法案对罗马国家有利,故给予积极支持。在宗教与社会一章中,他通过分析罗马宗教的演变,指出民众的压力对于罗马宗教生活产生了实实在在的影响。总体上看,林托特并不认为罗马共和国政制属于民主政治,但不否认其政治生活中存在众多的民主因素。② 最后一章是后代对共和国的记忆,等于是共和国在西方思想中形象演变的简史。

取材广泛,尊重古典文献,是该书的另一大特点。重建罗马共和国史遇到的重大问题之一,是文献的缺乏以及文献的不可靠。罗马共和国诞生于公元前6世纪,可是罗马的史学产生于公元前3世纪末。遗憾的是,即使是这些早期的史学著作,大多也都失传。如今我们能见到的最早的历史叙述,是波里比阿那残缺不全的《通史》,而且波里比阿有关罗马政制发展的叙述也基本失传。

---

① Andrew Lintott, *The Constitution of the Roman Republic*, p. 205.
② Henrik Mouritsen, "Review on A. Lintott, *The Constitution of the Roman Republic*", *The Journal of Roman Studies*, 91 (2001), p. 221.

公元前1世纪的那些史家,诸如萨路斯特、李维等人的记载,也多有残缺。公元前3世纪之前的时期,无论是历史类还是其他文学类文献,实在少得可怜。更糟糕的是,按照罗马人的传说,公元前4世纪初高卢人的入侵,将罗马的公私文献毁灭馨尽。学者们不无理由地怀疑,公元前1世纪史学家们的记载,很可能受到共和国末年政治斗争的影响,把当时的派别之争搬到了有关早期罗马史的叙述之中。因此,自格尔泽尔以来,学者们似乎更乐于从文献的字里行间寻找罗马政治制度与政治生活的特征。塞姆、莫泽尔、斯卡拉德等人,都希望从罗马文献中找到贵族的这个或者那个派别,或者是贵族家族之间争权夺利的斗争。对理解罗马政治生活来说,这样的分析有它的合理性。可是,有时这样的解释把文献本身湮没了,学者们总希望从某些政治行动中找出"幕后黑手"来。米拉开始扭转这种趋势,从古典作家的记载出发讨论罗马共和国政治中的民主特征。林托特对共和国政治制度的重建,很大程度上依赖于文献。他以波里比阿的论述为指南,将高级官职等同于君主制因素(但有所保留),元老院等同于贵族因素,人民大会代表了民主成分。他广泛运用了李维、西塞罗、萨路斯特、恺撒等人的著作。但现代罗马史研究中的文献,已经不限于书面文献的记载,还包括大量的铭文。因此,在林托特重建罗马共和国政制过程中,我们也见到了《拉丁铭文集成》、《共和国时代拉丁铭文集》等各类铭文集成。林托特对文献的态度以及处理文献的方法,也有向传统回归的趋势,即更加尊重古典文献。他承认有关早期罗马的文献严重不足,但他认为,从共和国后期的某些制度和趋势向前追溯,可以发现历史文献中有关早期罗马的记载,有相当多的真实性,有些特点,例如贵族与平民的冲突及其妥协,是只有在罗马才具有的现象,并且得到了新近发现的某些铭文的证实。基于此,林托特给予罗马传统文献更多的信任,也很少论及人物志学者经常希望在文献中发现的庇护制以及家族派系之争,从而在有限的篇幅内,能够把罗马共和国的政治制度轮廓以及它的社会基础与意识形态等方面,比较具体生动地展现在读者面前。

　　林托特著作的出版,得到米拉的高度肯定。但仍有部分学者觉得,林托特过于重视罗马的制度,采取了蒙森的制度史框架,因此希望有更深入的探讨。他把元老院、高级官职和人民大会分开讨论,似乎它们各自独立活动,相互之间少有影响。对共和国具体的政治运作和政治生活过程,他的讨论也不够深入,实际是对贵族利用庇护关系操纵政治,以及贵族家族之间争权夺利的斗争没有给予足够的重视,因此被某些学者讥讽为形式主义(formalism)。[①]新世纪出版的两部关于罗马共和国后期政治生活的专著:莫里特森的《晚期罗马共和国的平民和政治》与莫斯坦因-马科斯的《晚期罗马共和国的大众演说和政治权力》,都更具社会分析色彩。莫里特森对罗马公民政治参与程度进行了计量研究。他用一章的篇幅讨论罗马举行人民大会的会场和出席率,即他所说的公民参与政治的规模问题。[②] 根据他的结论,罗马最大的人民大会的会场可容纳七万人,最小的会场即部落人民大会的会场,初期能容纳的不

[①] Henrik Mouritsen,"Review on A. Lintott, *The Constitution of the Roman Republic*", *The Journal of Roman Studies*, 91 (2001), p. 221.

[②] Henrik Mouritsen, *Plebs and Politics in the Late Roman Republic*, Cambridge:Cambridge University Press, 2001, pp. 18—37.

过 3600 人左右;后来的会场也仅能容纳 5000 人左右。而罗马的公民,同盟者战争以前已经远超过 30 万,同盟者战争之后可能接近 90 万。如此之低的出席率,在罗马的直接参与体制下,根本不足以代表罗马的人民。从参与的社会阶层来说,由于各种因素的制约,实际上只有罗马上层阶级。他的结论是:人民的参与率一直处在低水平;人民大会缺乏政治主动权;权力的制衡机制,事实上制约的是人民大会。[1]

莫斯坦因-马科斯关注的同样是人民大会。他借鉴哈贝马斯的交往行为理论,指出演说民主的前提,是双方的平等和诚实。可是罗马的演说,因为精英阶层在政治上、军事上和演说技巧上的巨大优势,是精英阶层通过演说控制大众的手段,让罗马人民落入精英阶层的所谓意识形态牢笼。[2] 他发现,在人民大会的具体讨论过程中,出席会议的普通公民和主持会议的高级官员以及演说者之间,并非平等的交流者,演说者可能利用公民无法仔细核对的客观事实以及演说技巧,控制公民的思路。这样,人民大会的投票根本不足以表达公民的意志。[3]

纵观近代以来有关罗马共和国政治生活性质的讨论,可以发现,它存在几个明显的阶段。19 世纪重视的是制度史,20 世纪更多的是社会史,先有格尔泽尔的典型贵族政治论,后有米拉的民主

---

[1] Henrik Mouritsen, *Plebs and Politics in the Late Roman Republic*, Cambridge:Cambridge University Press,2001,pp. 138—148.

[2] Robert Morstein-Marx, *Mass Oratory and Political Power in Late Roman Republic*,Cambridge:Cambridge University Press,2004,pp. 179—186.

[3] Ibid.,pp. 132—149.

政治论和林托特的混合政制论,新世纪有精英控制理论。但精英控制理论最大的问题,是忽视了罗马作为城邦的特征,即至少从理论上说,罗马共和国是"人民之事业",其最高主权属于全体公民,而且在罗马,并无脱离人民大众的职业军队和专政机关。因此,即使精英们希望控制罗马制度中的民主因素,他们仍需要采取民主的方法:通过演说控制人民大会。在这个意义上,林托特的制度与社会结构相结合的分析具有更多的真理性。他重新树立了政治制度在理解罗马政治生活中的核心地位,同时考虑到了社会结构与宗教、意识形态的影响。罗马制度的民主特征和不同权力机构间的相互制约得到了充分重视,社会结构对民主因素的制约也没有被忽视。更重要的是,他用丰富的资料交代了每种制度的来龙去脉及其职能。即使他的批评者也不能不承认,本书对罗马共和国研究做出了重要贡献,书中所包含的大量罗马公共生活和宪政方面的资料,使它成为学生和学者们经常会参考的文献。[1]

晏绍祥
2013 年 10 月 18 日

---

[1] Henrik Mouritsen, "Review on A. Lintott, *The Constitution of the Roman Republic*", *The Journal of Roman Studies*, 91 (2001), p. 221.

中文版序言

本书原本的设想，是作为英语世界学生的一本辅助读物，现居然被译为中文，实为我莫大的荣幸和快乐。虽然帝国主义野心如今恰当地令人生疑，但赢得并控制一个庞大帝国的能力，乃一个社会和谐与力量的象征。正是因为这个原因，如我在本书最后一章所揭示的，数百年来，罗马共和国及其政制的历史，成为西方人研究的主题。该社会的美德与恶行如今能在中国得到研究，当然是一桩好事，其原因不仅存在于罗马社会自身，还因为它对西方政治与文化之长时段的影响。如果我对本书抱有助益于东西方的相互理解的希望，也许不是太过。最后，请允许我感谢本书的译者晏绍祥教授和中文版的出版者商务印书馆，而且希望本书的中国读者们既能从他们的研究中获得快乐，也能获得教益。

安德鲁·林托特
2007年12月10日于牛津大学伍斯特学院

目 录

略语表	1
序言	7
第一章 导言	9
法律权威的来源	11
第二章 罗马政治日志	20
第三章 波里比阿论罗马政制	30
第四章 罗马政制的起源	45
第五章 人民大会	64
人民大会 预备会 平民会议	67
人民大会的程序	69
不同类型人民大会的组织	77
阻止、终止和废止	96
罗马立法的性质	99
第六章 元老院	101
元老院成员的资格	106
会议的时间和地点	112
会议程序	116

	元老院的权威 …………………………………	131
	附录 所谓的元老院紧急状态法 ………………	134
第七章	高级官员和续任官员 ………………………………	142
	官员权力的性质 …………………………………	142
	官员的职能 ……………………………………	156
第八章	保民官、市政官及低级官员 ………………………	181
	平民保民官 ……………………………………	181
	市政官 …………………………………………	192
	财务官 …………………………………………	198
	低级官员 ………………………………………	204
	荣誉阶梯 ………………………………………	213
第九章	刑事司法 ……………………………………………	217
	共和国早期的背景 ……………………………	220
	共和国后期法律的发展 ………………………	230
第十章	社会和宗教的影响 …………………………………	238
	贵族家族及其价值观 …………………………	239
	平民与贵族的联系及其依附 …………………	256
	宗教 ……………………………………………	265
第十一章	政制的平衡 …………………………………………	277
	高级官员 ………………………………………	279
	元老院与贵族政制 ……………………………	284
	人民的权力 ……………………………………	289
	平衡的变迁 ……………………………………	301

第十二章	混合政制与共和国的意识形态	309
	古典希腊和波里比阿作品中的混合政制理论	310
	西塞罗的《论共和国》	317
	西塞罗的《论法律》	325
第十三章	对共和国的记忆	336
	中世纪	339
	马基雅维利	341
	博古派	351
	罗马共和国与英国革命	356
	孟德斯鸠和国父们	362

引用书目 … 368
引用的古代资料索引 … 381
总索引 … 411

略 语 表

期刊缩写一般遵从《文献学年鉴》(*L'Année Philologique*)的体例,仅有一处重要的例外:*ZSS* 代表《萨维尼法律史杂志》(罗马卷)(*Zeitschrift der Savigny-Stiftung für Rechtsgeschichte, romanistische Abteilung*)。

纸草文献缩写一般遵从 E. G. 特纳(E. G. Turner)《希腊纸草导论》(*Greek Papyri: An Introduction*)(牛津 1980 年版)第 159 页以下的体例。

ANRW	*Aufstieg und Niedergang der römischen Welt*, Festschrift J. Vogt, ed. H. Temporini and W. Haase. (Berlin and New York, 1972—)
Braund, AN	D. C. Braund, *Augustus to Nero: A Sourcebook on Roman History 31 BC—AD 68* (London/Sydney, 1985)
Bruns	G. Bruns and O. Gradenwitz, *Fontes Iuris Romani Antiqui* (7th edn., Tübingen, 1919)
CAH	*Cambrideg Ancient History*
CIL	*Corpus Inscriptionum Latinanrum*
De Martino, SCR	F. de Martino, *Storia della costituzione roma-*

	na, 5 vols. (Naples, 1958—1967)
EJ²	V. Ehrenberg and A. H. M. Jones, *Documents Illustrating the Reigns of Augustus and Tiberius* (2nd edn. with addenda, Oxford, 1975)
FGH	F. Jacoby, *Die Fragmente der Griechischen Historiker*, 3 parts, 11 vols (Berlin and Leiden, 1923-1958)
FIRA	S. Riccobono, *Fontes Iuris Romani Anteiustiniani* (2nd edn. Florence, 1968)
HRR	H. Peter, *Historicorum Romanorum Reliquiae* 2 vols. (2nd edn. , Stuttgart, repr. 1993)
IG	*Inscriptiones Graecae*
IGRR	R. Cag nat *et al.*, *Inscriptiones Graecae ad Res Romans Pertinentes*, 3 vols. (Paris, 1906—1927)
ILLRP	A. Degrassi, *Inscriptiones Latinae Liberae Rei Publicae*, 2 vols. (2nd edn. , Florence, 1966)
ILS	H. Dessau, *Inscriptiones Latinae Selectae*, 4 vols. (Berlin, 1892—1916, repr. 1954)
Imp. Rom.	A. Lintott, *Imperium Romanum : Politics and Administration* (London and New York, 1993)
Inscr. Ital.	A. Degrassi, *Inscriptiones Italiae*, xiii *Fasti et Elogia*, 3 vols. (Rome, 1947—1963)
JRLR	A. Lintott, *Judicial Reform and Land Re-*

	form in the Roman Republic (Cambridge, 1992)
MRR	T. R. S. Broughton, *The Magistrates of the Roman Republic*, vols. i and ii (2nd edn., New York,1960); vol. iii (Atlanta,1987)
OGIS	W. Dittenberger, *Orientis Graeci Inscriptiones Selectae*,4 vols. (Leipzig,1903,repr. Hildesheim, 1960)
ORF	H. Malcovati, *Oratorum Romanorum Fragmenta*, 2 vols. (4th edn., Turin,1976—1979)
RE	Pauly-Wissowa, *Real-Encyclopaedie der classischen Altertum swissenschaft*
RDGE	R. K. Sherk, *Roman Documents from the Greek East* (Baltimore,1964)
RRC	M. H. Crawford, *Roman Republican Coinage*, 2 vols. (Cambridge,1974)
RS	M. H. Crawford, ed. *Roman Statutes*, 2 vols. (London,1996)
SEG	*Supplementum Epigraphicum Graecum*
Smallwood, *GCN*	E. M. Smallwood, *Documents Illlustrating the Principates of Gaius, Claudius and Nero* (Cambridge,1967)
Staatsr.	Th. Mommsen, *Römisches Staatsrecht*, vols. i and ii, 3rd edn., vol. iii, 1st edn. (Leipzig,

	1887—1888)
Strafr.	Th. Mommsen, *Römisches Strafrecht* (Leipzig, 1899)
Syll.[3]	W. Dittenberger, *Sylloge Inscriptionum Graecarum*[3], 4 vols. (3rd edn., Leipzig, 1915; repr. Hildesheim, 1960)
VRR	A. W. Lintott, *Violence in Republican Rome* (Oxford, 1968)

引用下列法律文献时不做更多注明：

Frag. Tar.	*Fragmentum Tarentinum*, R. Bartoccini, *Epigraphica* 9(1947), 3—31; RS i. 8
Lex Agr.	*Lex Agraria*, *CIL* i^2. 585; *FIRA* i. 8; *JRLR*, pp. 17 ff. ; *RS* i. 2.
Lex Ant. Term.	*Lex Antonia de Termessibus*, *CIL* i^2. 589; *FIRA* i. 11; *RS* i. 19
Lex de Delo	*Lex Gabinia Calpurnia de insula Delo*, *CIL* i^2. 2500; *RS* i. 22; C. Nicolet, ed. *Insula Sacra* (Rome, 1980)
Lex Gen. Urs.	Lex Coloniae Genetivae Ursonensis, *CIL* i^2 594; FRA i. 21; *RS* i. 25
Lex Irn.	*Lex Irnitana*, J. Gonzalez, *JRS* 76 (1986), 147-243
Lex Iul. agr.	*Lex Iulia agraria* (or *Mamilia Roscia Peducaea Alliena Fabia*), *FIRA* i. 12; *RS* ii. 54

Lex lat. Bant.	*Lex latina tabulae Bantinae*, *CIL* i². 582（cf. i. 2. iv2（1986）,pp. 907—908）; *FIRA* i. 6; *RS* i. 7
Lex mun. Mal.	*Lex municipii Malacitani*, *CIL* ii. 1964; *FIRA* i. 24
Lex osca Bant.	*Lex osca tabulae Bantinae*, *FIRA* i. 16; Bruns, 8; new fragment, D. Adamesteanu and M. Torelli, *Arch. Class.* 21(1969), 1—17; *RS* i. 13
Lex portorii Asiae	H. Engelmann and D. Knibbe, 'Das Zollgesetz der provincia Asia, Ein neues Inschrift aus Ephesus', *Epig. Anat.* 14(1989), 1—206
Lex prov. praet.	*Lex de provinciis praetoriis (de piratis)*, *FIRA* i. 9; new fragments, M. Hassall, M. Crawford, J. Reynolds, *JRS* 64(1974), 195—220; *RS* i. 12
Lex Rep.	*Lex Repetundarum*, *CIL* i². 583; *FIRA* i. 7; *JRLR*, pp. 88 ff.; *RS* i. 1
Lex Rubr. Gall.	*Lex Rubria de Gallia Cisalpina*, *CIL* i². 592; *FIRA* i. 19; *RS* i. 28
SC Asclep.	*Senatus Consultum de Asclepiade*, *CIL* i². 588; *FIRA* i. 35
SC Bacch.	*Senatus Consultum de Bacchanalibns*, *CIL* i². 581; *FIRA* i. 30
SC Calvisianum	*FIRA* i. 68, v (pp. 409—414); *SEG* ix, 8
Tab Heracl.	*Tabula Heracleensis*, *CIL* i². 593; *FIRA* i. 13; *RS* i. 24

序　言

　　如我在《导言》中将更加充分论证的那样,政制研究应成为罗马共和国研究的核心。本书的目的,是提供一部古代史教师们可以让学生参考的该专题英文著作。不过,我也希望让罗马宪政研究免遭下述恶名:它过时、带有19世纪纯学术的味道,因此与现代的社会分析方法不合拍。当然,宪政研究的确不是理解古代社会运作模式的唯一路径,但它得到了蒙森的认可。那时他正在撰写《罗马公法》(*Staatsrecht*)。该书的视野,远比人们通常认为的狭隘的法学家视角要宽广得多。即使回溯到马基雅维利,事实上一直到波里比阿的更早期的传统,也应同样地看待。

　　我非常感谢那些曾帮助过我的众多学者们,他们多在联合王国以外的地区工作,却给我寄来了各种图书和绝版资料。在英格兰,我尤其要感谢约翰·克鲁克(John Crook)和邓肯·克劳德(Duncan Cloud)。他们阅读了本书的打印稿,让我避免了不少错误,并提出了许多有趣的建议。不列颠罗马研究院遴选我为他们的雨果·拉斯特(Hugo Last)研究员,为我研究的一个重要阶段提供了很有价值的基地。我有关罗马共和国政制的研究始于牛津,其中的一个阶段也在那里完成。再度在牛津出书实在是乐趣,尤其是本书的出版,将很快伴之以《罗马共和国时代的暴力活动》的第二版。在那本书里,读者将会看到对本书所提出的某些问题更充分的讨论。

安德鲁·林托特
1998年5月于牛津大学伍斯特学院

第一章　导言

> 有谁会如此懒惰、如此漫不经心,竟不希望去了解罗马人是如何、在何种政制下,于不到五十三年的时间里,将几乎所有由人类居住的世界征服,并置于罗马单一的统治之下?
>
> ——波里比阿,1.1.5

波里比阿将罗马军事上的巨大成功与罗马政制的优越性联系起来的做法,也许会让20世纪的读者们惊奇,但对于一个出自他那个时代统治阶级圈中的希腊文化人来说,却几乎是不言自明的事情。第一个将政治制度和他们的军事能力联系起来的,正是希罗多德。在他看来,斯巴达对邻邦的胜利,正是来库古(Lycurgus)改革(*eunomia*)的一个重要成果。雅典人对比奥提亚人和卡尔息斯人的胜利,又被当作他们通过克里斯提尼(Cleisthenes)获得民主(*isēgoria*)的直接结果。如修昔底德所报道的,伯里克利(Pericles)在阵亡将士葬礼上的演说的主题,当然也是这个内容。柏拉图《理想国》讨论理想政制(与该书第二卷首次描绘的原始共产主义制度相对）的出发点，是基于城邦在战争中取胜的需要。①就我所知，在我们拥有的罗马人的资料中，没有任何此类观点明确的文献。与它们最接近的是李维的著作，作者将罗马的成功归于他们军事和民事事务上的技术（artes domi militiaeque），以及他们的生活方式（vita 和 mores）。对其他罗马人来说，军事上的成功，是良好风俗（mores）和神灵眷顾的结果。②尽管如此，以李维有关第二次布匿战争的叙述为例，他把罗马政治活动的效率和战争所带来的政制变革，都放在突出地位。下一章中我们会看到，在李维著作后来的一卷中，政治活动如何被用来说明军事上成功的经历。

　　如今的历史学家们之所以研究共和国政制，与其说因为它是理解罗马人在海外成功的钥匙，不如说因为他们希望对该时期罗马的政治和社会做出估价。如波里比阿所说，共和国政制是一个自然发展过程，③不是某个立法家在某一特定时刻的创造。这一事实雄辩地证明，在事关政治运行的问题上，我们把政制作为罗马社会和意识形态中多种力量真实反映的做法是正当的，尽管甚至在这方面，罗马人的传统规范和当代实践之间可能存在冲突（后文将对此有更多的论述）。在罗马史研究中，对政制的理解将具有多

---

① Hdt. 1. 65—68,5. 77—78；Thuc. 2. 36. 4—37；Plato, Rep. 2. 373d—374a. 希罗多德关于雅典民主的看法，得到马基雅维利的首肯，并在 Discorsi 1. 58. 30 引用。

② Livy, Praef. 9. 在 Sall. Cat. 73 中，萨路斯特认为，共和国建立之后取得了成功。关于风俗，参见诸如 Sall. Cat. 9. 1, Jug. 41. 2, Hist. 1. 11M；关于神灵的眷顾，参见 Cic. Mur. 75（那里提到了西庇阿·埃米利亚努斯［Scipio Aemilianus］的演说）和 RDGE 34, lines 11 ff.（副执政官麦撒拉［Messalla］致忒奥斯［Teos］的信）。

③ Pol. 6. 9. 10—14, 10. 12—14.

方面的益处。罗马共和国的政制，是依据复杂规则所进行的一场游戏，不了解这些规则，就无法解释选手们的行为。此外，有关宪政规范的知识，会帮助我们在古代（或现代）的权威之间进行选择，或者填补我们资料上的空白。复次，对宪政规范的恰当理解，是防止我们根据主观标准做出时代误置的政治判断的保证。我们如何适当地评价提比略·格拉古(Tiberius Gracchus)和恺撒之死，或者西塞罗反对喀提林(Catiline)派的行动？我们还有一个类型相当不同的证明政制研究正当性的途径：波里比阿和西塞罗把罗马共和国视为混合政制的看法——在该政制鼎盛时期，共和国内部诸因素之间的平衡，产生了和谐和稳定——对文艺复兴和后文艺复兴时代的政治理论产生了重要影响（见第十三章）。可是，最近的几代人对神话好像比对实际的印象更深。如果不尝试把握历史的实际，影响也就无法评估。

共和国乃一自然发展过程的事实，让我们在分析它时还遇到了另一个基本问题：它不是成文宪法规定的，也不完全使用不成文法。以下两个提问会让这个问题变得更加清楚：第一，在共和国时代某一特定的政治形势下，罗马人如何能够找到合适的宪政策略？第二，法律的来源是什么？也就是说，让某一特定宪政实践神圣化的权威是什么？

法律权威的来源

3

到公元前2世纪，罗马人定期将法律抄本公布在公共场所的青铜版上，如同人们提到重要通知的发布时所说；用法典本身的话说,可能是"在一个人们能在地面上可以正确阅读的位置"。④ 在国库或者与国库有关的秘书处,也保存有法典的泥版或纸草抄本。近来对公布法典的意图讨论颇多:法典的公布在多大程度上仅具有象征意义?又在多大程度上是真正希望提供信息?⑤ 在某种程度上,它明显地是法律对自己存在的宣示。同时,多数罗马人可能缺少阅读法典的能力,更不用说理解法律文本了。尽管如此,那些精通法律术语者也许能理解法律并告知他人,那些担任公职者需要阅读公布在青铜版上的公开抄本或者那些保存在国库中的抄本。元老院命令(senatus consulta)即元老院会议记录,在命令已经制定且尚未被保民官否决前,也如此处理(那些被否决的命令偶尔有写成文本的,⑥但它们不大可能在公共场合展出)。我们拥有一些因各种原因公布的元老院命令,其形式意在便于人们阅读。尤其是那些督促官员们惩罚某些行为的命令,例如公元前186年关于酒神信徒案的命令,以及在拉瑞努姆(Larinum)发现的皇帝的命令,该命令禁止元老和骑士成为角斗士。⑦

法律背后的权威,是罗马人民(populus Romanus)或者罗马平民(plebs Romana)在人民大会中的投票:"执政官提图斯·昆克提乌斯·克里斯皮努斯(Titus Quinctius Crispinus)根据法律询

---

④ Lex rep., lines 65—66(JRLR, p. 104);frag. Tar.(RS i. 8),14;Tab. Heracl.(RS i. 24),16. 也请参见 Jos. AJ. 19. 291。

⑤ Harris,1989,164 ff.,206 ff.;Williamson,1987,160—183。

⑥ Cic. De Orat. 3. 5;Fam. 1. 2. 4,7. 4,8. 8. 4—8;Att. 5. 2. 3。

⑦ CIL i². 581=FIRA i. 30;Levick,1983。

问了人民,人民依法做出决定。"⑧据波里比阿报道,人民有权制定或者废止法律(波里比阿,6.14.10),而且他暗示,无任何其他机构可如此。共和国时代,元老院命令背后的权威与此不同,并不那么绝对。命令要阐明元老院对此问题的观点,通常是向咨询它的官员们,可能也包括其他官员,推荐采用某种行动路线。在执行该命令时,有关官员因元老院的同意而获得法律和道义上的地位。虽然把元老院命令当作超越法律的正当依据具有风险,但如果它不与法律冲突,那执行了元老院命令的官员,就会在作为民选官员的权威之外,获得额外的权威。对那些服从于该官员的人来说,这一点具有明显的暗示意义。

不那么明确、但仍然关键的一个公法来源,是传统和先例。众多宪政基本规则不是基于成文法典,例如两执政官一年一度的选举,为不同意图召开不同类型的人民大会,以及元老院的存在本身及其职能,都是如此。可是,虽然政制中的这些因素不是基于特定的立法,但在成文法律或者元老院命令中,它们仍可能被作为现存制度提及。在宗教祭司团的著述中,传统和先例也可能出现,尤其是在那些集中论述人民大会规则的占卜官的著述中。公元前49年3月,当西塞罗就恺撒计划举行的选举发表意见时,他就把占卜官的著述("我们的著述中规定……"['*nos autem in libris habemus…*'])作为其下述结论的权威来源:虽然执政官能够主持执政官或副执政官的选举,副执政官却既无权主持执政官、也无权

---

⑧ *RS* ii. 63 (= Frontinus, *de aquis*, 129). 该规定出自奥古斯都时代的法律,是一部罗马法典中幸存的唯一完整的一条规定。关于共和国时代的法律残篇,见 *JRLR*, p. 202。

主持副执政官的选举。这些著述总体上而且可靠地被等同于占卜官们的注疏,包括以前占卜官们所做的决定。我们还拥有公元前2世纪末由 C. 森普罗尼乌斯·图狄塔努斯(C. Sempronius Tuditanus)就宪政实践所写的注疏。他的注疏本身不具有任何特殊权威,但毫无疑问地利用了占卜官具有的专门知识。因此,关于共和国后期不成文的宪政传统,我们拥有的证据包括成文的诠释和约定俗成的不成文宪政传统。⑨ 换句话说,在罗马存在着这样一类规则:它们被记录了下来,但它们的权威不是因为它们被记录下来而产生的。

共和国时代的宪政传统(制度、习俗、习惯)存在巨大差异,其范围从基本的不成文法到我们或许可名之为纯粹的习俗(mos)之类的东西,前者就是法律(ius),尽管不曾成文(scriptum),后者是当时做那件事情碰巧采用的方式。我们可能会联想到英国的普通法,特别是具体规定国王、议会和人民之间关系的那些宪章。⑩ 可是,这种类比不能过分,特别是因为下面这个原因:与普通法——明确界定的古老是其一个必要的条件——相反,罗马人的习俗有点儿像一个连续发展的事物。"今天我们的创举也会变成确定的事物,而今天我们根据前例加以辩护的事例,将来也会成为前例的。"在塔西佗的版本中,皇帝克劳狄(Claudius)就高卢人进入元

---

⑨ Cic. *Att.* 9.9.3;亦见 *Div.* 2.42,73;*Dom.* 39 论述了占卜官的注疏,马尔库斯·麦撒拉(Marcus Messala)的书可能就是从那里来的。见 *De Auspiciis*(Gell. 13.15.3—16.3)。关于图狄塔努斯的注疏,见前文 13.15.4;*HRR* i. 146—7,frr. 7—8。请留意格拉查努斯(Gracchanus)的《论权力》(*de potestatibus*)(*Dig.* 1. 13. 1. pr. [Ulpian];F. B. Bremer,*Iurisprudentia Antehadriana* Ⅰ,p. 37 ff.)。

⑩ Pocock,1987;Weston,1991. 亦请见 Nippel,1980,230—236。

老院发表的演说就是这么说的,在保存下来的演说文本中,皇帝本人还对罗马发展中的宪政变革做了全景式概括。更重要的是,在《编年史》下一卷中,我们发现一个更加严重的破坏传统的行为——克劳狄与他的侄女的婚姻,因为要让习惯容纳时代的需要,得到了正当性的证明。这类论证,公元前66年的西塞罗是作为常识对待的。在回击那些宣称马尼利乌斯(Manilius)法案建议授予庞培的指挥权破坏了先例和祖宗成法时,西塞罗称:"这里我勿需指出,在和平时期我们的祖先总是遵从先例的,战争时期则事从权宜,并且总是让新政策的理念去适应变化着的环境。"⑪

习俗的模糊特性,在第二次布匿战争期间的一个偶然事件上得到了最清楚的表现。公元前209年,大祭司(pontifex maximus)普布利乌斯·李锡尼·克拉苏(Publius Licinius Crassus)强迫一个放荡且奢华的年轻人盖乌斯·瓦列里乌斯·弗拉库斯(Gaius Valerius Flaccus)就任第亚里祭司(一个需要遵守众多禁忌的祭司职位)。故事说,后者立刻就抛弃了他过去那些邪恶的习惯,然后宣布由于自己的祭司职位,他在元老院拥有席位。据说因为以前担任此职位者品行糟糕,这一传统已经失效。结果他被鲁基乌斯·李锡尼·克拉苏(Lucius Licinius Crassus)从元老院驱逐,此人是大祭司的兄弟,当时正好担任副执政官。于是弗拉库斯诉之于保民官。副执政官的理由是:"法律并不依赖于古代编年史所记录的过时先例,而是依赖于所有最近习惯所确立的惯例。"可是保

---

⑪ Tac. Ann. 11.24; ILS 212, col. I, 24 ff.; Tac. Ann. 12.6; Cic. Imp. Pomp. 60 (在关于"先例"[praeteritio]的论证中,该观点因过去被忽视而受到强调)。

民官的决定是:"由于过去担任该祭司职位者的玩忽,他们失去了元老之位,那是公平的,但与祭司职位本身的地位无关。"于是在元老院内的赞同和院外人民的同意下,保民官们让弗拉库斯回到了元老院。副执政官的行为暗示的,是最近的行为优先于更加久远的先例,因此习俗是要变化的。可是,年轻的第亚里祭司的案例表明,如果其他背景有利,人们能够通过援引古代传统,取得争论的胜利。[12]

约亨·布莱肯(Jochen Bleicken)希望为习俗的发展创立一个理论模型。[13]尽管该模型不可能恰当说明所有的复杂情况,却是一个有益的尝试。在他看来,早期共和国是这样一个时期:*lex*,即成文法,如十二表法等,与习俗并无冲突,而是与基于一致的贵族制度相互补充,人们也许可以说,此乃黄金时代。习俗和习惯(*consuetudo*)反映了纯朴的实践,无论人们基于何种理由,依靠何种权威,做了何种事情,均是如此。我们马上可以反驳道,这样的黄金时代是否存在值得怀疑。布莱肯所描绘的理想的一致、社会的统一和内部的和平,与罗马人自己关于早期共和国的概念不相吻合。然而,至少是由于他的论证,我们可以承认,罗马有过那个时代,当时成文法典(*lex*)与不成文的传统不存在根本性的冲突。

布莱肯所说的第二阶段,是一个法律(*ius*)发生巨大变化、以应付对共和国制度日益复杂的要求的时期。新的规定一般通过成文法典(*lex*)引入,但在无新法出现时,最近的习俗会补充,甚至取

---

[12] Livy, 27. 8. 4—10. 有关人们期待传统会变化的论证,也请参见 Sall. *Cat* 51. 37—40 归于尤利乌斯·恺撒名下的演说对此所做的讨论。

[13] Bleicken, 1975, 368 ff.

代更早的习俗。布莱肯的例证,是十二表法中有关叛国大罪(*perduellio*)审判的规定,得到保民官提出罚款之诉(*multa*)的补充。⑭ 十二表法中有无官员提起罚款诉讼的规定,我本人无法肯定。可是,看来该领域中真正重要的发展,是保民官不依赖成文法典的规定,在死刑和非死刑审判中,一般都以控诉者身份出现的做法,而这肯定是公元前4世纪以来因保民官成为政府中一个因素后发展的结果。

到此时,习俗似乎成了某种独立的东西,因此有可能与法律存在潜在的冲突。⑮ 此外,在随后的革命时期,当贵族的一致瓦解时,它变成了通过立法应付新需要的常规(当立法遇到抵制时,我们发现,立法者甚至要求官员和元老以誓言宣誓服从该法律)。⑯ 结果是习俗逐渐被作为与法律相对,主要是古老传统的事物被保守派们理想化,以对抗那些在他们看来基于腐败法典所出现的新的发展。这是塔西佗《编年史》第3卷第27—28章对立法发展所做概述的核心观点。在那里,十二表法被作为公正法律的终点,随后的立法都是因为野心和嫉妒煽起的,目的是提升自己或伤害对手。当习俗被用来描述与民主派(*populares*)相对的行动时,它常变成保守派的口号,甚至那些新的权宜之法,例如元老院紧急状态

---

⑭ *RS* ii. 40, *Tab.* Ⅸ. 1—2 = Cic. *Leg.* 3. 11 and 44; cf. Livy, 26. 2. 7—3. 9. 参见 Lintott,1987,44—48。

⑮ 例如 Livy,26.3.8。这里人们可以与英国普通法的发展进行有益的比较。它过去只是由国王法庭一般执行的法律,后变成了某种不同于各地法典的事物(Pollock and Maitland,1968,i. 176—178)。

⑯ 见 *VRR* 139—140;*JRLR* 243—244。

法(senatus consultum ultimum)，也变成此类习俗。⑰

　　罗马共和国政制不是某种固定不变和明确界定的事物，而是根据罗马人的需要，通过不止一种途径演变而来的，至此应当清楚了。不可避免的是，它也富有争议，因为在重要的问题上，通常至少存在两种看法。精英阶层的罗马年轻人了解共和国政制的途径肯定也同样明显：他们可能偶尔参考某一法律、元老院命令的文本，或宗教人士的部分注疏，但绝大多数情况下，他们是向政治生活的日常实践，向演说家就有争议的问题所发表的演说学习。自公元前2世纪早期以来，对他们进行教育又有了另一个来源：罗马的编年史。编年史中，甚至早期罗马史学家（约生活于公元前1200年）的作品中，也包含着关于政治危机的故事，其中一些故事，即使不是被发明出来的，似乎也经过了塑造，以解释宪政上的困难问题。这种方法很大程度上预示了文艺复兴以来学者们研究罗马共和国的方式。我们阅读法律和元老院命令，我们研究在博古资料中找到的博学的残篇，但对于宪政实践最优秀的指南，是阅读古人关于一个时期实际发生事件的叙事，以及那里发生的冲突，以尽我们所能，发现当时用什么话语来说明有关的问题。

　　对研究罗马共和国政制的可能方法进行区分或许会有帮助。一种是分析共和国最后两个世纪里处理各种问题的方式，可以通过对政治史的实证式研究获得。第二种是从早期共和国甚至更早的时候追溯其发展，那将如同我们的基本资料来源——李维和哈利卡纳索斯的狄奥尼修斯（Dionysius of Halicarnassus）所做的，

---

⑰ 例如 Cic. Cat. 1.27—28, 2.3。

获得大篇的神话。他们这样做,既是因为像罗马最早的编年史家一样,缺少可资利用的可靠资料,也是因为那些写作历史的作家,往往将当代的政治纲领包含在内。第三种方法是对政制的性质做理论化的阐释。无论其实际成就如何,波里比阿都应当获得下述荣誉:第一个尝试着将罗马人的政治行为置于一个概念框架之中。缺少了这样的框架,我们可能会迷失在资料海洋之中。有了这个框架,我们也许可以把共和国政制与其他政制做有成效的比较。重要的是,现代尝试解说共和国政制最著名、最基本的著作——蒙森的《罗马公法》(Röisches Staatsrecht),尽管在脚注中网罗了大量资料,却是高度理论性的。

下文对三种方法都会使用。考虑到共和国起源的不确定性,我将像荷马一样,从中间开始,即从公元前2世纪中期开始。在那里,由于波里比阿的分析,以及李维现存著作中所保存的编年史传统的重要部分,使我们可以站在相当坚实的土地上。

补充说明:

因为这是一部关于政制和公共生活的著作,我没有讨论对法学家们来说重要的私法资料——官员的命令,精通法律的专家们对法律的意见(responsa prudentium)。关于前者,除出于公共利益授予官员们行使权威所需要的一般自由外(第七章将进行讨论),在共和国中期一个难以确定的时候,《爱布兹法》(lex Aebutia)授予副执政官修改十二表法规定的法律程式、创设新的法律行为的权利。可是,在共和国时代的公共事务中,没有与此权威对等的权力。

第二章　罗马政治日志

李维的叙述在罗马的政治和海外的战争或外交之间潮起潮落。到罗马年度的年底,潮流会转向罗马。公元前 154 年之前,罗马的年度是从前一年的 3 月 15 日到次年的 3 月 14 日。[①] 于是在公元前 190—前 189 年冬初,两位续任执政官(*proconsuls*)各自踏上了他们返回罗马的路途。马尼乌斯·阿西利乌斯·格拉布里奥(Manius Acilius Glabrio)刚刚在希腊取得了胜利;昆图斯·米努基乌斯·特尔姆斯(Quintus Minucius Thermus)自利古里亚归来。元老院授予前者举行凯旋式的最高军事荣誉(他在希腊打败了安条克以及埃托利亚人),但没有授予后者(李维,37.46.1—3)。[②] 有关西班牙失败的更进一步的消息,以及来自普拉森提亚和克雷莫纳殖民者关于城市人口减少的申诉被送达元老院和人民。元老院命令由执政官莱利乌斯(Laelius)为两个殖民地征集 6000 个家庭,由副执政官科塔(Cotta)主持选举一个三人委员会负责殖民者的土地问题(37.46.7—110)。当莱利乌斯自高卢返回主持执政官

[①] 关于执政官年开始时间的变化,见 Cassiodorus, *Chron. Sub anno a. u. c.* 601,并请与例如 Livy,33.43.1 等进行比较。

[②] 罗马当年的历法,由于此前未能插入闰月,此时已经比太阳年早了四个月。见 Briscoe,1981,22—26;Derow,1973。

选举时,不仅为克雷莫纳和普拉森提亚征集了新的殖民者,而且征得元老院同意,另外建立两个殖民地(47.1—2)。③ 然后是副执政官鲁基乌斯·埃米利乌斯·雷吉鲁斯(Lucius Aemilius Regillus)的信件到达罗马,他当时正在爱琴海上指挥舰队,信中报告了对安条克海战的胜利,以及执政官鲁基乌斯·西庇阿(Lucius Scipio)渡海进入亚洲的情况,随后就是为此奉献牺牲举行庆祝活动(新的罗马执政官年开始后不久,安条克遭到决定性失败,不过还需要六个星期才能把消息送到罗马)。

该罗马年的年底,举行了执政官和副执政官的选举。④ 执政官候选人之一的马尔库斯·埃米利乌斯·雷比达(Marcus Aemilius Lepidus)未得元老院许可离开了他的西西里行省,据说不受欢迎。只有马尔库斯·弗尔维乌斯·诺比利奥(Marcus Fulvius Nobilior)在选举中获得了多数森都里亚(百人队)的支持,并立刻获得授权。次日,他作为执政官主持选举了一个同僚。⑤ 有六人当选为副执

---

③ 殖民地真正的建立还需要由人民通过法律,并选举一个委员会负责(见下文)。

④ 苏拉(Sulla)独裁之前的时期,选举似乎通常被拖到最后时刻,就是新执政官年开始前的一个月即2—3月,或者更晚。随着执政官年开始时间的变化,选举改到12月进行。共和国后期,正常的选举时间是7月。(公元前59年,毕布鲁斯[Bibulus]将选举推迟到10月18日[Cic. Att. 2.20]的情况是例外。)

⑤ 如果执政官发现他本人缺少同僚,他并不必然要举行选举填补空缺(Mommsen, Staatsr. i. 29)。例如公元前68年,在最初的当选执政官 L. 凯基利乌斯·梅特鲁斯(L. Caecilius Metellus)和补缺执政官 Cn. 塞尔维乌斯·瓦提亚(Cn. Servilius Vatia)死后,在该年的大部分时间里,Q. 马尔基乌斯·勒克斯(Q. Marcius Rex)为唯一执政官(Dio, 36.4.1)。尽管如此,一般会对现任执政官施加压力,以填补空缺的执政官(见 App. B Civ. 1.78.359 所说对公元前84年执政官 Cn. 帕皮里乌斯·卡尔波[Cn. Papirius Carbo]施加的压力),除非剩余时间短促。在共和国存在的前三百年中,偶尔有执政官选择指定独裁官替代。尽管 *dixit*(对手稿上 *duxit* 一词校改而成)暗示的是直接指定,但该段落其他部分的语言显示,其他候选人不受欢迎,因此论证应为举行第二次选举。

政官。执政官年中的第一件事情,是拒绝接见来自埃托利亚的使团,因为他们是来寻求和平谈判,不是来投降的。根据击败过埃托利亚人的指挥官阿西利乌斯·格拉布里奥的动议,使节们被告知要在15天内离开意大利,而且除非得到罗马战地指挥官的许可并由罗马使节陪同,他们不得再返回意大利(37.49)。

然后,执政官就行省事务请示元老院。元老院决定亚细亚和埃托利亚为执政官的行省,以抽签决定哪位执政官去哪个行省。这些地区都有非常重要的军事行动。⑥ 元老院进一步发布命令,允许执政官在意大利征调罗马人、拉丁人和同盟者的军队,并重新装备过去用来对付埃托利亚人的舰队。关于埃托利亚战争,元老院还发布了具体指令,将战争扩展到克法伦尼亚岛;元老院要求在公共利益许可的范围内,指挥埃托利亚战争的执政官返回罗马主持下一轮选举,不仅选举一年一任的执政官,而且要选举监察官。如果他不能来到罗马,应让元老院知晓。

随后举行的抽签不仅决定了执政官的行省,还有对副执政官的分配。对后者的分配肯定有过预先的讨论,虽然李维不曾提及。因为尽管副执政官职位有常规模式——掌管罗马城两个司法分支领域,管理海外行省西西里、撒丁尼亚(以及科西嘉)和两个西班牙行省,但在其他地区需要副执政官时,这个模式发生过变异。在这次分配中,两个在罗马的副执政官(城市副执政官[*praetor urbanus*]

---

⑥ 在苏拉独裁之前,执政官的主要职责是从事罗马的重大战争(*Staatsr.* ii. 1. 93—94;Giovannini,1983,66 ff.)。见下文第六章及其注释㊾。

和外事副执政官[*praetor peregrinus*])⑦被合并,以允许一名副执政官指挥舰队,并替换所有永久性海外行省的总督。西班牙总督征集补充兵员的规定得以制定,西西里和撒丁尼亚的总督则被要求从他们的行省额外征收两种什一税,以供应罗马在埃托利亚和亚细亚的军队(37.50)。

众副执政官前往行省之前,爆发了政治危机,它起因于新任撒丁尼亚总督昆图斯·法比乌斯·皮克托(Quintus Fabius Pictor)担任奎里纳祭司(*flamen Quirinalis*)之职。对所有祭司享有最高权威的大祭司根据第一次布匿战争最后一年的先例——当时大祭司阻止执政官之一前往其在西西里的舰队,禁止法比乌斯抛弃他在罗马的祭司职责。李维随后的叙述(37.51)是个摘要,但在某种程度上,我们可以根据其他同类的争论,⑧对当时发生的事情加以推测。在元老院和公共集会上进行讨论,以及官员们和大祭司之间相互动用法律权力的尝试后,大祭司没收了该副执政官的抵押物,并对他施以罚款。为对抗此举,副执政官向保民官、也向人民提出申诉(*provacare*)。为此举行了人民大会——会议可能由保民官召集,会议决定,该副执政官应当服从大祭司,但免除罚金以为安慰。当副执政官愠怒之下准备辞职时,元老院发布命令:副执

---

⑦ 城市副执政官(*qui inter cives ius dicit*)掌管由一个罗马公民提起的控告另一公民的私法判决;外事副执政官(*qui inter peregrinos ius dicit*,据共和国时代文献的术语)掌管一方不是罗马公民的司法事务。见 Staatsr. ii. 1, 196 ff.;本书第七章及其注释㉟。

⑧ 参见 Val. Max. 1. 1. 2; Livy, *Per.* 19; Festus, 462—464L; Livy, 40. 42. 8—13; Cic. *Phil.* 11. 18;关于这个问题,见 Staatsr. ii. 1. 57—59; Bleicken, 1959, 341 ff.; Kunkel, 1962, 21 ff.;本书第八章及注释㉑。

政官不应辞职,并分配他主管公民和外国人之间的事务。此类案件此前本是与公民之间的案件合并审理的。

在一连串的谣言之后,终于传来了对安条克取得胜利的确切消息。随后,在马尔库斯·科塔(Marcus Cotta)陪同下,国王安条克的使者来到罗马。罗马的同盟者中,罗德斯人随后也派来了使团,帕加玛国王优美涅斯二世(Eumenes Ⅱ)亲自充任使者来到了罗马。于是,根据元老院的指示,罗马举行了第一批庄严的向诸神感恩的祈祷(supplicationes)。然后,元老院听取了帕加玛国王和各使团的陈述,争议的主要问题是从安条克霸权下解放出来的那些希腊人城市未来的地位问题。优美涅斯争辩说,除非罗马人将该地区作为行省接管过去,否则他应当把这些城市作为他的臣民对待,以奖赏他的王朝对罗马的忠诚。罗德斯人辩称,如果罗马人宣布这些希腊人城市自由,那将符合罗马人过去对待希腊的政策,而且会带给罗马以巨大荣誉。因此,安条克的领地被划分成两个附属区,一个赐予优美涅斯,另一个赏给罗德斯人,条件是只有那些过去就臣服于帕加玛的城市才需要向优美涅斯支付贡金,其他城市应享有地方性自治权,并免除贡金和劳役。⑨

由于最初指定的总督巴比乌斯(Baebius)前往西班牙途中遭利古里亚人攻击而丧生,消息传来,元老院又采取行动替换远西班牙总督。夏季,罗马人开始着手解决在波伊人领土上建立一个殖民地的问题,有关决议是前一年通过的。这个殖民地就是波罗尼

---

⑨ Livy,37.52—56.李维有关条款的叙述(56.1—6)包含波里比阿相应叙述(21.18—24)中所缺乏的细节,它们肯定来自相互矛盾的年代记传统。

亚(布罗戈纳)。在李维的叙述中,只提到了该殖民地的建立,但应当是在前一年的元老院决议颁布后,需要人民投票选举常规的三人委员会(*triumviri coloniae deducendae*),并为该殖民地制定宪法(37.57.1—8)。⑩

接近年底时,支配罗马政治的大事是监察官的竞选。当时有六人竞选这两个职位,其中包括阿西利乌斯·格拉布里奥,此人是公元前191年执政官,对安条克和埃托利亚人战争的胜利者。据说他得到青睐得益于他将自己从胜利中获得的金钱分发给人民。据称在其对手的推动下,两个保民官向人民控告格拉布里奥持有掠自安条克营地的金钱和战利品,而没有在凯旋式上将它们庄严地送往卡皮托,或者用其他方式移交给国库(当时尚无关于盗用公共财物的法律,对战利品的处置存在争议。可是格拉布里奥并不是第一个因为不恰当占有胜利果实过大份额而受到控告的人)。⑪证人之中,特别显眼的是格拉布里奥的竞争对手马尔库斯·波西乌斯·加图(Marcus Porcius Cato)。虽然有人提议罚款10万阿司(也就是1万第纳尔),控告的主要动机却是破坏格拉布里奥的名誉,所以当他退出竞选时,控告在第三次听证过程中就被放弃

---

⑩ 该时期此类的政制在许多方面肯定反映了母邦罗马的制度。班提亚文献中的《奥斯卡法》(*lex Osca*)(RS i.13),如果其定年在同盟者战争之前的话,可作为例证,因为它的模板很可能是根据拉丁殖民地维努西亚的政制。关于此处李维的省略,见Badian,1996,188;关于殖民的正式程序,见Gargola,1995,chs.2—4。

⑪ 关于本次选举的叙述,见Livy,37.57.9—58。关于公元前219年执政官M.李维乌斯·撒林纳托(M. Livius Salinator),见Livy,22.35.3;*de Vir. Ill*.50.1;关于分配战利品的权力和错误,见Shatzman,1972。

了。⑫ 于是在该执政官年度的年底，当弗尔维乌斯·诺比利奥自希腊返回举行选举时，提图斯·昆克提乌斯·弗拉米尼努斯(Titus Quinctius Flamininus)和马尔库斯·克劳狄乌斯·马尔凯鲁斯(Marcus Claudius Marcellus)当选为监察官。⑬

该年初冬，L. 埃米利乌斯·雷吉鲁斯自爱琴海返回，被投票授予举行海军凯旋式。后来 L. 西庇阿自亚细亚返回，因其于公元前189—前188年执政官年度最后的日子里在陆战中取得了对安条克的胜利(37.58—59)，举行了一次特别盛大的凯旋式。大约同时，M. 弗尔维乌斯·诺比利奥返回罗马主持执政官和副执政官的选举，据说他阻止了政敌雷比达的当选。当两执政官行省任期双双得到延长后，⑭诺比利奥随后返回希腊。李维关于该年最后的叙述，是关于献纳雕像和装饰性盾牌的，并再度举行了罗马两个最重要的赛会。有些盾牌和雕像由市政官献纳，他们让那些引起谷物短缺的粮商被定了罪；赛会的举办，可能是因为观察到了某些不利的征兆(38.35.4—6)。

如塔西佗后来所评论的(《编年史》，4.32)，年代记作家记录的传统大事就是巨大的战争，城市的荡平，外国国王的战败或被俘，或者在偶然情况下，当他们将注意力转向内部事务时，就是执政官与保民官的斗争，土地法和谷物法，以及贵族与平民间的内争。有关政治的叙述，为战争及战争的需要所支配，部分原因在于它是历

---

⑫ Astin,1978,3 f.

⑬ 见 Livy,38.35.1—3。从麦撒拉有关征兆的叙述中(Gell.13.15.4)，我们可以推测出：要选举监察官，需要一个拥有执政官权力的高级官员主持。

⑭ Livy,38.35.1—3。随后是关于在国外进行战争和外交的长篇叙述。

史学家的常规，但不全是如此。执政官的主要职能，副执政官的重要职能，就是充任军事统帅。元老院的权威，当其作为讨论对外政策和军事政策的论坛时，表现得最为明显。如前面的叙述所揭示的，罗马的军事需要决定了政治日志的形态。此外，当年属于发生奇迹的时期，用波里比阿的话说，那时"几乎所有有人类居住的世界都落入罗马的单一统治之下"。在萨路斯特看来，当时还是那样一个时期——罗马人生活在政治上最为和谐的状态下（concordia）。⑮尽管如此，我们确实发现罗马政制在内政问题上活动的片段。

在海外，吸引人们眼球的，是那些担任指挥官的个人不仅在战场上，而且在外交上所享有的巨大权威。罗马的盟友能否晋见元老院取决于他们的意志；安条克之类战败的敌人，只有在指挥官提供的使者护送下才能派出代表；当埃托利亚人试图在未得护送的情况下派出代表时，被斥退了。高级官员手中政治和军事权威的结合，意味着他们不仅组成了罗马强大的行政机构，而且对任期内及随后时期罗马的政策具有强有力的影响，莱利乌斯在山南高卢的殖民问题上，格拉布里奥在埃托利亚人问题上，都是如此。在罗马，元老院似乎是政治的中心，正是在这里，人们不仅就外交政策进行辩论，而且诸如副执政官和大祭司之间的争吵，也在那里讨论。在确定行政官员权威的界限时，元老院是公认的裁判员和公断人。

可是，如果我们认为元老院乃唯一的，或者是最高的权威，那就错了。事实上，共和国政制的特点，是存在多个合法的决策机

---

⑮ Pol. 1. 1. 5；Sall. *Hist*. 1. 11M.

构,它们一般都不会为更高的权力机构所超越(在皇帝的君主制下,它们很大程度上消失了)。包括市政官、保民官和财务官——对这些官员每年一度的选举,李维常不提及——在内的众多官员,还有创建或重建殖民地的委员会成员,其权力来自人民大会中的人民。有关监察官选举的故事表明,人民的投票可能会屈从于人们觉得不恰当的影响,[16]但它也表明,这样的影响并不必然具有决定意义。在公元前189—前188年的执政官选举中,据说支持选举的执政官本人应为其中一个候选人的失败负责。我们不清楚的是,这仅仅是指对选民的说服,还是利用了政制上的某些技巧。无论如何,其他资料清楚地表明,主持选举的官员并不总是能够遂其所欲。[17]

人民大会是控告阿西利乌斯·格拉布里奥的场所。此前由于法比乌斯·皮克托对保民官的申诉和他的上诉人民大会(provocatio),他与大祭司的纠纷,最终在人民大会上得以解决。此外,市政官对囤积谷物者的控告,可能也是在人民大会中进行的,李维只简单提及此事。至于由人民大会从事的立法活动,在李维有关当年的叙述中不曾提供例证,但波罗尼亚殖民地的建立,应当需要通过法律。有一条资料说,《特伦提亚法》(lex Terentia)授予被释奴的子女以公民权,此法似乎是该年通过的。[18] 如李维关于次年的叙述所示,公民权问题乃人民大会特有的权力。当时保民官盖乌斯·瓦列里乌斯·塔波(Gaius Valerius Tappo)提出议

---

[16] 见 Lintott,1990a。
[17] 见 Livy,35.10.9(对比 39.32.5—12),并见 Rillinger,1976,143 ff.。
[18] Plut. *Flamininus*,18.2.

案，授予丰狄、弗米亚和阿尔皮努姆以充分的罗马公民权，但他的四位同僚以行使否决权相威胁，理由是该法尚未经元老院讨论。那些阻碍该法的保民官随后被告知：授予公民权是人民大会的事务，不属于元老院，于是他们放弃了否决。[19]

与上述相反，我们应当意识到，李维的叙述，最多也就是让我们对那些罗马城中官员们所获得的权威有一个浮光掠影式的印象。关于保民官作为法律仲裁人和上诉权核心的问题，我们只有一个例证；对于市政官作为罗马城事务监督人的职能，我们仅获得一次暗示。对于监察官确定公民等级、决定公共财政问题的常规职能，李维未予关注。

最后，虽然有关该年的资料不如其他年份丰富，但政治生活与宗教的纠结仍然明显。除法比乌斯·皮克托的诉讼案件外，李维还提到了因军事上的成功举行的祈祷——由执政官组织的宗教仪式，以及凯旋式，赛会的重复举办和向众神奉献一定数量雕像的事情。虽然年代记作为宪政发展资料的重要性在于其累积，史学家们被迫从其年复一年、一期一期的记载中发掘，但即使是这单独一年的叙述，也昭示了共和国的特征。

---

[19] Livy, 38.36.7—9；参见 27.5.7，41.9.9。

第三章　波里比阿论罗马政制

波里比阿对罗马政制的分析,是其著作第 6 卷的一段补叙,用以说明在第二次布匿战争初期罗马在汉尼拔手中遭遇一系列惨重失败后,为什么没有崩溃的原因。他评论说,从那时到他写作之时,政制发生过某些变更,但不重要(波里比阿,6.11.13)。本章的意图不止一个。波里比阿提供的是一个理论框架,一张罗马政制特征列表。根据从其他途径了解到的事实,我们也许可以对其提出批评,但它确实可以有助于我们建构起关于罗马政制的特征图表。① 在我看来,也许我们还可以通过罗马人的论辩以及他们对政制的观察,来考察其中所反映的政制情况。② 对这些东西,波里比阿因被强制滞留罗马,与罗马贵族结下友谊,很可能是意识到了的。我们还可以认为,由于波里比阿对形式的分析以政制的各个机关及其相互关系为基础,用以讨论罗马共和国的实际则不足。可是,如果我们认为他的分析基于权力核心(君主制的、贵族制的和民主制的),那这样的反驳似乎没有意义。我们也不能指责波里比阿是从狭隘的法学家视角进行分析,因为他为罗马的军队和宗教留下了空间。

---

① 此种看法的重要代表是 Walbank,1957,673—697(更加概括性的观点见 Walbank,1972,130—156)和 von Fritz,1954,155—183,220—257。

② 特别请参看 Nicolet,1974。

他本人已经告诫过我们,他的叙述经过了简化,因此我们应根据他实际所说,而不应根据他遗漏的内容对他进行评价(6.11.3—8)。

波里比阿认为,作为"混合政制",罗马政制几乎是独一无二的,它与斯巴达的来库古政制不同,不是由一个立法家创造的,而是依照生物学模式,在时间长河中发展起来的,其唯一的同类是迦太基政制。在解释了"纯粹"政制——它从基于强力的君主制,经过立宪君主制、贵族制、民主制,到达残暴的民主制(暴民的统治)——的循环,并对罗马政制过去的历史做了勾画——如今已大部失传——后,波里比阿开始论述它现在的性质(我将在后面的一章中讨论这种理论与其他有关混合政制的政治理论之间的关系)。③ 对波里比阿来说,执政官、元老院和人民的权力分别代表着这个混合政制中的君主制、贵族制和民主制因素。

执政官的活动放在两个领域:在领军出征之前,在国内的行动;在战场上,为指挥官(6.12.1—8)。据说当他们在罗马时,他们负责所有事务。其他官员都是他们的下属并服从他们,只有保民官例外。执政官控制着使节对元老院的晋见;挑选供元老院讨论的事务;并执行元老院的命令。战争中,他们对所有等级的罗马士兵及罗马同盟者享有近乎专断的权力,有充分的权威惩治他们;花费金钱的数量,以他们认为合适为准。如波里比阿警告我们的,这幅图画经过了简化。但它是否简化过头,以致造成误导?

关于执政官在战场上的权力,除一点例外,其他几乎勿需争论。通过财务官从国库任意支取金钱的能力——对此波里比阿后

---

③ 见下文第十二章。

来还不止一次地重申(6.12.8;13.2;14.3),其他材料并未证明它是常规。④ 此外,即使我们认为,如同波里比阿论证的顺序所暗示的那样,战场上的执政官拥有这种能力,那也似乎与他后来的看法不协调——在战场上,执政官的军需供应仰赖于元老院(6.15.5)。总体上看,执政官应当请示过元老院。任何期待在自己最初的年度任期届满后留任的指挥官,如果未经请示地开支,可能都是不明智的。就执政官在罗马的地位而论,问题更多。首先,波里比阿根本没有提到副执政官,意味着他忽略了一个重要官职,而副执政官是可以代替执政官召集元老院会议和人民大会,并通过法律和命令的。副执政官替代执政官的做法,资料证明是波里比阿时代的通例。⑤ 副执政官将议案提交人民大会的情况,也有一个明确的例证,时为公元前208年,当时两执政官都尚未离开罗马。⑥ 因此,人们无法用下述论证为波里比阿辩护:当两执政官之一在罗马时,副执政官不会提出政治创议,因此他们的权力不会分解执政官的权力。

更重要的一点,是波里比阿给人们留下的下述印象:在执政官处理的所有问题上,其他官员都是他们的下属,就好像战场上他们

---

④ 波里比阿可能受到了西庇阿·阿非利加努斯(Scipio Africanus)(可能在公元前194年第二次出任执政官)例证的影响,当时他从财务官手中抢走了国库的钥匙,而法律和传统(nomos)要求那时应关闭国库之门。波里比阿本人重述过这个故事。参见 Staatsr. ii. 1. 131—132。

⑤ Livy,24.9.5;27.5.16;33.21.9;Staatsr. ii. 1. 129—130。

⑥ Livy,27.23.7. 亦请见 42.21.8. 后来还有 Q. 弗菲乌斯·卡列努斯(W. Fufius Calenus)的例证,当公元前59年恺撒和毕布鲁斯都在罗马时,他通过了一道关于分别登记陪审员投票的法律(Dio,38.8.1)。

的属员一样。情况显然不是如此。副执政官的司法权基本上是独立的,尽管人们可以向执政官或者保民官上诉来反对判决(见第七章及其注释㉚和注释㊱,第八章及其注释㉔及其以下)。在管理赛会时,市政官也许认为,他们需要执政官权威的支持,但原则上说,在这个问题上,如在监督市场、道路、供水、灭火和葬礼的安排上,他们有自己专属的权力,执政官一般情况下不介入(见第八章及其注释㊲及以下)。在民政管理上,执政官唯一真正的下属,是他自己的财务官。

于是,人们被迫提出这样的问题:波里比阿那简化过的描述,是否为某些当时罗马人宣称应当属于执政官权威的领域(作为同类的例证,人们可以引用西塞罗内战时期那种极其带有倾向性的声明,它们就执政官在其领域中的各项权力做出了说明。有些学者论证说,它的目的是对后来公元前27—前23年间奥古斯都所掌握的权力做出说明)。⑦ 这就让我们接近了那个享有全权的治权(*imperium*)的概念。蒙森对罗马共和国的看法,就是以此为基础的。⑧ 在蒙森看来,全权治权最初仅受到一年任期和同僚权的限制,后来,由于官职数量的增加,它逐渐分解,并因保民官的干预权受到削弱。可我们不能肯定的是,罗马是否真正存在过执政官在罗马城内可以像君主那样发号施令的传统,如同他在战场上得到的许可那样。事实上,发明独裁官一职的理由,除他没有同僚外,就是他在城内可以专断行事,而一个执政官在那里却是不能如

---

⑦ Cic. *Phil.* 4.9; *Att.* 8.15.3; Pelham, 1911, 66—68; Jones, 1960a, 6.
⑧ *Staatsr.* i. 6 ff. ; 24 ff.

此的。⑨

对波里比阿来说(6.13)，元老院的权力首先是它对国库收入和支出的控制，除执政官那广泛的任意处置权外，元老院对国库的权力是绝对的。波里比阿不大可能相信元老院能事先掌握那应归入国库的金钱，这些钱来自税金、拍卖或罚款。情况毋宁说是，他当时所指的是对税收一般政策的掌控。可是，税收以及财政上的其他问题，有时是由人民大会通过的立法管制的。⑩ 这样看来，波里比阿好像是把常规当作绝对的事情对待了，他所遵循的，也许是罗马某些权威人士的论战性意见，但人们对此也可以持相反的立场。⑪ 至于支出，行省中的官员要仰赖于元老院提供的财政支持，确实是当时的常规。监察官签订公共工程合同的决定权由元老院授予，至少是波里比阿时代通行的习惯，而且得到了编年史有关公元前179年及其以后的资料的证实。⑫

元老院第二个方面的权威，是对意大利需公共权力介入的犯罪行为——叛国罪、阴谋罪、投毒和暗杀——的监督。下述问题，

---

⑨ 强调独裁官具有镇压国内动荡能力的，正是哈里卡纳索斯的狄奥尼修斯(AR 5.70—77)。对西塞罗(Rep.1.63,2.56)和李维(2.18 ff.)来说，他的工作就是在重大战争中提供一个单一的指挥官。可是，根据李维的看法(2.18.8—9,参见29.11)，该官职是为让平民产生恐惧。亦请见第七章及其注释㉗。

⑩ 例如公元前210年和公元前172年关于出租坎帕尼亚公有地(ager Campanus)的法律(Livy, 27.11.8; 42.19.1)；《关于三人财政委员会的米努基亚法》(lex Minucia de triumviris mensariis)(Livy, 23.21.5)；《关于减免债务的弗拉米尼亚法》(the lex [? Fla]minia minus solvendi)(Festus, 470L)；公元前193年的《关于放贷的森普罗尼亚法》(the lex Sempronia de pecunia credita)(Livy, 35.7.4—5)。

⑪ 见Cic.Vat.36类似的夸张性结论。

⑫ Livy, 40.46.16; 44.16.9.

第三章 波里比阿论罗马政制

如酒神信徒案、被控投毒者以及意大利南部的暗杀(sicarii)案件上,资料明确暗示有元老院介入。[13] 另一个问题,是处理那些应当受到谴责或应得到人力支持或戍军的城市的事宜。在有关该时期的资料中,这方面的文献也很多。我们听说公元前159年有《关于提布尔的元老院命令》(senatus consultum de Tiburtibus);还有给予各个城市物质援助以对付外来入侵、内战、奴隶暴动的事情,甚至有应付蝗灾,更不用说解决城市之间的纠纷了。[14] 这里让我们感兴趣的一点是,这些相当于指导官员们在相关领域采取适当行动的权力,似乎是元老院新近增加的权威,因为元老院除留意罗马领土之内的事务之外,还注意罗马领土之外的事务,它们很大程度上是对发生争议地区的请求所做出的反应,但如酒神信徒案调查所显示的,也不完全如此。

在波里比阿的叙述中,元老院第三个方面的权威,是在罗马接待外来使节,并向海外派出使节去解决问题,调解不同民族的纠纷;提供指导,接受投降和向敌人宣战。[15] 这确实是一个经过精心

---

[13] 见 SC de Bacchanalibus (FIRA Ⅰ, no.30);Livy 39.14—19 and 41.5—6; 40.19.9—10,37.4,and 43.2;Per.48。麦克唐纳1944年的著作搜罗并讨论了有关资料。元老院后来对此类事务的介入得到了西塞罗《布鲁图斯》第85章以下所提供例证的证实(在西尔瓦西拉发生的包税人为奴隶谋杀的案件)。

[14] 关于《提布尔的元老院命令》(FIRA Ⅰ, no.33)证实了谴责的存在;提供物质帮助的例证见 Livy,30.1.10;32.26.4—18;33.36.1—3;41.27.3;42.10.8;43.1.5—6,17.1。有关解决纠纷的情况见 Livy,45.13.10—11;Cic.Off.1.33;Val.Max.7.3.4;ILLRP 476—477。另见 McDonald,1944。

[15] 关于这些行动的资料大量存在。第二章显示了在那一年中有关资料的丰富。有关外来使节最充分的讨论以及此前的书目,见 Linderski,1995。关于元老院在宣战方面的职能,见 Rich,1976。

挑选的例证,因为那些被派出的使节的特点在于,元老院或其派出的代表即使节(*legati*)所采取的行动,表明它不仅仅是个咨询机构,还是一个行政团体。有人也许会反对这个看法,驳之曰:尽管元老院是无可争议的政策制定者,但任何行政行为都是由在场的使节或者官员们实行的。此外,使者们有权自由行动,并不仅仅是代表元老院的喉舌。公元前168年,波皮利乌斯·莱纳斯(Popilius Laenas)强迫安条克四世(Antiochus Ⅳ)在离开他当时所占的地方之前,做出了退出埃及的决定。这个行动是元老院很难预见的。公元前196年,被指定解决希腊问题的委员会所提出的政策,是让希腊人自由,将元老院授予他们的便宜行事之权发挥到极致。[16] 尽管如此,真实的情况仍然是:在这些问题上,元老院的决议一般被认为是权威的,并不仅仅是个建议。

然后波里比阿转向了人民的权力(6.14)。他问道:既然元老院在具体问题上,特别是在收支问题上拥有如此大的权力,执政官在战场上和战争准备问题上拥有充分自主权,那还有什么权力留给人民? 那是某种最重要的东西——对授予荣誉、施加惩罚的控制(*timé*和*timōria*)。[17] 对波里比阿来说,荣誉和惩罚控制着 *dunasteiai*

---

[16] Pol. 29.27. 1—8; 18. 44 and 46. 5—7 and 15. 关于十人委员会的活动,见 Schleussner, 1978, 34 ff. 施罗斯内重视的是他们采取行政行动和进行谈判的权力。他们确实拥有操作的自由,但必须在此前规定的框架内行事。

[17] 据西塞罗(*Ad Brut*. 23.3),这是梭伦(Solon)的格言;一个共同体是由两个东西联合在一起的,那就是 *praemius*(奖赏)和 *poena*(惩罚)。沃尔班克把柏拉图《法律篇》3.697a—b 所提到的 *timé*(荣誉)和 *atimia*(惩罚)作为波里比阿 6.14.4 的先例。有趣的是,在《论李维》中,马基雅维利显然是在波里比阿影响下,在把罗马共和国作为混合政制加以讨论后(1.2—6),立刻接着讨论刑法问题(1.7—8)。见本书第十三章及其注释⑫。

第三章 波里比阿论罗马政制

（即僭主制和狭隘的寡头制）和共和国，总之，是人类生活的一切方面。任何不采取适当措施以区分那些应获得荣誉和应受到惩罚行为的共同体，就不可能恰当处理处于共同体权威下的任何事情。他说，如果罚款数量比较大的话，人民常为了罚款进行审判，尤其是那些担任最高官职的人；只有人民能做出死刑判决（6.14.6）。在我看来，我们这里必须提供一个"那些担任最高职务的人"作为宾语。[18] 在对被告如何在"只有一个特里布斯尚未投票时"选择流放做了简短插叙[19]后，波里比阿简要描述了人民在选举、批准和废止法律、决定宣战、媾和、结盟方面的权力。

接下来的三章（6.15—17）是对政制三个部分可用来相互对抗和合作的能力的分析。执政官（15）虽然在外征战时似乎拥有充分的权力，但如果他在战场上希望获得装备和补给的话，需要得到元老院的合作。如果元老院规避其职责，而且采取不合作态度，他将无力采取任何行动（15.4—6）。在试图延长任期（6—7）或者举行

---

[18] 否则这个结论就和波里比阿在6.13.4已经表达过的意见难以协调了。在那里他宣称，元老院处理意大利的死刑审判案（最后这个术语包括所有与罗马结盟的民族，但肯定也包括罗马的乡村和罗马自身。那里也是酒神信徒案件最初调查的中心地区）。还请注意6.16.2，波里比阿在那里声称，未经人民批准，元老院不可完成最重大的、涉及各个方面的调查，其中包括死刑。这表明元老院无权单独采取行动。亦请见Lintott,1972,特别是第257—258页，以及本书第九章及其注释[30]。

[19] 虽然共和国后期，人们一般希望人民有关死刑案件的审判最后在森都里亚人会中投票表决（Cic. Dom. 45），但我们不能假设这里是把"百人队"误写成了"特里布斯"，因为随后举行的投票，虽然有可能在特里布斯人民大会中发生，但只有在森都里亚大会中才令人信服，如果所有等级及其相关的百人队都已经投票，却是个平局，而只有那个"*capite censi*"尚未投票的话（见会议本书第五章及其注释[77]和注释[91]）。普劳图斯（Plautus）（*Capt.* 475）也描述了特里布斯中对被告的判决，但他所说的可能是非死刑类的审判。

凯旋式(7—8)时,他处在元老院的权力管制之下,因为元老院如果拒绝给他以支持和资金的话,他无法举行凯旋仪式。更重要的是,如果他希望自己的决定得到批准,并且希望从控告中胜出,他需要人民对他有好感。尽管元老院拥有它拥有的所有那些权力(16),但仍需要依赖人民批准其对范围极广、非常重要的有关政治罪案的调查,因为此类的判决是死刑(16.1)。人民可以通过法律来限制元老院的权力和特权(16.2—3)。此外,如果有任何一个保民官行使否决权,元老院的政策,将无法得到执行,甚至不能开会,而保民官总是需要执行人民的决定,并且总是注意人民的愿望。

至于人民,由于整个意大利的建设和管理——港口、市场-园圃、矿山和乡村土地,都由监察官发包,人民希望获得合同,所以依赖于元老院。所以这些都由普通人民从事,而且几乎所有人都卷入了购买和执行这些合同的事务之中。如果发生了灾难的话,元老院有权给合同延期,或者减轻合同规定的条款;如果他们无法完成合同,元老院可以解除与他们的合同(6.17.1—6)。[20] 最为重要的是,在大多数引起重大争论的公私事务案件中,提供法官的是元老院(7—8)。[21]

因此,每个部分所拥有的权力,都会损害其他部分的权力,或

---

[20] 因请求而合同被废止的最臭名昭著的例证发生于公元前 61 年(Cic. *Att.* 1.17.9; 2.1.8, 186.2; Suet. *Jul.* 20.3; App. *BCiv.* 2.13.47—48)。关于人民,波里比阿这里所提供的,无疑是一幅过于简化、误导读者的图景,因为他把人民等同于手工业者及其老板,他们参与了道路修筑和其他由国家资助的工程,但忽视了独立的农民、商人和自由工资劳动者。让我无法相信的是,他把包税人作为人民的代表。

[21] 见 Brunt, 1988, 194 ff., 特别是第 227—236 页的看法。他论证说,C. 格拉古打破了元老院对重要民事裁判接近独占的权力。

第三章 波里比阿论罗马政制

者需要与其他部分的权力合作。这种结构使它如应当的那样,可以面对任何环境。因为当外来威胁迫使它们为共同目标采取行动时,它们相互竞争的本能,意味着不会留下任何东西没有完成;它们之间的合作,确保这些工作能及时完成。此外,如果没有外来的危险,因为成功和兴盛得意洋洋,因此可能导致傲慢和过分时,政体也会提供补救措施。任何因素如果过于强大和过分野心勃勃时,都会发现自己并不是独立的,而受到其他因素的反击和对抗(6.18)。

波里比阿分析的核心观点就是如此。他继续论述罗马的军事制度,并随后把罗马政制与克里特、斯巴达和迦太基的政制进行了比较。在最后这部分,他在几个重要方面扩展了他关于罗马政制的观念。如果与斯巴达政制比较,罗马政制更适合创建帝国,更具有"动态"特性,也就是说,罗马政制有利于产生力量(6.50)。如果和迦太基政制比较,罗马的制度正处巅峰时期(acme),而迦太基的政制已经走过了它的鼎盛时代,因为在迦太基,人民已经在议事时取得了最大的影响,而在罗马,元老院处在最高地位。因此,在前者那里,是人民大众主导着政策,而在后者那里,是最优秀的人主导着政策(6.51)。在有关罗马杰出人物葬礼的叙述中,罗马制度的贵族特征得到了进一步的强调。波里比阿认为,那是罗马年轻人向往美德和爱国主义至关重要的动力(6.53—54.3)。对宗教的处理方式,是为了控制人民大众。波里比阿相信,罗马人对宗教做了最大程度的强调,并把它引入了公共和私人生活(6.56.6 12)。因此,波里比阿显然不仅把罗马政制视为混合政制,在他那个时代,它是个贵族因素事实上占支配地位的政制。在他看来,正是这两个特征有助于罗马的成功。后来,在有关西庇阿·阿非利加努斯去世的评论中,罗马政制的贵族性质再度得到确认。在评论中,波里比阿的意图是说明西庇阿对元老院和人民大众的影响,这一点正好和关于波里比阿自己的同胞腓罗波曼(Philopoimen)去世的评论形成了对比。腓罗波曼是在一个"民主的和多向的政制"下,即阿凯亚同盟的政体中追求自己目标的。[22]

然而,尽管具有上述所有这些令人期待的优点,但这个政制,也会像所有现存事物必然具有的性质一样,难以逃脱变化和败坏的命运。波里比阿暗示,根据他过去对政制循环的解说,他的读者应该能够自己提供有关该理论的结论。当该政制排除了外来威胁,达到一种无人能及的优势和统治地位时,财富和幸福会让人们更加渴望获得官职和其他机会,于是就会有更多的奢华和排场,人民就会越过界限,政制随之进入下一个阶段。某些上层人士的贪婪让人民相信自己受到了不公正对待,另一些人因野心提出无用的建议去讨好人民,结果是人民会变得傲慢,不愿服从,不愿仅仅成为政制中其他两个因素平等的一方。到此时,政制会拥有自己最美好的名称:自由和民主,但实际上是最糟糕的政制,乃暴民的统治。[23] 本章给人的总体印象,是波里比阿对人民(dēmos)的偏见。这种偏见是柏拉图——政制循环理论的始作俑者——和一般罗马贵族的特征。尽管如此,波里比阿并未放弃他对平衡政制的信仰。在他看来,出现问题的人民希望在该制度中获得超出其平等地位的权力,但让人民腐败的,正是贵族自己。

---

[22] Pol. 23.14.1—2 and 12.8. 也请参见 2.38.6 对阿凯亚同盟政治性质的描述,以及他对言论自由(*parresia*)的强调。

[23] Pol. 6.57.1—9. 在 6.57.9 中的暴民统治(*ochlokratia*)似乎和 6.9.7 叙述政制循环时所说的 *cheirokratia* 是同义词,它是因富人的野心和大把花钱造成的,它们在穷人中创造出只有僭主才能实现的期望。

第三章 波里比阿论罗马政制

对于由这个解说中产生的问题，人们争议很多。与其他资料的比较表明，总体上看，它是关于当时的罗马政制有见地的看法，但人们也常指出，因为省略和误解，其中也有诸多缺陷。[24] 如果我们不对资料来源中的歪曲做出某些说明，就难以从方法论上对其进行分析。无论这种歪曲是波里比阿的罗马贵族朋友转述的结果，还是因为他本人的希腊背景所产生的偏见。

如我前面已经指出的，波里比阿似乎没有受到希腊政制理论框架的束缚。他论证的基础，肯定是希腊人视为政制基本构造的那些因素：官员、议事会和人民大会，但这样做的时候，他的方式远不是传统的。如果我们把波里比阿著作的第 6 卷第 12—18 章与自第 42 章开始的亚里士多德《雅典政制》的相关部分进行比较，这一点就清楚了。在那里，亚里士多德详细描述了公元前 403 年以后的雅典民主制度。亚里士多德描述的，是制约官员和其他公共机构活动的各种规则；波里比阿所讨论的，是政制各因素相对于其他因素所具有的权力，而且这些权力并不仅仅是宪法规定的权力，还有那些基于部门利益对宪法规定权力的运用。更重要的是，波里比阿强调了各因素之间相互制约的特性。罗马政制不仅是混合的，而且建立在相互制衡的基础上，这个观念不是因为有关讨论逐渐产生的，而是一个开始就存在的假设，如果你愿意，可以说是一个得到了证明的定理。其结果是：政制各因素间相互合作的能力，尽管是在后来的一章(6.18)中重新讨论的，但此前并未加以强调。

---

[24] 在近来的作者中，沃尔班克的注疏(1957)清楚地表明，波里比阿的叙述受到其他资料的启发。但他的总体评价(1972,155—156)实际上又把它作为英勇的失败对待。有关该理论批判性的，但仍适中的分析，见 Nicolet,1974 and Nippel,1980,142—153。Millar,1984 则非常欣赏波里比阿的看法。

在进行讨论时，它先是被归于外来的危险，然后被归于各个因素对其他因素所产生的威胁，因为任何一个因素过度的野心，都会遭到其他两个因素的抵制。

如我们所知，尽管波里比阿是从希腊人的两个观念——政制循环和混合政制（事实上，后者似乎已经为罗马人所知）——入手的，但在我看来，波里比阿的方法有一种希腊政治思想主流不具有的独创性。[25] 是哪些东西影响了他？虽然要冒点儿似乎简单化的风险，但我要说的第一个因素，是他与罗马人事物和观念的接触。几乎可以肯定，罗马人已经构建了他们自己的政治神话，把他们的政制描绘为自冲突中出现的产物（见下文第四章）。[26] 这个总前提，有助于波里比阿创造他那与希腊人相反的模式，就是把重点放

---

[25] Cato, fr. 80P, 见于塞尔维乌斯（Servius）对《埃涅阿斯纪》第 4 卷第 682 行"*populus patresque...*"的注疏。他指出，有些人认为，迦太基政制由三部分组成，即人民、贵族和王权。这些人中就有加图。据当时人所述，他敌视君主式行为，因此可能不愿看到罗马共和国政制中的君主制因素。

[26] Von Ungern-Sternberg(1990)在论证中反对有关等级冲突的概念，但他同时认为，无论是波里比阿，还是最早的罗马作家，都不相信等级冲突延续到十二表法之后。他抛开早期罗马史如何建构的故事（在这个问题上，我对恩格－斯特恩贝格的看法抱有很大的同情），但我认为，虽然梵蒂冈抄本的开头（6.11）既突然，又难以翻译（参见Walbank,1957,674 and 1972,148,n.116），却不足以证明下述结论：在（明显的）《瓦列里亚－霍拉提亚法》（"薛西斯（Xerxes）渡海侵入希腊三十年后"）和第二次布匿战争之间，政治上没有发生重要的变革。可以肯定的是，政制中的主要因素都已就位。但波里比阿相信，第二次布匿战争时代的理想政制是通过自然进化达到的，根据他的看法，那意味着三种因素间持续的冲突。关于恩格－斯特恩贝格提供的其他资料，萨路斯特（*Hist.*1.11M）过于简略，无法提供可靠的论证。无论如何，他把第二次布匿战争视为贵族和平民冲突的终结。我们不可能根据狄奥多罗斯（Diodorus）简短的插叙（12.24—25），对十二表法时代的罗马政治史做出沉默论证式的结论，因为在那里，《瓦列里亚－霍拉提亚法》与公元前 4 世纪的法律被混合在了一起（25.2），同时西塞罗《论共和国》关于早期罗马史的讨论，由于他希望弭平或者尽量贬低平民的成就，而被歪曲了（见下文第十二章及注释[33]以下）。

在权力而不是职能上。第二个因素,是不寻常的宪政行为给波里比阿留下的总体印象。元老院对平民所行使的绝大多数权力并不显赫,但通过出让合同和拍卖,它成了众人注意的焦点,并让它在争论中有了一席之地。对外政策通常因使团和外国统治者的出现而具体化了(波里比阿时代最引人注目的事情,是比提尼亚国王普鲁西阿斯二世[Prusias Ⅱ of Bithynia]的晋见,他把自己打扮成解放奴隶的形象)。㉗ 作为战争指挥官的执政官的离去,或者是他的胜利归来,远比他在主持元老院就国内管理问题举行的冗长辩论时更加显赫。较之日常的选举,旷日持久的叛国罪审判让人民的权威得到了更强烈的表现。

叙述中出现的这个新特征,难说它到底是波里比阿本人修辞的结果,还是他的信息来源所致。我的意思是下述事实:宪法规定的权利倾向于通过绝对和不加限制的术语来表达。当他宣称(6.14.6)只有人民能够审判死刑案件时,即使我们,如我认为我们应当做的那样,提供"那些曾担任最显赫的官职者"作为该动词的宾语,他仍然把情况过于简化了,如他本人承认的那样(16.2),当时他把批准对可能导致死刑的政治案件的调查权归于人民,而案件调查由元老院进行。虽然这确认了人民在重大罪案上的主权,但它表明,并不只有人民在审判此类案件。此外,下述结论是对保民官态度的表述:所有保民官都总是执行人民的决定,并且把他们的眼光放在人民的愿望上。事实上并非所有保民官都赞同的。实

㉗ Pol.30.18.另一个例子是公元前190—前189年冬优美涅斯二世的到达(Pol. 21.18—22,见前文第二章及其注释⑨)。

际上,对保民官行为的表述,模糊了保民官活动的程度,那就是,尽管他们不是元老院的奴隶,可他们终究经常对元老院的主流看法采取合作态度。[28]

波里比阿的叙述,对于一个在讨论罗马政制时希望找到一个坚实立足点的现代学者来说,是他所面临的问题的良好的导言。作为对罗马政制功能的理论性分析,它在我们的现存资料中占有独特地位(虽然在《论共和国》中,西塞罗把罗马共和国作为混合政制对待,但他低估了冲突和遏制,对政制发展的追溯不曾超出公元前5世纪)。[29]另一方面,由于波里比阿的讨论关注的是冲突以及共和国政治中权力的重要表现,它与另一种资料——保存在李维和哈利卡纳索斯的狄奥尼修斯的著作中的编年史传统——是一致的。在这里,政制的性质是通过生动的故事体现的,在其先驱——共和国的编年史——的著述中,它无疑也是如此。其中那些最早的作品,波里比阿应当读到过。罗马共和国政制远不仅是法典,它的基础是由传统和先例确定下来的传统制度,而这些传统和先例,首先表现在故事中,其中有些故事和较近的事件有关,具有良好的历史真实性,有些是对遥远事件的建构,含有很多的神话因素。因此,罗马共和国的政制与法典不同,并不超然于政治,它是罗马人认为正确的和做过的事情,因此在不止一个层面上,它是历史的产物。

---

[28] 有"贵族的走狗"(*Mancipia nobilium*)之说,这是李维(10.37.11)记载的 L. 波斯图米乌斯·麦吉鲁斯(L. Postumius Megillus)责骂保民官的话。关于保民官根据元老院利益活动的情况,见 Bleicken,1955,54 ff.(他关于保民官的看法在后来的一篇文章中已经得到更详尽的论证。见 Bleicken,1981)。

[29] 见下文第十二章及其注释[28]以下。

第四章　罗马政制的起源

波里比阿的观念,尤其是他关于罗马共和国政制乃自然发展的产物、它的力量来自相互竞争的力量之间的冲突与合作的看法,不仅基于当时罗马的政治,而且基于对罗马早期历史的描述。在其著作第6卷如今失传的部分,他对此有过摘要性的描述。而它们,肯定又是基于最早的罗马编年史作家的,并且毫无疑问地,经过了他的罗马朋友的评论的补充。虽然最早的编年史作家们的作品几乎全部失传,但我们仍能一定程度上分离出这一传统的概要,我们所拥有的李维和哈利卡纳索斯的狄奥尼修斯的作品,是它们非常详尽的形态。对理解波里比阿的思想来说,这样做具有明显的重要性;对理解罗马人思考其政制的方式来说,这一点更加重要。无论我们觉得罗马人利用后世的观念和资料把他们的早期历史污染到什么程度,这样做都是正确的。

这里既无必要,也不可能对早期罗马历史的可信性问题进行彻底考察。[1] 第二次布匿战争期间,当最早的编年史家着手他们

---

[1] 像 B. G. 尼布尔(B. G. Niebuhr)写作《罗马史(1826—1830)》时一样,这个问题今天仍充满争议,有关该问题最近的概述,见《剑桥古代史》第7卷第2分册,第2版,特别是其中的第1章第1—29页(作者为 R. M. 奥吉尔维[R. M. Ogilvie]和 A. 德鲁蒙[A. Drummond])和第3章第52—112页(作者为 A. 莫米利亚诺[A. Momigliano]),另见 Raaflaub,1986 之第1章(K. Raaflaub)和第2章(T. J. Cornell)第1—76页;Cornell,1995。

的工作时，他们只有来自过去的、非常有限的书面材料可用，其中具有头等重要性的，是执政官的《年代记》(fasti)，那是一份可以追溯到共和国初期的、每年一对的执政官的清单（尽管在某些点上可能已经遭到篡改），其最后的版本，共和国的开端被置于公元前509年。② 祭司们（pontifices）可能也保存了某些资料，构成他们一年一度的记录——战争、胜利、饥荒和瘟疫。有争议的问题是：这些资料是不是从高卢人攻陷罗马（公元前390年或公元前386年）以前幸存下来的。③ 有些早期的碑刻文书，例如罗马人与拉丁人的条约和罗马的基本法典即十二表法，④保存了下来，前者在西塞罗时代还为人们熟知。到公元前4世纪，希腊人开始记载罗马的历史事件，到公元前3世纪早期，陶罗美尼昂（陶尔明那）的蒂迈欧（Timaeus of Tauromenium）的历史著作中，似乎已经有相当重要的部分讨论罗马（埃特鲁斯坎人的作品中也提到罗马，但在皇帝克劳狄之前，似乎没有任何罗马人利用过他们的记载）。⑤ 尽管如此，对那些他们插入其作品的大量内容，早期编年史家们肯定依靠口传传统，尤其是那些贵族家族口耳相传，⑥后可能以颂词的形式

---

② *Inscri. Ital.* xiii.1.；MRR i 及 ii 之第 637—639 页关于年代学的注释。怀斯曼（Wiseman,1979,ch.2）认为，我们现在所拥有的《年代记》很大程度上是公元前2世纪的创作，但在我看来，在否认其历史价值方面走得过头了。

③ 有关证据和可能的残篇见 *HRR* i.3—29。弗里尔（Frier,1980）和罗森（Rawson,1971）怀疑后人是否能利用它们以及它们的价值。布赫（Bucher,1987）对该记载的真实性给予了更多的信任。

④ 关于与迦太基的第一个条约，见 Cic. *Balb.* 53 with *CAH* vii.2^2.271—276,cf. 253—257；关于十二表法，见 *FIRA* Ⅰ,pp.23—75＝*RS* ii,no.40。

⑤ 关于蒂迈欧（*FGH* 566），见 A. Momigliano,1977,37—66；书目见 Hornblower,1994,35；关于埃特鲁斯坎人的作品，见 Cornell,1975。

⑥ 见 Wiseman,1994；von Engern-Sternberg,1988。

第四章 罗马政制的起源

作为书面记载固定下来的传统。这些颂词为葬礼赞颂演说,在波里比阿衷心赞同的仪式上发表,如后来的罗马作家们所承认的,⑦正因为这个原因,它们不再可靠。

如塔西佗《编年史》的第一句话所说,罗马一度由国王们统治。即使罗马人对此缺乏更进一步的信息,他们仍可以从被称为"圣王"的祭司的职位中推测出王的存在来。这是一种名为"摄政"(interregnum)的制度,当罗马既无执政官、副执政官,也没有独裁官在职时,这个职务就会出现。他们还可以从罗马广场东南角那座被称为莱吉亚(regia)的建筑中推测王的存在,共和国时代,它归大祭司使用。⑧ 根据罗马传统,过去曾有七个国王,还不包括罗慕路斯(Romulus)的两个同僚勒摩斯(Remus)和提图斯·塔提乌斯(Titus Tatius)在内,从塔奎尼乌斯·普里斯库斯(Tarquinius Priscus)开始的最后三个国王,两个是埃特鲁斯坎人,一个是罗马人,但与两个埃特鲁斯坎人国王有婚姻关系(塞尔维乌斯·图利乌斯[Servius Tullius])。埃特鲁斯坎人对罗马高级官员行为的影响,在他们使用的标识"法西斯"和占卜的实践中得到明确的表现。共和国后期的人们相信,罗慕路斯之后,国王们的继位需要得到人民某种形式的批准(这一信仰可能是从古老而让人费解的《库里亚授权法》[lex curiata]制度中产生的,该法确认高级官员的权利,这些权利最终需要仅在名义上存在的人民大会通过,因为被称为库里亚的政治团体已经消失)。可是,人民的确认被最后两个国王

---

⑦ Pol. 6.53—55;Livy,8.40.4;Cic. *Brut.* 62;*HRR* i.30—35.
⑧ Brown,1974—1975.

忽视。⑨ 人们还假设（并非毫无道理），在国王统治下，罗马存在过某种形式的元老院，虽然在重构的故事中，只有一小部分贵族参与了这个贵族的议事会。

编年史家归于王政时代的一系列制度，存在着或大或小的可能性。这些制度包括：签订条约时举行的仪式、宣战、外国敌人的投降（李维，1.24,32 和 48）；名为荫庇制（clientela）的社会制度（Dion. Hal. AR 2.9）；土地分配；祭司；就司法判决向人民提起上诉（李维，1.26,5—14）；最重要的，是人口统计和森都里亚大会（这是军人大会，共和国时代，其等级按照财产资格区分）（李维，1.42.5—44）。所有这些制度中的最后一种，乃罗马社会的典型特征。与此相反，博古学家们发现，早期罗马与谋杀案有关的法律程式被归于国王们。

编年史家们对罗马君主制时期图景的描绘，在多大程度上得到了考古发现的证实？⑩ 谨慎的回答是：编年史家和考古学家的

---

⑨ 塞尔维乌斯·图利乌斯的统治是"首次未受命于人民，以元老们的意愿统治"（primus iniussu populi, voluntate partum）(Livy, 1.41.6)；高傲者塔奎尼乌斯"既未通过人民的命令也未通过元老们的批准进行统治"（neque populi iussu neque auctoribus patribus）(1.49.3)。可是，据西塞罗（Rep. 2.38）在塔奎尼乌斯·普里斯库斯的葬礼后，塞尔维乌斯请示了人民，"直接征询人民对他的意见，在得到为王的授命之后，就自己的权力进行了库里亚立法"（iussusque regnare legem de imperio suo curiatam tulit）。关于库里亚和库里亚授权法，见 Staatsr. i. 609 ff., iii. 1.92 ff.; 318 ff.; Momigliano, 1963, at 108—112; Giovannini, 1983, 44 ff., 以及下文第五章及其注释㊽。

⑩ 最近考古资料的集大成者是 Gjerstad, 1953—1973。对考古资料的概述，见 M. Torelli, CAH vii. 2². 30—51; Cornell, 1979—1980; Ross Holloway, 1993; Smith, 1994 and 1996。大量资料如今被汇集在展览清单《拉齐奥的远古文明》（Civilta del Lazio primentivo）(Rome, 1976) 和《塔奎尼乌斯时代罗马的辉煌》（La Grande Roma dei Tarquinii）(=GRT)(Rome, 1990) 中，使用方便。关于广场地区，见 Coarelli, 1983 和 Steinby, 1995, 313—336 的文章《罗马广场》（作者为 G. Tagliamonte 和 N. Purcell）。

第四章　罗马政制的起源

故事为相互对应的叙述，在某种程度上，它们可以相互吻合。对考古学家们来说，罗马是作为一个村庄集团开始其存在的，时间可以追溯到传统的建城年代（约前750年）以前很久的时候。自公元前8世纪以降，那里出现了一个奢侈的精英阶层，公元前600年后不久，他们利用铺筑过的广场和公共建筑（主要是宗教性建筑），把自己联合在一个城市中。其中一座叫莱吉亚的建筑可能把宗教和政治功能合在一起，在那里发现的一个布凯罗陶杯的杯脚上，恰好刻上了"王"这个词。⑪ 在来自邻邦埃特鲁里亚和拉丁姆的赤陶浮雕残片上，有关于重装步兵武装的描绘，虽然从战斗方法来说，没有任何我们在原始科林斯风格的"齐格"酒罐上看到的形态，该酒罐是公元前7世纪从科林斯出口到埃特鲁里亚的。因此，单纯依靠考古资料，难以断定罗马军队的社会基础到底宽广到什么程度。⑫

在帕拉丁山的东北坡，近来发现了贵族房屋墙壁的石基，它们应当是在文献传统所说的埃特鲁斯坎人时期使用的。和罗马有联系的埃特鲁斯坎贵族形象，出现在弗朗索瓦（Franois）墓壁画所描绘的英雄业绩中。最明确的证据，是出自萨提里孔的约公元前500年的铭文，铭文称，波普利奥斯·瓦列西奥斯（Poplios Valesios）（普布利乌斯·瓦列里乌斯[Publius Valerius]）的同伴们——铭文中被称为 *suodales*——向战神马尔斯献祭，从而让我们窥见精

---

⑪　见 *GRT*, pp. 22—23, 1.9 = *CIL* i². 4. 2830 = *CAH* vii. 2². 76。

⑫　关于阿夸罗萨的浮雕，见 *CAH* vii. 2². 45（关于来自弗尔基的彩色鸵鸟蛋，见同书第36页）；Torelli, 1993, 88；关于托斯坎纳，见 Torelli, 1993, 103—104；关于西斯特纳，见同书第98—99页。关于帕拉丁的赤陶浮雕残片，也请见 *GRT*, p. 94, 4, 1.1.26。

英战士集团的一斑。他们也许和阿尔凯伊奥斯(Alcaeus)诗歌所描述的列斯堡战士或者克里斯提尼的朋友们相类。⑬

几乎不用怀疑的是,前共和国时代罗马的最后两个世纪中,国王统治着罗马,其周围是一批富有的武士贵族。通过宗教崇拜,他们可能和共和国时代的某些贵族家族存在联系,通过投票区(tribus),他们和其他人存在联系,罗马的领土后来是被划分为投票区的。⑭ 但是,由此获得的总体图景,对于评价有关国王们政治成就的传统来说,没有多少价值。

编年史家对共和国建立情景的描绘,作为哲学上汲取的教训或者一出悲剧,比作为历史更为让人满意。高傲者塔奎尼乌斯通过刺杀塞尔维乌斯·图利乌斯攫取了权力。在推进罗马在拉丁姆的势力方面,他的行动高度有效,但在国内,他的行为随意而且专制,最后,在其儿子因强奸另一个来自科拉提亚家族的塔奎尼乌斯的妻子后,引起了愤怒。面对贵族集团在人民支持下发动的政变,他屈服了。根据共和国晚期人们了解的故事,除塔奎尼乌斯的性格外,废止王政并无其他好的理由,正是塔奎尼乌斯把君主制变成了暴政。更重要的是,贵族树立了一个危险的先例,并在普通人民中激起了进行革命的理想。⑮ 贵族的行动动机似乎并不充分,平

---

⑬ 关于房屋,见 *GRT*, pp. 97—99;Carandini,1986。关于埃特鲁斯坎贵族,见 *GRT*, pp. 18—19, 1. 1—2;Alföldi,1965,212 ff. 及图版 8—12。关于萨提里孔,见 Stibbe,1980;*GRT*,pp. 23—24,1. 10=*CIL* i². 4. 2823a。关于其与希腊的平行发展,见例如 Lintott,1982,51—55。

⑭ 有关贵族的讨论,见 A. Drummond,*CAH* vii. 2². 143 ff.,Smith,1996,198 ff.;关于投票区,见 Taylor,1960。

⑮ Cic. *Rep.* 2. 45—47,53,57—58;Livy,2. 1. 4—6。

民的重要性可能被不合时宜地夸大了。

由于发现这个故事不具说服力,因此不奇怪的是,一些现代学者坚持说,当时根本没有革命,毋宁是一种过渡,一种从国王的领导向一年一任的官员领导的过渡。⑯ 另一些学者接受了皇帝克劳狄所了解的埃特鲁斯坎传统,因为该传统得到了弗朗索瓦墓中某些壁画图像的证实。根据这种看法,罗马在公元前6世纪末落入一批埃特鲁斯坎冒险家之手,他们是凯利乌斯·维贝纳(Caelius Vibenna)、马斯塔尔纳(Mastarna)(克劳狄把他与塞尔维乌斯·图利乌斯等同起来),以及塔奎尼乌斯家族。实际上,在高傲者塔奎尼乌斯垮台后,波尔森纳(Porsenna)事实上接管了罗马城。⑰ 此外,共和国建立的传统年代,在时间上和埃特鲁斯坎人在拉丁姆的阿里西亚为库迈的僭主阿里斯托德莫斯(Aristodemus)所败接近,失败导致了埃特鲁斯坎权力在台伯河东南地区的总崩溃。⑱ 根据这种看法,尽管公元前6世纪末存在物质上的繁荣,但政治高度不稳定,罗马君主制的结束,是那里从埃特鲁斯坎人直接的政治统治下解放出来的一个副产品。

尽管存在上述诸多问题,但要放弃共和国的建立乃剧烈变革的图景,仍有困难。罗马共和国后期,"王"一词的政治含义,和希腊语中的"僭主"一词接近。罗马第一对执政官中的瓦列里乌斯·波普利可拉(Valerius Poplicola)据说通过了一个法律,宣布那些

---

⑯ Gjerstad,1962;Mazzarino,1947.

⑰ ILS 212(英译文见 Braund,*AN*,no. 570),col. Ⅰ,16 ff.;Tac. *Hist.* 3. 72;Momigliano,1963;Alföldi,1965,72 ff.;212 ff.;Harris,1971,10 ff.;Cornell,1995,143 ff.

⑱ Dion. Hal. *AR* 7.5.1—6.3(在米太雅德[Miltiades]担任雅典执政官二十年后)。

阴谋夺取僭主权力的人的人身和财产为 sacer（在这个语境中,该词的意思是"可以劫夺和毁灭"）。[19] 编年史中也有三个故事,说的是那些因图谋王政被推翻的人,尽管他们实际上没有采取任何暴力行动（见下文）。另一方面,编年史也给人们以连续性的印象。为批准国王的当选,需要举行人民大会；随着塔奎尼乌斯家族的被驱逐,森都里亚大会立刻选举了新的一年一度的执政官。该会议是塞尔维乌斯·图利乌斯创立的。在李维的叙述中,它是根据那个国王的意见建立的。[20]

由此产生的制度,是由贵族支配的。在编年史中,罗马人一旦最终击败了埃特鲁斯坎人复辟君主制的企图,贵族和平民之间的冲突就左右着叙述。贵族就是元老院,他们不仅被视为政治上的统治等级,而且被作为至高无上的、压迫性的社会等级。在叙述中,他们支持债主对付债务人,独占了公有地。[21] 贵族和平民之间通婚的禁忌,强化了贵族作为一个统治等级的地位,在它后来被写入十二表法时,变成了一个重要的争议问题。[22]

贵族和平民之间斗争的舞台因此已经备好,在共和国早期的

---

[19] Livy, 2.8.2; Dion. Hal. AR 5.1.3. 据说瓦列里乌斯本人因被控行为专制,将房屋从维利亚山顶移走（Cic. Rep. 2.53; Livy, 2.7.6—12; Plut. Popl. 10.1—6; Dion. Hal. 5.19.1—2）。菲奥里（Fiori, 1996）对 sacratio 做了新的研究,其中第六章 325 页以下讨论了波普利可拉问题。

[20] Livy, 1.60.3. 据称是在城市长官的主持下召开的,在西塞罗（Rep. 2.23）和哈利卡纳索斯的狄奥尼修斯（4.75.1—2, 76.1, 84.5）的作品中,我们发现有摄政王制度。

[21] 例如 Livy, 2.23, 27 和 41; Dion. Hal. AR. 5.63—69; 6.22—29, 34—44。

[22] 西塞罗（Cic. Rep. 2.63）,将其作为一项革新而非过去习惯的正式化。对此的不同解释见 J. von Ungern-Steinberg, R. E. Mitchell, and J. Linderski in Raaflaub, 1986, 82 ff.; 171 ff.; 252 ff.。

第四章 罗马政制的起源

编年史中,这是一个突出的特点,与对外战争的故事交替出现。斗争基本上是贵族抗拒人民不满的故事。在其初期,人民的不满导致了独裁官的产生,它的创建,与稍早以前恐吓平民的事务联系在一起。但贵族的抵抗,总是伴随着及时的让步和妥协。绝大多数情况下,只存在小规模的暴力活动,不意味着会导致流血,更不用说会达到希腊世界熟悉的、接近冲突(*stasis*)的程度了。㉓ 这样的故事,不太可能是从任何其他城市的故事移植到罗马历史中的。对这场斗争中所发生的第一个重大事件,这个结论尤其适用,因为它是后来发展的基础。那是归于公元前494年的平民的第一次撤离。作为对债主严厉措施的反应,那些武装的平民拒绝参加战斗,退到了城外或者城市附近的一座小山上,可能是阿尼奥河对面的圣山,也可能是当时尚处于城市边界之外的阿芬丁山。㉔

内战和外敌的双重威胁,迫使贵族承认了平民代言人即平民保民官的存在(对于最初选举的保民官的数量有争议)。保民官被宣布为神圣者,也就是说,他们的人身不得侵犯,任何对他们的身体的伤害,都将遭到平民的报复。这一点构成了保民官亲自干预的权力的基础,他可以阻止政治行动(该行动名为 *intercessio*),或

㉓ 关于独裁官,见 Livy, 2.29.11—30.5,(参见 18.4 和 8—9 论及对平民的影响);Cic. *Rep*. 1.63;2.56;Dion. Hal. *AR* 5.70—77,见本书第七章及其注释㊼以下;关于和古风时代希腊城市中冲突的比较,见 Lintott, 1982, 72—75。

㉔ Sall. *Hist*. 1.11;3.48.1M;Cic. *Corn*. Fr. 49 Puccioni=Asc. 76C;Festus, 423—424L;Livy, 2.23—33;Dion. Hal. *AR* 5.63 ff.;据说平民"占领"了那座山 *insidere or considere*("占领"或者在那里"扎营")。离开罗马被称为 *secedere*("撤出")。*Seditio* 一词与 *secessio* 有同样的词根,意思是"离开",但就我们所知,拉丁语中,该词是用来形容不满和暴动的一般术语,与平民的"出走"(*demarche*)没有特殊联系。这就暗示,在拉丁语传统中,*secessio* 早就成了这一特定行为的专用术语。

者给那些受到官员和普通公民不公正待遇威胁的个人提供帮助（auxilium）。保民官尚不是常设官职，而仍是人民中的一个部分——尽管是其中最大的部分——的代表。[25]

在编年史中，向保民官申诉，有时是和向人民求助联系在一起的。陷入困境的公民高呼"我向人民上诉"（Provoco ad populum）或"我忠诚地恳求和上诉"（Provoco et fidem imploro），实际上，这被描述成保民官创立前的行动。后来，向保民官申诉可能成为向人民上诉的替代，反之亦然，或两者合并使用。[26] 上诉权后被视为罗马公民个人的一项主要权利，是对抗不经审判就被处死的理论保证。在监察官加图的《波尔西亚法》通过后，它成了对抗鞭刑的保证。[27] 有关这一求助呼吁的准确法律意义，以及它得到法律支持以对抗那些无视该法的人的时间，存在不少问题。在李维的描述中，上诉权在国王图鲁斯·霍斯提利乌斯（Tullus Hostilius）时期的霍拉提乌斯（Horatius）案件中得到了使用。有一条关于上诉权的法律被归于瓦列里乌斯·波普利可拉。据西塞罗，十二表法中经常提到上诉权。可是，第一个明确无误的法律认可的证据，是公元前300年的《瓦列里亚法》。[28] 关于刑事司法的发展将在后面的一章中讨论。就目前讨论的问题而言，指出下述就足够了：尽管上诉权可以在法律执行过程中使用，但这并非它的唯一功能，也

---

[25] Richard, 1978, 559 ff.; Bleicken, 1955, 5 ff.; 1959, 347 ff.; Fiori, 1996, 293 ff.; 本书第八章及其注释①以下。

[26] Lintott, 1972, 特别是 228—231; Bleicken, 1959, 有此前的书目。也请见第七章及其注释⑰以下；第八章及其注释⑰和⑱，第九章及其注释㉒以下。

[27] Cato, ORF, fr. 117; Cic. Rab. Perd. 12; Sall. Cat. 51. 21.

[28] Livy, 1. 26. 8 ff.; 10. 9. 3—6.

第四章 罗马政制的起源

不是人民大会审判的必要组成部分。㉙ 如我们的资料所述,它仍是一种没有特定内容的求助呼吁,可能导向,也可能不导向某种形式的司法听证。在希腊社会和后来的欧洲诸社会中,都有同类的事情。㉚ 看来更可能的情况是,它最初是作为罗马生活中的一个事实得到承认的,乃罗马人民中一种用以号召支持某一受到威胁的个人的手段,而非立法活动的创造。尽管如此,从长远的观点看,与对保民官的上诉一道,上诉权成为平民争取个人自由斗争中的一个主要成果。

保民官创立后,其地位因不久后选举产生的两名平民市政官作为下属而得到强化。作为平民的领袖,保民官被描绘为公共集会的主持人,后来成为平民会议正式程序的先例,尽管在十二表法之前,这样的会议不太可能得到宪法上的认可。平民在这里通过决议(平民会议决议),最初,决议仅对平民有约束力;作为向政治反对派施加压力的手段,他们还在这里进行某种形式的审判,即用死刑或罚款来威胁反对派。在这些会议上进行的死刑审判,后来受到十二表法一个条款的具体限定。㉛

这是罗马的第一部法典(公元前451—前450年),事实上是古典罗马曾经进行的唯一一次对法律的法典化举动。在编年史中,它们被视为与平民的压力相妥协的产物。对于该法典,我们所

㉙ 布雷赫特(Brecht,1939,300 ff.)首次提出这一看法,霍伊斯(Heuss,1944,106 ff.)、布莱肯(Bleicken,1959)、孔克尔(Kunkel,1962,21 ff.)加以发展。也请参见本书第九章及其注释㉒以下。

㉚ VRR 11 ff.;Lintott,1972,228—229,232—233;id.,1982,15—28。

㉛ 关于市政官,见 Zon. 7.15.10. Ⅻ Tab. (*RS* ii. 40) Ⅸ.1—2(= Cic. *Leg*. 3.10 and 44)涉及死刑审判。另见 Cic. *Sest*. 65,*Rep*. 2.61。

了解的,大部分是关于私法的内容。不过,它也确实涉及人民大会上因公共利益举行的审判。虽然李维把它称为所有公法和私法的来源,但在共和国后期,人们并不把它作为官员、人民大会和元老院的权力和义务问题的权威,而且在这个问题上,沉默论证似乎具有压倒性的优势。㉜ 据说法典承认了上诉权的存在,但我们不应把这句话理解成下述意思:在法律体系中,它赋予上诉权一个建设性的地位(见第九章及其注释㉒以下)。总体上看,不应说十人法律委员会(*decemviri*)推进了平民的政治目标,在某个问题上,如果确实是他们将禁止贵族和平民通婚的规定赋予法律权威的话,十人法律委员会可能还阻碍了它。㉝ 更重要的是,据称选举了第二个十人团来创制法律的最后两表,但他们在职时行为专横,而且把自己的权力非法延长到第二年。在李维的叙述中,这个故事变成了一个道德寓言:它向平民证明,对贵族的憎恨,不应让他们把自己委托给拥有专断权力的官员。㉞

第二个十人团因军队的第二次撤离被推翻后,执政官职位得以恢复,据说由执政官瓦列里乌斯和霍拉提乌斯通过的法律确认

㉜ 与李维 Livy,(3.34.6)的结论相反,西塞罗的《论法律》卷 3 没有提到十二表法。在卷 3 中,他详尽草拟了关于政制的规定,只省略了注释㉛提到的规定。关于政治的其他规定,归于十二表法且为我们了解到的仅有下述:(1)宣布人民大会最近规定的效力高于所有此前的规定(Livy,7.17.12=Tab. Ⅻ.5,*RS* ii. P. 721),(2)关于叛国罪的一条规定(Tab. Ⅺ.5,*RS* ii,p. 703),(3)帝国早期的命令中提到,它禁止夜间的集会(Porcius Latro,In *Cat*. 19)。所有这些条文的真实性都遇到过挑战,见 *RS* ii ad locc.;Guarino,1988,at 330—335。

㉝ Cic. *Rep*. 2.63=Ⅻ Tab. Ⅺ.1,with Livy,4.1—6,特别是 2—4。见 J. Linderski,W. Eder,and M. Toher 在 Raaflaub,1986,245—326 的讨论。

㉞ 请特别参看 Livy,3.36—37。

了平民的权利。这个立法,如文献所展现的那样,在某种程度上预示了后来的发展。但无论如何,清楚的是,到这个时候,也许是第一次,保民官的地位据认为拥有了宪法上的权威。[35] 随后的一个时期没有平民和贵族间的重大斗争,但仍有某些改革和政体上的变化:禁止平民和贵族通婚的规定为卡努雷乌斯(Canuleius)废止;对罚款施加了限制;首次选举监察官和财务官(分别为公元前446年和公元前443年);后者的选举据说是拥有执政官权力的军政官取代两执政官的伴随物,军政官是一个比较大的军事指挥官的团体,有证据的只是他们在公元前5世纪后期和公元前4世纪早期的活动。[36]

下一个重大的宪政冲突以及随后的改革属于下个世纪,紧随高卢人攻陷罗马后的时期。可是,这里也许是考虑早期罗马政治史一个特征的合适地方,它不属于因平民压力刺激宪政改革的主流传统,即三个民主派的、图谋成为暴君的人的故事,分别是卡西乌斯、马利乌斯和曼利乌斯。[37] 斯普里乌斯·卡西乌斯(Spurius Cassius)是公元前486年的执政官;斯普里乌斯·马利乌斯(Spurius Maelius)公元前439年是一个未进入元老院的富翁;马尔库斯·曼利乌斯·卡匹托林努斯(Marcus Manlius Capitolinus)是一个富有魅力的士兵,公元前390年(或公元前386年)高卢人攻陷罗马时拯救过卡匹托林山。据说三人都采取积极措施以缓解

---

[35] Livy,3.55;Dion. Hal. *AR* 11.45. 也请参见狄奥多罗斯(Diod. 12.25.2)那让人迷惑的段落。

[36] Tac. *Ann*. 11.22;Livy,4.6.8—9 and 8.1—7;*Staatsr*. ii. 1.180—192.

[37] 见 Lintott,1970;Fiori,1996,375 ff. 及那里所附的较早的书目。

穷人的经济困难。卡西乌斯建议通过立法给穷人分配土地和金钱,马利乌斯私人购买谷物分发给穷人,曼利乌斯用自己的资金将债务人从债主的奴役中解放出来。㊳ 对他们的控告中,没有公开煽动暴乱或者起义的罪名,他们建立暴政的意图,很大程度上是从他们追求人民的好感,以及他们在自己周围聚集了大批支持者中推论出来的(虽然有人说马利乌斯家里收藏了武器)。在有关对他们的镇压的叙述中,我们同样可以看到编年史传统的发展。后来的版本好像暗示,卡西乌斯和曼利乌斯以叛国罪受审,马利乌斯被盖乌斯·塞尔维利乌斯·阿哈拉(Gaius Servilius Ahala)以骑兵长官的权力处死,这是低于独裁官的第二指挥官,独裁官则是为应付这场危机选举的(见第七章及其注释㊳—㊴)。在较早的版本中,马利乌斯是被作为一般公民的阿哈拉亲手格杀;卡西乌斯为其父以父权的名义处死;关于曼利乌斯的结局,有证据表明他的死另有说法。㊴ 这些故事的道德寓意是:对任何希图取得王权的人,甚至在他们采取暴力获得王权以前,杀死他们都是正确的。如果没有精英阶层全体的同意,任何个人对平民的帮助,都等同于寻求建立暴政。一方面,关于撤离的传统很大程度上将平民对政治和法律权利的追求圣化了;另一方面,关于暴君-煽动家的传统,是贵族面对任何颠覆社会秩序的严重企图时团结一致的宪章。

㊳ 关于卡西乌斯的主要资料:Livy,2.41.1—9;Dion. Hal. AR. 8.69—70;关于马利乌斯,见 Livy,4.13.2—3 and 10;Dion. Hal. AR 12.1—4;关于曼利乌斯,见 Livy,6.11—20,特别是 18.6,20.6。

㊴ 关于马利乌斯的武器,见 Livy,4.13;关于卡西乌斯的命运,见 Cic. Rep. 2.60;Livy,2.41.10—12;Dion. Hal. AR 8.77—79;关于曼利乌斯的命运,见 Livy,6.19.5—20.1;Dion. Hal. AR 14.4;Zon. 7.24;Diod. 15.35.3。

曼利乌斯的所谓暴乱,发生在一个不稳定的时期,正值高卢人攻陷罗马之后,罗马正在重建,并且与持敌对立场的邻邦在进行战争。此后不久发生了有关债务、公有地分配和平民当选执政官问题的骚动(人们建议结束军政官取代执政官的做法),由于人民的常设官员没有选出,导致了无政府状态。十年的无政府状态似乎不大可能,可能是因为不准确的年代学框架,导致编年史家企图填补执政官年表上留下的空白的结果。[40] 尽管如此,我们没有任何理由怀疑这场危机的真实性。最后,保民官李锡尼·斯托洛(Linicius Stolo)和塞克斯提乌斯(Sextius)让平民实现了要求:对债务的支付采取了缓解措施;颁布了第一部限制个人能够占有的公有地数量的法律;更重要的是,每年有一名执政官的职位向平民开放。它反过来让贵族创设了第一个副执政官和两个牙座市政官职位,以作为对平民选举的一对市政官的平衡。[41]

此后大约八十年时间里,我们再没有听说任何骚动或者撤离。那是罗马取得军事成功的时期,罗马最初控制了拉丁姆和坎帕尼亚以及两者之间的领土,然后分阶段统治了阿尔诺河以南的意大利全境,只有半岛最南端的少数希腊城市例外。在同一时期,间或有关于削弱贵族对政体控制或者改进民社状况的改革的叙述。总体上看,李维没有详尽叙述(ornatio)有关政治冲突的故事,而这是此前时期的特点。人们可以认为,这是叙事真实程度得到提高的结果,事实上,越是接近编年史初次写作的时代,保存真实传统

37

---

[40] 见 MRR ii, 637—639。

[41] Livy, 6.35 and 38—42; 7.1. 见第七章及其注释㊾以下;第八章及其注释㉛以下。

的可能性也越大。可是，假设所有改革都不曾经过大量政治斗争，未必明智。这些改革是什么？

公元前356年，我们发现出现了第一个平民独裁官；公元前351年，出现了第一个平民监察官。然后是公元前342年，当年颁布的法律规定，一个执政官必须是平民，甚至两个执政官都可以是平民。公元前339年，普布利乌斯·菲洛（Publius Philo），一个出身平民的独裁官，据说颁布了法律，规定同样的原则适用于监察官。他还进一步规定，元老院不应对森都里亚大会的立法保留否决权，而应事先表示自己的意见，而且平民会议决议应对全体人民有约束力。这种对平民会议决议具有法律效力的承认，可能不如后来的《霍腾西亚法》（lex Hortensia）那样全面，我们必须假设，当时附有某些条件。[42] 两年后，副执政官职位向平民开放。然后到公元前311年，法律规定军团长官（tribunus militum）和海军两人委员会（duumvir navalis）由人民选举产生。[43]

与此同时，公元前357年和公元前355年，我们听说有关于利率和偿还债务方面的措施。据说公元前342年的法律进一步规定有息借贷为非法（尽管后来我们听说只是限制利率），最后是公元前326年的《波提利亚法》（lex Poetelia）。据说它废止了债务奴役，但好像只是禁止了私人契约性的奴役，不是那种因不能履行法律判决产生的奴役。[44] 公元前300年，关于上诉权的《瓦列里亚

---

[42] Livy, 8.12.14—16；参见下文注释㊿所列的文献。关于平民会议决议效力问题，见de Martino, SCR i. 337 ff.；Cornell, 1995, 277—278；Hölkeskamp, 1988。

[43] Livy, 9.30.3—4.

[44] Livy, 7.16.1, 21.5, 42.1；8.28；Varro, LL. 7.105；VRR, 26—27, 33 n.2.

第四章 罗马政制的起源

法》(*lex Valeria*)通过,用李维的话说,它的保护更加周密。事实上它宣布,上诉之前处死公民为非法(*improbe factum*)。对于那些违反该法律的犯罪需要承受的惩罚,或者任何相关的法律程序,我们没有任何证据。这一改革似乎是:过去只是把上诉权作为生活中的事实予以承认,并提供了进行上诉的途径,这次则是强迫官员无论如何必须服从该法的第一个法律。㊹ 同年通过的《奥古尼亚法》(*lex Ogulnia*)把主要的祭司职位扩大了一倍,并向平民开放。㊻ 我们应归于这一时期的,可能还有《奥维尼亚平民决议法案》(*plebiscitum Ovinium*)。我们从费斯图斯(Festus)的作品中知道了该法案。㊼ 它强迫监察官根据优点从库里亚中登录元老,并让保民官坐到元老院之内(据说他们此前坐在元老院外面,当他们想否决命令时,就堵住出口)。㊽

西塞罗顺带提到过一个《马尼亚法》(*lex Maenia*)。它废止了元老院对选举的否决权,时间可能在因 M. 库里乌斯·登塔图斯(M. Curius Dentatus)第一次当选为执政官所发生的争议后不久。㊾ 最后是公元前 287 年发生的、通常被视为一个时代结束的事件:长期严重的动荡导致了平民的最后一次撤离,这次是退到了雅努斯圣殿(Janiculum)。现存资料的简短叙述中提供的理由是债务问题。但独裁官 Q. 霍腾西乌斯(Q. Hortensius)结束了这次

㊹ Livy,10.9.2—5;Lintott,1972,238—239.
㊻ Livy,10.6.4—6.
㊼ Festus,290L.
㊽ Zon. 7.15.8;Val. Max. 2.2.7;并见下文第五章及其注释⑬;第八章及其注释⑤和⑥.
㊾ Cic. *Brut.* 55;de Martino,*SCR* ii. 129.

撤离,同时立法规定,平民会议决议无任何条件地对罗马全体人民有约束力。只要罗马人民大会继续发挥作用,它的宪法地位就一直如此。[50]

早期共和国的史学,为波里比阿把罗马共和国政制作为自然发展的产物提供了解释。这个故事是一个缓慢、零散的发展过程,尽管遭遇了某些挫折,但总的趋向是有利于民主因素。重大的发展源自贵族和平民的冲突,冲突虽然不是完全非暴力的,但至少没有重大的暴力活动。可是,最终的结果,我们可以公正地把它看作对立力量妥协的结果。[51] 早期共和国政治斗争的结果是:在几乎所有的职能机关中,都废止了贵族的特权地位(主要的例外就是摄政王)。[52] 新的贵族被创造出来。原则上他们依赖于人民的选举

---

[50] Livy, *Per.* 11; Pliny, *HN* 16.37; Gell. *NA* 15.27.4. 把《霍腾西亚法》解释为对人民压力的例外反应,从而与此前半个世纪里贵族-平民的妥协形成对照,见 Hölkeskamp, 1988。

[51] 关于把"等级冲突"视为现代学者的概念的看法,见 von Ungern-Sternberg, 1990。我在第三章注释[26]对其进行了评论。也请参见他在拉夫劳布(Raaflaub, 1986, 353—377)的论文《等级冲突的终结》,他富有说服力地论证道,我们不应把公元前287年视为一个重要的终端年代(关于此点,也请参见 Lintott, 1987, 52)。有人甚至已争辩说,共和国时代早期任何的政治斗争,都被错误地置于平民(*plebs*)与贵族(*patres*)冲突的框架之中了。见 R. E. Mitchell, "The Definition of patres and plebs",在 Raaflaub, 1986, 130—174。可是,尽管我们可以怀疑罗马的传统,但我们仍必须接受这样的看法:那些生活在第二次布匿战争时代的罗马人拥有当时社会冲突的体会,而且得到了前一个世纪有关冲突的相对可靠记忆的支持(见 Ungern-Sternberg, 1990, 100—102)。他们还听到过关于过去的故事,例如关于撤离和图谋暴君之位者的故事,而勿需对产生这些故事的事件有准确的把握。最后,他们拥有关于保民官和上诉权的活生生的传统,它们似乎肯定是冲突的产物(而且是正确的)。由此产生的编年史家的叙述,是对这些资料做出正确归纳的勇敢尝试。

[52] Livy, 1.17; Dion. Hal. *AR* 4.75.1—2; 76.1; 84.5; Cic. *Rep.* 2.23; *Leg.* 3.9; Asc. 31, 33 and 36C; *Staatsr.* i. 649 ff. (有更多的参考文献)

和自身的优点而非出身。作为一个整体,平民让他们自己的官员——保民官和平民市政官——得到了认可,保民官没有放弃他们人身神圣不可侵犯的特权,这项特权在斗争中形成,并且构成了他们行使否决权和保护公民个人的权利的基础。改革后的元老院几乎根本没有丧失自己的重要性,由于它变成了所有那些杰出人物的聚会,我们可以论证说,它变得更强大了。可是,人民大会在选举和立法上的主权,如今变成了共和国政制的基石。由此立刻会产生的问题,是这些人民大会到底有多么民主。而这是我们下一章的主题。

第五章　人民大会

如波里比阿指出的,在成熟的罗马共和国,正是人民授予高级官员以权力,颁布或拒绝颁布法律;在死刑案件和宣战、媾和及结盟问题上,人民享有最后的决定权。① 人民不仅是政治权力的最终来源,如果考虑到他们有权通过立法,或者授予某一官员以特殊权力,从而废止共和国,那么在理论上,我们有理由把他们称为主权的拥有者。事实上,他们所做的正是如此,他们先是投票授予尤利乌斯·恺撒以独裁官的特殊权力,然后在公元前43年通过《提第亚法》(*lex Titia*)创建了后三头,最后是公元前23年确认了奥古斯都史无前例的权力打包行动。② 由于几百年来累积起来的共和传统以及基本的共和原则,阻止了《霍腾西亚法》和恺撒作为独裁官之间的时期发生这样的情况。在上一章里,我们看到它们体现为对暴政的敌视,和对平民自由的保护。这样看来,人民大会受到观念上的限制。蒙森认为,这种观念理论上不合逻辑,实践中模

---

① Pol. 6. 14. 4—6,9—12.

② Dio, 43. 14. 3—5; Cic. *Phil.* 7. 16, 参见 Suet. *Jul.* 41. 2; App. *BCiv.* 4. 7. 27; Dio, 47. 2. 1; *Res Gestae* 1. 4; 10. 1. 最后一段没有提到奥古斯都所拥有的续任执政官的执行权,但请参见 *P. Colon.* I. 10=*EJ*²。366 关于人民投票授予阿格利帕(Agrippa)以与其他官员平等的执行权,但该权在罗马帝国全境有效。

糊,但他接着评论到,创造历史的,正是这些模糊的概念。③

任何把罗马人民大会和人民主权等同起来的做法,都需要更进一步的说明。任何人民大会都有两个部分构成,召集会议的官员和响应其号召聚集起来的公民。缺少了官员,人民大会不可能召开,而且它仅听取讨论,并就该官员提出的建议进行投票。④ 对"听取"这个词,我们也要在这里加以强调。虽然会议的主持人会要求其他官员和公民个人发言(偶尔会发出公开的邀请),⑤但公民并无全体参与讨论的权利,例如那些在雅典那样的希腊民主制度中已经取得的权利。一个标志性的差别是:罗马及其殖民地专用于公共集会的建筑叫 comitium(会场),其本身的设计就是让听众站着,不是坐着的。⑥ 共和国时代森都里亚大会的集会(和所有那些最终为选举目的举行的人民大会)在一个军事阅兵场或者训练场即马尔斯校场(campus Martius)举行。即使是那由 M. 阿格利帕(M. Agrippa)完成的庞大的尤利亚会堂,最多也就是为官员们提供了座位。总体上看,罗马人民大会,不管是正式的还是非正式的,可以在几个场所举行,但都不是专门用于公共集会的地方。虽然有些听众可能在会议进行过程中找到方便的东西就座(也许

---

③ *Staatsr*. i. 15.

④ 蒙森已指出此点(*Staatsr*. iii. 1. 304)。但是,布莱肯(1975, 288 ff.)把这种关系解释为贵族和人民之间的某种协议,可我并不信服,因为官员并不必然代表贵族。

⑤ Livy, 45. 21. 6; 36. 1 ff.; Dio, 39. 35. 1—2. 关于预备会,见 Pina Polo, 1996, 特别是第 34 页以下有关非官员演说机会的论述。

⑥ 关于罗马人民大会的会场,见 Coarelli, 1985, 11—21。关于罗马殖民地的人民大会会场,见 Gros and Torelli, 1992, 141—142; Torelli, 1988, 41—47(关于帕埃斯图姆的); Mertens, 1969, 98—101 及其平面图 Ⅲ F 和 Ⅳ(关于阿尔巴的); Brown, 1980, 22 和插图 22—23(关于科萨的); Coarelli, 1997, 162(关于弗雷吉拉的)。

是卡匹托林的山坡上或者某个建筑上），但都没有为此提供专门的设备。事实上，西塞罗强调的是，出席罗马人民大会的成员和他们的希腊同道不同，始终是站着的。⑦

最后，人民大会远不是全体罗马人民参加，更不用说是罗马全体居民了。能够参加罗马人民大会的，只是成年男性公民。奴隶不能参加，即使在共和国末期，新近解放的奴隶在投票权利上也受到限制（见下文及注释㊷以下）。同盟者战争以前，罗马的意大利盟友——罗马军事力量的一个关键成分——像所有其他外国人一样，无权参与投票。可是，罗马的拉丁人盟友获得了有限的权利。至于罗马的奎里特斯（Quirites），⑧也就是罗马公民自身，甚至在罗马还不过是一个城市加上附属于它的周围的乡村时，其人民大会最多也就是其人口中公民部分的代表。这并不必然会推翻重要人民大会向所有公民开放的原则，因为甚至是公元前4世纪民主政治的雅典，其皮尼克斯（Pnyx）也仅能容纳有权投票者的一部分。如蒙森已经论证的，我们可以争辩说，即使是所有有权投票的人组成的人民大会，也不是这个城市，而仅仅是代表这个城市的一个机构，因为它是代表那些已经去世的成员，以及那些尚未出生或尚未成年的人在做出决定。⑨尽管如此，随着罗马的扩张，出席人民大会的人数与该城的人口之间的鸿沟日益扩大，更不用说还有

---

⑦ 特别请参见 Cic. Flacc。15—17；Brut. 289；Leg. Agr. 2.13 以及 Staatsr. iii. 1. 396；Bostsford，1909，144，注释①，Taylor，1966，29—30，123—124。关于共和国时代马尔斯校场上 villa publica 的性质和投票区域，见 Coarelli，1997，155 ff.。

⑧ 讨论结束时发布的分为投票单位的命令，是针对那些奎里特斯的（Livy，2.56.12）。

⑨ Staatsr. iii. 1.305. 也请参见 Hansen，1987，14—19。

那些生活在意大利境内、境外的成千上万的罗马人了（进一步的讨论见第十一章及其注释㊲）。

人民大会　预备会　平民会议

首先，我们必须对两类人民大会进行区分，一种一般用 *comitia*（或 *comitiatus*）称呼，另一种用 *contio*（或 *conventio*）称呼，两个词的意思分别是"一起离开"和"聚集在一起"。*comitia*（复数形式为 *comitium*，意思是专门修建的会场）指在适当地方召开、为采取一个重要行动而召集的人民大会，无论它是为选举、立法，还是为进行司法判决而举行。由于该词经常用于选举性人民大会，因而它变成了选举的同义词。但它的含义仍然要广泛得多，既包括罗马人民的大会，也包括平民的集会。⑩ 共和国后期，预备会（*contio*）一词可能偶尔用于此类人民大会，但一般来说与上述会议意义相对，因为那里不颁布任何法令。召集预备会的会场少有或者没有限制，目的是听取包括官员命令之类的公共告示，聆听演说家们的辩论，见证对嫌疑犯的审查，甚至是观看对罪犯的处决⑪

---

⑩　Farrell,1986;Botsford,1909,119—138
⑪　关于预备会用来指正式会议，但并不必然会导致决议产生的情况，见 Cic. *Att.* 4.3.4 *ad fin.*; *lex gen.Urs.* (*RS* i. 25), cap. 81; Varro, *LL* 6.88; Macr. 1.16.29（引用了 L. 尤利乌斯·恺撒[L. Julius Caesar]有关占卜的著作）。博茨福德(Botsford,1909, 142)认为，它一般是"听取会"。关于在 2 月份举行预备会的情况，根据历法(Michels, 1967)，这些日子里不举行 *comitiales* 即有合法投票权的人民大会，见 Cic. *QF* 2.3.1—2。对 *Att.* 1.14.1 最合情理的解释，也是说弗菲乌斯(Fufius)举行的预备会时间是在（不举行人民大会的）集市日。

(在下文中,我们将在这个意义上,更通常的意义上使用预备会一词)。预备会上的欢呼和呼喊可以造成代表人民情感的印象,但并不产生任何决议。在预备会上产生的任何一致意见,都不过是剧场中听众的掌声或嘘声,不具有任何法律效力,尽管它可能具有相当重要的政治意义。⑫

另一方面,人民大会程序上的神圣性,表现在主持会议的官员对典礼台的使用(即专门划出的一块神圣空间,亦称 *templum*),⑬ 以及对固有程序的遵循。如果遇到争议,占卜官似乎有权裁决。⑭ 因此,一部法律的规定宣称,该官员"合法地"(iure)询问了人民,而且人民或平民"合法地"做出了决定。这是人民大会主权受到的限制之一。⑮

关于人民大会的另一个术语是 *concilium*(平民大会)。这个词是政治集会的一般用语,通常用来指那些非罗马人的具有议事性质的集会(可能因为它们用的词和 *consilium* 非常相近),它通常用于指罗马平民的会议,但偶尔也会指全体人民的集会。与人民大会或预备会不同的是,它很少作为一个专门的法律术语。可是,当人们强调的是对人民大会会议成员性质的界定(例如平民的

---

⑫ Staatsr. iii. 1. 305.关于罗马剧场中听众的反应,见 Cic. *Att*. 2. 19. 3;14. 2. 1; *Sest*. 117—124。关于预备会上演说家有意从听众那里寻求呼应的情况,见 Cic. *QF* 2. 3. 2; *Sest*. 126;Plut. *Pomp*. 48. 11—12;*VRR* 10;Pina Polo,1996,21—22。

⑬ Val. Max. 4. 5. 3;Varro,*LL* 6. 86—87 and 91。

⑭ 关于将问题正式提交给占卜官的情况,见 Livy,8. 23. 14;23. 31. 13;45. 12. 10;关于占卜官的权威性,见 Cic. *Att*. 9. 9. 3;*Leg*. 2. 21 and 31;*Phil*. 2. 83;请注意麦撒拉(Gell. 13. 15. 3—16. 3)、L. 恺撒(上文注释⑪)等关于征兆的著作的重要地位。

⑮ 在其关于希腊和罗马习惯的比较中,西塞罗(*Flacc*. 15—17)强调了罗马的形式性和纪律。关于对人民主权的限制,见 Nocera,1940,30 ff.。

或者拉丁人的 *concilium*），而不是会议的形式结构或者功能时（例如人们谈到特里布斯会议或者财务官人民大会时，后者的意思是选举财务官），会这么使用。⑯

人民大会的程序

像独裁官、第二指挥官骑兵长官一样，常任官员中，执政官、副执政官、市政官和保民官全都有权召集人民大会。虽然有些日子因为宗教或其他原因禁止举行人民大会，但会议的召开仍无固定日期。⑰ 由于这个原因，那些寻求在同一天举行人民大会——无论是人民大会还是预备会——的官员之间可能存在竞争。正式的人民大会，对举行审判的司法会议而言，享有优先权，因此对预备会可能也享有优先权。根据占卜官马尔库斯·瓦列里乌斯·麦撒拉（公元前53年执政官）确定的规则，如果一场正式的人民大会（*comitiatus*）已经开始，那就不能为同级别官员召开的另一场人民大会取代。可是，在议程开始之前，一个执政官可以取消（*avocare*）任何其他官员召开的正式人民大会或者预备会，而一个副执政官

---

⑯ 关于 *concilium* 指全体人民参加的大会，因此与 Gell.15.27.4 所引莱利乌斯·菲利克斯（Laelius Felix）的定义相反的情况，见 Livy, 1.26.5 and 36.6; 2.7.7; 3.71.3; 6.20.11. 有关在法律文献中对这个词的使用，见 *lex lat. Bant.* (RSi.7) 5; *Tab. Heracl.* (RSi.24) 132. 关于选举财务官的人民大会，参见 Cic. Fam. 7.30.1. 有关证据在 Botsford, 1909, 119—138; Farrell, 1986 有罗列和分析。

⑰ 见 Macr.1.16.30（援引格拉尼乌斯·李锡尼努斯[Granius Licinianus]的话）。《霍腾西亚法》规定，历书要标出市场日，但未标 *comitiales*，即可以举行正式人民大会的日子（见 Macr.40）。

可以取消除执政官之外的任何其他官员召开的会议。[18] 在这个问题上，保民官的地位不确定，但我们拥有保民官抱怨的例证，原因是他们的权利遭到侵犯，因为他们举行的预备会被取消，甚至副执政官进行司法判决时都是如此。[19]

罗马举行人民大会的程序，需要从不同的资料中予以重建。如果举行正式的人民大会，第一个必要条件是提前发出通知。据说举行选举之前，最初的习惯做法是：候选人要在选举开始的三个集市日之前与选民见面。后来规定正式宣布参加竞选和选举之间的时间为 trinundinum：即至少三个集市日的间隔（实际上为 17 天或者更多），在此期间不允许进行立法活动。[20] 同样，公元前 98 年的《凯其里亚-迪第亚法》(lex Caecilia Didia)规定，在一个法案的公布和人民大会将其作为法律颁布之间，应当有三个集市日的间隔。[21] 在人民大会上主持审判的官员需要在调查程序

---

[18] Lex rep. 71—72; Gell. 13.16.1.

[19] Livy, 43.16.9 and 11; De Vir. Ill. 65.5; 73.2.

[20] Macr. 1.16.34（可能援引的是鲁提利乌斯，即 P. 鲁提利乌斯·鲁弗斯[P. Rutilius Rufus]的著作，但用了一种晚期共和国元老从来不可能的方式错误地解释了三个集市日的规定）；Cic. Fam. 16.12.3; Att. 1.16.13。关于这里的解释，参见 Lintott, 1965，在那里我批评了蒙森(Staatsr. i. 375—376)把三个集市日的间隔当作间隔 24 天的看法，它预示了 Lange, 1875 的看法，但当时我尚不了解。米歇尔(Michels, 1967, 88 和 191 ff.)主张三个集市日的间隔为 25 天，接受了我的论证：按照罗马人的计算方法，三个星期是 25 天，但我论证说，西塞罗(Cic. Pis. 8—9)并不会让人得出下述结论：克洛狄乌斯(Clodius)作为保民官进行的第一次立法（比 1 月 1 日的日期分岔点晚三天）是公元前 58 年的 1 月 4 日。因此，如果按照他的解释，那从法律上来说就不合法。亦请见林托特(Lintott, 1968)关于集市日的准确时间及其影响的论述。

[21] Cic. Dom. 41; Sest. 135; hil. 5.8; Schol. Bob. 140ST. 见 VRR 134—135, 140—143。后期共和国时代法律的复杂性，特别需要充足的间隔周期，以便那些希望批评或者反对该法案的人有时间研读文本。

第五章 人民大会

(anquisitio)的第一天向被告送达通知(diem dicere),然后在每次听证结束时宣布延期,直到下次听证开始(diem prodicere),在人民大会最终投票表决前,有一个三个集市日的间歇期。[22] 在人民大会实际开始之前,主持的官员需要在典礼台观察征兆,官员主持人民大会议程时,也正是在那里。如果兆头为吉,而且没有其他官员宣布不吉之兆,那他可以请求同僚、其他官员和元老出席,并指示传令官召集人民。[23] 根据瓦罗援引的古代的注疏,传令官们不但自典礼台上,也从墙头上召集人民。即使人们不把广场上的主席台(rostra)作为典礼台,至少公告是在那里宣布的,兑换银钱的店铺则被关闭。此外,如果在森都里亚大会上提出控告,那还需要在卫城上和被告家房前吹响号角。[24]

进行投票的人民大会以祈祷开始。[25] 主持的官员本人向人民大会提出会议的主题。在为选举召开的人民大会上,主持的官员是否发表介绍性的评论,我们没有证据。我们所拥有的证据,是议程一旦开始,主持人只能进行干预,不过我们不能排除简短的开场

---

[22] 关于向被告送达通知(diem dicere),参见 Cic. Mil. 36;Div. Caec. 67 等;关于延期至下次听证开始(diem prodicere),见 Cic. QF 2.3.2;关于三个集市日的间隔,见 Cic. Dom. 45。请比较共和国时代班提亚的自治市法,它规定:在人民大会审判的最后决定之前有 30 天的间隔期(lex osca Bant,「RS i. 13」,lines 15—17),该法规定的审判似乎比西塞罗时代罗马的审判要多一次听证。见下文第九章注释[21]。

[23] Varro, LL 6.91. 关于征兆的宣布(nuntiatio),见 Cic. Phil. 2.81;Cato in Festus, 268L;Pliny, HN 28.17;Serv. Ad Aen. 12.260;de Vir. Ill. 73.6—7;Wissowa, 1912, 529—534;de Libero, 1992, 56 ff.

[24] Varro, LL 6.92—93,比较 87—88 关于举行人口统计的程序。

[25] Cic. Mur. 1;Ad Herenn. 4.68;Dion. Hal. AR 7.59.2. 在预备会开始前,用庄严地宣布元老院命令来代替它。参见 Livy, 39.15.1。

白存在的可能性。事实上,如果真如近来有人论证的那样——这一点相当可能,共和国时代的告白(*professio*)是指对人民的一般自我宣传,不是正式向主持人宣布候选人,那么这可能是主持人邀请各位候选人最后发表请求人民选举他的演说的时刻(*petere*)。[26]

非正式的会议以发表演说开始。更重要的是,在就某一法案投票表决的最后一天,在真正的立法活动开始前,可能存在辩论。在法案诉诸投票或者被否决前,公民个人必须有就该法案发表意见的机会。在其中一个场合,这导致两个保民官因在辩论的第一天未被允许发言而反对其同僚的保民官法案。[27] 投票以前,法案需要正式宣读,一般情况下是传令官宣读。在按照特里布斯组织的人民大会上,人们会拿来一个陶瓮,决定投票顺序的签以及出席会议的拉丁人在哪个特里布斯投票的签被投入瓮中,这也是允许保民官行使其否决权的最后机会。[28]

在此时刻,会响起一声"散开,奎里特斯(*Discedite, Qurites*)"。[29] 如果是特里布斯会议,选民就离开主席台附近,去往特别圈定的、适合于他们投票的投票区(*saepta*);如果是森都里亚大会,他们则

---

[26] 关于开场白式的演说,见 *Staatsr*. iii. 1. 392。关于干预的情况,见 Livy, 24. 8。关于"告白"(*professio*),见 Levick, 1981。

[27] Asc. 71C;Livy, 45. 21. 6 and 36. 1;Dio 39. 35. 1—2;Plut. *Cato mi*. 43. 2—3.

[28] 关于法案的宣读,见 Cic. *Leg*. 3. 11;Asc. 58C;Plut. *Cato mi*. 28. 1;关于选民的划分,见 Cic. *Dom*. 50;*Leg. Agr*. 2. 21;Asc. 71C;*Ad Herenn*. 1. 21;Livy, 25. 3. 16。关于否决的时间,见近来里林格的论文(Rilinger, 1989)以及 de Libero, 1992, 38 ff.。事实上,否决权的行使好像没有标准时间,但抽签(*sortitio*)前是最后的机会。另一方面,未经讨论就对法案行使否决权也是不可接受的。

[29] 这个短语(Livy, 2. 56. 12;Asc. 71C)一般被翻译为"散开,分成各个组",但它最初的意思也许是"清空投票区"。见 Vaahtera, 1993a, 113—114。

被召集到一个叫绳子(*licium*,可能是一根绳子圈定)的地区投票。然后他们被叫到主席台上的典礼区投票。从瓦罗的一段记载中,人们富有说服力地推断,公元前145年以前,广场上特里布斯的投票区是以会场及与之相连的共和国时代的主席台为基础构成的。但当这里变得过于拥挤时,投票点被移到了它的对面即广场的东南端,利用卡斯托尔庙的台阶作为主席台。[30] 到公元前2世纪末,人们修建了 *pontes*——一座升起来的跳板——作为通道。通常归于公元前119年保民官C. 马略(C. Marius)的《马略法》(*lex Maria*)把这个通道变窄,目的是减少恐吓选民的可能性。[31]

主持的官员选择那些杰出人士为监票人(*crogatores*)。人们一般根据这个术语推测,在书面选票引入之前,选民会被问及他的选择,他的口头回答会被转化成符号刻在适当的木板上(共和国后期,选票用 *puncta* 这个词表示)。[32] 这种观点并无直接证据,投票 47
的标准拉丁词汇是赞同(*suffragium*),该词也许是更早时期产生的,它反映了这样一个事实:人民大会最初根本不投票,而是以敲

㉚ 见 Cic. *Mil*. 41;*lex Val. Aur* (*RS* i. 37 = EJ^2 94a) *tab. Heb*. Lines 10—11; Serv. *Ad Eclog*. 1. 33;关于投票区(Varro *LL* 6. 88,参见 86 和 94—95),见 Taylor, 1966,56,136 n. 61,156 n. 41;Vaahtera,1993a,112—115。短语 *intro vocare* 被询问见于 Livy,10. 13. 11 和 *lex rep*. 72。关于投票型特里布斯人民大会会址的迁移,见 Varro,*RR*1. 2. 9;Cic. *Amic*. 96;Taylor,1966,21 ff.,Coarelli,1985,11 ff.,163 ff.。投票区的目的可能不仅是划分投票单位,可能还有阻止选民两次投票的目的。

㉛ *Ad Herenn*. 1. 21;Cic. *Att*. 1. 14. 5;Suet. *Jul*. 80. 4;*RRC* 292. 1,即公元前113年或公元前112年 P. 涅尔瓦的铸币。关于马略法案,见 Cic. *Leg*. 3. 39;Plut. *Mar*. 4. 2。

㉜ 关于监票人,见 Cic. *Leg*. 3. 33 ff.;关于 puncta(记号),见 Cic. *Planc*. 53;*Mur*. 72;*Tusc*. 2. 62;*Hor*. *Ap* 343(在提到"公马骑士"[*equites equo publico*]和老年森都里亚[*centuriae seniorum*]后,用了一个比喻性的说法,有关情况请见下文注释㉔以下及注释㊾)。

打武器表示赞同。㉝ 近来有人主张,当哈利卡纳索斯的狄奥尼修斯说到罗马早期历史上用 *psēphoi* 进行投票表决时,如果这个词被理解为鹅卵石,例如古典时代雅典使用的那种鹅卵石,而不是共和国后期的书面选票,那也许他并不完全是时代误置。在监督之下把鹅卵石投入适当的罐子,与把语言转化成木板上的符号比较,也许是记录选票更加可靠的形式。㉞

书面选票是公元前 2 世纪末通过一系列平民会议决议引入的,如公元前 139 年关于选举的《加比尼亚法》(*lex Gabinia*)、公元前 137 年关于非死刑审判的《卡西亚法》(*lex Cassia*)、公元前 131 年关于立法的帕皮里亚法(*lex Papiria*)以及公元前 106 年关于死刑审判的《科利亚法》(*lex Coelia*)。从西塞罗《论法律》对这些改革的阐述看,人们认为,就公民们不再需要向监票人表明他们将如何投票而言,它显然削弱了精英阶层的影响。公元前 123—前 122 年的《关于勒索钱财罪的法律》(*lex de repetundis*)也可以被视为对秘密性和正当性的关注,该法要求法官们投票时露出他们光光的胳膊,以明确显示他们只会投一张票,但会用手指隐藏写在票上的字母。㉟ 人民大会投票前的秘密性也许已经为法律规定(在格拉古的《关于勒索钱财罪的法律》中,法庭中的陪审员需要宣誓说,他们不会做任何泄露人数,从而让人们预先知道其同僚投票数字的事情)。此外,《马略法》(见前文)显示,当时人们对选民投

㉝ 见 Vaahtera,1993b。

㉞ 见 Dion. Hal. *AR* 7.17.4;7.59.2—10;10.36.1 and 41.3;11.52.3—4 及 Vaahtera,1990。

㉟ Cic. *Leg.* 3.34—39;*lex rep.*,lines 50—54。

票之前所承受的不适当的压力与威胁给予了关注。[36] 可是，在准备自己的选票时，他也许需要帮助，即使他只需要在 VTI ROGAS（“同意”，在公元前 63 年 L. 卡西乌斯·隆吉努斯[L. Cassius Longinus]的铸币上简写为 V）和 ANTIQVO（“反对”，也许简写为 A）中做出选择。[37] 在西塞罗的作品中，有一个著名的段落显示，在为立法进行投票时，存在准备好的选票。有人论证说，这是经常现象，不管选票上是两个可选符号的一种，还是两种不同的选票。可以设想，这种习惯扩散到了选举中，板上预先刻上了候选人 48
名字的简写符号（与此大体相类的，是在雅典的陶片放逐法投票中，有人预先准备了陶片）。P. 涅尔瓦（P. Nerva）的铸币似乎显示，有人正递给选民一张选票。当时他已经在通向投票站的通道上了。可是，资料告诉我们，乌提卡的加图（Cato Uticensis）曾宣布一次市政官的选举无效，因为他发现有些选票出自同一个人之手，这暗示准备好的选票不是经常现象，且让人怀疑。[38]

投票箱（*cistae*）由保管人（*custodes*）监管。共和国后期，他们通过抽签从陪审法庭的陪审员中产生，元首制时代，那些在罗马的这类人被称为“九百人”（*nongenti*）。[39] 这些保管人还负责计票并

---

[36] Cic. *Leg*. 3. 38；*lex rep*. 44—45.

[37] 见 *RRC* 413. 1。关于司法判决的投票，见同书 428. 2（Q. Cassius）和 437. 1a—b（C. Coelius Caldus）。前者那里用“A（bsolvo）·C（ondemno）”，后者用“L（ibero）·D（amno）”。

[38] Cic. *Att*. 1. 14. 5；*RRC* 292. 1；Plut. *Cato mi*. 46. 3；*Staatsr*. iii. 1. 402；Luisi, 1993.

[39] 关于票箱，见 Sisenna, fr. 118P；*Ad Herenn*. 1. 21；*lex Val. Aur*.（*RS* i. 37＝*EJ*² 94a）*tab. Heb*. 17 ff.，cf. *RS* i. 38＝*EJ*² 94b，*Tab. Ilic*. 14 and 20；关于保管人，见 Cic. *Red. Sen*. 28；*Pis*. 36；Pliny，*HN* 33. 31；*lex mun. Mal*.，ch. 55。

向主持的官员报告票数。⑩ 做出的决定不是根据所投总票数计算,而是根据每个投票单位的多数,不管投票单位是特里布斯还是森都里亚。在森都里亚大会中——其复杂性我将在下文讨论(见正文及注释⑫以下),投票是根据等级高低进行的,在同一等级内部,用抽签的方式决定首先宣布哪个森都里亚的选票。在特里布斯大会中,投票是根据抽签决定的顺序依次进行,也根据那个顺序宣布结果。在这场非赞成即反对的决定中,35 个特里布斯中,一旦有 18 个特里布斯投了同样的票,事情就结束了。更重要的是,在选举中,问题不是谁得到了最多的票,而是谁第一个获得了 18 个特里布斯的赞成票。因此,一个候选人完全可能因为唱票的顺序问题,在获得与其竞争对手同样多、甚至更多票数时,在一场非常接近的选举中败北。在保民官选举中,这种情况尤其可能发生,因为有 10 个职位空出,有可能产生 350 张特里布斯票。⑪ 在共和国后期的选举中,当各特里布斯同时投票时,那些希望避免被控偏袒的官员会通过抽签决定特里布斯唱票的顺序,这可能成为了常规。⑫ 最后,宣布人民大会的决定是负责主持的官员的任务。程序一天之内必须完成,如果投票被终止或者被放弃,那就得从头

---

⑩ Cic. Planc. 14 and 49;Pis. 36;Varro,RR 3.5.18.

⑪ 关于用抽签决定唱票顺序问题,见 lex Val. Aur. (RS i. 37 = EJ² 94a) tab. Heb. 40 ff. ;Cic. Leg. Agr. 2.21;关于因此产生的顺序,见 Gell. 10.1.6 (Varro);Cic. Pis. 2;Mur. 35;Plut. C. Gr. 3.3;Caes. 5.1;Suet. Vesp. 2.3;关于它的复杂性,见 Hall, 1967,1972。关于在人民大会上进行审判时投票的完成,见 Livy,43.8.9,它显示所有特里布斯一致投票通过。

⑫ Lex mun. Mal. Ch. 57;比较 Cic. Planc. 35 关于通过抽签选择第一个选民的资料。

重复所有的程序。[43]

不同类型人民大会的组织

a. 库里亚和库里亚大会

共和国后期,有些人民大会只是在象征和仪式化的形式上存在,这是指那些以库里亚为基础的人民大会。据说它们由罗慕路斯创立,根据萨宾妇女的名字命名,乃划分罗马人民的30个古老的单位,[44]如今分别由30个执政官随从代表。这类人民大会中的一种被称为卡拉塔大会(comitia calata),在大祭司长的主持下召开,用于宗教目的,例如祭司的就职仪式、维斯塔贞女的选择,以及制定遗嘱等,就该仪式乃对家庭的权威通过仪式传递而言,它具有宗教的含义。[45]库里亚大会也用于被称为废除(abrogatio)的过继仪式,不管它是继父母生前的行为,还是因为遗嘱而产生。[46]但库里亚大会更经常的职能,是通过那些承认当选官员或者续任官员

---

[43] Cic. Phil. 2.82;App. BCiv. 1.14.62.

[44] 关于库里亚大会,见 Cic. Rep. 2.14;Livy,1.13.6;9.38.15;Festus,180—182、503L;Dion. Hal. AR 2.50.3;Cic. Dom. 77,关于随从开会,见 Cic. Leg. Agr. 2.31。

[45] 关于 comitia calata,见 Gell. 15.27.1—3;比较 1.12.9 ff.。关于就职仪式,见 Cic. Brut. 1;Phil. 2.110;Macr. 3.13.11。

[46] 一般情况请参见 Gell. 5.19.4—10。关于恺撒死后将 C. 屋大维(C. Octavius)过继到尤利亚家族的情况,见 App. B Civ. 3.94.389—391;Dio,45.3。施米特黑纳(Schmitthenner,1973,39 ff.,51 ff.,114—115)和林德斯基(Linderski,1996,149—154)认为,最后这个程序乃例外情况,可是,证据的缺乏也许会误导我们,这个程序也许是常态,见 Shulz,1951,144—146;Crook,1967,112。

地位的法律。㊼ 共和国后期,库里亚授权法所包含的实际意义已经模糊,某个官员可以宣称,他勿需该法就可以行使统帅权,一个立法家也可以在其法案中包含一个条文,让库里亚授权法变成多余。有一点让人奇怪,即监察官在库里亚大会上可以采取同样的措施。看起来库里亚大会是个确认仪式,也许起源于这样一个时候:当时罗马人在原来的库里亚大会之外,创建了新的人民大会举行选举。㊽

b. 特里布斯与特里布斯大会

罗马共和国中期和后期存在两种重要形式的人民大会:森都里亚大会和特里布斯大会。第二种的起源很可能晚些,但为论述方便,我们首先考察它。

就词源而论,特里布斯一词与血缘集团没有任何关系。它的意思不过是一种将人民加以分配的地区性划分单位。在实践上,几乎所有最初的乡村特里布斯,都拥有与罗马人用以称呼家族集

㊼ Cic. Leg. Agr. 2. 26 ff.; Fam. 1. 9. 25; Att. 4. 17. 2 and 18. 4; Livy, 5. 52. 16; Gell. 13. 15. 4.

㊽ Cic. Leg. Agr. 2. 26. 乔万尼尼(Giovannini,1983,51—55)已经论证,库里亚授权法授予所有官员观察征兆之权,但他假设的贵族对库里亚的独占让他观点的基础成为疑问,况且他也无法解释监察官在森都里亚大会举行的同样的程序,在那里,贵族不可能享有独占地位。至于续任官员,似乎没有证据显示他们具有观察征兆的权利(见第七章及其注释㊸和㊹)。然而,罗马人好像认为,随着他们城市官职任期届满,他们失去了观察征兆的权利。因此,对他们来说,库里亚授权法不具有乔万尼尼所设想的具体影响。关于 16 世纪西格尼奥(Sigonio)与尼古拉斯·德·格罗奇(Nicolas de Grouchy)之间为库里亚授权法性质发生的著名而激烈的争论,见 McCuaig,1989,183—202;1986。

第五章 人民大会

团的名字有关的名称,例如埃米利亚、克劳狄亚、科尔涅利亚、法比亚、帕皮里亚等,但对于其中存在的联系,我们无法提供可靠的解释。也许这些家族及其门客提供了该特里布斯最初的成员;也可能该家族一度拥有其所在特里布斯地区的土地;也可能他们就是那个地区的统治集团。由于我们不清楚,除了他们的名字外,是什么把家族成员联合在一起的,因此难以对上述猜测进行评价。上述名字指的是男人的第二个名字,或者妇女的第一个、也是唯一的名字,例如盖乌斯·尤利乌斯·恺撒和他的女儿尤利娅。[49]

根据传统,公元前495年,即共和国开始扩张前的时代,在罗马原有的领土上,有四个城区特里布斯和17个乡村特里布斯。到公元前241年共增加了14个特里布斯,那一年最后增添了维利那和奎利拿特里布斯,总数达到了35个。之后,已经成为罗马人领土的意大利土地——同盟者战争后,它指的是阿尔诺河和卢比孔河以南所有的意大利土地——最终被分配到所有现存特里布斯中,尽管公元前90—前89年曾试验性地增加了特里布斯的数量以应付公民数量的增加。[50]

格拉古的《关于勒索钱财罪的法律》要求把陪审员的名字按照"父亲名、特里布斯名和本名"(第14、18行)写在名单上。在一个人正式的名字中,特里布斯名跟在父名之后,本名最后,例如马(尔库斯)·图(利乌斯)·马(尔西)·菲(利乌斯)·科尔涅(利业特里

---

[49] 关于特里布斯,参见 Staatsr. iii. 1. 11 ff.;Taylor,1960,11 ff. 以及本书第十章及其注释㊷以下;关于家族,最近的概论见 A. Drummond,CAH vii. 2². 143 ff.;Smith,1996,198 ff.。

[50] App. BCiv. 1. 49. 214—215 and 53. 231;Sisenna,fr. 17P.

布斯)·西塞罗。特里布斯名是罗马公民权的关键标志,不仅对一个罗马人父亲已经成年的儿子而言如此,而且对那些从外面吸收入罗马公民团体的人也是如此。《关于勒索钱财罪的法律》(lex Rep)为那些通过诉讼成功赢得公民权的人的利益,做了具体的规定。[51] 特里布斯是在人口统计时划分的,一个新登记的公民一般取其父所在特里布斯的名字,只有在他因被过继改变了他的家庭时,他才会失去这个特里布斯名。因此,特里布斯名可能与公民住所和财产的所在地没有什么关系。

解放奴隶及其后代(他们当然是生而自由的)的特里布斯地位,属于几百年里一直在摇摆的一群人。关于他们在公民团体中的地位的争论,据说从阿庇乌斯·克劳狄乌斯(Appius Claudius)公元前312年担任监察官时就开始了。据称,他"通过把下层阶级(即 humiles)分配到所有特里布斯中,败坏了罗马广场和校场"(也就是特里布斯大会和森都里亚大会投票的场所)。看起来引起争议的是那些解放奴隶,可能还有他们的保护人。[52] 在下一任监察官任期里,解放奴隶又被放进四个城区特里布斯中,在那里,他们的影响要小些。公元前2世纪初,解放奴隶及其后代的投票再度成为问题。据普鲁塔克记载,保民官 Q. 特伦提乌斯·库莱奥(Q. Terentius Culleo)于公元前189年通过法案,强迫监察官"接受"所有那些出生时拥有自由父母的人。对监察官来说,不是如人们后来论证的那样,让他们剥夺一个等级的公民行使公民权的手

---

[51] lex Rep. 77,细节因缺损失传。一般接受的补充是提到被判罪者登记时的特里布斯。但可能允许人们自由选择登记的特里布斯。见 JRLR 156—157。

[52] Livy, 9.46.11; Diod. 20.36.4.

第五章 人民大会

段,或者类似的做法。对该段文字合理的解释是:解放奴隶的后代应当得到像任何其他生而自由的罗马人一样的对待,因此可以在适当的乡村特里布斯登记。[53] 后来我们又听说了一次改革,它也许是公元前179年的监察官的工作,在对待特里布斯的问题上,他的态度似乎更加灵活。他规定,被解放的奴隶,如果他有一个年满五岁的儿子或者在乡村拥有三万塞斯特斯的财产,就可以在该乡村特里布斯登记。[54] 公元前169—前168年,监察官盖乌斯·克劳狄乌斯·普尔策(Gaius Claudius Pulcher)和提比略·森普罗尼乌斯·格拉古(Tiberius Sempronius Gracchus)(著名保民官的父亲)曾因为那些前奴隶——尽管关于他们的后代,他们好像没有争议——的地位问题发生冲突,结果是那些解放奴隶被限定在通过抽签产生的一个城区特里布斯中。[55]

前奴隶的地位问题在共和国后期继续出现。马尔库斯·埃米利乌斯·斯考鲁斯(Marcus Aemilius Scaurus)于公元前115年通过的一道法令改善了他们在选举中的地位。普布利乌斯·苏尔皮基乌斯(Publius Sulpicius)公元前88年又通过了一道法令,该法曾被苏拉宣布无效,在秦纳(Cinna)时代恢复,但可以想象,在苏拉独裁时被取消了。[56] 公元前66年,盖乌斯·马尼利乌斯(Gaius

---

[53] Plut. *Flamin.* 18.2; Livy, 45.15.4 支持这一看法(李维的那一段紧随因抄本失去一页而出现的脱漏之后,但语境是清楚的); Taylor, 1960, 132 ff.。

[54] Livy, 45.15.1—3, 参见 40.51.9。

[55] Livy, 45.15.3—7; 对比 Cic. *De Or.* 1.38 和 *de Vir. Ill.* 57.3。根据他的看法,解放奴隶被限制在四个城区特里布斯中。

[56] 关于斯考鲁斯的法案, 见 *de Vir. Ill.* 72.5; Cic. *De Orat.* 2.257; 关于苏尔皮基乌斯的法案,见 Asc. 64C; Livy, *Per.* 78 and 84。

Manilius)通过的法令,允许解放奴隶在其保护人的特里布斯投票,但因为程序的原因被取消。最后,普布利乌斯·克洛狄乌斯竞选公元前52年的副执政官时,似乎打算通过法令,以提升前奴隶的投票权。[57]

在这一系列的争吵中,我们可以看到两种趋向。最根本的问题,是担心新来者,特别是那些非意大利族裔给公民团体造成的影响。[58] 共和国末期前奴隶转变来的公民数量成指数增长,可能加深了人们的担忧。另一个问题,是他们的保护人利用新公民以获得影响的问题。在乡村特里布斯中,这种影响最为明显。即使我们的资料中有关监察官阿庇乌斯·克劳狄乌斯的处理办法是时代误置,那它至少反映了公元前2世纪初可能已浮上表面的人们的担忧。在有关给予意大利人以公民权的建议中,可能伴随着同样的希望和恐惧,并让人们对马尔库斯·弗尔维乌斯·弗拉库斯、盖乌斯·格拉古和公元前91年保民官马尔库斯·李维乌斯·德鲁苏斯那样的人产生了怀疑。虽然我们听说,根据公元前90年的《尤利亚法》(*lex Iulia*),创立了新特里布斯,但到公元前88年,新意大利人公民仅仅被吸收到旧的八个特里布斯中。最后,似乎是意大利人在没有如此严格限制的情况下被接受加入了公民队伍,但对他们的登记是个缓慢的过程,新区则不平衡地被分配到各特

---

[57] 关于马尼利乌斯的法案,见 Asc. 45, 64C; Dio, 36. 42. 2;关于克洛狄乌斯的法案,见 Cic. *Mil*. 87; Asc. 52C。

[58] 西塞罗(Cic. *De Orat*. 2. 257)所引用的话明显是斯考鲁斯用过的。另见 Vell. 2.4.4 和 Val. Max. 6.2.3 记载的西庇阿·埃米利亚努斯所下的 *obiter dictum*("最终结论")(其他说法搜罗在 Astin, 1967, 265—266 中)。

里布斯中，暗示他们的政治力量受到了操纵。(59)

我们听说还有其他对罗马公民进行再划分的单位，它们是 *vici* 和 *pagi* 以及 *collegia*，前两者即城市内和乡村邻里内的区，后一种是以职业为基础、与崇拜有关的组织。(60) 但特里布斯仍是唯 53
一根本性的、综合性的选区。它们有自己的官员保管人（*curatores*）和财务官（*divisores*），可能还有自己的登记官（保管人参与了人口统计）。因此，尽管军事组织的基础是森都里亚，但甚至在征兵问题上，特里布斯也有部分职能。军官被称为特里布尼（*tribuni*），军队的财务官据称发挥着军队军需官的作用，被称为特里布尼财务官（*tribuni aerarii*），(61)不大可能是巧合。考虑到特里布斯在组织人民中总体上的重要性，平民的主要官员被称为平民保民官（*tribuni plebis*），也就不让人惊奇了。

特里布斯人民大会有多少种？史料证实，以特里布斯为基础的人民大会，既有保民官和平民市政官召开的，也有其他官员——执政官、副执政官、牙座市政官（这样称呼是因为他们像执政官和副执政官一样，有权坐象牙装饰的椅子）——召开的。在我们的古代资料中，特里布斯人民大会一词主要用来描述会议的结构，偶尔也用来称呼平民会议。自蒙森时代以来，现代学者们把这个词专

(59) Vell. 2. 20. 2; App. *BCiv*. 1. 49. 214—215 and 53. 231; Sisenna fr. 17P; Taylor, 1960, ch. 16.

(60) Dion. Hal. *AR* 4. 14. 3—15. 5; Cic. *Dom*. 74; *Comm. Pet*. 8. 30. 关于共和国时代的 *collegia*，参看 Waltzing, 1895, i; Ausbüttel, 1982; *VRR* 78—83。

(61) Varro *LL* 6. 86; Cic. *Verr*. 1. 22; *Att*. 1. 16. 12, 18. 4; *de Orat*. 2. 257; Corn. Ⅰ, frr. 40—41 Puccioni; Dion. Hal. *AR* 4. 14. 1—3; *Staatsr*. iii. 1. 161 ff.（189 ff. 论军团财务官）; Taylor, 1960。

用于称呼包括贵族在内的全体人民以特里布斯为单位召开的大会,同时把平民会议这个术语用来称呼平民的集会。这种正统看法如今遭到了抨击。[62] 有人论证说,首先,这个术语仅是现代人的发明;其次,也更有争议的是,除了由保民官主持的平民会议外,根本不存在特里布斯会议。文献提到的保民官、副执政官的立法,要么肯定是指森都里亚大会;要么是共和国后期正确程序偏离的结果;或者事实上是执政官和副执政官利用保民官为他们提出法案。[63]

除平民会议外不存在其他以特里布斯为单位的人民大会的假设,与某些可靠的资料相冲突。我们拥有的法律文本显示,执政官在特里布斯大会上进行立法的现象,不仅出现在奥古斯都时代(公元前9年的《昆克提亚法》[lex Quinctia]),而且出现在公元前58年(《关于提洛岛的加比尼亚-卡尔普尔尼亚法》[lex Gabinia Calpurnia de Delo])中。关于创建和维持20个财务官的法律,我们的资料归于作为独裁官的苏拉,但它是在特里布斯大会上通过的。[64] 此外,由于碑铭文献——《公元前101—前100年的副执政官治理行省法》(lex de provinciis praetoriis)——提到了副执政官马尔库斯·波尔西乌斯(Marcus Porcius)实际进行的立法,那些对文献资料中各个文本所做的重新解释,是有疑问的。在那里,

---

[62] 关于特里布斯人民大会表示平民会议的情况,见 Livy,2.56.2,关于该术语更概括性的讨论,见 Farrell,1986。关于正统观点遭批评后的重申,见 Develin,1975,1977;Sandberg,1993。

[63] Develin,1975,335;Sandberg,1993,89 ff.

[64] RS i.14 and 22;RS ii.63.

如果我们正常地解读,意思是执政官和副执政官进行立法活动。⑥⑤执政官在特里布斯大会上主持过市政官的选举。在人民面前处理有关以罚款为标的的讼案的,不仅有平民市政官,还有牙座市政官。这些案件正常情况下是在特里布斯大会上审理的。⑥⑥

因此,除平民会议外无其他特里布斯人民大会存在的观点,不可能得到恰当的论证。情况很可能是:特里布斯人民大会一词,通常既用来指由牙座官员召集的人民大会,也指保民官召集的人民大会。但这并不排除两种类型的人民大会之间在某些方面存在差异,即使知识的缺乏让我们无法精确定义这一点。一个重要的不确定之处,是在《霍腾西亚法》给予平民会议决议以法律效力后,贵族是否可以参加平民会议。我们发现有一篇演说被记录下来,它是一个过去属于贵族阶层的军团长官在由保民官召集的会议上发表的,会议讨论的是公元前167年拒绝给予L.埃米利乌斯·保鲁斯(L. Aemilius Paulus)举行凯旋式请求的问题。看起来从非正式的人民大会上排除贵族既不实际,也不为人所愿。但是,如果就某一法律进行实际的表决,把贵族的投票包括在下述决定中肯定就不合适了:这个决议可能被表述为"某人向人民提出建议,人民依法投票决定"(X ...plebem rogavit plebesque iure scivit)。⑥⑦此外,如果某人主持的罗马人民大会具备的是和该官员合作的功能,

---

⑥⑤ *RS* i. 12, Cnidos Ⅲ, lines 4 ff.

⑥⑥ 关于选举的情况,见 Varro, *RR* 3. 2. 2、5. 18;关于诉讼,见 *Staatsr.* ii. 1. 491 ff. ; *VRR* 96—98.

⑥⑦ 关于排除贵族的说法,见 Zon. 7. 17. 6。相反的意见见 Botsford, 1909, 271、276。他依靠的是李维关于公元前5世纪的一段记载。桑德伯格(Sandberg, 1993, 77—79)对贵族可以参加平民会议的说法提出了怀疑。

那他召集的会议可能会影响到会议的性质。由于这个原因，看来最好还是继续保留对由特里布斯大会牙座官员召集的和保民官召集的特里布斯大会的区分（共和国后期由平民市政官因司法目的召集的人民大会是否仍全部由平民出席，并不清楚）。(68)

55 特里布斯人民大会以会议地点的灵活性为特征。正式的大会可以在广场召开，最初是以主席台和会场为基础，后来以东南角的卡斯托尔庙为基础。有证据表明，在卡皮托林地区（area Capitolina）的至高至大之朱庇特神庙也召开过。(69) 至少到提比略·格拉古时代，选举性的会议是各特里布斯依次投票，最初是在广场或者卡皮托举行的。共和国后期，它们在马尔斯校场举行，那里的空间可以允许各特里布斯同时投票，因此加快了会议议程。(70) 在立法性质的人民大会上，我们发现有通过抽签选出第一个投票的特里布斯（即 *principium*）的习惯，它的投票结果会在其他特里布斯投票前宣布。(71) 几乎所有立法，以及除执政官、副执政官和监察官之外的所有官员的选举，都由这种组织相对简单的人民大会包办。

---

(68) 见 *VRR* 96—98。牙座和平民市政官都可对同样的罪行提出控告。

(69) 关于人民大会会场（*comitium*），见 Varro *RR* 1. 2. 9；关于卡斯托尔庙，见 *lex de Delo*（*RS* i. 22），3；Cic. *Dom.* 54，110；*Sest.* 34；*Pis.* 23；Plut. *Cato mi.* 27. 5；关于该庙作为宣誓地点的情况，也见 *lex lat. Bant.*（*RS* i. 7），17。关于在卡皮托林地区选举殖民委员会的情况，见 Livy，34. 53. 2；概括性的论述见 Taylor，1960，27—28。

(70) App. *BCiv.* 1. 14—16；对比 Varro，*RR* 3. 2. 2；Cic. *Att.* 1. 1. 1；4. 16. 8. 也请见 Plut. *C. Gr.* 3. 2。在描写 C. 格拉古第一次当选为保民官时，提到了 *pedion* 这个地方，也许是指马尔斯校场。

(71) 关于第一个投票的特里布斯，见 *lex agr.* 1；*lex Corn* XX *quaest.*（*RS* i. 22）praef. 2；for the first voter（*preimus sceirit*）*lex agra.* 1；*lex Ant. Term.*（*RS* i，19），praef. 4；*lex de Delo*（*RS* i. 22），4；Cic. *Planc.* 35。

c. 森都里亚大会

除特里布斯人民大会外,罗马人还保留着一个观念和形式上看来都很古朴的人民大会,但它的次级单位与库里亚大会不同,还没有过时。这是个以财产为基础的人民大会,其单位是森都里亚,有时候罗马人称它为 *exercitus*。[72] 它在军事检阅和操练场马尔斯校场开会。作为一个术语,森都里亚也是罗马军队中最小的步兵单位。这个人民大会的创立被归于国王塞尔维乌斯·图利乌斯,编年史家把这个事件视为从公民那里索取与其财富相称的军事和民事义务的方法,同时给予他们与其所提供的服务相称的投票特权。[73] 就起源而论,可将其视为重装步兵一个"阶级"(*classis*)的会议(在希腊就会是重装步兵),外加一小队骑兵和其他专业军事人员。这些战士构成了享有全权的公民,与由穷人和无地者构成的无产者相对。这将给该会具有的某些职能提供满意的解释,例如执政官和副执政官的选举,他们将是军队的统帅;还有监察官的选举,他负责公民人口的登记,参与该会的资格就是以公民登记为基础的。[74]

尽管如此,我们在中期和后期共和国看到的这个人民大会,

---

[72] Varro LL 6.88;Livy,39.15.11;Gell.15.27.5;Macr.1.16.15;Serv. *ad Aen*.8.1.

[73] Livy,1.42.5 and 43.10;Dion. Hal. *AR* 4.19.2—3 and 21.2.

[74] 见 Fraccaro,1929;Last,1945;de Martino,*SCR* i.144—148;Momigliano,*CAH* vii.2².103—104. 对正统观点即森都里亚大会独享宣战权的怀疑,见 Fascione,1981。但即使对于那些不相信早期共和国资料的人来说,这种观点也仍有效。

也不再能够作为罗马军队的镜子了。人民大会中没有军团、联队和连队的位置,人民大会的森都里亚和军队中的森都里亚之间,也没有任何必然的对应关系。因此,如哈利卡纳索斯的狄奥尼修斯所述,那一原则——富人虽然人数较少,但被划分为森都里亚的数量要比穷人多很多,所以他们承担的军事义务相应多得多——即使曾经在罗马有效过,而不仅仅是在该人民大会作为军事形态已经过时,于是为其做出了哲学上正当性的论证,那现在也已经不再有效。西塞罗无疑借塞尔维乌斯·图利乌斯的眼睛看到了该人民大会的意图:那就是"最大多数的人民不应具有最大的影响"[75]。

对这个据称由塞尔维乌斯·图利乌斯创立的人民大会,李维和哈利卡纳索斯的狄奥尼修斯都提供了或多或少雷同的重构。它以193个或者194个森都里亚为基础,包括18个骑兵森都里亚和170个步兵森都里亚,他们宣称,到他们那个时候,这种制度已经不存在了(据李维,变革的原因是"把35个特里布斯全部包括进来,并把老年和青年森都里亚都增加一倍"。可是,两个作家都不曾给我们留下有关后来面貌的叙述)。[76] 在《论共和国》的对话(对话发生的时间是公元前129年)中,西塞罗借主角西庇阿·埃米利亚努斯之口,给塞尔维乌斯·图利乌斯创立的这个人民大会提供

---

[75] Dion. Hal. *AR* 4.19.2—3 and 21.2;Cic. *Rep.* 2.39(比较40的看法:那拥有最大投票权利的人,是那些对共同体的优良状态有最大利益的人);亦见 Livy,1.43.10。

[76] Livy,1.43.12;Dion. Hal. *AR* 4.21.3。

了一个礼赞性的、但令人费解的解说[77]:

> 如果你们不明白这一划分的意义,我这就给你们解释。现在你们看,计算是这样的,骑士森都里亚及其六个表决权,加上第一等级,再加上关系到城邦最高利益而给予木工的一个森都里亚,一共是89森都里亚。只要从104个森都里亚中——因为还剩这么多——能再过来八个森都里亚,那么人民的总的实力便确定了,余下的大多数组成96个森都里亚,他们便得接受表决结果了,使他们不可能再那样傲慢,那样强大,那样构成威胁。

西塞罗所描述的制度,似乎是公元前129年仍生效的制度,但如他所相信的,它起源于塞尔维乌斯·图利乌斯。这里有18个骑

---

[77] Cic. *Rep.* 2.39(中译采用王焕生译文,略有改动。——译者)。人们一般认为,96个森都里亚(骑士森都里亚、第一等级,工匠[*fabri*]外加八个森都里亚)与组成了96个森都里亚的其他大多数(*multo maior mulltitudo sex et nonaginta centuriarum*)的对比,为此前西塞罗(*Rep.* 2.39)关于 *locupletes*(富人)和 *multitudo*(普通人)或 *plurimi*(多数人)的对比提供了解释。可是,雅各布逊(1992,48—49)论证说,西塞罗2.39的 *locupletes* 和2.40的 *locupletes* 含义相同(也就是说,是该等级中的"生育子女者"(*assidui*),与无产者相对),并由此得出结论:富人和穷人"生育子女者"投票的不平衡,与将超过公民半数的无产者归于一个森都里亚比较起来,相对次要。但这个看法似乎经不起推敲,而且2.39的 *locupletes* 不可能覆盖2.40所说的同一社会集团,因为在2.40的后半部分,西塞罗论证道,在他假设的96个森都里亚,即第二到第五等级的主体中的任何一个,所拥有的成员几乎比整个第一等级还要多。这不仅表明,他所进行的对比存在于较高等级和较低等级的"生育子女者"之间,而且还表明,雅各布逊对人口的重新建构变得不可能(比例如下:第一等级:7000人,其他"生育子女者",约65万人;无产者,约75万人,这样第一等级将只占投票人口的0.5%,尽管它比较贫穷的成员所拥有的财产,不过是一个中等规模的农场而已)。

兵森都里亚(包括那六个有优先权[*suffragia*]的森都里亚),第一等级70个森都里亚,外加一个木匠森都里亚(最后这些人所以有特权,是因为他们的军事职能),另外还有104个森都里亚。在有关恺撒被谋杀后由马可·安东尼(Mark Antony)主持的、流产的执政官选举的叙述中,第二等级已经投了票,⁷⁸因此强化了《论共和国》给人们留下的印象:这就是西塞罗熟悉的、他那个时代的森都里亚大会。第一等级的70个森都里亚暗示它与35个特里布斯有关。西塞罗的其他篇章表明,他认为在这个森都里亚大会中,特里布斯在某种程度上是投票单位。可是,尽管对西塞罗来说也许不那么明显,但对我们来说明显的是,这种以35个特里布斯为基础的制度,只能是公元前241年最后两个特里布斯创立后才产生的。⁷⁹

李维和狄奥尼修斯的描述,也许不过是以193个森都里亚(虽然李维抄本上的数字是194个)、骑兵和第一等级肯定拥有多数为基础,对归于塞尔维乌斯的改革的博古式重构。这些森都里亚包括18个骑兵和170个步兵森都里亚,后者又被划分为五个等级,其资格分别为10万阿司、7.5万阿司、5万阿司、2.5万阿司、1.25万阿司或1.1万阿司(我们不清楚的是,这些阿司是否具有最初的一磅铜的价值,还是第二次布匿战争以来贬值后的货币阿司)。此外,在李维的叙述中,还有五个军事辅助人员组成的森都

---

⑧ Cic. *Phil.* 2.82. 关于12个骑士森都里亚在人民大会的审判中,与第一等级在元老之前投票的情况,见 Livy,43.16.14。

⑨ 关于特里布斯作为森都里亚组成单位的情况,见 Cic. *Phil.* 11.18;*Planc.* 49 ad fin.;关于最后两个特里布斯的创立,见 Livy,*Per.* 19。

里亚,分别是铁匠、木匠、号手和吹角手,其中前两个与第一等级结合在一起,后两个和第五等级结合在一起,第五等级为随从(accensi velati);另外还有一个由那些免除军役者组成的森都里亚,只在危机时期才服役,在其他文献中被称为无产者或 capite censi。[30] 每个等级在装备上依次下降:第一等级为全副装备的重装兵,然后沿等级向下,防御性装备递减,直到第四等级无防御装备,仅有用于劈刺和投掷的长矛,第五等级为投石手。在波里比阿笔下,罗马步兵的武器和功能确实存在差别,但它们取决于年龄,并未证明这里所设想的装备上的等级差异。将这里描述的人民大会和罗马历史上的任何特定时期联系起来,都是危险的。[31]

尽管如此,某种形式的森都里亚大会至少可以追溯到共和国初期。那就意味着它应当发生过变化,但我们不清楚变化到底有多大,又是多么经常,然后它才达到了某种程度上以 35 个特里布斯为基础、为西塞罗所知的那种形态。从数学上说,步兵森都里亚的数目(170 个)与 35 没有联系,可能产生于特里布斯因素被引入之前的时期。这场改革的定年,如果我们相信李维提到的该时期以特里布斯为名的青年森都里亚的证据,那肯定在公元前 241 年之后和第二次布匿战争之前的时期。[32] 有人根据布林底西保存下来的一块不完整的、2 世纪刻写的石碑铭文,将改革和 Q. 法比乌

---

[30] 参见 Livy,1.43.1—8 以及奥吉尔维 1965 年的注疏著作。另见 Dion. Hal. 4.16—17(请注意这里划分为老年和青年森都里亚)以及 4.20.3—5(关于无产者的叙述见 20.5);7.59.2—8;Cic. Rep. 2.39—40。

[31] Pol. 6.19 ff. 关于波里比阿之前罗马军事组织的发展,参见 Sumner,1970。

[32] Livy,24.7.12 and 8.20;26.22.2 and 11;27.6.3。

斯·马克西姆斯（Q. Fabius Maximus）联系起来。铭文（由于残损，作者已佚）纪念的是一个活跃于公元前 230 年和汉尼拔战争时期的人物，所纪念的人"第一次挑选了元老院和……人民大会"。李维关于第二次布匿战争以前二十年的叙述未能保存下来，但如果普鲁塔克的传记把这个成就遗漏了的话，那可就让人吃惊了。这里特意提到元老院，表明这块石碑所提到的人，更可能是创造了新近建立的布林底西殖民地政治制度的人。[33] 因此，对于罗马的这场改革，我们只能满足于这个可能的时间段。

在西塞罗《论共和国》的抄本于 1822 年出版之前，人们根据李维的著作，推测人民大会的特里布斯改革导致了五等级的划分，35 个特里布斯的每个特里布斯、每个等级各提供两个森都里亚，一个老年的、一个青年的。这样，加上 18 个骑兵森都里亚、四个技术工人和一个无产者森都里亚，人民大会共有 373 个森都里亚。16 世纪中期，奥塔维奥·潘塔加托（Ottavio Pantagato）首次提出了这一观点，甚至在西塞罗的《论共和国》抄本发现后，许多学者仍坚持这一看法。[34] 对奥古斯都时代即李维和狄奥尼修斯写作的时代来说，这也许是正确的，但公元前 44 年的候补执政官选举，如果也是这样，就不可能像西塞罗宣称的那样快就结束了。[35]

蒙森试图调和这些数据间的差异。他论证到，如果把第二到第五等级中的森都里亚合并为两到三个小组，就可以把 350 个单

---

[33] Vitucci,1953;Cassola,1962,268—275,289—292;Taylor,1957;对比 *MRR* i. 585;Gabba,1958b。

[34] Livy,1.43.12;Taylor,1966,88;McCuaig,1993.

[35] Cic. *Phil.* 2.82.

位减少为170个。这种解释曾被视为不可信,但随着《赫巴纳法典》(tabula Hebana)的发现,意外地得到了支持。该法描述了在大选之前森都里亚大会中某些特殊森都里亚的投票,显示了如何通过划分森都里亚系统,从而把它们的投票合并到一个票箱里。[86]但仍存在一些问题。后期共和国的一些文献表明,森都里亚是永久性组织,不是投票当天现场临时合成的。因此,《赫巴纳法典》最多提供了一个模型,说明在该会中,较低等级的森都里亚如何永久性地以特里布斯为基础加以组织。[87] 无论如何,可能的情况是,特里布斯作为公民最初登记为公民的单位,帮助确定了对各个森都里亚的分配。每个特里布斯可能都有一个成员名册,按照五个等级划分为老年和青年,这会自动把他们分配到一个特定的森都里亚。这样的程序,可能把共和国中后期监察官登记公民的庞大任务变得简单了。

在森都里亚大会中引入"特里布斯"因素的改革的目的,目前仍不清楚,但该大会偏向富人的状况并无重大改观。虽然对我们来说,这个制度似乎过于复杂,但罗马人认为,就两个主要的人民大会都以同样的单位为基础而言,可以说是一种理性化行为。此外,通过特里布斯的媒介,森都里亚大会反映了罗马公民的居住区在整个意大利的扩展。就作为一场改革来说,它可能给予那些较

---

[86] *Staatsr.* iii. 1. 270 ff., esp. 275—279; *lex Val. Aur.* (*RS* i. 37) *tab. Heb.* (=*EJ*94a), 23—31; Tibiletti, 1949.

[87] Varro, *LL* 7.42; Cic. *Red. Sen.* 27; *Red. Quir.* 17; *Comm. Pet.* 18. 29, and 56; Suet. *Jul.* 19. 1. 在那些反对把《赫巴纳法典》的制度直接应用到共和国的人中,有 de Martino, *SCR* ii. 1. 142—148; Staveley, 1972, 126—127 和 1956, 112 ff.; Grieve, 1985。

远的乡村特里布斯相对较大的投票权。

共和国后期公民登记的军事职能,可能局限于把步兵和骑兵、老年人和青年人分开,因为马略之时,或者在那以前,步兵装备上的差别已经消失,无产者禁止服役的规定已经过时。[88] 骑士成员资格和在马背上服役之间的联系在共和国后期尚未完全消失,但它们也不再具有作为骑兵单位的功能。[89]

前面已经提到森都里亚大会上的一些特殊特征。问题在于它是一个正式的人民大会,森都里亚大会之前,会有一次预备会,例如作为人民大会审判死刑案件的一部分等,但在开会的地点和议程上,并不必然与其他预备会不同。可是,在正式的会议上,主持的官员在典礼区观察征兆后,通过传令官在广场和城墙上召集军人集合(即 *exercitus*)到一个用绳子围起来的会场(*in licium*)。[90] 可能的情况是,会议首先是按照正式的划分单位举行的。如果需要投票,至少选举时需要投票,似乎是从第一等级中选出一个青年森都里亚为第一投票森都里亚(*praerogativa*),[91] 并在投票后宣布结果。此后,第一等级开始投票并宣布结果,然后是骑兵,接着是第二等级,依此类推。在西塞罗时代投票顺序如此。如果是立法或者司法判决,或者在一场选举中,如果数量适当的候选人达到了

---

[88] Gabba,1949.

[89] *Staatsr.* iii. 1. 480—486;Stein,1927,ch. 1;Harmand,1967,39—41. 我们的资料所提供的罗马骑兵战斗的最晚例证,是 Sall. *Jug.* 46.7 and 50.2(公元前109年)。

[90] Varro,*LL* 6. 88,参见 86,94—95;Taylor,1966,56,136 n. 61,156 n. 41;Vaahtera,1993,112—115。

[91] Cic. *Phil.* 2.82;*Planc.* 49;QF 2.15.4;*Div.* 1. 103;Livy,5. 18. 1;24. 7. 12 and 9.3;26. 22. 2 and 13;27. 6. 3;Festus,290L (Varro,*rer. hum.* Ⅵ,论证到,它的目的是告知那些不能从候选人的自我宣传获得好处的乡村公民);*Staatsr.* iii. 1.397—398。

第五章　人民大会

多数,就宣布结果,事情结束。这样投票可能快,也可能会一直投到最低的等级,但无论如何,富人或者相对富有的人所拥有的票数所产生的结果,与同样数量的人民在特里布斯中投票所产生的结果,会出现不同。

该人民大会的另一偏向,是有利于老年人,在第一等级和其他任何等级中,老年人都拥有和青年人同样数量的森都里亚。大约17岁(那时他们会获得成人托加[*toga virilie*])以上到45岁的男性公民数量,会超过那些46岁以上的公民的数量。根据寿命预期,我们可以合理地估计,会超过二比一的比例。从西塞罗《论共和国》的讨论判断,授予财富和年龄的特权满足了罗马共和国思想中一种根深蒂固的意识形态。然而我们应当记住,至少到公元前2世纪,森都里亚大会的重要性相对有限:立法很大程度上归于特里布斯平民会议;森都里亚大会很少审判死刑案件;这个大会一般行使的权力,仅仅是选举高级官员。

人民大会的复杂组织,与官员们组成的简单的行政机构之间,形成了鲜明的对照。这种形势的出现,显然是共和国早期政制自然发展、平民组织和作为整体的人民的组织平行发展的结果。尽管如此,森都里亚大会的保存,不管它经过了多少改良,都表明在政制的某些职能上表达人民的愿望时,保留了一种价值、财富和年龄处于支配地位的制度。人民大会主导程序上精心设计的规则,我们也许可以视为防范人民表达自我与制定决策的反映。

阻止、终止和废止

在实际要求投票之前,保民官可以否决人民大会的议程(见前文及注释㉘)。这通常发生在立法性质的人民大会上,但在选举性质的人民大会上,我们拥有威胁进行阻止的证据。至于通过司法判决的人民大会,我们没有听说有此类阻止行动发生,尽管在主持的官员忽视了正确程序的情况下,这样的形势不是不可想象。㉜ 共和国中期双方存在某种程度的谅解。如波里比阿所论,人们期待保民官关注人民的愿望。我们也有否决被放弃的例证,当时保民官面临着抗议,称在这种形势下,保民官无权阻挠人民的意志。㉝ 在共和国后期那暴风骤雨的年代里,这种谅解好像没有多大作用。宗教上的理由——不利的征兆(obnuntiatio)——也可能导致阻止。在理论上,任何公民个人都可以向官员报告不利的征兆,但后者并不必须要给予注意。可是,占卜者好像是作为权威对待的。㉞ 对另一个官员宣布的不利征兆,人们尤其期待它会有效,特别是在公元前 2 世纪中期某个时候《埃利亚-弗菲亚法》(*leges*

㉜ 威胁否决选举的情况见 Livy,27.6.3—11;向保民官申诉,对抗副执政官判决的情况,见 Asc. 84C。概括性论述见 *Staatsr*. i. 274—287。

㉝ Pol. 6.16;Livy,38.36.7—9。

㉞ 菲斯图斯引加图(268L);Cic. *Phil*. 2.81 and 83;也见 Cic. *Att*. 2.16.2。西塞罗想象,在恺撒立法问题上,庞培忽视了占卜官的判决。见 Botsford,1909,111 ff. ;Wissowa,1912,529 ff. ;de Libero,1992,53 ff.(虽然她坚信,宣布有观察天象[*de caelo servare*]的意图本身就是有效的阻止,这一点令人怀疑,即使部分罗马人,例如西塞罗和毕布鲁斯,坚持这种看法)。

第五章 人民大会

Aelia and Fufia）通过以后。公元前98年通过的《凯其里亚-迪第亚法》规定,元老院有权宣布人民不受不恰当地通过的法律的约束,从而强化了上述法律。此类理由中包括:未能遵守提前三个集市日公布法案的规定;将不相关的措施笼统地捆绑在一个建议中(用 *per saturam* 表示);违反了征兆(与之相关的有使用暴力)。⑮

一个不恰当当选的官员,或者玷污了其职务的官员,可能被迫辞职。如果不能马上得到他的合作,人民大会可能终止他的职务,虽然自共和国中期以来,没有这方面的例证。在公元前133年的一个著名事件中,平民投票剥夺了一个保民官的职务;公元前67年,人们威胁采用同样的措施。共和国后期的内战中,甚至牙座官员偶尔也会发现自己被剥夺了职务。任期届满后在罗马之外的续任官员,也可能经过人民投票被剥夺执行权。⑯

由人民大会通过的任何法令,理论上都可能被宣告无效,或部分无效,或因为后来的立法成为无效法令,所依据的原则据说是被庄严地载入十二表法的。⑰ 立法者可以在其法令中加入强制条款(*sanctio*)以增强其法律的地位,包括违反该法者处死,或类似反对

---

⑮ 关于《埃利亚-弗菲亚法》,见 Nocera,1940,108 ff.;Astin,1964;Sumner,1963;关于废止法案,见 *VRR* 132—148;Bleicken,1975,466 ff.;de Libero,1992,87 ff.;Heikkila,1993,117—142。在我看来,最保险的办法是坚持下述看法:元老院取消法律的有争议的权力,正是《凯其里亚-迪第亚法》制造的。

⑯ App. BCiv. 1.12.51—54;Plut. *Ti. Gr.* 12.1—5;Cic. *Mil.* 72;*Leg.* 3.24;Oros. 5.8.3;Asc. 71—72;Dio,36.30.2;*Staatsr.* i. 629—630.

⑰ Livy,7.17.12＝*RS* ii,40 *Tab.* XII.5;Cic. *Att.* 3.23.2;*Balb.* 33.见前文第四章及其注释㉝。

取消该法的议案。⁹⁸ 公元前2世纪后期,要求官员和元老宣誓他们将遵守某些法律的习惯发展起来。⁹⁹ 可是,有学者论证,一旦某法律宣布被取消或者被宣布无效,任何由该法规定的誓言也随之失效。⁽¹⁰⁰⁾ 至于对建议取消该法的惩罚,只有在取消它的尝试遭到失败后,才会变成问题。因此,它们是对缺乏足够支持时寻求取消该法的威慑。也许正是这一点影响了公元前58年的保民官,他第一次提出了召回西塞罗的议案,但试图攻击有关法律时,他缺少充分的保护。⁽¹⁰¹⁾ 那些担心有意无意触犯了以前法律中强制条款的立法者,在他自己的法案中会包含这样一条规定:如果他的法案与过去得到如此保护的法律相冲突,那他自己的法案应视为无效。这种条款可以和那条经常性条款合在一起,后者的目的是让立法者防止自己的议案与神圣的法律冲突。⁽¹⁰²⁾

---

⑨⑧ *Dig.* 1. 8. 9; Cic. *Att.* 3. 23. 2; *Verr.* 4. 149; *lex lat. Bant.* (*RS* i. 7), 7—13; *frag. Tar.* (*RS* i. 8), 25—26; *lex prov. Praet.* (*RS* i. 12), Delphi C 15 ff. ; *lex de Delo* (*RS* i. 22), 34—35; *lex Irnitana*, ch. 96, tab. XC, 11 ff. 亦见 *lex rep.* 56 及 *JRLR* 137—138。关于强制条款的书目已经搜集在 E. Bispham, *Epigraphica* 59 (1997), 128, 利用方便。

⑨⑨ *Lex agr.* 40—42 and *JRLR* 243—244; *lex lat. Bant.* (*RS* i. 8), 17—22; *frag. Tar.* (*RS* i. 8), 20 ff. ; *lex prov. Praet.* (*RS* i. 12), Delphi C. 10 ff. ; App. *BCiv.* 1. 29. 131; 2. 12. 42; Cic. *Clu.* 91; *Att.* 2. 18. 2; Plut. *Cato mi.* 32. 5—6; Dio, 38. 7. 1—2; *VRR* 139—140; Tibiletti, 1953, 57—66.

⑩⓪ App. *BCiv.* 1. 30. 136.

⑩① Cic. *Att.* 3. 23. 2—4.

⑩② Cic. *Att.* 3. 23. 3; *frag. Tar.* (*RS* i. 8), 26; *lex de Delo* (*RS* i. 22), 36; Val. Prob. 3. 13; Cic. *Balb.* 33; *Caec.* 95.

罗马立法的性质

如前面的讨论所示,罗马没有像公元前403年以后的雅典那样,对法律和人民大会的法令即诺莫斯(*nomos*)和普色菲斯玛(*psephisma*)做出区分。共和国许多最根本的原则不是体现在成文法律中,它们可以为人民大会所通过的一道法令(法律[*lex*]或平民会议决议[*plebiscitum*])所超越。同样,可以追溯到十二表法甚至更早的法律,也可能为一道法律或平民会议决议全部或部分取消。另一方面,罗马法律明显容易的突然变化,在某种程度上因下述事实得到补偿:首次通过任何法律,都需要经历冗长且周密的程序。

罗马共和国的规则变得越复杂,就越有必要把它们纳入成文法律。更重要的是,共和国后期改革法律的倡议,通常是来自在精英核心集团之外活动的个人或者小集团,这就导致了特别冗长和复杂的法律的产生,主要是那些由保民官提起、特里布斯人民大会通过的平民会议决议。例如,《关于勒索钱财罪的法律》和《土地法》(*lex agraria*)就是如此,它们部分保存在青铜版上,我已为此另写了一部专著。难以想象如此之长的法律需要向人民大会宣读,更不用说恺撒的《关于勒索钱财罪的尤利亚法》(*lex Iulia de repetundis*)了,它的第101章所讨论的问题,好像才是整个《关于勒索钱财罪的尤利亚法》的一半,即我们在青铜版上看到的部分。[⑩] 难以置信的是,如此复杂的法律工具,除了由专制君主的敕

[⑩] Cic. *Fam.* 8.8.3,参见 *lex rep.* 57。

令或者法律委员会(据说那起草十二表法的十人团后来变成了暴君)来从事,又会有谁来颁布。有关提前三个集市日公布的规定(见前文注释⑳和注释㉟),至少确保普通公民有时间熟悉所提法案的文本,即使在预备会上的辩论有限,但它确实创造了某种公开性。

选举和立法性质的人民大会是无与伦比的权力和变革的发动机。不应奇怪的是,由于意识到它的潜能,精英阶层试图用刹车和调节器来遏制它,有些方法不仅仅是为了他们的私利,而且是为了有一个总体上良好的政府。

第六章 元老院

波里比阿相信，在他那个时代罗马的混合政制中，贵族因素居于支配地位。虽然执政官在战场上和在罗马都是统帅式的人物，虽然人民在选举、立法和刑事审判中享有最高权威，但控制着金钱、意大利的管理和对外政策具体事务的，正是元老院。因此在波里比阿眼中，元老院的权力不在于理论上的主权地位，而在于它管理着帝国政府如此之多的日常事务。最后一点需要强调一下，因为波里比阿最感兴趣的，正是罗马对外事务的管理。除财政问题外，波里比阿对罗马城的内部管理以及罗马公有地的管理并不关心。① 这么看的并不只是他一个，甚至编年史家也倾向于强调对外政策，因此也就是元老院的权威。②

我们没有与现代宪法条文相当的文本来描述罗马元老院的职能和权力，也没有任何与罗马自治市法律相类的东西，后者讨论了

---

① 关于波里比阿在有关官员的叙述中对副执政官和市政官的疏忽，见前文第三章及其注释⑤。可是他确实提到了民事和刑事审判(Pol.6.13.5,16.2)以及监察官掌握的合同(6.17.1—6)。

② 见前文第二章。

地方元老院的职能以及它与地方官员的关系。③ 乍一看,我们会以为这些文献是有用的指南,但我们应当牢记,它们所讨论的政制中,人民大会的权力受到严格限制,而且在它们的讨论中,这些宪法制定者优先考虑的,在任何情况下都与那些制定罗马共和国宪法的人所考虑的原则不同。地方宪法的意图似乎是稳定,不鼓励伟大的首创措施,最重要的,是官员要服从地方元老院的节制,以便他们少有腐败空间。④ 我们也许会认为,如果同样的原则在罗马共和国得到遵守,那对于共和国会更好。但除了传统的压力外,这既与贵族的自豪感冲突,也与人民大会创造重大变革的最终权利不相容。它也会与共和国的目标相违背,因为那是个通过允许其最能干的公民以广阔空间实现自我从而取得并维持了伟大的社会。这个社会所接受的是:界限之内,有活力的冲突可能富有创造性。

共和国时代罗马元老院的权力,绝大部分依赖于 consuetudo (惯例)和 mos(习惯)。更重要的是,它们很大程度上是相对晚近的传统,乃罗马扩张后对行政管理需求的反应。现代学者主要从两个思路来对此加以解释。在蒙森看来,尽管元老院的权威事实上有了增长,但它仍然是向官员提出建议的机构,官员们完成着国王曾经从事的工作,而且在适当的时候,会从事皇帝的工作。⑤ 根

---

③ Tab. Heracl.(RS i. 24),83—88;108—140;lex mun. Tar.(RS i. 15),26—31;lex Gen.Urs.(RS i. 25),chs. 69,82,91—92,96—97,101,103,105,124—125,129;lex Irn. chs. 30—31,A—G,61—62,66—73,76—80,86.

④ Imp. Rom. 139—143,152—153.

⑤ 这也是鲁比诺(Rubino,1839)的看法。有关19世纪对元老院的研究,见 Ormanni,1990,59—135。

据这种看法,拥有执行权的是官员,其权威来自人民,在政制中占有最大分量,因此,官员性质的改变,乃政制变化的决定性因素。另一种不同的看法可以追溯到19世纪,尽管蒙森出版了《罗马公法》,但学者们仍坚持这种看法。在一部关于罗马政制的近著中,蒙森的解释遭到了F.德·马蒂诺(F. de Martino)的猛烈批评,说它是一种过于简略的有意歪曲,因为元老院是罗马真正的政府,不仅仅是个类似官员们法律顾问的咨询机构。⑥ 而且这种看法得到了许多学者的赞同,他们希望通过强调元老院权威来贬低政制中的民主因素,并把罗马共和国设想为贵族政治。⑦

人们并不总是能注意到的,是这种观点上的冲突本就扎根于罗马的政治之中,而不仅仅是学者之间解释上的歧异。在《为塞斯提乌斯辩护》中,西塞罗把元老院描述为负责共和国事务的永久性议事会(*consilium sempiternum*),官员是它的仆人。但其他人的看法与此不同。我们知道,L.波斯图米乌斯·麦吉鲁斯(L. Postumius Megillus)(公元前291年执政官)宣称,不是元老院统治他,当他任执政官时,是他统治着元老院。公元前91年,L.腓力普斯(L. Philippus)因元老院支持M.李维乌斯·德鲁苏斯的政策大为光火,宣布他需要一个不同的咨询机关(*consilium*)。更重要的是,当他因此受到L.克拉苏的责备时,他也不是因为自己侮辱了元老院的尊严而生气,而是为他已经忘记了作为执政官

---

⑥ De Martino, SCR i. 410,比较417—418。关于他的看法的19世纪先驱如B. G.尼布尔、E.赫尔佐格(G. Herzog)、P.威廉(P. Willems),见Ormanni, 1990, 71 ff., 91 ff.。

⑦ 例如Gelzer, 1912;Bleicken, 1955、1975。

对那个机构应当具有的传统责任感到伤心。⑧ 如波里比阿注意到的,如果执政官与元老院闹翻,元老院有阻挠能力,并使他难以取得他希望获得的东西。但是说到底,元老院缺少强制手段,除非它得到了保民官的支持。例如,公元前204年,当它试图向西庇阿·阿非利加努斯施加压力;公元前173—前172年试图对M.波皮利乌斯·莱纳斯施加压力时,正是通过保民官进行的。⑨

对元老院和执政官关系的两种态度,在有关元老院早期历史两种不同路径的估价中得到了反映和证实。西塞罗认为,尽管元老院是国王创建的,但在君主制垮台时,它就是一个自足的机构,一个能够对形势负责并且让执政官统治运转起来的机关,在这个意义上,因为元老院享有优先权,所以高于执政官。⑩ 在摄政制度的概念中,这一观点得到了支持。共和国后期,这一安排仍然使用,即当罗马缺少牙座高级官员时(也就是说,没有执政官、副执政官或独裁官时),"统治权回归于父亲们",这意味着归于"贵族"。但是,如果认为共和国初期的元老院和贵族或多或少是同一的东西,那驱逐末代国王时创立的摄政制度(如此叙述的是狄奥尼修斯,但非李维),就是元老院优先于官员的宪章。⑪

另一方面,如果提出的问题是:元老们是如何被挑选出来的,

---

⑧ 请对比 Cic. *Sest.* 137, 143 (and Att. 1. 14. 2,那里显示,庞培坦承自己忠诚于这个看法)和 Dion. Hal. *AR* 17. 4;Dio,8,fr. 36. 32;Cic. *De Or.* 3. 2—3。

⑨ Pol. 6. 15. 2—8;Livy,29. 20. 4—11;42. 8—9,10. 9 ff. and 21—22。

⑩ Cic. *Rep.* 2. 56 讨论了"元老院的权威"(*Patrum auctoritas*),另见 61;*Leg.* 3. 6;*Sest.* 137, 143。

⑪ Cic. *ad Brut.* 13 (=1. 5). 4;*Rep.* 2. 23;*Leg.* 3. 9;Asc. 33, 43C;Dion. Hal. *AR* 4. 75. 1—2, 76. 1, 84. 5;Livy,1. 17. 5—10;22. 34. 1;*Staatsr.* i. 649 ff.

第六章 元老院

而非官员们是如何当选的,那答案就不同了。根据菲斯图斯的看法,"过去国王们习惯于挑选和替换那些他们在公共事务上需要咨询的人(*in publico consilio*),在王被逐后,执政官和那些有执政官权的军政官习惯于从那些与他们关系最亲密的贵族,然后是平民中挑选,直到保民官的《奥维尼亚法》介入。它要求监察官从各个等级中挑选所有最优秀的人。"在有关 conscripti(登录)的解释中,我们可以看到同样的看法。据说瓦列里乌斯·普布利可拉通过征集平民,于公元前509年补充了由164名贵族组成的元老,使其总数达到了300人。[12] 对于《奥维尼亚平民会议决议法》之前的形势,两种看法都不一定具有很强的历史真实性,但它们都表明,元老院是如何由执政官创造的,事实上,几乎就像执政官的附属。

尽管如此,如果我们在探讨元老院的基本性质时,从起源上提出论证,其价值可疑,因为该机构的发端和它经历的变化的程度都不确定。可能的情况是,作为一个机构,元老院是共和国从国王那里接受的遗产;同样可能的是,甚至在执政官职位于公元前4世纪向平民开放之前,原来的贵族阶层已经为平民稀释;元老院命令的制度显示,在立法活动中,贵族一度是个重要因素。可是,对早期共和国时代元老院地位难以避免的猜测性看法,无助于解释随后时期元老院权威的性质。相反的看法也许更接近真理。

---

[12] Festus 290L,304L.

元老院成员的资格

无论在《奥维尼亚法》之前两百年中遵循的是何原则，该法的后果之一，是贵族不再期望能自动被选为元老了，另一个后果，是确立了监察官对其成员资格独一无二的权威。我们不清楚的，是菲斯图斯文本(290L)中那个错误的词 *curiati* 是否应当被校订成 *curiatim*。如果是那样的话，那暗示挑选在某种程度上由库里亚进行，这样一来，该方法会和库里亚同时过时。另一种可能性：是它指监察官的宣誓"*iurati*"。⑬ 不管怎样，可能的情况是：约公元前300年时，凡担任过执政官、副执政官、独裁官、骑兵长官(*magister equitum*)，可能还有牙座市政官者，都会自动成为"最为优秀者"。到第二次布匿战争时止，这个说法都是正确的。那时，由于此前和坎尼战役的伤亡，导致采取了紧急措施，以从那些因为等级(*ordo*)而非个人的优点尚未担任牙座官员的人中补充元老院，前市政官（猜想是平民市政官）是第一批被接纳的，可能也是从此时开始，两类市政官就变成了标准资格。公元前123—前122年《关于勒索钱财罪的法律》的条款——该法禁止官员、元老及其有关人员在陪审团中服务——提到了平民保民官以下的各类人等，但高级官员，包括市政官在内，在下述短语中有说明："任何曾经或即将进入元老院的人。"⑭根据奥古斯都时代的法学家阿特乌

---

⑬ 比较 Cic. *Clu*. 121, 并见 Willems, 1878, i. 169—171。
⑭ Livy, 23. 23. 5—6; *lex rep*. 13, 16 and 22。

斯·卡皮托(Ateius Capito)的看法,保民官虽有权召开元老院会议(由于其官职的性质),但在安提尼亚平民会议决议通过前,他们并不是元老。如果——看来如此——《安提尼亚法》让保民官获得了自动成为元老的资格,那它应定年在公元前122年—前102年。因为在后面这一年里,监察官麦特鲁斯·努米底库斯(Metellus Numidicus)拒绝批准前保民官萨图宁的元老资格。⑮ 公元前81年,苏拉给予财务官以元老资格,因此我们发现,公元前75年的财务官 M.图利乌斯·西塞罗,成为了元老院一个下属分委员会的成员,在公元前73年参与调查奥罗普斯(Oropos)和它的税收人员之间的纠纷。⑯

博古学者的资料告诉我们,召集元老院开会时,后面会补上一句"那些得到许可在元老院发表意见的人"。菲斯图斯的解释是:这句话的意思是包括那些年轻人,自上次公民普查以来,他们已经担任过职务,但在公民普查把他们登记为老年人前,他们还不是元老。⑰ 看起来情况是:首先,人们认为与元老院的成员资格俱来的,是老年人的地位。否则只有达到46岁才算老年。其次,完整的元老地位,需要监察官的同意,一直要到以前的官员变成"那些被允许在元老院发表意见的人"为止。在共和国晚期的法律文献中,如在苏拉的《关于刺杀和投毒罪的法律》(*lex de sicariis et*

---

⑮ Gell. 14.8.2;App. *BCiv.* 1.28.126.

⑯ Tac. *Ann.* 11.22;*lex Corn.* XX *quaest.* (*RS* i. 14);*RDGE* 23,lines 11—12. 也请注意西塞罗未来的同僚凯索尼乌斯(Caesonius)在监察官于公元前70—前69年审查元老名单前充任陪审员的情况,见 *Verr.* 1.29。

⑰ Festus,454L;Gell. 3.18.8.

veneficis）中，仍然可以看到这样的表述，尽管该法很大程度上需要利用班提亚的拉丁法律来复原。[18] 因此，元老地位需要监察官确认的原则，即使在苏拉的立法以后也仍然保留（除非我们认为，保留这样的区别只是法律制定者的疏忽）。尽管如此，那些有权发表意见的人，实际上是被作为元老对待的，虽然只是个年轻人，如西塞罗就在公元前73年参加了奥罗普斯调查委员会。

一系列资料显示，苏拉独裁之前的共和国后期，元老的人数为300名，虽然这很可能不是共和国初期元老最初的数目。不管这个数字代表上限，还是个大约数字，它对于监察官的重要性都不明确。[19] 此外，考虑到部分元老可能一段时间里"因为共和国的缘故缺席"，或者有其他理由不出席会议，那有效的成员可能会少得多。我们发现，公元前186年和公元前172年，在举行某些会议时，需要100人和150人作为法定有效人数。[20] 如果我们假设，公元前2世纪初每年当选为副执政官的6人中，平均年龄为35岁，如果我们再乐观点地假设，这些人平均再活25年，那就有150名元老，此外还要加上大约20人，他们曾当选为市政官，但从不曾变成副执政官（或者从不曾升到那个职务），这样在300名元老中，还有130个名额需要监察官从那些因未担任过高级职务而无资格的人中挑选。可能的情况是，监察官在操作时部分以出身为标准，从贵

---

[18] Cic. *Clu.* 148；*lex lat. Bant.* (*RS* i. 7)，亦见 Livy, 36. 3. 3。

[19] Plut. *C. Gr.* 5. 3；App. *BCiv.* 1. 35. 158；Festus, 304L 等都说是 300 名元老。1 *Macc.* 8；15 说是 320 人。*Staatsr.* iii. 2. 849 ff. 和 Willems, 1878, i. 303 ff. 认为，300 人是严格的上限。

[20] *SC Bacch.* (*FIRA* i, no. 30), 18；Livy, 42. 28. 9。

第六章　元老院

族和杰出的平民家族中的成员,或者从因过于年轻无法担任市政官,或者虽已过年龄,但拒绝出任官职的成员中选任。祭司职位也可以成为出任元老的资格。[21]

据说因为意大利战争和内战后缺少人手,苏拉把骑士等级的300人增加到元老院中,并规定财务官为元老资格的充分条件。[22]这可能让元老成员增加到大约500人以上。公元前67年的《关于特权的科尔内利亚法》(Lex Cornelia de privilegiis)规定,法定人数是200人。据我们所知,共和国后期元老出席人数最多的几次分别是公元前61年的415人、公元前57年的417人和公元前50年的392人。如果我们假设每年20人的财务官都像西塞罗那样,在最低年龄30岁时当选,而且他们平均活到60岁,那就意味着元老院的总人数为600人。但这是乐观的假设。[23]

---

[21]　年轻祭司进入元老院的例证见第一章及其注释[12]。关于元老可能的寿命,见K. Hopkins and G. Burton in Hopkins,1983,146—149。他们讨论的是元首制时代的情况,但结论可以转用。威廉(Willems,1878,i.168)以李维第22卷第49章第16—17节为基础论证道,公元前216年之前,监察官甚至必须将过去担任过低级官职的人登录为元老。但这与李维第23卷第23章的暗示有矛盾。李维第22卷第49章也许只是摘要叙述那些被杀的元老阶层人士,包括那些未能幸存下来等待监察官正式登录为元老的人。(第22卷第49章第17节的 octoginta praeterea 可能是李维误解的结果)。事实上,所有年满30岁以上的财务官——到公元前2世纪初,他们可能已为12人——的登录为元老,以及前财务官的登录为元老,可能已经让元老院达到了大约300成员之数。但这好像并非以后一直遵循的原则。

[22]　App. BCiv. 1.100.468;Tac. Ann. 11.22.

[23]　Asc. 59C;Cic. Att. 1.14.5;Red. Sen. 26;App. BCiv. 2.30.119. Hopkins and Burton,1983,146—149应用他们的生命周期模型,估计25岁以后,最乐观的情况是再活30年。

71 　　奥古斯都时代之前，我们没有听说元老有具体的财产资格。有些零散的文献暗示，元老来自骑士等级，也就是说，是那些至少具有骑士资格的人（财产总额为40万塞斯特斯的规定，在共和国后期的文献中得到了证实，但很可能可以追溯到公元前2世纪，甚至是森都里亚大会改革时的公元前3世纪）。[24] 共和国时代的监察官应当会关注元老的财产状况。但也有复杂的情况出现，那些尚处于其活着的父亲的父权之下的元老，自己无权拥有财产，可以设想，他们依赖于其父亲的地位而非自己的财产资格。[25] 奥古斯都对元老拥有100万塞斯特斯财产的要求，也许不仅在财产数量上是革新，而且在确定固定资格上也如此。

　　元老还需要有良好的性格。那些或者"忽略"（praeterire）一个新成员，或者"淘汰"（movere）一个现有成员的行为，都需要提出某些具体的不足，例如腐败、滥用刑事惩罚权，或者无视宪政习惯、征兆或同僚的否决。[26] 共和国后期，如果没有遵守某些法律，所规定的惩罚就是被开除出元老院。在公元前123—前122年的《关

---

[24] Cic. *Rep.* 4.2；Livy, 42.61.5；Gell. 3.18.5（Varro, *Hippokuōn*），参见 Nicolet, 1976, 20—30。波里比阿（Pol. 6.19.4）只是说，担任官职的资格，是此前需要服某种形式的军役十年。在公元前140年塞斯特斯成为财产的标准单位之前，40万塞斯特斯的数字也许会用阿司的形式表达（100万阿司）（Livy, 24.11.7—8［公元前214年］表明，认为元老等级是那些拥有100万阿司以上财产的人）。蒙森（Mommsen, *Staatsr.* iii. 2. 876—877, i. 498，注释①）以及威廉（Willems, 1878, i. 189 ff.）都认为，当时并无准确的财产资格，仅仅有贫穷元老的存在，虽然没有任何后来的文献严格地证实这一点，但从西塞罗（Cic. *Fam.* 13.5.2）关于 superior ... ordine（高等）和 inferiorem ... fortuna（少财产）的对比中，人们不可能推测出多少东西。

[25] 菲斯图斯（Festus, 50L）称，只有根据法律可以买卖的财产才能登记，但没有说由谁买卖。

[26] *Staatsr.* ii. 1. 377, 421.

于勒索钱财罪的法律》中,那些曾出现在法庭(quaestio)或公共法庭(iudicium publicum,即因刑事罪行受审)者,不得充任保护人(patronus)或者陪审员,另一个后果是,如果把他们登录入元老院,则属非法。㉗ 有一篇文献提到,地方元老院排除了大量不名誉的人,可以视为同样的原则在发挥作用。这些不名誉的人中,有破产者,因卷入不名誉事件在民事案件中被判罪者,过去的角斗士、男妓、妓院老板,因军事犯罪被降职者。㉘ 在评判罗马的元老时,监察官会考虑这些因素。在实践中,除非一个元老因犯罪被判刑,其中的惩罚之一是开除出元老院,或者监察官们认为,该元老的行为极其可耻,以致在他的名字上做了记号(nota),并把他的名字从元老名单中剔除,否则元老就是终身制的。有些罗马作家认为,这与早期共和国时代形成了对照,那时是执政官、拥有执政官权的军政官,最后是监察官,对于选择谁为元老有自由裁量权。㉙ 我们拥有的资料表明,在监察官们做出此类决定之前,会有某种形式的听证。共和国末年,由于 P. 克洛狄乌斯的立法,这种做法成为必须。㉚

㉗ *Lex lat. Bant.* (*RS* i. 7), 19—20, cf. 1—2; *frag. Tar.* (*RS* i. 8), 21; App. *BCiv* 1. 29. 131; *lex rep.* 11, 13 and 16—17.

㉘ Tab. *Heracl.* (*RS* i. 24), 108 ff.; Willems, 1878, i. 213 ff.

㉙ Festus, 290L; Cic. *Clu.* 118, 120, and 131 ff.; Zon. 7. 19. 7—8; 关于记号,见 *Staatsr.* ii. 1. 384 ff.; 418 ff.; Willems, 1878, i. 234 ff.。

㉚ Plut. *C. Gr.* 2. 8; Asc. 8C; Dio, 38. 13. 2.

会议的时间和地点

无论我们对元老院的起源以及它与众官员的关系,尤其是它与高级官员之间的关系持何种观点,元老院集会的位置表明,它是比某一官员的咨询机构(consilium)更重要的东西,因为像人民大会一样,它是罗马人民的一个制度。元老院在举行过祝圣的典礼区(templum)开会,会议之前既要奉献牺牲,也要观察预兆。[31] 共和国时代,据我们所知,它集会的场所既在正式的、经占卜确定的城市边界(pomerium)之内,[32]也可以在它之外。但如在城外,不得离开边界一英里之外,那里被认为是该城作为政治地理单元的极限。除人民大会会场隔壁的霍斯提里亚会堂及其后来者科尔内利亚会堂和尤利亚会堂外(如果后者属于共和国时代的话),还有一些神庙和某些更加专门的地区也被用作会场。在卡皮托林及其山坡上的卡皮托林的朱庇特神庙自身(执政官年开始时的常会)、忠诚之神庙(提比略·格拉古被杀前那臭名昭著的元老院集会场所)与和谐之神庙中,都举行过元老院会议。这一地区的另一会场是"自由之神庙"(Atrium Libertatis),无论它到底是在卡皮托林山和奎里那尔山之间的马鞍地带(传统观点),还是事实上在我们称为卡皮托林的塔布拉里翁(Tablarium)地区。[33] 在广场的远端,元

---

[31] Gell. 14.7.7; Varro, *LL* 7.10; Serv. *Ad Aen.* 7.153 and 174; *Staatsr.* iii. 2. 934—935; Bonnefond-Coudry, 1989, 25 ff.

[32] 关于此点,见 Varro, *LL* 5.143。

[33] 见 Purcell, 1993。

第六章 元老院

老院集会的地点还包括卡斯托尔和波吕克斯神庙、巴拉丁山顶上的大母神庙、山脚下的朱庇特·斯达托神庙，以及维利亚-卡林娜地区的特鲁斯和霍鲁斯及美德神庙（如果确定它的位置在那里而且正确的话）等。[34]

在城外，弗拉米尼乌斯竞技场的周围离卡皮托林山只有很短的距离，那里提供了拥有军事执行权的官员们出席元老院会议的场所，在那里，他们勿需交卸兵权或者重新获得授权。它们是贝罗娜和阿波罗神庙。元老院在这些建筑中开会，讨论举行凯旋式的请求，接见那些元老院不希望进入城内的外国使节。[35] 在此之外，即马尔斯校场上，共和国后期庞培修建的剧院也有一个与之相连的会场。[36]

关于元老休息厅（senacula），我们并不完全清楚其用途。据说它有三座，一座在卡皮托林的和谐之神庙边，一座在贝罗娜神庙边，还有一座在卡佩纳门（porta Capena）。它们的基本功能，显然是供那些元老们会议之余聚会的场所。据说贝罗娜神庙边的元老休息厅本身就是个集会场所，但与该神庙内的情况相反，我们没有元老院在那里集会的例证。[37] 元老院会议经常在黎明时开始，但也可能在其他公共活动结束后开始，当然也会有紧急会议。[38] 考

---

[34] 见 Bonnefond-Coudry, 1989, 31—185 及其图表 32—45 和 47。

[35] Ibid. 137—156

[36] Asc. 52C, Suet. *Iul.* 88. 3; Plut. *Brut.* 14. 2; Pliny, *HN* 35. 59; Bonneefond-Coudry, 1989, 161—168.

[37] Festus, 470L; Varro, *LL* 5. 156; Val. Max. 2. 2. 6; Livy, 23. 32. 3; 41. 27. 7; Bonnefond-Coudry, 1989, 185—192.

[38] 关于元老院正常的集会时间表，见 Gell. 14. 7. 8; Livy, 44. 20. 1, 以及 *Staatsr.* iii. 2. 919—920。西塞罗（Cic. *QF* 2. 3. 2）提供了一个晚开会的例子；李维（Livy, 26. 9. 9）表明，当汉尼拔公元前 211 年向罗马进军时，元老们都集中在广场上待命。

虑到会议可能从清晨一直延续到黄昏,白天时元老们应有个方便的休息之处。这些休息场所的设置所提供的间接资料,表明罗马人觉得元老们原则上应总是在履行职责。

公元前2世纪之前,法律似乎并未一直要求元老在罗马拥有房屋,但元老们的生活,是以假设他们在罗马拥有房屋为基础的。公元前191—前190的执政官年度,与安条克的战争开始之初,那些有发言权的元老以及低级官员被禁止离开罗马超过一天可以往还的距离,只有五个元老获得马上离开的许可。公元前170年与帕尔修战争期间,法令进一步禁止元老居住在自罗马市中心出发所遇到的第一个里程碑之外的地方(后来在乌尔索,对地方元老也做出了同样的限制)。㊴ 在可以举行会议的日子,当召集他们时,人们期待他们总是在场,除非他们有正当理由离开罗马。

作为官员履行公职,作为某一官员的副手(*legatus*),或者作为使节(也称 *legatus*),是元老们缺席会议显而易见的理由。在共和国存在的最后一百年中,我们还听说一种"还愿使团"(*libera legatio*),即元老们可以获准离开意大利去某个外国圣地还愿。实践中,它经常用来处理私事,如收回债务或者接受遗产。作为公元前63年的执政官,西塞罗曾想废止这个习惯,但只能把离开的时间限定在一年以内。㊵ 共和国后期,元老们在正常的休假期间,可以公共事务、诉讼和公务延期(*res prolatae*)为由离开罗马(最早提到这些假期存在的,是保存在《塔林顿残篇》[*fragmentum Tarentinum*]

㊴ Livy, 36. 3. 3; 43. 11. 4; *lex gen. Urs.* (RS i. 25), ch. 91.

㊵ Cic. *Att.* 2. 18. 3; 15. 8. 1, 11. 4, 29. 1; *Phil.* 1. 6; *Leg.* 1. 10; 3. 9 and 18; *Flacc.* 86; *Fam.* 12. 21; *Leg. Agr.* 1. 8; 2. 45; Plut. *Mar.* 31. 2,并见 *Dig.* 50. 7. 15 (Ulpian)。

上的有关司法的法律中,时属同盟战争前)。西塞罗时代,春天有一个假期,4月5日后不久开始,到5月中旬结束(这就是著名的卢卡会议举行的时间,据说在那次会上,有200名元老参与了恺撒、庞培和克拉苏的会晤)。另一次11月底开始。[41] 可是,这并不是严格的元老院的假期。事实上,它与元老院作为永久性服务机构的观念相矛盾。实际上,紧急事务要求元老院忽略这些假期。例如公元前63年的喀提林阴谋期间和公元前43年的穆提那战争期间[42]。

元老院会议最初可以在任何日子举行,包括那些"凶日"（dies nefasti）,即因为它们是凶日或者宗教上的限制,不能举行任何司法审判的日子。它进一步反映了元老院作为永久性咨询机关的观念。在某些节日里,会议可能在节日后举行,一般与人民大会召开的时间错开。可是,公元前133年,元老院就在人民大会进行期间,被执政官召到忠诚之神庙开会,那次人民大会导致了T.格拉古的死亡。C.格拉古所召开的最后一次人民大会上,发生了同样的情况。西塞罗的执政官任内,元老院禁止在人民大会集会日（dies comitialis）开会,以便元老院有时间开会讨论喀提林阴谋问题。[43] 共和国后期的《普皮亚法》（lex Pupia）——该法最可

---

[41] 见 *Frag. Tar.*（RS i. 8）, 24; Cic. *QF* 2. 6. 3; 3. 6. 4; *Att.* 14. 5. 2; 关于卢卡会议,见 Plut. *Pomp.* 51. 4—6; *Caes.* 21. 5—6; *Crass.* 14. 6—7; App. *BCiv.* 2. 17. 62—63。在《伊尔尼塔纳法》（*lex Irnitana* [Chap. K]）中,我们发现地方有关于公务延期的规定,"因为收割或酿酒"（*messis vindemiae causa*）,不得超过两期,每期最多30天。关于共和国后期元老院的日程,见 Stein, 1930。

[42] 见 Bonnefond-Coudry, 1989, 206—207, 217—218 的图表。关于西塞罗时代的参与理论与共和国后期实践的对比,参见同书第378页以下。

[43] App. *BCiv.* 1. 16. 67; Plut. *Ti. Gr.* 19. 2—5; Diod. 34/35. 28a; Cic. *Mur.* 51; *Staatsr.* iii. 2. 921 ff.; Bonnefond-Coudry, 1989, 220—244.

能的颁布时间为公元前61年——禁止元老院在人民大会集会日开会,至少要等到人民大会的事务结束以后。我们还听说有《加比尼亚法》,它要求2月份的会议专用于听取外国使节的陈述,直到它们全部结束止。㊹

会议程序

a. 问题的提出和讨论

任何希望咨询元老院的官员,除宗教上的前期准备外,都必须正式召集元老院会议。经常用于集会的术语"召集"(cogere)表明它是强制性的。我们得知,对那些无正当理由拒不出席会议者,会施以罚款和没收抵押品。M.安东尼甚至走得更远,威胁要毁掉西塞罗的房子。可是,即使有,也很少有证据显示,此类措施真正得到了实行。㊺ 对于要讨论的问题,事先不需要予以明确,有些时候,例如执政官年开始的第一天,会议无固定议程,召集会议的官员只是就公共事务询问元老院的意见,没有任何进一步的界定,

---

㊹ Cic. QF 2.12.3;Fam. 1.4.1.如邦内峰-科德里正确指出的(229—256、333—346),这些措施的目的都意在防止阻挠。《普皮亚法》事关人民大会立法,《加比尼亚法》事关外国使团事务。

㊺ Cic. Fin. 3.7;Fam. 5.2.3;QF 2.11.1;Phil. 1.6.12;Livy, 3.38.12;Gell. 14.7.10.未能正式召集元老院会议,可能导致对会议有效性的质疑(Dio,55.3.1—2;Staatsr. Iii.2.915)。据盖利乌斯(Gellius 14.7.4)(引瓦罗的看法),有权召集元老院会议的官员包括独裁官、执政官、副执政官、保民官、摄政王和城市长官(praefectus urbi),从公元前48年M.安东尼的活动看,我们还应加上骑兵长官(magister equitum)(Dio,42.27.2)。

"有关共和国的事务无限制"(de re publica infinite)。㊻

"副执政官鲁基乌斯·科尔内利乌斯(Lucius Cornelius)于5月15日在卡斯托尔神庙中咨询元老院。"此乃所发现铭文中元老院命令的典型文本。㊼ 有时在命令的通知前面,附上执政官的纪年。在列举了起草命令时出席者的名单后,文本本身以所提出的问题开头。前言的常见形式,是提到主持官员的演说,"由于昆克图斯的儿子昆克图斯·鲁塔提乌斯(Quinctus Lutatius)的请求,执政官发言如下(verba fecit)",随后可能会简短地提及主题,或者是对该官员的话做如下总结:"阿斯克列皮奥斯家族(that Asclepiades)……,波吕斯特拉图斯(Polystratus)……,美尼斯库斯(Meniscus)……在意大利战争初期乘船来向我们求助,过去他们曾为我们的公共利益提供过勇敢而且忠诚的服务,他们希望,如果他认为合适的话,能够送他们回家,也算是对他们为我们的公共利益所做出的优良品行和高尚行为的报答。"㊽

提到使团所提出请求或者抗议的另一种序言格式如下:"由于普里耶涅使团……(来自一个优美、善良和充满善意的民族的优雅、善良和充满善意的人,现为我们的盟友)在我们面前发了言,说的是马格尼西亚人放弃了那块领土,还把该块领土的所有权让与普里耶涅人民,他们要求我们给予仲裁。"㊾不管使用哪类序言,随

㊻ Gell. 14.7.9;Livy,22.1.5;26.26.5.

㊼ SC Tib. (FIRA i.33);附有执政官历的命令在 FIRA i.32;SC Asclep. (FIRA i.35＝RDGE 22)等看到。

㊽ SC Asclep.,RDGE 22,Greek 5 ff.关于辩论主题的简短提及,见 Cic. Fam. 8.8.5; RDGE 1C,24 and 25。

㊾ RDGE 7.43 ff.

后都会有一个标准的连接短语,"关于这个问题,元老院决议如下:"然后才是实际发布的命令。在这里,我们可以看到最终决定的细致程度。不同的类别以标题显示:例如"关于港口、收入和山地"的,"关于官员、圣物和收入"的,对辩论的过程则不做记录。⑤

刻写下来的文本中,开场白演说的封闭性结构,随之以条目式的命令,给人们的印象是对辩论控制的严密。只有在我们的权威文献中,特别是在西塞罗的作品中,才能允许我们看到某些可能实际发生的骚乱。它们的重要性,不仅因为从这些作品中,我们可以对元老院中发生的情况有一种想象的感觉,而且还因为我们会得到作为政体一个机关的元老院的概念。蒙森把元老院视为这样的机构:在理论上,它受主持官员的指挥,并对他的要求做出反应;偏离这个常规就是滥用权力。⑤ 这一点至今仍是最可以接受的标准看法,但近来有人提出异议,说在元老院程序上出现的差异,显示这个机构并不只是简单地穿过圆环,它所拥有的权威,甚至可以让它与召集会议的官员的权威对抗。⑫ 因此,对程序的分析有助于理解现代学术关于元老院到底是官员们一个特别大的咨询机构,还是罗马真正的政府的争论。

---

⑤ RDGE 2,第18、20行等。在命令的末尾添上 C(*Censuere*)和"*edoxen*"似乎只是对所提出命令的一种确认,在许多文本中,它与前面的句法结构有密切联系(例如 RDGE 5,37;9.72;10,A11,B14;15,66;22,Latin 16 = Greek 31;23,69;也见 *FIRA* i, no. 45,i. 20,ii. 47[这些命令属元首制时期])。*Censuere* 的主语肯定是元老们,不是保民官(Badian,1996,192,比较 Val. Max. 2. 2. 7),但它显然没有出现在被否决的命令中(Cic. *Fam.* 8. 8,6—7)。

⑤ *Staatsr.* iii. 2. 942 ff. ,961 ff.

⑫ Bonnefond-Coudry,1989,351 ff.

第六章 元老院

那辩论的实质到底是什么？如前所述，主持会议的官员可能以发表演说开场（verba fecit）。这仅需要个简短的开场白，但较长的演说也是允许的。西塞罗曾经抱怨过马尔库斯·布鲁图对公元前63年12月5日有关喀提林同谋者命运的伟大辩论的记录，"他赞扬我，是因为我提出了那个问题，不是因为我把一切都弄清楚了，我鼓励了对问题的讨论，因为在咨询之前，我已经有了自己的判断。"换句话说，西塞罗宣称，他向元老院提出的不是有关该问题的中立性建议，他已经强烈表明了他希望元老院采取行动的方向。讨论过程中，主持的官员或者官员们会进行干预。53 有时主持人只是把使节介绍给元老院，54 或者就是宣读一下信件。55 然后，主持的官员会向元老院提出他已经草拟的该问题的纲要，或者是将有关资料提交给元老院。我们偶尔也听闻，共和国时代，元老院拿到的是已经起草好的建议。在《关于奥罗普斯的元老院命令》（senatus consultum de Orps）中，元老院有关奥罗普斯和收税人争议的分委员会所提交的报告，似乎不需要进一步修改，也许就是"不经讨论直接表决"（per discessionem）的问题（见下文及注释78）。恺撒被谋杀后，我们发现，马可·安东尼和盖乌斯·维比乌斯·潘

---

53 Cic. Att. 12.21.1 关于主席的开场演说，也见 Mur. 51；Phil. 5.1，2 Verr. 2.95 ff.，Prov. Cos. 39。关于辩论开始后主席的演说，见 Livy，27.9.14—10.2；App. BCiv. 2.128.535。在我看来，西塞罗的第四篇反喀提林演说是开场演说和干预性发言的合成，前者到第6段末尾的 vindicandum est，后者在恺撒发言后、加图发言前发表。

54 除 SC Tib（前文注释47）和 RDGE 中所包含的大量碑铭提供的例证外，也请见诸如 Livy，29.17—19.2；30.21.12—23.5；37.49.1—7；Bonnefond-Coudry，1989，296 ff.。

55 Caes. BCiv. 1.1.1；Cic. Fam. 10.12.3 and 16.1；12.19.2 and 25.1；ad Brut. 2.3；Livy，35.6—7.1；40.25.8—26.2。

萨(Gaius Vibius Pansa)都提供了详细的建议以供批准。可是,人们一般认为,在征求元老院意见时,其中应有可供操作的空间,决议的范围也绝不是有限的。[56]

如果执政官的同僚在场,执政官不会首先询问同僚的意见,而会依次询问前执政官(consulares),传统上是从首席元老——监察官挑选出来的资深元老——开始,但在西塞罗时代的实践中,在其第一人选的选择和随后各个元老等级内部,都表现出他本人对等级的分类。共和国后期,一个人可能提前五个半月当选为执政官,一般的做法看来是首先询问当选执政官。[57] 在问过那些执政官级别的元老后,主持官员会接着询问前副执政官、副执政官,按照从高到低的顺序,询问其他元老。"狄克·M.图利",或者"马尔库斯·图利乌斯,说说,你认为应该怎么做?"[58]元老回答的最高形态是建议,他一般在 *censeo*(判断)后用虚拟语气表达,但也可能包括对形势的评估。例如,说某些人曾经为共和国提供过良好服务(见前文),或者提到某些破坏公共利益的行为(*contra rem publicam*)。[59] 主席的质询一旦开始就需要完成——询问所有出席会议的元老,

---

[56] *SC Orop.* (*RDGE* 23);关于其他已经起草好的建议,见 Cic. *Phil.* 1.3;10.47; *Staatsr.* iii. 2.962. 对比 Cic. *Cat.* 4.6。

[57] 关于首席元老,见 Gell. 4.10.2;14.7.9 和 Bonnefond-Coudry,1993. 也请见 Cic. *Att.* 1.13..2;10.8.3;Gell. 4.10.2—3 谈到了等级次序上的谨慎。*Att.* 4.2.4;4.3.3 和 Sall. *Cat.* 50.4 表明,主持人更愿意先问当选执政官。

[58] Cic. *Att.* 7.3.5 和 7.7(西塞罗想象自己在元老院里被问到对一个问题的看法);Bonnefond-Coudry,1989,473。

[59] Cic. *Fam.* 8.8.6;*Att.* 2.24.3. 有关 *tumultus*(骚动)的命令(VRR 153—154)本质上也是紧急通过的,因此需要做进一步的指示。

第六章 元老院

然后才能投票。[60] 由于每次会议都需要在夜晚来临前完成,这就创造出实行拖延战术的可能性(*diem consumere*),例如,加图就利用这种策略来对抗包税人,克洛狄乌斯用它来对抗西塞罗。[61]

元老必须做出回答。公元前205年,当昆图斯·弗尔维乌斯·弗拉库斯(Quintus Fulvius Flaccus)威胁以保持沉默来抗议执政官对元老院的态度时,他向保民官寻求保护,以避免遭受惩罚。[62] 被询元老可以简单地表示自己赞同前一发言人的意见,西塞罗想象自己这样做,"我同意庞培的意见"(*Cn. Pompeio adsentior*)。在一篇有关当时人行为的演说中,皇帝克劳狄抱怨说,第一个被询元老只是逐字重复了执政官的建议(*relatio*),其他的人则都说"赞成"(*adsentior*)。可是,从他们对已经完全草拟好的建议——此类建议为元首制时代的特点——的反应看,人们可以争辩说,他们并不是完全无理性的。[63] 那些地位较低的元老,除了赞同前一个人的发言外,既无勇气、也无能力表达自己的看法。地位较低的元老甚至在发言之前,已经通过穿过元老院走到他们所支持的演说者旁边,表明了自己的倾向。在说到影响阿提库斯(Atticus)在西库昂利益的元老院命令时,西塞罗写道,"那些低级元老(*pedarii*)一窝蜂地冲过去支持它",这句话更正常的表达方式应当是 *ire pedibus*

---

[60] Cic. *Att.* 1. 17. 9;Livy,29. 19. 10;Bonnefond-Coudry,477.

[61] 关于会议的结束,见 Cic. *Att.* 1. 17. 9;*Fam.* 1. 2. 3;*Amic.* 12。关于拖延战术,见 *Att.* 1. 18. 7;4. 2. 4 and 3. 3;*QF* 2. 1. 3;2*Verr.* 2. 96;Caes. *BCiv.* 1. 32. 3;Gell. 4. 10. 8。其他资料和讨论见 de Libero,1992,15 ff. 。

[62] Livy,28. 45. 1—7. 也见 Cic. *Pis.* 26;Tac. *Ann.* 11. 4。

[63] Cic. *Att.* 7. 3. 5 and 7. 7;*FIRA* i. 44=Samllwood,*GCN* 367,col. Ⅲ,lines 19—23.

in sentuetiam alicuius。[64] 到公元2世纪,这种习惯似乎已经湮没无闻。对低级元老一词——它如今是指那些不曾担任过高级官职的元老,人们在寻求予以解释。无论我们认为低级元老是元首制时代的一个专门术语与否,共和国时代,它好像仅仅是一个带点滑稽感的名称,源自低级元老表明其态度的方式。[65] 公元前63年12月5日关于喀提林同谋者的辩论的特殊之处,在于前市政官和当选副执政官(恺撒)以及前财务官和当选保民官(加图)两次重要的介入。公元前60年,西塞罗就需要向阿提库斯解释,年轻的P. 塞尔维利乌斯·伊扫里库斯(P. Servilius Isauricus)——他当时也就是做过财务官——负责一个动议的修正案,该修正案禁止罗马高级官员就自由城市的贷款问题做出司法裁决,由此产生的元老院命令,是在没有执政官支持下,由下层元老通过的。尽管如此,西塞罗时代的资料总体上表明,支配着元老院辩论的,正是执政官(公元前60年西塞罗对下层元老的愤怒,似乎很大程度上是真实的,尽管它可能具有安抚阿提库斯的因素),对公元前2世纪及其以前的元老院来说,这种情况甚至可能更加真实。[66]

---

[64] 关于低级元老,见 Cic. *Att*. 1.20.4,比较 19.9;关于附和他人,见 Livy, 9.8.13; Gell. 3.18.1。

[65] Gell. 3.18.3—10;Front. *de aq*. 99.4;关于卡努西乌姆地方元老院中的财务官级别以下的低级元老,也请见 *ILS* 6121 = *CIL* ix. 338。我认为,瓦罗的 *Hippokuon* (Gell. 3.18.5)中的笑话,指的是来自骑士阶层的新元老,在苏拉改革后,他们填补了元老院中低级元老的位置(见 Bonnefond-Coudry,1989,655 ff.)。

[66] Cic. *Att*. 12.21.1;Sall. *Cat*. 51—52;Cic. *Att*. 1.19.9 and 20.4 (以及 *Prov. Cos*. 6—7)。关于前监察官和执政官的重要性,见 Bonnefond-Coudry,1989,596—598,621—632的图表。自公元前63年以降,很大程度上是由于西塞罗的通信,我们的资料丰富起来。我们可以确信,那些低级元老尚未被历史记录过滤掉。

第六章　元老院

可是，辩论并不总是可以马上达成结论。元老有权偏离所建议的主题(*egredi relatione*)。公元前43年1月，西塞罗开始的演说是："元老们，人们在小而必要的问题上咨询我们。执政官将有关阿庇亚大道和造币厂的问题提交给了我们，保民官提交给我们的是关于卢普西节(the Luperci)的问题。虽然这些问题好像容易解决，但我的心思却游荡在建议的议程之外，为更大的问题忧心。"其结果是他反对安东尼的第七篇《反腓力辞》。在演说的末尾，他评论道："至于你们提出的问题，我同意普布利乌斯·塞尔维利乌斯(伊扫里库斯)的意见。"⑰公元前204年，在对其他主题进行辩论过程中，有两个重要问题浮上了表面：对公元前209年实际已经叛变了的殖民地的处置，在讨论增加军团的过程中提了出来。在另一场辩论中，M. 瓦列里乌斯·莱维努斯(M. Valerius Laevinus)出人意料地提出了偿还那些曾经在公元前210年给共和国提供的贷款的问题。后来，塔西佗曾记载了特拉塞亚·帕图斯(Thrasea Paetus)的一个声明：无论元老们是否有权发言，他们都应被许可提出他们希望提出的问题，并要求将该问题正式列入议程。⑱ 即使没有任何建议提出，演说也可能超出所讨论的问题之外。公元前61年，在弗拉米尼乌斯竞技场附近的一座神庙里举行了一次会议，会上执政官麦撒拉提出了波娜·得亚女神(Bona Dea)节日仪式上的渎神问题，所提出的议案提供了非常性的司法程序。庞培在其"正式意见"(*sententia*)中明确表示赞成元老院的命令，其中

---

⑰ Cic. *Phil*. 7.1 and 27;也见 Gell. 4.10.8。

⑱ Livy,29.15 and 16;Tac. *Ann*. 13.49;Bonnefond-Coudry,1989,476.

包括公元前 63 年的命令（de istis rebus）。这导致克拉苏发表了关于西塞罗作为执政官任期服务时、西塞罗自己支持过的一些主题的长篇演说。西塞罗立刻反过来接过了那些主题，涉及"元老院的权威和责任，它与骑士等级的和谐关系，意大利的统一，喀提林阴谋者那已经半死的残余，便宜的谷物与和平"等。⑥⑨

元老院的倡议还可以走得更远。那种以报告或者信件——来自国外的信件、归来的续任官员叙述其功绩和请求举行凯旋式、外国使节请求帮助或者谈判和约的条件、对告密者的调查——开始的会议，提供了创议的特殊机会。⑦ 元老们不仅可以自由地提问，做非正式的评论，而且可以质询使节、告密者、归来的将军，这些活动都可能导致演说的发表。公元前 210 年，在马尔库斯·克劳狄乌斯·马尔凯鲁斯（Marcus Claudius Marcellus）和西西里的使节都未最终离开元老院，并向元老院进行陈述之前，前者因西西里的不忠诚而抨击使者，要求元老院批准他对该岛所做的安置。C. 曼利乌斯·弗尔索（C. Manlius Vulso）发现，在有关他的加拉太战役是否够格举行凯旋式的一场争论中，他与自己过去的副将发生了对抗。⑦ 这些形势所产生的结果，往往是要求现场的元老发表演说。普布利乌斯·埃利乌斯·帕图斯（Publius Aelius Paetus）在其公元前 201—前 200 年的执政官任期末尾，自高卢行省返回罗马，在第一次元老院会议上，元老们要求他对有关马其顿的腓力五世（Philip V）的战争准备提出自己的倾向性意见。公元前 211 年，

---

⑥⑨　Cic. *Att*. 1. 14. 2—4.

⑦　有关例证的资料见 Sall. *Cat*. 48. 3—8；Cic. *Att*. 2. 24. 2—3。

⑦　Livy, 26. 30. 1—32. 8；44. 9—50. 3；Bonnefond-Coudry, 1989, 461 ff.

执政官们被逼提出了鲁基乌斯·马尔西乌斯(Lucius Marcius)的地位问题。此人本是军团长官，但僭取了西班牙的续任执政官头衔。⑫在辩论过程中，甚至可能出现对具体议案的请求。当告密者塔奎尼乌斯(Tarquinius)指控克拉苏卷入了喀提林阴谋时，元老院爆发了抗议的浪潮，西塞罗只能屈服于下述动议：这个证据是虚假的，塔奎尼乌斯应当铁链加身，不能再提供证词。公元前56年，元老院请求做出一个特别决定，允许加图提前行使副执政官之权，以奖励他在塞浦路斯的服务。⑬

即使辩论仍集中在执政官提出的主题上，也可能向不同方向发展。元老们可能发现，他们必须在某一重要元老提出的建议和否决该建议之间做出选择，也可能出现一系列不同的建议，或者是建议逐渐被修正的情况。⑭元老也可能重新参与辩论，表明他已经改变了立场，在有关喀提林阴谋的最后辩论中，德西姆斯·尤尼乌斯·西拉努斯(Decimus Iunius Silanus)听取恺撒的发言后，就做了这样的事情。然而，他也可能再度发言，反驳后来的发言人，支持自己最初的看法，这正是 *interrogatio*（提问、争论）一词的特殊含义之一。昆图斯·鲁塔提乌斯·卡图鲁斯(Quintus Lutatius Catulus)在恺撒做了发言后，就做了这样的事情。中间插话以回应人身攻击也是许可的。公元前61年，克洛狄乌斯对西塞罗的抨

---

⑫ Livy, 31.3.1; 26.2.1—5; Bonnefond-Coudry, 1989, 454 ff.

⑬ Sall. *Cat.* 48.5—6; Val. Max. 4.1.14; Dio, 39.23.1.

⑭ 请将 Cic. *Att.* 1.14.5 与 Cic. *Fam.* 1.1.3; 2.1 及 *ad Brut.* 13(=1.5).1; *Prov. Cos.* 1 和 17 进行对比。关于元老院辩论的弹性和变化，见 Bonnefond-Coudry, 1989, 499 ff.。

击就做出了回击;公元前56年,对于加图的攻击,庞培也做了回应。⑦ 我们也不要忽视元老院中的欢呼、叹气,事实上的沉默的作用。我们听说在公元前57年有关克洛狄乌斯审判的辩论中,就存在欢呼和嘲讽;在公元前56年有关坎帕尼亚公有地的讨论中也是如此。与此相反,当保民官普布利乌斯·鲁提利乌斯·卢普斯(Publius Rutilius Lupus)提出让托勒密·奥勒特斯(Ptolemy Auletes)复位的问题时,他从元老院得到的是彻底的沉默。⑦ 元老院之外的人甚至也能打断会议。一般来说,元老院的辩论是公开的,因为元老院使用的建筑物的门是开着的,人民可以看到里面的情况。在一个场合,这让克洛狄乌斯的支持者利用从人民大会会场的格拉科斯塔西斯地区发出喊叫,使在库里亚会堂举行会议的元老院感到恐惧。我们甚至听说,由于有人闯入,元老院会议因此受阻。⑦

如果在由主持人根据秩序要求元老发言和我们一直在讨论的程序偏离之间做出过分的区别,我们可能会犯错误。两者都是元老院正式程序的组成部分。尽管如此,对这两种不同倾向,仍有不同的表达方式,前者遵循元老院的规则,表明它是官员的咨询机

---

⑦ 关于西拉努斯,见 Sall. *Cat.* 50.4;关于质询,见 Schol. Bob. 169—170 St. and Plut. *Cic.* 21.4;关于反驳(*altercationes*),见 Cic. *Att.* 1.16.8—10;QF 2.3.3(比较 Suet. *Aug.* 54.1 奥古斯都遇到了 *immodicas disceptantium altercationes* [我会反驳你]的问题)。

⑦ Cic. *QF* 2.1.1—3,6.1.

⑦ 关于开门开会的情况,见 Cic. *Phil.* 2.112,5.18, *Cat.* 4.3;关于利用人民大会会场的情况,见 QF 2.1.3(关于格拉科斯塔斯,见 Varro,*LL* 5.155),;Dio,39.28.2—3;也见 QF 2.11(10).1,抄本读为 *populi convicio*(关于这个问题,见 Lintott,1967)。偶尔也有秘密辩论的情况,见 Livy,22.60.2;42.14;Val. Max. 2.2.1;Dion. Hal. *AR* 12.2.1;*HA* XX *Gord*.12.1—3。

构;后者,如他们所说,表现了元老们独立的人格地位,以及他们根据罗马的最高利益行事的权利和义务。同样清楚的是,元老院的辩论有它自己的功能,主持会议的官员对此难以控制。一旦他把问题提交到了元老院,人们期待于他的,是他一直询问元老们的意见,直到所有人都问到,否则就是夜幕降临。对于那些要讨论的问题,他还要受到那些在城内拥有巨大权威的人的压力。只有到他能宣布投票开始时,他才能恢复控制,但即使是那时,也不能完全控制。

b. 投票表决和命令的颁布

一种形式是主席根本不口头询问元老的意见。这就是 *senatus consultum per discessionem*(直接表决通过的元老院命令),所以如此称呼,不是因为其他命令不需要分组表决,而是这种命令是不经讨论就分组表决。例如恺撒遇刺后废止独裁制度的表决,以及正当性更加可疑的,公元前44年年末向马尔库斯·埃米利乌斯·雷比达表示感谢的命令(*supplicatio*)。[78] 可是,一个希望中断元老院讨论的官员这样做时,可能受到"咨询"(*consule*)呼声的阻挠,呼声的意思,是要求他进行口头咨询。在元老院中,其他重要的策略包括清点出席人数(*numera*)和请求对动议进行划分(*divide*)。[79]

---

[78] Gell. 14.7.9—12(造成了不必要的混乱);Cic. *Phil.* 1.3;3.24。也见 *SC Orop.* (*RDGE* 23);Dio,41.1.2—2.1,尽管叙述令人生疑,如果这里的辩论目的是与恺撒《内战记》1.1.2—7对应的话,见 Bonnefond-Coudry,1989,484 ff.。

[79] Festus,174L;Cic. *Att.* 5.4.2。关于分组表决,见下文及注释[83]。

在主持的官员要求投票表决时,他对哪个建议或者哪些建议提交表决有裁量权。他应当已经听过了各种意见(sententiae),可能已经看到了低级元老在哪个地方聚集最多。可是,他的选择有个人的考虑,实际上是策略上的算计,以达到他所希望的结果。每次投票不是赞成,就是反对,菲斯图斯保存下来的格式如此规定:"那些持这种看法的,到那边去;那些不持这种看法的(alia omnia),到这边来。"(因此,短语 in alia omnia ire 逐渐具有了"反对"的意思)小普林尼后来夸张地认为,这个方法粗糙,他宁愿元老们被告知到任何符合他们观点的元老院的那部分去。不过,那仅仅是在民意测验时有价值,因为根据真正多数人的意见,它不会自动创造出最终的命令来。[30]

如果一个动议未能通过,可以提交另一个。关于动议的排序问题,并无硬性规定。有两次主席显然利用了他的选择权以达到避免某一结果的目的。第一次与波里比阿的个人利益有关。阿凯亚同盟的使者公元前155年来到罗马,请求释放公元前167年根据埃米利乌斯·保鲁斯的命令带到意大利的人质。讨论过程中出现了三个动议:一是让他们离开;二是继续扣押;三是暂时不允许他们返回希腊。执政官奥鲁斯·波斯图米乌斯(Aulus Postumius)将最极端的动议首先付诸表决。由于那些希望暂缓释放人质者的帮助,完全释放的动议被击败。继续扣留的建议,同样因为他们的支持得到通过。[31] 第二个例子是公元前57年1月14日有关恢复

---

[30] Festus, 314L; Pliny, *Ep.* 8.14.19. 关于反对意见,仅 Cic. *Fam.* 1.2.1; 8.13.2; 10.12.3; Caes. *BG* 8.53.1。

[31] Pol. 33.1.5—7; Bonnefond-Coudry, 1989, 544.

第六章 元老院

托勒密·奥勒特斯王位的辩论。我们得知,由于前一天已经讨论过这个问题,元老院已经确定,口头咨询应当短暂,这表明元老院希望缩短辩论以达成某个决议。前一天提出的动议有四个,执政官伦图鲁斯·马凯林努斯(Lentulus Marcellinus)给其中的三个排了序。[82] 第一个是毕布鲁斯提出的,建议不要使用军队,但国王应当由三个使节让其复位,使节应从当时未担任官职的人中选举产生。霍腾西乌斯的建议是西塞罗本人支持的,要求叙利亚总督伦图鲁斯·斯宾特尔(Lentulus Spinther)在不利用军队的情况下让其复位。第三个建议来自瓦凯奇乌斯·图鲁斯(Volcacius Tullus),要求庞培完成这个任务。有人要求将毕布鲁斯的建议分解,也就是说,对其中的不同项目分开投票表决。[83] 元老院同意不应使用军队,但派三个使者的建议被否决了。然后,那个在前一天对把任务分配给庞培提出怀疑的保民官鲁提利乌斯·卢普斯宣称,接着应表决瓦凯奇乌斯的动议。关于程序的激烈争论随之出现,将当天的时间耗尽。据西塞罗的看法——他在写信给斯宾特尔时本来持乐观态度——霍腾西乌斯的动议可能得到通过,但执政官把毕布鲁斯的动议第一个付诸表决,因为他们更倾向于那个建议,并不介意有关辩论没完没了。

即使一个决议得到通过,但在登记为元老院命令之前,还要克服执政官或者保民官可能予以否决的障碍。从第二次布匿战争到同盟者战争之间,我们知道有几个执政官使用或威胁使用干预权

---

[82] Cic. *Fam.* 1.1.3—4;1.2.1—3.关于各种意见的排序,见 *Fam.* 10.12.3;*Phil.* 8.1。
[83] Cic. *Fam.* 1.2.1,请对 *Mil.* 14 与 Asc. 43—45C 有关分解动议的记载进行比较,在后一案例中,命令的一半内容为保民官们否定。

的例子,其中似乎全部都因为公共利益与执政官之一的贵族傲慢情绪之间发生了冲突。⑭ 如果命令为保民官否决,那还可以重新提出,希望它能在另外的场合逃脱否决。⑮ 否决本身也可能成为辩论的主题。公元前49年1月的第一周,即内战爆发前的那个决定性的场合,出现的就是这种情况。⑯ 被否决的命令被称为元老院建议(*senatus auctoritas*),并且可能就这样记录下来。⑰

在实际起草命令时,主持的官员占支配地位。从保存下来的命令看,正常情况下他有一个元老小组帮忙,可以想象,这些人是他本人挑选的。共和国时代,他们通常不是非常杰出的人士,绝大多数情况下不超过副执政官级别。直到共和国末年,没有任何迹象表明,主持人获得了秘书或者速记员的帮助。公元前63年12月3日,在对喀提林同谋者进行初步调查的会议上,西塞罗选择三名元老记录议程,"我知道,由于他们的记忆力、知识和书写速度,最有可能跟上发言进度。"四年后,恺撒在他的执政官任上开始发布"元老院日志"(*acta senatus*)以及"元老院日报"(*acta diurnal*)。这应当会造成对某种形式的秘书记录的需要,但它的结果,也许不过是所有元老院命令和建议,以及那些提出动议与修正案的人的

---

⑭ 见 Livy, 30.40.8 and 43.1; 38.42.8—13; 39.38.8—9; 42.10.10—11; Asc. 15C. 邦内峰-科德里(555ff.)追随蒙森的看法(*Staatsr*. i, 282 n. 7),他论证说,到共和国后期,一个执政官在元老院中反对另一个执政官的干预已经废弃(请注意 Suet. *Jul*. 29.1 有关执政官否决权和保民官否决权之间的对比)。

⑮ 见 Bonnefond-Coudry, 562—563; 请将 Asc. 36 与 43C 以及 Cic. *Fam*. 10.12.3; *ad Brut*. 2.3 进行比较。

⑯ Caes. *BCiv*. 1.2.7—8 and 5.1. 也见 Cic. *Fam*. 8.8.6—7, 13.2; *Att*. 4.2.4。

⑰ Cic. *Fam*. 1.2.4 和 7.4; 8.8.6—7; *Att*. 5.2.3; *Leg*. 3.10; Dio, 41.3.1; 42.23.1.

名字的定期公布，不是全部咨询记录的发布。到奥古斯都时代，元老院发布通报的做法被废止。⑱

无论如何，发布命令文本的责任仍将取决于那个主持某次具体会议的人。甚至在恺撒遇刺前后大量发布元老院命令时，西塞罗还被控伪造了"元老院命令"。我们听说公元前54年有一次腐败的协议，其中之一是依靠两执政官的帮助，伪造了一道命令，因为两执政官宣称，命令起草之时，他们正出席那次会议。⑲ 在元老院命令中插入自己的一段，并不像通过人民大会进行立法那么麻烦，但如果没有要求采取紧急措施的危机出现，或者有人有意阻挠，那可能会花费相当时日，而且也不能肯定就会得到期望的结果。对那些拥有难以挑战的权威的人来说，采取此等捷径的诱惑力相当之大。

元老院的权威

首先我们应当指出，既然共和国时代元老院的宪法权力绝大多数情况下不是成文法的规定，而是传统的累积，那寻求对元老院法律上的权力和实际的权力进行区分，就没有多少意义。我们所能做的，最多是早期的传统和更晚近的革新，并留意哪些革新没有争议地被接受了，哪些引起了不安。

没有元老院的支持，那些由人民选举的官员无法采取行动。

---

⑱ Cic. *Sulla* 41—42；Suet. *Jul.* 20.1；*Aug.* 36. 关于凯利乌斯的作家为在西里西亚的西塞罗搜集的资料，也请参见 Cic. *Fam.* 8.1。

⑲ Cic. *Dom.* 50；*Att.* 4.17.2；*Fam.* 9.15.4；12.1.1 and 29.2；*Phil.* 5.12；12.12.

在人民的决议不再必须得到元老们的批准后,官员们因为一系列的原因需要元老院的建议。元老院是罗马唯一人们可以在那里自由地,或者说很大程度上自由地讨论政治的政治机构,与那种向听众发表演说的情况形成对照。它是政治官员和军事统帅经验累积的宝库,是解决官员之间争议的天然论坛,是做出他们行动领域不致冲突的安排的天然场所,因此,元老院享有分配行省、人力和财政资源的权力。同样,作为罗马唯一的政治议事会,它还是外邦代表自然的关注点。此外,元老院既是罗马贵族采取的政治形式,也是那个阶级实现社会自我表现的方式,因为它构成了一个俱乐部,事实上是唯一的贵族俱乐部(罗马的团结[*soldalitates*],似乎从不曾达到作为社会集团的雅典朋党集团[*hetaireiai*]那样的重要性)。

当然,所有这些考虑,并不必然暗示它享有不受进一步限定的做出政治决定的自由。我们可以想象,在这种政制中,元老院的所有决定都必须得到人民大会的批准。但这样做存在实际的困难。人民大会的程序正式而且缓慢,而一个像罗马人那样的国家,经常卷入需要快速做出决定的战争中。此外,元老院所获得的权威,还不仅仅是实际的需要。尽管罗马人民绝不是在各方面都顺从的,但他们相信了贵族的能力,接受了需要强大行政机构的现实。这是罗马 auctoritas(权威)概念具有重要地位的原因之一。如波里比阿指出的,官员们从人民那里获得官职,他们则为其任内的作为向人民负责。同时,人们也期待他们勿需进一步咨询人民大会,尽自己最大能力来完成任务,除非涉及与一个主要强国的战争。⑩

---

⑩ Pol. 6.14.10. 共和国后期,该原则似乎已被放弃,尽管我们并不清楚,人民大会对外宣战的最后例证是哪一次战争,因为我们的资料在诸如第一次米特拉达梯战争宣战的问题上不够精确(App. *Mith.* 22.83)。有关资料见 Rich, 1976, 14—15, 49—50。

第六章 元老院

因此，授予官员的处置权，由于给元老院提供了进行处置的空间，遂成为元老院权威的一个重要来源。

在几百年的时间里，一代一代的元老们最大限度地利用了给予他们的空间。他们不仅就具体问题做出决定，而且创造了意在一段时间内作为常规的命令，例如公元前 200 年关于以公有地偿债三分之一（*ager in trientabulis*）的命令、公元前 193 年关于行会（*collegia*）的命令等。[51] 元老院甚至有责任将命令纳入立法之中，例如 C. 格拉古关于执政官行省的分配，或者公元前 98 年的《凯其里亚-迪第亚法》，后者授予元老院宣布法律无效的权力。[52] 然而，这些方面与现代国会的类似之处，并不能导致下述结论：元老院成为了最高立法机构，而且这样做也不容易。它的辩论的性质，让它事实上不适合提供精心考量过的立法，那些被纳入共和国后期法典中的命令就是例子，除非它只是批准一个复杂的动议，但当这个动议提交给它时，只需要很少的修正了。虽然保存在铭文中的共和国时代的命令看起来复杂，但这常常是从实际提交给元老院时的提案产生的，它的形式或者是使节们的演说、与个别元老进行的讨论、分委员会的报告，或者是某一官员的建议。某些情况下，例如在与外邦签订条约，或者授予某个外邦或个人以特殊的权利时，对一个起草命令的主持官员来说，只要遵循在辩论中产生的纲要，

---

[51] 参见例如 Livy, 31.13.2—9, 35.7.1—3; *SC Bacch* (*FIRA* i. 30); Asc. 7C, 以及 Crifo, 1968, 特别是第 55 页以下。

[52] 关于《森普罗尼亚法》，见 Sall. *Jug.* 27.3; Cic. *Dom.* 24; *Prov. Cos.* 3; *Fam.* 1.7.10; 关于《凯其里亚-迪第亚法》，见 Cic. *Dom.* 41 and 50; *Sest.* 135; *Phil.* 5.8; *Schol. Bob.* 140St.; *VRR* 133 ff.。

条目就足够标准了。㊝ 无论如何，那些肇始于元老院口头咨询的命令，可能不过是一个解释性的序言，外加四五个条目而已。㊞ 也许最武断、最重要的命令，因其全面的，最终是灾难性的暗示，即授予执政官和其他官员保卫城市的所谓"紧急状态法"，是用彻底概括性的、不准确的方式起草的（见本章附录）。对于命令的细节，它有待于接受命令的官员去填补。

附录　所谓的元老院紧急状态法

共和国后期，元老院创造出一种传统：当它认为共和国的安全面临来自内部公民的暴力威胁时，它可以督促执政官或其他在职官员采取任何必要措施，以反击这一威胁。共和国被委托给官员们，他们受命保卫它，确保它不会受到伤害。㊟ 这种模糊且给人担保式的措辞，被那些赞成该命令的元老们理解成对官员使用军队镇压公民同胞的鼓励，不用担心他们行动的合法性问题。

正常情况下，如果一个公民未被明确宣布为罪犯，或者被判有罪，其人身因上诉权和保民官提供的人身保护，不会根据官员的命令受到人身伤害或者粗暴对待。紧急命令的效果，是威胁那些进行干预的保民官，事实上，有时候他们被元老院拉过去，变成了执

㊝　见 RDGE 2；也请见 16,21,26 c—d 有关条约的命令。

㊞　在 Cic. Phil. 5 中，一共有五条建议，以复述形式出现在 34、36、40—41、46 和 53 中。也请见同书 3.37—39（有四条）；8.33；9.15—17；10.25—26；11.29—31（4—5 条）；13.50；14.36—38。

㊟　Cic. Phil. 5..34；8.14；Rab. Perd. 20；Sall. Hist. 1.77.22；Asc. 34C；VRR 151—152。

行该命令的支持者。⑯ 至少是在共和国中期和晚期,上诉权本身是受到法律保护的,也就是说,随后对那些粗暴违反该法律的人所提起的控诉要施以处罚。将此类命令作为一种制度确立过程中的关键一步,可能是对公元前121年执政官L.奥皮米乌斯(L. Oppimius)的无罪开释,人们指控他未经适当审判就处死公民,因此是对上诉法的挑战。这件事发生在镇压C.格拉古和M.弗尔维乌斯·弗拉库斯及其支持者之间和以后,当时首次由主持的官员将此类命令正式付诸投票表决。⑰ 可是,对奥皮米乌斯的开释是有争议的,对命令的解释,在共和国后期一直存在争论,直到公元前49年1月7日,它被灾难性地用来反对保民官以保护高卢续任执政官恺撒的行动,尽管如恺撒本人后来不断努力强调的那样,保民官们当时根本未使用暴力。⑱ 正是在那时,恺撒把它描述为"最后命令"(以这一术语为基础,而且只是这一术语,现代学者一般把它称为元老院紧急状态法[senatus consultum ultimum],尽管更准确的名称,即该命令实际措辞所反映的用语,应当是《关于保卫共和国的元老院命令》[senatus consultum de re publica defendenda]⑲)。

恺撒并未谴责公元前49年或公元前63年的法令是对宪法的违反,如果我们能够相信萨路斯特《喀提林阴谋》归于他名下的演说的话。在公元前49年的背景中,他质疑的是它的适宜性;公元

---

⑯ Cic. *Rab. Perd.* 20;Asc. 34C;Cic. *Fam.* 16.11.2;Caes. *BCiv.* 1.5.3.

⑰ Livy, *Per.* 61;Cic. *De Or.* 2.106 and 132 ff.;*Part. Or.* 104;*Sest.* 140;VRR 167—168.

⑱ Caes. *BCiv.* 1.5.3 and 7.5.

⑲ 普劳曼(Plaumann,1913)更愿意使用这个术语。

前63年，他强烈建议当年的执政官西塞罗不要不经过正式审判就处死城内喀提林派的首要人物，因为那过于明显地违背法律。[100] 元老院能够通过的命令，似乎没有限制，因此该命令颇能说明元老院在共和国的地位：通过命令时，它依靠的不是绝对的主权，也不是因为作为一个机构，它在法律上勿需为自己的行为负责，而是因为它的命令形式上只是一个建议，只有官员才能将其付诸实施。[101] 此外，这个特别的命令措辞极其含糊。例如，我们并不清楚它是否建议有限地使用军队来恢复法律的统治，或者是要官员消灭那些被认为干扰了和平的人。该命令所引起的厌恶，很大程度上来自它赋予官员的命令解释权，特别是在秩序恢复后，它被用来证明特殊审判形式的正当性。[102]

该命令除在共和国后期的政治史上发挥过重要作用外，它还因多个原因而具有一般的政制上的意义。首先，它是一个习惯(mos)在一段时期里创造制度(参见第一章及其注释⑪以下)的例子。它不仅根本不是从法律(lex)衍生的，其目标恰恰是让某些法律暂时失效。第二，它提出了一个永久性的问题：通过非法使用暴力手段，人们能在多大程度上拯救法律和秩序；如果让法律不再成为法律，那法律在多大程度上可以依赖。我在别的著作里已经讨论过这个问题。[103] 第三，它导致了关于元老院性质异乎寻常的理

---

[100] Caes. BCiv. 1.7.5; Sall. Cat. 51, esp. 17—26,35—36.

[101] 在这个意义上，蒙森有关元老院的看法(Staatsr. iii. 2. 1025 ff.)是正确的。元老院不发布命令，它只是形成一种看法，认为有些事情应当发生，对这个问题的回答则归于官员，而官员是必须提供答案的。

[102] Sall. Jug. 31.7—8,并见 VRR 162—164,166—168; Lintott, 1972, 228—234。

[103] VRR, esp. ch. 2—4.

第六章 元老院

论的产生。

对蒙森来说,元老院在通过这个法令时的作用,令人奇怪的具有边缘性质。在他看来,危机中暂时忽略法律过程是必要的。因为是必要的,所以不存在问题。对共同体的威胁本身,不仅需要官员,也需要全体公民去捍卫它,而且这样做是正当的,所遵循的原则是 selbsthilfe(即自助)。元老院的任务是发出危机来临的信号,并且提出应采取的切实可行的步骤。如今人们可以论证:无论今人是否接受"自助"为全面有效的原则,有相当数量的证据表明,它大体上为共和国时代的罗马人接受。[⑭] 可是,罗马人显然也认为,这个命令的核心是元老院和某些官员之间的关系,不是作为整体的共同体。因此,元老院的同意,远比某些普遍理解的原则重要得多。

更具代表性的是 G. 普劳曼(G. Plaumann)和 H. M. 拉斯特(H. M. Last)的看法,他们关注的是重要的官员。[⑮] 在某些方面,他们与蒙森类似,相信该法令一定程度上是多余的。危机之中,无论有无命令,官员们的职责都是要尽其所能地拯救共和国。对拉斯特来说,该命令丝毫没有改变官员所拥有的权力,只是元老院主动提供的支持,暗示必须采取超出法律之外的措施。在普劳曼看来,该命令作为一种制度的发展,其重要性在于:它让超出法律范围的措施少了随意性。尽管如此,人们仍可以争辩:该命令与罗马

[⑭] *Staatsr.* i. 690 ff.; iii. 2. 1240 ff. 关于自助,见 *VRR* ch. 1—3; Lintott, 1972, 228—234。关于证明"最后命令"正当性的不适当,见 *VRR* 158—159,特别是对 Cic. *Rab. Perd.* 20 暗示的分析。

[⑮] Plaumann, 1913; Last, *CAH* ix (1st edn.), 82 ff.

宪法的原则背道而驰。

拉斯特提出了一种缓解非法性的说法,那就是元老院发布命令之时,目标是针对某些特定人物的 hostes,他们是敌人,因此不应具有公民权,布莱肯和 J. 恩格-斯特恩贝格(J. Ungern-Sternberg)不同程度上遵从了这种看法。[106] 可是,它仍存在问题。它的问题不在于我们拥有此类命令的资料,而在于我们虽拥有此类资料,但它们无论如何都与"最后"命令没有密切联系。我们所了解的第一个目标是公元前 88 年的马略、苏尔皮基乌斯和他们的追随者,最后一个是 M. 安东尼,第一次是在公元前 43 年,后来是在公元前 32—前 31 年。[107] 除一个例外(公元前 83 年),在所有这些场合,它的目标都是武装起来的人,或者被人们认为构成了军事威胁人。公元前 63 年,喀提林和曼利乌斯被正式宣布为敌人(hostes),但那是在喀提林离开罗马前往埃特鲁里亚后,因此是在"紧急"命令发布后的三周甚至更久以后。可是,在第一次反喀提林演说中——当时喀提林还出席了元老院会议,西塞罗宣称,他已经发现喀提林是敌人,后来他论证道:被捕的同谋者是敌人(hostes)。[108] 这一点提醒我们注意,对西塞罗的演说做过于字面的或者法学家式的理解存在多种危险。

有些时候,当命令通过时,人们常常已经很少怀疑其目标针对何人。据普鲁塔克,公元前 121 年,C. 格拉古和 M. 弗尔维乌斯·

---

[106] Bleicken,1962,23;von Ungern-Sternberg,1970,55 ff.,关于这个看法,参见 Crifo,1970,1—15 批判性的反思。

[107] 有关证据见 VRR.155。

[108] Sall. Cat. 36.2—3. 对比 Cic. Cat. 1.27—28;Cat. 4.10。

弗拉库斯被描述为元老院中的暴君(公元前133年T.格拉古已经被描述为暴君,当时执政官斯凯沃拉[Scaevola]不为元老们非正式的陈述所动)。公元前100年,当人们催促执政官获得他们觉得适当的支持时,塞尔维利乌斯·格劳西亚(Servilius Glaucia)和萨图宁很明确地被忽略了。[109] 可是,这并不是说,命令所针对的目标被剥夺了公民权。C.格拉古的《森普罗尼亚法》的通过,是对波皮利乌斯·莱纳斯(Popilius Laenas)审判的反应,后者判处提比略·格拉古过去的支持者以死刑,其中一条的语言令人迷惑,它实际上暗示:反对派认为,莱纳斯的审判是在未经适当审判的情况下剥夺了公民的权利,而不是暗示元老院以某种形式正式颁布了这道命令。[110] 当"紧急"命令颁布之时,有关敌人的争论部分是对形式进行修饰,部分是为命令中的超法律部分辩护,因为它本身并不能让任何东西合法化。

从宪法的立场看,如果"紧急"命令——根据标准的解释——只是鼓励官员们忽略严格的合法程序来拯救共和国,那就不会出现元老院在宪法中地位的问题。可是,一个叫U.冯·吕博托(U. von Lübtow)的学者曾经坚持认为,元老院享有潜在的执行权,紧急时期它把这个权力转给了官员们。[111] 但这个看法与古代资料背道而驰,古代的资料所理解的执行权,是由人民授予官员的某种东西,而且他的看法未得到其他学者的支持。他们认为,元老院是某种比咨询机构更重要的东西。

---

[109] Plu. *Ti. Gr.* 19.3;*C. Gr.* 14.3;Cic. *Rab. Perd.* 20.
[110] Cic. *Rab. Perd.* 12;Plut. *C. Gr.* 4.1;VRR 163—164.
[111] Von Lübtow,1955,334 ff.

更晚近时，T. N. 米切尔（T. N. Mitchell）论证说，在危机中，元老院将另一种潜在的最高权力付诸实施了，那就是最高议事权，对此官员们必须服从，其他公民必须支持。[13] 米切尔的论证主要基于西塞罗的两篇文献。在《论演说家》(2.134)中，西塞罗把奥皮米乌斯审判问题描述为："一个人是否因根据元老院命令，为保卫他的祖国杀死公民而应该受到惩罚，尽管这不为法律所许可。"如果根据通常的对"紧急"命令的解释，在西塞罗的眼里，奥皮米乌斯的做法是正当的，既因为他得到了元老院的支持，也因为保卫祖国乃压倒一切的考虑。对米切尔来说，西塞罗希望强调的是命令。可是，这种解释好像和词序不相吻合。此外，人们可能期待，对于一个把这样的句子——*ollis*（小写的执政官）*salus populi suprema lex esto*（让人民的安全成为最高法律）——包括在其理论性法典[13]中的人来说，保卫国家是重要的考虑，这句话还强调了执政官的职责和主动性。米切尔然后从西塞罗公元前63年为拉比里乌斯（Rabirius）辩护的演说中截取一个短语："维护执政官至上的执行权，元老院至上的讨论权"（*summum in consulibus imperium, summum in senatu consilium putare*），认为它的意思不是说执政官是主要的行政官，元老院是最高的议事机构，而是表明咨询权高于执行权。[14] 可是，这又不是对该文最自然的解释，而且如我们已经指出的，也不是对宪法的解释，那是没有争议就必须接受的东西。对米切尔看法最不利的，是"紧急"命令的文本自身。另一个

---

⑬ Mitchell, 1971.
⑬ Cic. *Leg.* 3. 8.
⑭ Cic. *Rab. Perd.* 3.

将共和国委托给执政官和其他官员,而且要求他们保卫共和国的命令,又怎么可能由在危机中负责保卫共和国的元老院来宣布?

无论是在理论著作中,还是在政治实践中,西塞罗本人一般都相信官员的权威低于元老院。⑮ 第四篇反喀提林演说表明,他在处死喀提林的同谋时,看重从元老院获得的支持。这就意味着,在所有对"紧急"命令的讨论中,他可能过于强调了元老院的作用,因为我们看到,对公元前100年马略在未得元老院命令的情况下允诺给予格劳西亚和萨图宁以保护的做法,他是鄙弃的。⑯ 可是,即使是西塞罗那里的言论,也不能证明米切尔解释的正当性。对萨路斯特笔下的恺撒来说,重点在另外的地方。他说,处死喀提林同谋者会树立这样的先例:"一旦执政官因为元老院的命令循此例拔出了剑,谁能为他确定界限,又有谁能够控制他?"⑰

---

⑮ Cic. *Rep*. 2.56 and 61; *Leg*. 3.6; *Sest*. 137 and 143.
⑯ Cic. *Rab. Perd*. 28.
⑰ Sall. *Cat*. 51.36.

第七章 高级官员和续任官员

官员权力的性质

罗马的战争由官员赢得,行省由官员统治。虽然他们会得到特别的指令,在共和国后期,要服从法律或者元老院命令确定的规则,但他们有权在不请示元老院或人民的情况下,做出重大的决定,用法律文献中标准的术语来说,是"根据他们的判断,符合公共利益以及他们自己良好的信仰"。[①] 人们期待他们会为共和国竭尽全力,如果事后认为他们做得不够,他们在回到罗马后可能受到控告。

在国内,高级官员的议事职能及其立法角色,是与元老院和人民大会协同完成的。但那些从事管理的官员拥有与罗马之外的官员类似的自主裁量权。在城市之内,对官员的主要限制是:那些官员可以对之行使权力的人,可以使用对人民大会的上诉权和向保民官申诉。[②] 低级官员的决定可能被高级官员推翻,但权力的等

---

① 例如 lex agr. 35.78;RDGE, nos. 2, lines 39—40,44—45;6, line 9;7, lines 50—51;9, lines 71—72;10, A11, B14;12, line 19。

② 见下文及注释⑯以下;第八章及注释⑭以下。

第七章　高级官员和续任官员

级有时是潜在的、不明确的。执政官一般并不干涉副执政官的司法权,对于市政官行使的城市管理(cura urbis)的多数职能,执政官和副执政官都不会关注。③ 监察官的权力是有名的专断,只是到共和国后期,才有人尝试确定挑战其权威的合法渠道(见下文及注释⑯和⑫)。

如果我们尊崇蒙森的意见,认为高级官员的权力乃国王最初的、唯一的权力被再分配给一个小集团,那官员数量的增加,就好像是对权威的稀释,而非强化。④ 但我认为,我们最好是按照字面意思去对待官员的增加问题,它表明,随着共和国的发展,罗马人服从了更多的管制。但是,管制的增加并未加强罗马城最高官员权威的看法,仍是正确的。此外,罗马军事力量和帝国的发展,最终允许唯一的罗马统帅行使自主裁量权,因其领土范围比今天一个民族国家的领土还要大,结果让那些在罗马的执政官的权力,与那些在国外的执政官或续任执政官比较起来,似乎微不足道。

在考察罗马任何官员的性质之前,我们需要考虑与官职有关的一些基本概念。一个是 potestas,即官员的权力,尤其是它的最高形式执行权。然后是两个观念,本身虽无相互联系,但两者都对允许或者阻止权力的冲突具有影响,那就是同僚(collega)和区域(provincia)。最后是官员权力的宗教方面,即通过征兆请示神意的权利。

---

③　第八章及其注释㉓以下。
④　*Staatsr*. i. 24.

a. 权力和强制

每个官员都拥有权力,从制度的层面上看,它是一种通过法典或习惯将权力合法化的能力。⑤ 授予此种能力的权利一般属于罗马人民。西塞罗的理想虽然是个由贵族(optimates)统治的共和国,但他却让其主要发言人西庇阿论证到:如果没有人民的认可,任何人宣称他们拥有那种地位,都是不可容忍的。⑥ 在实践中,不仅最高常设官员执政官和副执政官由选举产生,低级官员,如刑事三吏(triumviri capitales),建立殖民地或者负责分配土地的三人委员会,以及前四个军团的军团长官等,也都是选举的。⑦ 于此规则例外的,首先是其他军团的军团长官以及由指挥官授予的军事职位;其次是独裁官和骑兵长官,这两个危机时期的官职一般得自纯粹的任命(见下文及注释㊷以下);最后,也是绝大部分此类官员,是续任官员(pro-magistrates),他们的职务可能不被认为出自其最初的职务(有几个实际上是从人民大会获得特殊的续任执政官统帅权的)。

授予执政官、副执政官、续任执政官、续任副执政官以及独裁官和他的骑兵长官的权力,其最强烈的形式,被称为执行权。这个

---

⑤ 在《自传》34.1 中,权力首次以一种概括的意义出现,指奥古斯都公元前 27 年以前的权力,然后在 34.3,是权力更精确的意义;他(宣称)与其他官员共享的权力。关于把能力和合法化联系起来的短语 ius potesasque esto,参见 Fiesole frag. (RS i. 32); lex Gen. Urs. (RS i. 25); cap. 62,65,66,99,100,103,125—126,128—133; lex imp. Vesp. (RS i. 39); lex Falcidia (RS ii. 59＝Dig. 35.2.1. pr.); lex Quinctia (RS ii. 63), lines 22,39。

⑥ Cic. Rep. 1.50.

⑦ 见第八章及注释㊵以下。

第七章 高级官员和续任官员

名词的意思一般是"统帅",可以是具体的统帅权,或者是授予统帅的权力,而且经常是在严格的宪法意义上使用,西塞罗将其形容为全权的统帅(regium imperium)。⑧ 它显然与军事统帅权有关,但由于军事上的执行权首先需要《库里亚授权法》的批准,所以执行权的拥有者并不能被认为自动地成为军事指挥官。⑨ 与执行权相联系的标识和设施,是随从们携带的棒束和斧子(fasces)、官椅(sella curulis)和镶边托加,这些显然是从国王们那里继承来的。此外,凯旋式似乎也是这个时期的遗产,但只能由胜利的将军们举行,如果他拥有执行权的话。⑩

那些拥有执行权的官员还具有司法权力,无论这是司法管辖权(iuris dictio)——一种由城市副执政官在城内或外事副执政官听审之前界定和批准民事案件(见下文及注释㊹以下)的权力,还是对罪犯或违反行政法规的轻微不法行为进行实际调查(quarerere,cognoscere)的权力。在实践中,执政官在罗马和意大利只从事特殊案件的刑事审判,民事案件中,我们只知道他们被分配审理有关土地所有权的案件,而这是因格拉古兄弟立法引起争议的结果。⑪ 在国外,官员们似乎有权自己判决案件,或者在把审

---

⑧ Cic. Leg. 3. 8. 在 lex. agr. 87;frag. Tar. (RS i. 8),l;lex Rubr. Gall. (RS i. 28),XX.50;lex Gen. Urs. Cap. 94;Res Gestae 1;Cic. Fam. 1. 1. 3;Att. 4. 1. 7;7. 7. 6 中,都有此种意义的执行权的例子。

⑨ Staatsr. i. 610—614;Chap. V with nn. 47—48.

⑩ 关于国王拥有 12 个"法西斯"的情况,见 Cic. Rep. 2. 31。总体论述见 Marshall,1984,有此前的书目;关于凯旋式的起源,见 Versnel,1970;Warren,1970。

⑪ 见下文第九章。关于对特殊刑事案件的调查,见第三章及其注释⑬;关于民事案件,见 App. BCiv. 1. 19. 80;lex agr. 24,33—36。

判分配给法官或陪审法官团之前进行前期调查。[12] 共和国后期的发展,是建立了永久刑事法庭,它最初全部由副执政官主持,但最终部分落入了那些拥有调查法官(iudex quaestionis)和调查员(quaesitor)权力的前市政官之手,以前他们并无执行权。[13]

另一方面,一个官员可以更直接地采取行动,对付那些他相信破坏了法律,或者阻碍他行使职权的人。在其所建议设置的法律中,西塞罗规定:"一个官员可用罚款打击或强制那些不服从或者犯罪的公民,除非有一个平等的或者更大的权力阻止他这样做,公民可以向后者提起上诉。"这里所说显然不是共和国后期的形势,当时《波尔西亚法》已经禁止鞭笞公民,只有服军役时例外。[14] 更重要的是,在官员于民事领域利用暴力以逞其志的程度问题上,它可能会误导我们。人们也许会想象,由于罗马人是个专注于战争的民族,他们的公民生活犹如军营,服从军事纪律和军队的力量。事实上,共和国时代的情况恰好相反。在城邦之内,官员的行为严格地服从于公法;正常情况下他们不得统率军队,只拥有几个市民警察。此外,在处理他们的事务时,一般并不期望人民携带武器。

在官员们有权而且有义务维护公共秩序的意义上,蒙森事实

---

[12] *Lex prov. Praet.* (RS i. 12), Cnidos Ⅳ. 34—37; Cic. 2*Verr*. 2. 32—33; *Flacc*. 71; *QF* 1. 2. 10; *Att*. 6. 1. 15; *tabula Contrebiensis* (Richardson, 1983). 概括性论述见 *Imp. Rom.* 55—58;224 注释㉙。

[13] 关于拥有调查法官头衔的前市政官的例证,见 *ILS* 45,47; Cic. *Clu*. 126,147; *Brut*. 264; Suet. *Jul*. 11. 蒙森(*Strafr*. 205—208)根据 *Schol. Bob.* 149—150St. 一个可疑的片断,相信他们只是简单地从陪审员中挑选的。对此观点的批评见 VRR 121—122。

[14] Cic. *Leg*. 3. 6, Lintott, 1972, 258. 关于《波尔西亚法》,见 Cato, *ORF*, no. 8, fr. 117; Cic. *Rep*. 2. 54; *Rab. Perd*. 12; 2*Verr*. 1. 14; 5. 151, 163, 173; Sall. *Cat*. 51. 21。

第七章　高级官员和续任官员

上把强制权(coercitio)提升到罗马官员权力基本特征的地位。在他看来,上诉权是作为这个权力的对立面创造出来的,表现的是两种力量的冲突,其中的胜利大多归于后者,而且是共和国政制发展中一个非常重要的部分。[15] 我们看到,一方面是执行权,另一方面是上诉权,尤其是与保民官联系在一起的申诉,乃罗马社会的根本特质。就两者间的冲突而言,我们也许可以赞同蒙森的看法。可是,虽然那些受到阻挠的官员,如果无法找到其他办法达到目的,显然会利用随从诉诸暴力,但任何执政官或副执政官巡视城内以维护公共秩序,镇压犯罪的观念,好像离现实非常之远。这些职能,如果说得到行使的话,也落到那些低级官员之手。[16] 在共和国最初的年代里,执政官也不大可能如蒙森所说,能行使国王一半的权力。这不仅与传统中的另一因素:独裁官职务的发明——它的目的是提供更强大的权威以镇压叛乱——相矛盾,而且与人们对共和国之父瓦列里乌斯·波普利可拉的描绘之间存在冲突,据说他不但颁布法律,宣布那些被怀疑有做暴君嫌疑的人不受法律保护,而且非常注意自己不要有暴君的恶名。至于归到他名下的上诉法,我仍然相信那是时代误置。人们相信,它预示的是共和国早期对平民和他们的保民官申诉的承认,以及随后时代以法律的神圣性来捍卫这些申诉权利。[17] 可是,限制官员像独裁者一般立刻

---

[15] *Staatr.* i. 136 ff., esp. 136, 141, 151.

[16] *VRR*, ch. 7; Nippel, 1995, ch. 1. 有关只有在城外斧子才能插入"法西斯"之中的规定(Livy, 24.9.2),象征在城市之内,人们并不希望那些有执行权的官员根据自己的权威对公民执行死刑,这个原则,在我看来,早于上诉权的发展。

[17] 关于独裁官,参见第三章及其注释⑨,第七章及注释⑳以下。关于普布利可拉,见第四章及其注释⑲。关于上诉权,见 Lintott, 1972.

处置公民的权力的法律,会是宣布王权不受法律保护适当的附加条款。[18]

理论上,上诉法最终会保护公民即使在罗马城外也免受立即处死或者鞭笞之刑,但在战场上,很难控制那些有执行权的官员。[19] 在实践中,在罗马城内或者其郊区,罗马官员们利用暴力对付自由公民不是正常现象。这一事实所反映的,肯定不仅是通过法律对官员施加了限制,而且对保民官的权力,不但在罗马城内——自公元前4世纪以降,它的严格边界大体与所谓的塞尔维乌斯城墙相对应,而且在该城远到第一个里程碑的郊区,也加以限制。[20] 当有执行权的官员的强制权有时导向处决时,那或者是已经提交过人民大会,或者如同在群众性不满后随之出现的那样,进行过调查。这至少会造成一定的延迟和讨论,即使它不至于达到细致听证的程度。罗马人认为,对于重罪案件来说,详细听证乃适当过程。这表明,有执行权的官员有权作为最后手段来使用强制,同时也对与执行有关的权力加以限制。它不是每天都可以使用的武器。围绕着波皮利乌斯·莱纳斯和奥皮米乌斯对格拉古兄弟支持者的审判所发生的争论表明,如果反对了执行权拥有者而未在

---

[18] *Dig.* 1.2.2.16,如果我们删除上诉权以及预示后来发展的短语 *iniussu populi* 的话,可以这么解读。

[19] 见 *Imp. Rom.* 44—46 等。

[20] 见 Livy,3.20.7;Dio,51.19.6,以及 Lintott,*CR* 21 (1971),5—6;*tab. Heracl.* (*RS* i.24),20;Gai. *Inst.* 4.104;关于罗马城的范围,见 Varro,*LL* 5.143,比较 46—54;Gell. 13.14.4—7(以麦撒拉关于占卜的著作为基础)。塞尔维乌斯城墙实际上穿过阿芬丁山,据麦撒拉说(Gell. 13.14.4)曾在罗马城界之外,但麦撒拉所提到的,可能只是该山位于城墙外的部分。

第七章 高级官员和续任官员

随后遭受报复时采用听证,那需要某种程度的一致。[21]

尽管如此,其他形式,有时是更加直接的强制形式仍然可供使用,例如鞭笞(直到它被《波尔西亚法》禁止)、监禁(通常只是临时的)[22]、罚款、没收抵押、因未能缴纳税款被卖为奴隶、驱离罗马城,甚至毁灭一幢房子等。与此相联系的是传唤(vocatio),它甚至可以被用到罗马之外的那些人头上。[23] 对于官员自主罚款裁量权即最高罚款额(multa maxima)的限制,《阿特内亚-塔佩伊亚法》(公元前454年)、《麦内尼亚-塞斯提亚法》(公元前452年)和《尤利亚-帕皮里亚法》(公元前430年)都有涉及,[24]因此产生了一个复杂的传统,甚至对罚没牲口数量的界定,都是后来博学的博古学家们的研究成果。限制罚款总额的原则勿需怀疑,后来的文献表明,上限是其个人财产的一半。[25] 总体上看,更激烈的强制形式是高级官员的优先权,尽管市政官之类也能命令执行鞭笞,甚至在《波尔西亚法》通过后,对演员仍继续享有此项权力,同时刑事三吏似乎有权对自由人和奴隶实行即时监禁。[26]

---

[21] 见下文第九章及注释39以下。

[22] Gell. 4.10.8;*VRR* 100,102 f.,169;Nippel,1995,7,52.

[23] *Staatsr.* i. 142—143,151—161;Gell. 13.12.5—8 (Varro),比较同书 1—4 (Capito);关于传唤,见 Tac. *Ann.* 13.28。关于处决后的毁灭房屋,见 Livy,2.41.11;4.16.1;8.20.8;也见 6.20.13 以及 Ovid,*Fasti* 6.183—185。

[24] Cic. *Rep.* 2.60;Livy,4.30;Dion. Hal. *AR* 10.50.2;Festus,22.,268—270L;Gell. 11.1.2.

[25] *Lex Silia* (Festus,288L,*RS* ii.46);*lex Lat. Bant.* (*RS* i.7),12;Cato,*ORF*,no.8,fr. 167;*JRLR* 131—132;Crawford,1985,19—20.

[26] Plaut. *Amph.* 155;*Miles* 211—212;*Trin.* 990;Val. Max. 6.1.10;Asc. 37C;Tac. *Ann.* 1.77;Suet. *Aug.* 45.3;Gell. 3.3.15;*VRR* 94—95.

b. 同僚制和分区制

同僚一般勿需协同行动。在平民保民官中，一个成员对一个或者多个同僚行使否决权的可能性，本应成为经常性咨询的动力，但在他们内部发生冲突绝不是不正常现象。例外的是监察官，在把公民降等级时，他们需要联合行动，但在发挥其他作用，例如在主持赎罪祭节日最后一个仪式——他们以抽签决定——时，他们是独立的。[27] 在成熟的共和国体制下，我们发现，同僚的职能或者在时间上，或者在空间上会错开。第二次布匿战争初期，当两个执政官在坎尼之战中合兵一处时，我们发现，象征最高权力的"法西斯"每天在两个执政官间轮换。这种情况令人不满意，所以在后来的绝大多数时间里，罗马人都回避这样做。[28] 共和国早期和中期，执政官大部分时间远离罗马征战，但当两人都在罗马时，规则是两人每月轮流拥有"法西斯"和负责政治领导，那在一年中的第一个月主持政事的，一般被认为是具有优先权的执政官（consul prior）或者大执政官（maior）。这种荣誉的获得，可能因为年岁偏长获得；也可能因为以前担任过执政官；或者是在此前的选举中，他获得了比同僚要多的必要多数。但共和国时代的准确规定，我们并不清楚。公元前101—前100年希腊语法律文献关于副执政官行省的规定中，有重要的"第一个当选的执政官"的提法，但不能肯定

---

[27] Staatsr. i. 42；ii. 1. 384 ff.；见下文及注释[105]以下。

[28] 关于对麦塔鲁斯人作战时李维乌斯·萨林那托尔（Livius Salinator）的标识，见 Pol. 3. 110. 4；113. 1 ff.；Livy，22. 41. 2—3，44. 5；cf. 28. 9. 10。

它是否就是有优先权的执政官。㉙ 同样,我们发现副执政官和财务官一般各有自己的独立职能,尽管国库被委托给两名财务官,但市政官,不管是牙座市政官还是平民市政官,在管理赛会时也都是两人协同行动(参见下文第八章)。

所以,通常情况看来是罗马通过划分官员的活动区域来避免冲突。因此,如果我们认为同僚制是政制相互遏制的一种形式,那就错了。官员的多人制,最初的目的可能是为了完成其多样化的职能,防止某一官员的突然死亡或者丧失能力。虽然如此,同僚可以相互阻挠,尽管有关此方面的资料,除保民官外都不令人满意。一个权力更大的官员,例如执政官与副执政官或者保民官的关系,确实能够禁止另一个官员按照某种方式行动。如果这样的情况已经发生,则可以采取相反的措施。于是,作为城市副执政官的维列斯(Verres)的命令,由于另一副执政官后来在同一问题上做出了不同的决定,因此被撤销。这些活动被称为 *intercessio*,意思是阻挠,但显然构成了对维列斯命令的纠正。㉚ 除保民官外,我们发

㉙ Cic. *Rep.* 2.55, Val. Max. 4.1.1, and Plut. *Popl.* 12.5 都显示,"有优先权的执政官"是那个年龄较长者。菲斯图斯(Festus, 154L)表明,有优先权的执政官是首先当选的那个人。盖利乌斯(Gell. 2.15.4—8)称,共和国时代的标准,或者是年龄,或者是地位。也请参见 *lex prov. Praet.* Cnidos (RS i. 12),Ⅲ. 28＝Delphi B. 5 有关"第一执政官"的表述,以及 Drummond, 1978, 81—83; Ferrary, 1977, 647 ff. 的评论。后者以短语"首先当选者据出库里亚授权法,如果他不能这么做那就是最后当选的。"(*qui primus sit praetor factus, cum legem curiatam ferre, sin is ferre non posit, qui postremus sit*) (Cic. *Leg. Agr.* 2.28)为据争辩说,在《副执政官治理行省法》中的该短语不仅是指第一个当选的执政官(这一点正确),而且是指当时有优先权的执政官(不那么有说服力)。

㉚ 关于执政官推翻副执政官决定的情况,见 *Staastsr.* i. 258—270; Val. Max. 7.7.6; 关于一个副执政官推翻维列斯命令的情况,见 Cic. 2*Verr.* 1.119。也请注意凯利乌斯公元前48年帮助(*auxilium*)对抗副执政官同僚特里波尼乌斯(Trebonius)的承诺,它所涉及的可能也是有关债务问题的不同决定(Caes. *BCiv.* 3.20.1; cf. Dio, 4.29.3—4.)。

现，在共和国后期，需要实际阻挠同僚时，他们利用占卜权以寻找宗教上不利的征兆。

罗马官员在空间上错开的观念，其根源在于分区制(*provincia*)。该词曾被从辞源学上解释为与计划中的征服，即与战争舞台相联系的一片地区，从这个意义中，后来演化出一片需要进行管辖而非征服的领土的意思。[31] 在民事领域，使用该词来表示官员们要完成的任务，例如副执政官的司法职能和财务官的职能，在公元前2世纪仍有很好的例证，而且如果我们相信李维，它还可以追溯到公元前3世纪。[32] 苏拉之前，执政官行省一般是实际或者潜在的战争舞台，它最初由元老院挑选，后来通过抽签或者安排加以分配。副执政官的领域是分配的，无论是在罗马的司法权，还是由元老院指定的海外总督权，都是如此。类似的还有财务官的管理职责。[33] 习惯上元老院挑选最紧急要完成的任务，尽可能公正地在官员中进行分配。它的程序显然是试图控制贵族间的竞争，拯救贵族的威信。平民保民官 C.格拉古具有讽刺意味的措施之一，是以法律的形式把元老院选择行省的权力固定下来。[34]

---

[31] Bertrand, 1989; *Staatsr*. i. 51 n. 2. 菲斯图斯(253L)的定义是"罗马人此前(*pro*)已经征服的地区(*vincia*)"，但无说服力。

[32] 例如 *lex rep*., lines 69,72,79—80; *lex agr*. 46;关于城市副执政官的司法权，见 Livy, 24,9.5,43.11.8。

[33] 关于执政官和副执政官的情况，见 Livy, 30.1.1—2; 32.1.1—2 and 8.4—5; 42.4.1—2; 43.12.1; Sall. *Cat*. 26.4;关于财务官，见 Cic. *Verr*. 1.34; *Sest*. 8; *Mur*. 18; *Phil*. 2.50,以及 *Staastr*. ii. 1.532—533 关于区域的划分。关于这类划分中的例外情况，见 Cic. *Att*. 6.6.4; Livy, 30.33.2。我们的文献还表明，萨图宁是被专门指定负责他在奥斯提亚的职务的(Cic. *Har*. *Resp*. 43; Diod. 36.12)。

[34] Cic. *Dom*. 24; *Prov*. *Cos*. 3; *Fam*. 1.7.10; Sall. *Jug*. 27.3; *Staastr*. i.54.

第七章 高级官员和续任官员

行省体系很大程度上用指挥权的分层代替了官员间区域的划分。可是,其界限少有严格界定,而且要阻止一个官员干预其领域之外的事务,并不总是容易的,当元老院对付公元前171年执政官C.卡西乌斯·隆吉努斯(C. Cassius Longinus)时,就发现了这个问题。当时这位在山南高卢的执政官突然决定要参加第三次马其顿战争。㉟ 由于科尼多斯的《副执政官治理行省法》(*lex de provinciis praetoriis*)的发现,我们现在知道,约公元前100年首次颁布的法律规定,如果没有充分的理由,官员们不应到自己的行省外旅行,或者发动远征。可是,为公共利益(*rei publicae causa*)发动战争的权力,给了行省指挥官很大的空间。㊱ 当两个指挥官在同一个行省时,居长这个让人窘迫的问题就会出现。公元前177年,执政官C.克劳狄乌斯听说前一年的两执政官,现在的续任执政官,在分配给他的伊里吕库姆行省已经打败了一次部落民的起义,匆忙赶往该省,指责续任执政官们未得他的授权擅自行动,命令他们立刻离开该行省。但在他履行作为一个指挥官应该举行的适当仪式前,他们拒绝离开。他们的理由是,尽管作为当年的执政官,他是他们的上司,但他还没有权利进入该行省。他威胁要把他们锁送罗马,但三天后他终于返回罗马,以使自己的出发合法化,然后才最终得以行使他的权威。㊲ 此外,共和国时代,我们

㉟ Livy, 43.1.4—10.

㊱ *Lex prov. praet.* Cnidos Ⅲ.4 ff.; *Imp.* Rom. 22—27.

㊲ Livy, 41, 10. 公元前105年,大约阿鲁西奥战役前夕,执政官Cn. 马利乌斯和续任执政官Q. 卡皮欧也发生了致命冲突,当时他们显然是作为同僚联合指挥军队,但尽管马利乌斯是当年的执政官,拥有较高的权威和占卜的标识,但卡皮欧拒绝合作(有关执政官地位高于[*axioma*]副执政官的问题,见Dio,27,fr.91,参见37.39.2)。

难以找到具体资料，表明执政官拥有类似后来皇帝才有的高高在上的权威，尽管在理论上有让人做出这种理解的说法（见第三章及其注释⑦）。

c. 占卜权

在做公共决定之前，罗马人一般不请示神谕。他们拥有神谕性质的文件西贝尔圣书，但只是在发生异常，即那些据信来自神灵的前兆性事件后才请示。此外，对于增加书面预言档案一事，他们通常取谨慎态度。㊳ 相反，他们期望官员们能通过发现征兆，从诸神那里获得未来成功或者失败的迹象，这些征兆来自天空、鸟的飞翔、鸟对食物的态度、牺牲动物的内脏，以及事实上一切可能被视为具有预言价值的事件。这些都被称为征兆（*auspicia*），字面的意思是"观察鸟"，那些解释这些征兆的专家是占卜者（*augures*）。官员们有权利，也有义务主动寻求征兆（*auspicia impetrativa*，与征兆降临到他们身上的情况［*auspicia oblativa*］相对）。㊴ 我们听说的征兆大多与高级牙座官员——执政官、副执政官和监察官——和保民官有关。瓦罗告诉过我们一个财务官向执政官寻求征兆的事情，但这肯定是因为他当时正召开森都里亚大会（通常情况下，他并无这样的权力），而不是因为他本人没有寻求征兆的能

㊳ 关于接受"马尔西亚预言"（*carmina Marciana*）的情况，见 Livy, 25.12.2—12。人们相信它预见到了坎尼战役，并建议把修建阿波罗神庙作为将迦太基人赶出意大利领土的一种方法。

㊴ *Staatsr*. i. 76—115, esp. 77, 96 ff., 106 ff.; Wissowa, 1912, 523 ff.; North in Beard and North, 1990, ch. 2.

力。事实上,这种全面的能力在执政官对该次人民大会的命令中有暗示,其中包括禁止低级官员为寻求征兆观察天空。[40] 在召开投票性质的人民大会、元老院会议、官员出征作战之前,官员们对征兆的观察是基本要求。[41] 在一系列其他场合,他们也可以这样做。

占卜权似乎是人民选举产生的一个结果(有人认为它是《库里亚授权法》产生的具体结果,但在我们的资料中并未得到直接证明,而且该假设会造成问题)。[42] 由此可知,续任官员并无此项权利。[43] 因此,一个续任执政官,哪怕自己在进行一次重大的、可能决定罗马帝国命运的战役,他也不能让自己以官方身份察知神意。共和国后期的情况很可能也如此。这好像并不让罗马人担心,它反过来暗示,观察征兆与其说是为了预知,不如说是一种确认,特别是通过仪式的圣化,缓解情绪。同样清楚的是,只有作为精英阶层最资深成员的特权时,它们才会为人们相信,并有助于他们的政治控制。[44]

占卜仪式的成功履行,被认为是随后发生的公共行动正确性的一个必要步骤,而且提供了进行阻挠的机会。虽然原则上任何人都可以告诉主持会议的官员某一个突然的征兆,例如闪电之类,但他并不一定要注意这些征兆。[45] 可是,另一官员或占卜者的报

---

[40] Varro, *LL* 6.91; Gell. 13.15.1; *Staatsr.* i, 92—93;也见 Cic. *Leg.* 3.10 and 27。

[41] *Staatsr.* i. 96 ff.;第六章及其注释[31]。

[42] 关于该权利限于某些官员的情况,见 Varro, *Rer. Hum.* 20 in Non. Marc. 131L;关于《库里亚授权法》,见前文第五章注释[43]。

[43] Cic. *Div.* 2.76; *ND* 2.9.关于它所造成的问题,见 Rich, 1996, 101—105。

[44] R. Gordon in Beard and North, 1990, ch.7.

[45] Cato in Festus, 268L; Pliny, *HN* 28.17; Serv. *ad Aen.* 12.260.

告(nuntiatio)则具有较重的分量,可能构成未来占卜祭司团或者元老院宣布该行动无效的基础。为阻挠而报告征兆的做法,在其地位因《埃利亚-弗菲亚法》(公元前 2 世纪中期)和《凯其里亚-迪第亚法》(公元前 98 年)强化后,成为共和国后期的政治武器之一。在西塞罗的理想法典中,他授予所有官员以占卜权的目的,是要把对不喜欢的措施进行阻挠的可能性最大化。[46]

官员的职能

a. 执政官和副执政官

据说共和国一年一任的主官最初叫副执政官,瓦罗解释说,此人会处理司法事务和统率军队。首席副执政官的称号保存在一部古代关于固定至高至大之朱庇特神庙一颗钉子的法律中,它被用来证明,最初一个执政官的地位高于另一个,但这份文献的孤证特性,让任何结论都变成了猜测。[47] 另一份文献说,副执政官变成执政官发生于公元前 449 年,这也许暗示十二表法中仅提到了副执政官,而不是执政官。好在有了科尔内利乌斯家族最早的葬仪铭文,[48] 目前至少可以确定的是,执政官的称号到公元前 300 年已经

---

[46] Cic. *Phil.* 2. 80 ff.; *Leg.* 3. 27; Wissowa, 1912, 529 ff.; *VRR* 132 ff.; de Libero, 1992, 53 ff., 并见第五章及其注释[95]。

[47] Varro, *LL.* 5. 80; Livy, 7. 3. 5—8. 这里的首席副执政官显然应被理解为独裁官,但有人宣称,公元前 509 年的执政官 M. 霍拉提乌斯是第一个举行此种仪式之人,见 Cornell, 1995, 227 ff.。

[48] Zon. 7. 19. 1; *ILLRP* 309; *Staatsr.* ii. 1. 74 ff.

确立。根据传统,第一个平民执政官于公元前367年已经选出,自公元前342年起,一个执政官必须是平民。在理论上,没有任何东西能阻止一年选举两个平民为执政官,但贵族的影响和声望如此之高,以致这样的事情到公元前172年才发生。

前文(第三章及其注释④以下)已经讨论过波里比阿关于执政官权力范围的描述,而且已经说明了罗马一年的政治活动是怎样的形态(第二章)。看来直到公元前81年苏拉的改革之前,该职务主要具有一个军事统帅的职能。甚至在第二次布匿战争中长期延长官员的执行权的试验(见下文及注释㊜)之后,在公元前2世纪,罗马人绝大多数情况下仍回归到让执政官在其任期的一年内从事重大战争的习惯,例如公元前191年的M.阿西里乌斯·格拉布里奥,公元前190年的L.科尔内利乌斯·西庇阿,公元前68年的L.埃米利乌斯·保鲁斯,公元前147年的P.科尔内利乌斯·西庇阿·埃米利亚努斯等。㊾ 这最终导致了马略公元前104—前100年连续五年担任执政官,共和国时代,此种权宜之计再未出现过。在两执政官都离开罗马前,其中之一或者两人都要举行拉丁节(*feriae Latinae*)——拉丁人共同体在阿尔班山举行的主要的春季节日,这一般是官员们离开罗马城并将其委托给市长的场合。㊿ 卸任时,其中一个执政官要主持执政官的选举(如果罗马以外的事务让这样做不可能,正常情况下一个执政官会指定一个独裁官来履行此项职能[见下文及注释㊆])。如果他们在罗马,通常是在罗

㊾ *Staatsr.* ii. 1.93—94;Giovannini,1983,66.

㊿ Strabo 5.3.2 (229);Tac. *Ann.* 6.11;*Staatsr.* i. 663—664.关于执政官和副执政官离开罗马的情况,见 Livy,25.12.1—2,但对比 Dio,41.14.4 的记载。

马政治年度的年头或者年尾,当一个执政官主持元老院有关外交政策的讨论时,他也许会发现自己正提出立法议案[51](虽然绝大多数立法采用的是由保民官提议的平民会议决议形式),或者是主持每五年会有一次的监察官选举。如我们已经指出的,共和国中、后期,当副执政官整年时间里都在独立履行其民事职责时,执政官难得有机会主持司法审判,仅仅主持对特殊形式犯罪的调查(见前文及注释⑪)。可是,他可以主持正式的私法程序,例如过继、释放和解放奴隶等。[52]

苏拉独裁后,执政官活动的平衡性发生了变化,但没有证据表明这是苏拉立法的结果。蒙森有关执政官实际上丧失他们军事执行权的看法与资料相冲突。[53] 意大利仍存在军事上的问题:除恺撒独裁前后属于内战时期的一系列事件外,我们还可以提出的例子有雷比达的暴动、斯巴达克领导的奴隶起义、喀提林暴动以及随后在南意大利引起的骚动。可是,由于一些执政官从不曾在海外有过指挥军队的经历,在一个很长时期里,更多的战斗和行省的管

---

[51] 例证有《关于勒索钱财罪的塞尔维利亚法》(公元前 106 年)(*lex Servilia de repetundis*),《凯其里亚-迪第亚法》(公元前 98 年)(*lex Cecilia Didia*),《关于道路的路塔提乌斯法》(公元前 78 年)(*lex Lutatia de vi*),《卡尔普尔尼亚法》(公元前 67 年)(*leges Calpurnia*),《关于选举舞弊罪的图利亚-安东尼法》(公元前 63 年)(*Tullia Antonia de ambitu*),《关于提洛岛的加比尼亚-卡尔普尔尼亚法》(公元前 58 年)(*lex Gabinia Calpurnia de Delo*),《关于非法结社罪的李锡尼法》(公元前 56 年)(*lex Licinia de sodaliciis*),恺撒公元前 59 年的《尤利亚法》,公元前 55 年和公元前 52 年的《庞培法》等,见 *MRR*, sub annis。

[52] *Staatsr*. ii. 1. 102; i. 189—190.

[53] *Staatsr*. ii. 1. 94—95;对比 Balsdon, 1939, 58—65; Giovannini, 1983, 73 ff.。特别请参看 Cic. *Prov. Cos*. 36; *Fam*. 12. 14. 4—5 关于执政官从年初就拥有行省的看法。

理被委托给续任官员。此外,执政官和副执政官的选举如今倾向于在仲夏举行,并改变了执政官年度的形态。一个或者两个执政官在该年度绝大多数时间都在罗马,也意味着他们对政治决策具有更大的影响。关于执政官的素质,[54]西塞罗一般的判断——执政官的标尺是追随西塞罗本人倡导的那些原则——反映了他们对那些追随他们政治观点者新近所具有的重要性。

在共和国中、后期,执政官的优势,体现在他在国内和国外都享有的主动权。他是一个外国使节不可能不讨好的人物;如前文已经指出的(见第六章附录),危机之中,人们采取的措施要诉诸他的权威:在形式上,元老院的"紧急"命令是请求执政官履行其一个主要职能——保卫共和国。对执政官难以制约。保民官偶然会以阻挠来抗议执政官的行为。公元前138年因征兵发生冲突后,保民官C. 库里阿提乌斯(C. Curiatius)试图阻止D. 尤尼乌斯·布鲁图斯前往西班牙;公元前55年,C. 阿特伊乌斯·卡皮托(C. Ateius Capito)试图阻止克拉苏前往叙利亚和帕提亚,理由是征兆不吉,远征无理。但两次均不成功。[55]

执政官在国外时,对他的制约更加困难。西庇阿的军官普列米尼乌斯(Pleminius)在罗克里的行为臭名昭著,加上关于西庇阿本人忽视其职责的谣言,导致罗马于公元前205年派出以副执政官为首的特别委员会进行调查。考虑到西庇阿有可能被要求返回罗马以解释其行为,为加强该委员会的地位,成员中有两名保民官

---

[54] Cic. *Att.* 1.14.6,19.4;QF 2.5.2 (4.4).
[55] Cic. *Leg.* 3.20;*Div.* 1.29—30;Livy, *Per.* 55;*Oxy Per.* 55;Plut. *Crass.* 16.

107 和一名平民市政官。如果需要，人们期待他们会利用其身份的神圣性，对西庇阿进行人身强制。由于这一权力正常情况下仅在罗马城内使用，此种安排可谓特殊。(56) 公元前172年，元老院希望制止公元前173年执政官M.波皮利乌斯·莱纳斯继续其不正当的、血腥的对利古里亚人斯塔特拉特部落的战争。此前他一直在进行这场战争，并把他们卖为奴隶。元老院被迫争取到两个保民官的合作，他们威胁说，如果现任执政官（其中之一是M.波皮利乌斯的兄弟）还不以继任者的身份前往自己的行省，将进行罚款；又威胁M.波皮利乌斯本人道，如果他还不释放被奴役的斯塔特拉特人残余，将对他进行司法调查。(57) 总之，虽然波里比阿关于执政官权限的说法有一定程度的误导（第三章及其注释④以下），但作为政制中的一个因素，关于执政官的重要性，他并未说错。

如果执政官在罗马的权力不限于日常管理和司法，那是因为他们有低级官员作为他们的同僚，他们本身最初的名称副执政官显示了这一点。最初（公元前367年），罗马只选举一名副执政官。约公元前242年，这个数字被增加到两个。增加副执政官最初的目的，也许是要在第一次布匿战争末期再提供一个军事指挥员。(58) 后来，两个副执政官同在罗马的情况，导致罗马人做了"城市"和"外事"副执政官的区别，尽管有时两者可以合并，以腾出一个副执

(56) Livy, 29.20.4—9.

(57) Livy, 42.21—22.返回罗马后，波皮利乌斯实际上受到了审判，但因为主持调查的副执政官的偏袒，因技术上的原因逃脱惩罚。

(58) Gell. 13.15.4，讨论了被削减的执行权问题（*minus imperium*）；Livy, Per. 19; Lydus, *de mag*. 1.38; Richard, 1982.

第七章 高级官员和续任官员

政官处理其他任务。城市副执政官掌管公民之间的司法,当案件中至少有一方是外国人时,由外事副执政官负责审理。约公元前228年,罗马另设立两名副执政官,以管理西西里及撒丁尼亚与科西嘉。公元前198—前197年,罗马进一步增设两名副执政官,以为西班牙提供总督。最后是苏拉,公元前81年,他似乎把副执政官的数字提高到了八个。[59]

作为军事统帅,副执政官可以是执政官的副手,也可以有自己独立的区域(*provincia*)。公元前3世纪前半期,我们拥有一系列前执政官成为副执政官的例证,有时就在他们任执政官的次年,如,公元前295年的Ap. 克劳狄乌斯·凯库斯(Ap. Claudius Caecus),公元前292年的L. 帕皮里乌斯·库尔索(L. Papirius Cursor),公元前283年的L. 凯西利乌斯·登特(L. Caecilius Denter),公元前280年的Q. 马尔西乌斯·腓力普斯(Q. Marcius Philippus),公元前257年的A. 阿提利乌斯·卡拉提努斯(A. Atilius Calatinus)。[60]这表明,副执政官的声望与执政官的差距并不太大。后来,副执政

---

[59] Livy, *Per.* 20; 31. 50. 10—11; 32. 27. 6; Cic. *Fam.* 8. 8. 8; *Staatsr.* ii. 1. 201—202. *SC Bacch.* (公元前186年)(*FIRA* i. 30)之第4行和第8行中,是"城市副执政官"(*praetor urbanus*)一词出现得最早的无可争议的证据。"有权裁判与公民有关案件的副执政官"(*praetor quei inter coivos ious deicet*)首次出现在《土地法》(*lex agr.*)第73章(公元前111年)中,"有权裁决与外国人有关案件的副执政官"(*praetor quei inter peregrinos ious deicet*)出现在公元前122年的《关于勒索钱财罪的法律》之第12行和89行(在公元前9年的《昆克提亚法》[*lex Quinctia*]中,出现了"有权裁决公民与外国人案件的副执政官"[p. q. i. cives et peregrinos i. d.]的变异形式)。关于城市和外事副执政官司法权的合并以及它们合并的例证,见前文第二章及其注释⑦。后来合并的例证见于公元前78年(*SC Ascl.* [*RDGE* 22], Gk. 2)。

[60] 见 *MRR*, sub annis。

官的地位变得特别依赖于他作为司法官员的职能。对西塞罗来说,发生这种改变的主要因素是民事审判,这不是说他们实际判决有关私诉的案件(judication)——它属于当时作为公民私人的审判员(iudices)——而是对原告所提诉讼是否能够成为适当法律诉讼主题进行初步评估,确定这一法律行为的性质,将案件发给某一审判员或者一个法庭陪审团审理。

自公元前2世纪初起,我们发现副执政官们在外派到军事领域之前,被分配到特别的法庭中,例如,公元前185年被分配到阿普利亚地区追捕盗匪的,公元前184年追究投毒者的,都是副执政官。[61] 后来,调查凶杀(sicarii)逐渐成为副执政官整个任期内的事务。[62] 公元前171年,当西班牙人投诉罗马总督勒索时,副执政官被指定监督特别形式的民事案件程序,从而创造了另一个重要的先例。当审理勒索钱财案件(de repetundis)的常设刑事法庭(quaestio perpetua)建立时——该法庭提供了追回被罗马总督和官员勒索的钱财的一个途径,它的主席每年都被委托给一个副执政官。[63]

苏拉似乎把副执政官增加到了八人。他对法庭的重组,要求所有副执政官在其任期内或主持审理公民之间的案件,或主持常

---

[61] Livy,39.29.8—9,38.3,41.5;也见 40.19.9 和 37.4 有关阿普利亚地区酒神信徒案和罗马投毒案调查的记载。

[62] L.霍斯提利乌斯·图布鲁斯(L. Hostilius Tubulus)(公元前142年副执政官)的情况说明了这一点,见 Cic. Fin. 2.54;ND 1.63,3.74;Lucilius,1312M。

[63] Livy,43.2.3 ff.;lex rep.15—16 and 19;ILS 45 and JRLR,p.118.

设刑事法庭。⁶⁴ 到共和国后期，这些民事职能变得非常重要。除他们原则上具有的对付渎职与腐败的职能外，刑事法庭还可以作为政治攻击或者报复的工具使用，例如在紧随 C. 格拉古死后所发生的不幸后果。⁶⁵ 它们也经常被用来进行个人间的斗争。虽然在常设刑事法庭中，副执政官既不投票，而且看来也不做任何形式的总结，但他负责审判之前、期间和以后的程序管理，甚至有提出问题的某些权利。⁶⁶ 在私法中，副执政官的命令在共和国最后的两个世纪中，是法律创新的一个主要来源，在很大程度上替代了此前人民大会在此领域中的立法。它们不仅用新程序取代了十二表法和其他早期法律有关提交诉讼时所规定的口头仪式——在新程序中，副执政官本人提供了书面的程式，而案件就根据这一程式做出判决，而且实际上引入了新的诉讼，新诉讼或者依靠良好的信仰（*bona fides*，近乎我们的平等观念），或者作为对事物某一具体不公正状态提供救助的方式。⁶⁷

除司法责任外，我们发现副执政官还提出立法，尤其是在共和国后期，如公元前 101—前 100 年的 M. 波尔西乌斯·加图，公元前 70 年的 L. 奥雷利乌斯·科塔（L. Aurelius Cotta），公元前 60 年的 Q. 麦特鲁斯·内波斯（Q. Metellus Nepos），公元前 59 年的 Q.

---

⁶⁴ 关于公元前 51 年提到八名前副执政官行省的元老院命令，参见 Cic. *Fam*. 8. 8. 8. 关于这些城邦官员任期结束后行省的分配，见 *Att*. 1. 13. 5；14. 5；15. 1；关于城市副执政官与外事副执政官的偶尔合并，见前文注释⁵⁹。

⁶⁵ 见 Badian，1956，概括性论述见 Gruen，1968。

⁶⁶ 关于副执政官和审判员在职能上的差异，见 *Lex rep*. 4，比较 3，5—6。*Lex rep*. 35 保存了该章的标题，但内容几乎完全失传，其中提到了副执政官的质询。

⁶⁷ 参见 Jolowicz and Nicholas，1972，199—232；Watson，1974，31—62；Lintott，1977 等。

弗菲乌斯·卡列努斯(Q. Fufius Calenus)。[68] 他们还有权召集元老院会议,在苏拉之前比在此后更加经常,因为此后执政官倾向于在任期内留在罗马,但在危机时期,他们仍具有重要意义。[69] 最后,除当时作为罗马高级官员的副执政官所拥有的一般宗教职能外,他们还有特别的宗教义务:他们主持7月13日的阿波罗节(*ludi apollinares*)和6月渡过台伯河的捕鱼节(*ludi piscatorii*)。在至大庇护神节(*ara maxima*),他们还有义务向赫尔库列斯(Hercules)奉献一头奶牛为公共牺牲。[70] 元首制时代,他们逐渐接管了原来由市政官主持的赛会。

b. 独裁官和骑兵长官

关于独裁官创立的传统是混乱的。编年史家将之归于共和国初期(也许以现存的《年代记》的列表为基础,也可能源自有关共和国初期的著名逸事)。根据西塞罗和李维的解释,它是对战争中需要统一指挥的反应,但李维也提到了它作为恐吓平民的价值。然而,哈利卡纳索斯的狄奥尼修斯把独裁官的产生描述为对公众不满的回应。[71] 独裁官最初属于军职,可以从其部属"骑兵长官"

---

[68] *Lex prov. praet.* (*RS* i. 12), Cnidos, Ⅲ, 4 ff. (Cato); Livy, *Per.* 97, Asc. 17C (Cota); Dio, 37. 51. 3(Nepos); 38. 8. 1(Calenus)。也见第三章及其注释⑤、⑥。

[69] 关于召集元老院会议的权利,见第三章及其注释⑤、第六章及其注释㊺和㊼。西塞罗(Cic. *Fam.* 10. 12. 3)提供了一个公元前43年的例证。公元前49年,副执政官很可能代替恺撒主持了元老院会议。关于副执政官的宗教职能,见 Livy, 25. 12. 10; Varro, *LL* 6. 54; Festus, 274L; Macr. *Sat.* 1. 17. 28; *Staatsr.* ii. 1. 236。

[70] Livy, 25. 12. 10; Macr. *Sat.* 1. 17. 28; Varro, *LL* 6. 54; Festus, 274L; *Staatsr.* ii. 1. 236.

[71] Zon. 7. 13. 12 ff.; 前文第三章及其注释⑨、第四章及其注释㉓; *Staatsr.* ii. 1. 141—172。

(*magister equitum*)的称号看出来,独裁官最初的称号"人民统帅"(*magister populi*)即公民兵统帅也显示了这一点。独裁官得到步兵的认同,尤其由下述事实体现出来:在上马之前,他需要得到他们的同意。[72] 在共和国中期,独裁官的军事职能是首要的(官方的称呼是"进行战争"[*rei gerundae causa*])。可是,在执政官缺席时,也会指定独裁官主持选举,固定至高至大之朱庇特神庙中那颗有纪念意义的钉子,处理叛乱或者确定节日。[73]

独裁官似乎被设想为拥有特殊权力的短期职位,可以在最短时间内产生,因为他们纯粹通过指定而非选举。指定权正常情况下属于一个执政官,不属于副执政官;也不属于另一独裁官或者摄政(为让 L. 瓦列里乌斯·弗拉库斯[L. Valerius Flaccus]指定苏拉为独裁官,通过了一个特殊的法律。公元前 49 年,M. 雷比达指定恺撒为独裁官时,也通过了类似的法律)。[74] 随后也许会举行人

---

[72] 关于独裁官作为人民统帅,见 Cic. *Rep.* 1. 63,那里提及了占卜著作。*Leg.* 3. 9; Festus,216L;参见 Diod. 12. 64. 1;19. 72. 6;*Staatsr.* ii. 1. 156—159;关于独裁官上马问题,见 Livy,23. 14. 2;Plut. *Fab. Max.* 4. 1;Zon. 7. 13. 13。

[73] *Staatsr.* ii. 1. 155—159. 关于 *rei gerundae*,见 *fasti Capitolini* (Inscr. It. Xiii. 1. 32 ff.);关于公元前 367、公元前 362—前 360、公元前 316—前 312 年的记载,以及 Livy,8. 29. 9;23. 23. 2(最后一个军事性质的独裁官是公元前 216 年的尤尼乌斯·帕拉[Iunius Pera],见 22. 57. 9)。关于独裁官的选举,参见卡皮托林年代记对公元前 349—前 348 年的记载。关于固定钉子(*clavi figendi*),见卡皮托林年代记对公元前 363、公元前 331 和公元前 263 年的记载。关于镇压叛乱,见卡皮托林年代记对公元前 368 年的记载。关于创建节日,见 Livy,7. 28. 7—8。

[74] 关于独裁官不由元老院或者人民选举,而经指定产生的情况,参见 *Staatsr.* ii. 1. 147—148;Plut. *Marcell.* 24. 11—12。另见 Cic. *Att.* l 9. 15. 2;Caes. *BCiv.* 2. 21. 5; App. *BCiv.* 1. 98. 459;2. 48. 196;Dio,41. 36. 1;Lucan,5. 382—384。另一传统谓公元前 458 年由城市长官而非执政官拥有指定权(Dion. Hal. *AR.* 10. 24. 1)。

民的投票，但那是异常现象。(75) 该职的任期原则上为短期，我们发现，有些独裁官是尽快卸职。可是，我们也听说有六个月的任期。(76) 蒙森坚持认为，独裁官的执行权与指定他担任的职务同时
111 停止，但这种观念更多的基于理论而非史料。事实上，如果我们对他所征引的文献之一不存偏见，公元前 202—前 201 年的政府年度结束后，看来独裁官本可以继续任职。(77)

独裁官的至上地位，在 24 个“法西斯”上体现出来，尽管在城内时，他一般也许只展示其中的 12 个。现任官员继续他们正常的任期，据我们所知，西塞罗相信，没有任何其他官员应继续与独裁官或骑兵长官同时任职，不过这与共和国的实践不相吻合，但也许反映了早期作家们有关该官职性质的看法。可是，那些有权由“法西斯”陪同的官员，不会与“法西斯”一起出现在独裁官面前。(78) 我们的不少资料坚持说，对独裁官的决定无

(75) *Staatsr*. ii. 1. 149；Festus，216L；Dion Hal. *AR* 5. 70. 当指定者不是执政官时，人民投票也许是习惯。见 Livy，3. 22. 31. 7—11（公元前 217 年），虽然由科利乌斯·安提帕特(Coelius Antipater)指定是第一个例证。见 27. 5. 16—17(关于公元前 210 年)的记载，也见 5. 46. 10—11 有关卡米鲁斯(Camillus)的记载。

(76) 关于尽快卸职的情况，见 Livy，3. 29. 7；9. 34. 12；23. 22. 11 and 23. 3；关于六个月任期的情况，见 Cic. *Leg*. 3. 9；Livy，3. 29. 7；23. 22. 2—11 and 23. 2；App. *BCiv*. 1. 3. 9。

(77) *Staatsr*. ii. 1. 160—161，*MRR* i. 318 n. 1 追随了他的看法。李维(Livy，6. 1)仅表明，在该年度结束后，卡米鲁斯选择了退位，而在 30. 39. 4—5 和 40. 4 中，独裁官似乎一直在履行职责，甚至主持了下一执政官年度 4 月 10 日的谷神节(*Cerealia*)。

(78) *Staatsr*. i. 383（对 Livy，Per. 89 重新做出了解释，李维表示，苏拉是第一个拥有 24 个“法西斯”的独裁官)，ii. 1. 155—156. 关于 24 个“法西斯”的问题，参见 Pol. 3. 87；Dion. Hal. *AR* 10. 24. 2；Plut. *Fab*. 4. 3；App. *BCiv*. 1. 100. 465；Dio，54. 1. 3；关于所谓的除保民官外其他官员暂停职务的看法，见 Pol. 3. 87. 8；Cic. Leg. 3. 9；Dion. Hal. *AR* 11. 20. 3；Plut. *Ant*. 8. 5；*Mor*. 283b；App. *Hann*. 12. 50；关于其他官员遇到独裁官时放弃“法西斯”的情况，见 Livy，22. 11. 5；Plut. *Fab*. 4. 3；*Staatsr*. i. 378 注释③。

上诉权。[79] 可是,也有资料显示,在任命独裁官时,这一点并不明显,因为它没有废止上诉法。事实上,关于 L. 帕皮里乌斯·库尔索(L. Papirius Cursor)和他的骑兵长官 Q. 法比乌斯·马克西姆斯·鲁利亚努斯(Q. Fabius Maximus Rullianus)争吵的故事,目的似乎就是用来说明,独裁官的权力并不必然会延伸到罗马城内,即上诉权所在的地区。这个故事还试图表明,独裁官的权力不能凌驾于保民官权力之上,这一观点得到了关于对独裁官 C. 马尼乌斯(C. Maenius)决定的申诉,以及保民官威胁对独裁官举行的选举行使否决权的传统的证实。[80] 此外,公元前 44 年,当恺撒作为独裁官——也许已经是永久性独裁官(*dictator perpetuo*)——时,他剥夺了保民官凯塞提乌斯·弗拉沃斯(Caesetius Flavus)和埃庇狄乌斯·马鲁卢斯(Epidius Marullus)的职务。由于对这一职务神圣性的侵犯,这个做法当时引起了不安。[81] 我们还拥有一个独裁官卸任后遭到控告的例证,虽然这个例证的真实性存在争议,但我们仍可以认为,它体现了一个一般原则。更重要的是,《关于勒索钱财罪的法律》的文本暗示,虽然在职时独裁官像其他高级官员

---

[79] Livy, 2. 18. 8; 3. 20. 8; Dion. Hal. *AR* 6. 58. 2; Plut. *Fab.* 9. 1; *Dig.* 1. 2. 2. 18 (Pomponius); Zon. 7. 13. 13. 也见 Plut. *C. Gr.* 18. 1,在该文中,普鲁塔克称 L. 奥皮米乌斯行使着独裁官的权力。

[80] Livy, 2. 30. 5; 关于帕皮里乌斯·库尔索,见 Livy, 8. 32—33, esp. 33. 8。关于马尼乌斯,见 Livy, 9. 26. 7 ff.,特别是 10 和 16(定年在公元前 314 年,尽管《卡皮托林年代记》认为,马尼乌斯任职的时间是公元前 320 年)。关于独裁官主持的选举,见 Livy, 27. 6. 2—11,特别是 3—5。也请参见 Livy, 7. 3. 9, Cic. *Off.* 3. 112; 关于公元前 363 年抵制独裁官的情况,见 Val. Max. 5. 4. 3。

[81] Plut. *Caes.* 61. 10; Suet. *Jul.* 79. 1; App. *BCiv.* 2. 108. 452. 强调独裁官权威优越的传统,见 Livy, 6. 16. 3、6. 38. 13。

一样享有豁免权,但在卸任后,他和骑兵长官都可能被控告。[32] 独裁官的权力绝对到什么程度,似乎不是由法典或者任何明确的规则决定的,而取决于论辩。当编年史传统在共和国的最后两个世纪正在发展时,这个问题仍存在争议。如同许多不确定的宪政问题一样,人们能够采取的不同立场所反映的,要么是贵族式的、权威型的意识形态,要么是大众化的、自由派的意识形态。

正常情况下,独裁官会指定一个骑兵长官,既作为他在战场上的副将,也是民政管理中的副手。此人仅有六个带"法西斯"的随从。像独裁官一样,在城内,他可以召集元老院会议,也许还有人民大会。他一旦当选,就不能罢黜,但他的职务和其上司一起终止。在许多方面,他的职能与独裁官平行,犹如第二个执政官,而非他的直接下属。[33] 关于该职务更辉煌的故事,表明他对上司的服从是一个重要问题。我们已经考察过帕皮里乌斯·库尔索和法比乌斯·鲁利亚努斯之间的争吵,据说它源自独裁官离开时副将不听指令。第二次布匿战争期间,这类戏剧在更大的规模上,在独裁官法比乌斯·马克西姆斯和他的骑兵长官米努奇乌斯·鲁弗斯(Minucius Rufus)之间上演,以至据说米努奇乌斯实际推动了下述法律的宣布:该法让他的权力和独裁官的权力平等。[34]

第二次布匿战争后,独裁官废弃不用,部分是因为这种短期职

---

[32] Livy, 9.26.17 ff.; *lex rep.* 8—9 (*JRLR* 90.114).

[33] *Staatsr.* ii. 1.159, 173—178. 关于随从数量,见 Cic. *Leg.* 3.9; Dio, 42.27.2。特别设立的无骑兵长官的独裁官属于例外(见《卡皮托林年代记》关于公元前249年的记载,并见 Livy, 23.12.11)。

[34] Livy, 22.24—30, esp. 25—26; Plut. *Fab.* 9.2—3.

务不适应战争的新要求，部分是因为长期没有暴乱需要平定。即使在对付格拉古兄弟时，也并未恢复该职务，这让阿庇安（Appian）感到惊奇。⑧ 公元前133年，执政官斯凯沃拉拒绝采取任何公共行动，因此排除了指定独裁官的可能；公元前121年，执政官奥皮米乌斯似乎特别热心，亲自采取了镇压行动。⑧ 后来，那鼓励奥皮米乌斯使用暴力来对付C.格拉古和M.弗尔维乌斯·弗拉库斯的元老院命令就制度化了，这就是所谓的紧急状态法（见第六章附录）。

可是，共和国后期授予苏拉和恺撒的独裁官职务，以更加强大、更加权威的形式复活了这一制度。首先，对该职务任期的古老限制被抛弃了。据阿庇安，尽管苏拉在任期大约一年后放弃独裁官职务，但他的职位是无限期的；而恺撒，在四次重新续任独裁官后，最终被指定为终身独裁官。⑧ 其次，引入了新的、更伟大的职责和正当性的证明，以为政治秩序"公共事务的安排"（*rei publicae constituendae*）带来稳定。⑧

c. 续任执政官和续任副执政官

共和国早期，对额外军事统帅的需要，或者通过设立独裁官和骑兵长官，或者通过设立拥有执政官权力的军团长官来满足，据说在公元前5世纪末和公元前4世纪初的很长时期里采用后一种办

---

⑧ *BCiv.* 1.16.67.

⑧ Val. Max. 3.2.17；Plut. *Ti. Gr.* 19.4；*C. Gr.* 13.5—14.3.

⑧ App. *BCiv.* 1.3.10 and 98.459；Cic. *Phil.* 2.87；*RRC* i, no.480, pp.488 ff.

⑧ 关于苏拉的独裁官，见 App. *BCiv.* 1.98.459 和 99.462。关于恺撒的独裁官，见来自塔兰托的铭文，见 Gasperini, 1968 and 1971（反驳 M.索尔狄［M. Sordi］的看法，他在发表于《碑铭学》第31卷［1969］的论文中将该铭文归于屋大维）。

法(既然关于这一职务我们没有确切的了解,仅仅知道编年史中记录了数量不等的军团长官,公元前53年可能有人建议复活该职务,在这里就不做进一步讨论了[89])。共和国中期和后期,在执政官和副执政官一年任期届满后,延长他们的执行权逐渐成为固定做法,以便他们可以继续充任军事统帅;也有直接授予一般公民以执行权,以便他们在没有当选任何官职的情况下,可以作为续任官员发挥作用。

执行权得到延长的第一个证实了的例子,乃公元前326年授予Q.普布利乌斯·菲洛(Q. Publius Philo)的,目的是让他完成对那不勒斯的占领。[90] 公元前3世纪早期和第一次布匿战争期间,我们听说当军事上需要时,也有类似短期延长执行权的情况,并因此引起了进一步的后果:统帅可以续任执政官身份举行凯旋式。[91] 第二次布匿战争期间的军事危机,既导致官员统帅权延长一年或更长时间,也造成了公民以私人身份获得统帅权,尤其是人民大会投票授予P.西庇阿长期以续任执政官身份统率在西班牙的军队,并授予他的副将续任副执政官身份。公元前206年西庇阿返回罗马后,罗马继续为西班牙指定续任执政官,直到公元前197年副执政官人数增加为止。[92] 公元前2世纪,虽然职务被延长一年以上

---

[89] *Staatsr.* ii. 1. 180—192;Cornell,1995,334—337;Ridley,1986.关于复活该职务的建议,见 Dio,40.45.4。

[90] Livy,8.23.11—12,26.7;*Staatsr.* ii. 1. 646—647;Jashemski,1950,1 ff.

[91] Jashemski,1950,9 ff.参见 Livy,10.22.9;*Fasti Triumph.* 280 BC (*Inscr. It.* Xiii. 1,p. 73)等。

[92] 关于 M.尤尼乌斯·西拉努斯被指定为西庇阿的续任副执政官问题,见 Livy,26.18;26.19.10;29.13.7;31.50.10—11;32.27.6;32.28.11。请与公元前215年授予 M.马尔凯鲁斯的续任副执政官身份比较,并请见 Jashemski,1950,20 ff.;Kloft,1977,28 ff.;Giovannini,1983,42。

需要异乎寻常的政治影响力,但仍存在对延长任期的需要。[33] 这一时期不存在由人民大会直接授予续任执政官执行权的现象,取而代之的,是因为军事上的危机,为西庇阿·埃米利亚努斯和马略多次当选为执政官提供了正当理由。一个重要的发展,是让副执政官任期内留在罗马。刑事法庭的增加,且每个刑事法庭需要一个主席,出现了这样的要求。他们任期届满后,以续任执政官或续任副执政官身份被派往行省。此类做法的第一个明确例证,是马略的政治生涯。[34] 共和国后期,不断增加的军事义务,不是通过增加愿意而且能够统率的官员来满足,副执政官一般继续在主持罗马的司法中渡过其任期,延长于是成为惯例,一般为三年。

我们还发现,有些人被元老院或者某一高级官员的代表授予续任副执政官的执行权。第一个得到证实的例子出现于公元前295年。在共和国的最后两百年中,经常发生这样的情况:继任者到来之前,统帅已被解除指挥权或者离开行省。此时卸任者可以指定一个代表,此人同时拥有他的全权(从公元前101—前100年的《续任副执政官治理行省法》看,已经规定了这一程序)。[35] 这样

---

[33] T. 弗拉米尼乌斯在希腊的统帅权的延长是其中臭名昭著的例了(Pol. 18. 11—12; Livy, 32. 32. 7—8 and 37; Walbank, 1967, 359 ff.; Badian, 1970, 40 ff.)。

[34] Kloft, 1977, 35 ff.,并见贝狄安在《格诺曼》,1979, 792—794 上的评论。

[35] 关于统帅指定的情况,见 Livy, 10. 25. 11, 26. 12, 29. 3(对比 10. 26, 15 有关元老院指定的记载); 21. 32. 3; Pol. 3. 49. 4, 56. 5, 76. 1(见 Jashemski, 1950, 22—24 关于 Cn. 西庇阿的论述); *lex prov. Praet.* (*RS*, i. 12), Cnidos IV, 31—39, cf. Cic. *Att.* 6. 3. 1 and 4. 1。

的人拥有续任副执政官之权。⑯ 这些官员的位阶,与那些一个官员在国外时充任其助手的副将不同,因为当时统帅本人行使执行权。副将一般由官员本人挑选,但他们的任命是元老院行为。⑰ 共和国后期,庞培不止一次在没有担任官职的情况下被授予续任执政官的执行权(*imperium pro consule*),先是元老院单独授予,后来是人民授予。⑱ 这成为一系列其他任命,尤其是在恺撒被刺后共和国政府短暂复活时期所做任命的先例。⑲ 此外,共和国后期,那些被人民大会授予续任执政官统帅权者的一些部属,被授予了续任副执政官的职位。有资料证明,庞培在库列涅的副将 Cn. 科尔内利乌斯·伦图鲁斯·马尔凯林努斯(Cn. Cornelius Lentulus Marcellinus)被称为有续任副执政官权的副将(*legatus pro praetore*),在公元前 67 年有关镇压海盗的《加比尼亚法》中,估计庞培的其他副将也都有此头衔。⑳ 这类官员是奥古斯都的副将的前身,后者乃特别分配给他的行省中皇帝的代表。

---

⑯ *Staatsr.* ii. 1. 656—657;Balsdon,1962,134—135,其中包括续任财务官拥有续任副执政官之权的例子,另见 *ILS* 8775,*OGIS* 448,*IGRR* iv. 401;Badian,1965,110—113;*Staatsr.* ii. 1. 674—675,679—680。

⑰ *Staatsr.* ii. 1. 677—678;Schleussner,1978,101 ff.;Linderski,1990. 关于副将的普通职位,见 Pol. 35. 4. 5 and 9;Livy,36. 2. 11 and 17. 1;39. 31. 4;*Per.* 48;Cic. *Att.* 1. 1. 2;2. 18. 3;19. 4;4. 1. 7,15. 9;5. 11. 4,21. 5;6. 3. 1,5. 3. 6;*Sest.* 33;*Vat.* 35 ff.;*Mur.* 32。

⑱ Cic. *Phil.* 11. 18;*Imp. C. Pomp.* 62;Livy,*Per.* 91;Val. Max. 8. 15. 8;*MRR* on 67 and 66 B. C.

⑲ 见 *MRR*,相关年代有关庞培公元前 57 年负责谷物供应的职位和 M. 布鲁图、C. 卡西乌斯、塞·庞培和公元前 43 年屋大维职位的记载。

⑳ Reynolds,1962;*Syll.*³ 750;Caes. BG 1. 21. 2;Balsdon,1962,138 论证说,这可能是自公元前 54 年以后庞培在西班牙的副将所拥有的称号。

d. 监察官

两名监察官是专门被指定来进行人口统计的，即计算罗马人民人数，登记他们的财产，因此也评估他们的公民团体成员资格以及所属的等级。编年史传统将第一次监察官的选举定在公元前5世纪后半期，但他们所履行的职能，应是从森都里亚大会创立时就需要的。[101] 最初这些职能很可能由执政官或其他高级官员（共和国后期，执政官把他们的财政职能委托给了监察官）来执行。[102] 可是，监察官举行的赎罪仪式（lustrum）无人可以替代，那是人口统计本身的高潮。[103] 我们无法确定这是否是监察官首次当选时的职责，但看来可能的是，该仪式的举行是创立该职位的一个重要原因。无论如何，我们必须认为，共和国中期我们所发现的监察官职务的概念中，这是一个核心因素。它表明，监察官有比机械清点人数、评估财产更重要的任务，因为作为"清洁"国家的前奏，对公民划分等级和估计他们的道德品位具有特别的意义。

虽然监察官被视为高级官员，而且在执政官主持下的森都里

---

[101] Livy, 4.8.2—7; Festus, s.v. rituals, 358—359L; Dion. Hal. AR 11.63.1—3; Zon. 7.19.6; Dig. 1.2.2.17. 关于监察官，参见 Staatsr. ii. 1.331—464。Pieri, 1968, 特别是第60页以下论述了监察官的军事职能。并参见 Suolahti, 1963。

[102] lex agr. 89; lex portorii Asiae (Engelmann 和 Knibbe, 1989), 72 ff.; 比较 88 f., 101 ff., 以及元首制时代常用。另见 Cic. 2 Verr. 3.18; Staatsr. ii. 1.426, n2。

[103] Varro, LL 6.93, 比较 11 中把该词 lustrum 作为 luere 的伪派生词，认为 luere 的意思相当于"支付"。见 Cic. Leg. 3.7; de Or. 2.268; Pieri, 1968, 77 ff. and 99 ff.; Staatsr. ii. 1.352—353（表明此事发生在共和国中期和后期监察官当选以后）。也请见 Pieri, 56—57, 它追随了 Dumezil, 1943 的看法，认为 cens 的词根意思是"神圣宣告"。

亚大会上选举产生,但他们绝非执政官或副执政官的同僚。[104] 尽管他偶尔在与他们关系特殊的问题上行使司法审判权,可他们既无执行权,也无带"法西斯"的随从,而且无权召集元老院会议,或者是选举、立法和司法性质的人民大会。[105] 然而,他们拥有象牙座椅和高级官员拥有的其他设施。他们有权罚款(通过拍卖某人的财产);他们不受执政官或副执政官的否决(副执政官也不能宣召他们)。但是,他们能够相互阻止,而且受到宗教上的限制和保民官的否决,尽管否决权并不能用来对抗人口统计本身。我们还看到这样的例证:保民官利用自己的神圣性监禁了一个监察官,甚至在监察官还在职时就控告他。[106]

尽管在公元前 86—前 70 年间没有监察官(见下文),尽管有多次小的对规则的偏离,但在共和国的最后两百年中,它们一般是每五年选举一次。[107] 在罗马城邦的官员之中,他们的不平常之处,在于他们的卸职没有固定的时间。传统坚称他们的职务最初为五年,后来为《埃米利亚法》削减到 18 个月,因为它们的权力看来过于专断。这一限制为公元前 312—前 310 年的监察官阿庇乌斯·克劳狄乌斯所突破,据称是因为一个保民官威胁要监禁他时,其他三个保民官许诺给予他保护,使威胁受阻。到公元前 3 世纪后期,

---

[104] Gell. 13. 15. 4(Messala); Livy, 24. 10. 1—2; 40. 45. 6—8; *Staatsr.* ii. 1. 352 ff.

[105] Zon. 7. 19. 8; *Staatsr.* ii. 1. 354;关于他们的司法审判权,见 *lex agr.* 35。

[106] Zon. 7. 19. 8; *Staatsr.* ii. 1. 354—357;关于相互阻止,见 Cic. *Clu.* 122; Livy, 40. 51. 1; 42. 10. 4; 45. 15. 8; App. *BCiv.* 1. 28. 126;关于对监察官的监禁,见 Livy, 9. 34. 24; Plut. *QR* 50 (*Mor.* 276 e—f)。对尚在职的监察官进行控告的尝试(Livy, 24. 43. 2—3; 29. 37. 17)被推迟,但是许可的(43. 16. 10—16)。

[107] Varro *LL* 6. 11 and 93; Ps. Asc. 189St. ; Censorinus, 18. 13.

赎罪仪式一般发生在监察官任职后的当年。公元前168年,监察官请求延长他们的任期,可能是向元老院请求,以便他们对建筑的维修可以完成,并监督他们放出的合同的执行情况,但请求为保民官否决。[108] 在罗马共和国,任期五年的官职大概是例外。相反,实际做法似乎是:那些被选举出来履行特殊职能的官员,从独裁官到分配土地、建立殖民地或捐助神庙的委员会,只有在指定的任务需要的时间内才能任职。因此更可能的是,监察官一职的任期是从小的源头成长起来的,不是被削减了。此外,如果我们相信共和国早期的编年史,那么,在最初的一百二十五年中,监察官任期的间隔相当不规则,但无论如何都超出五年。因此,在这些时期里,五年的任期可能与下一次统计人口无关。与此相反,在第一次布匿战争爆发前的五十年中,监察官的平均间隔周期少于五年。[109] 可是,在这最后一个时期,很可能有过这样的一个场合,当时两监察官论证说,他们有权任职到下一次监察官选举之时,这导致了对他们施行暴政的指控,因此产生了下述立法:该职务任期不应超过18个月。曾有人认为,替换一个任期内去世的监察官存在宗教上的禁忌,因为高卢人就在 M. 科尔内利乌斯举行赎罪节日时占领了罗马,而他是候补监察官。唯一的办法就是那个仍活着的监察官辞职,再选举一对新监察官。这样做的动机,可能也是不愿一个

---

[108]　Livy,4.24.4—7(公元前434年);9.33.4—34.26(关于阿庇乌斯·克劳狄乌斯);45.15.9;Zon. 7.19.6;*Staatsr.* ii. 1. 351—353 在提出其他观点的同时,主张阿庇乌斯·克劳狄乌斯的任期是特别延长的,以便他可以完成其公共工程。

[109]　关于共和国早期监察官出现的频率,见 Astin,1982。

人担任监察官的时间过长。⑩

　　监察官的主要职能,是在校场统计罗马人民的人数和登记他们的财产,为此他要依靠评判员(iuratores)的帮助(他们从公民那里取得宣誓)。据瓦罗记载,还有各特里布斯的私人保佐人(curatores privati)——他们可以代表那些缺席的某些人——的帮助。校场上修建的公共庄园(villa publica)是他们活动的基地。⑪ 那些仍处在父亲或祖父权力下的公民不需要亲自出席,其他人可以在他们缺席时对之进行登记(西庇阿·埃米利亚努斯在其公元前142年的监察官任期内曾抱怨这一点),共和国后期,这样的做法似乎是普遍现象。⑫ 古代的资料告诉我们,监察官可以出卖一个人的财产,可能是为惩罚其规避登记或者欺骗性登记的行为。更常见的是,他们通过剥夺人们在现存特里布斯登记的权利,将他们降档到"预备"(aerarii)等级。这是个模糊的分类,其名称的意思似乎是支付税收者,和一种比较沉重的赋税有关。考虑到特里布斯在一个罗马公民身份中的重要性(前文第五章及其注释㊾以下),这也许不是说他们根本没有了特里布斯,而是说把他们归于一个城区特里布斯中,特别是那一对被认为低劣的特里布

---

⑩　Livy,5.31.7.

⑪　Cic. *Leg*. 3.7;Varro *LL* 6.86(论及监察官对步兵部队和保佐人的召集);Festus,51,358—359L;*Staatsr*. ii. 1. 359 ff.关于审判员,见 Plaut. *Trin*. 872;*Poen*. 55—58;Livy,39.44.2(尽管对 *viatores* 一词有另一种读法)。关于誓言,见 *Tab. Heracl.* (*RS* i. 24),148;Gell. 4. 20. 3;关于 *villa publica*,见 Livy,4.22.7(监察官在城市内的活动基地是 *atrium Libertatis*,见 Livy,43. 16. 13,45. 15. 5)。

⑫　Livy,43.14.8;Gell. 5. 19. 16 = *ORF*, no. 21, fr. 14;关于西塞罗阻止对缺席的阿提库斯进行登记的情况,见 Cic. *Att*. 1. 18. 8. 有关殖民地和自治市送来的登记册——这种做法可能在恺撒立法前已经开始—,参见 *Tab. Heracl.* (*RS* i. 24), 142 ff.。

斯——埃斯奎林和苏布拉纳——中的一个。[13] 共和国中期,这是与监察官的做记号(nota)有关的一种惩罚,而做记号乃监察官在公民名册上某个人的名字上做的记号。可是,共和国后期,没有资料表明这种惩罚是因监察官做了记号而施加的。我们的资料讨论的是那些高等级的人,可以设想,失去元老或者骑士地位,当时就足以被视为是充分的惩罚了。瓦罗的作品提到"预备"级的创设时,似乎暗示这种程序当时已经废弃。据称监察官最初惩罚的是对土地糟糕的耕种,但我们从共和国中期获得的例证,表明惩罚与在军队中表现怯懦和不服从命令、忽视公民职责以及履行职责时范围广泛的犯罪行为、腐败和负债有关。[14] 对人民这一评品的完成,是赎罪节(见前文)的一种洁净仪式,这种仪式在未来五年里与所有祈祷者都有关系。[15] 监察官还对集合在广场上的骑兵进行检阅(recensus 或者 recognitio),既然这项工作可以在赎罪节后完成,它似乎不被视为人口统计工作的一个有机组成部分。[16] 在森

---

[13] Zon. 7. 19. 8;Livy, 4. 24. 7;9. 34. 9;24. 18. 6,43. 3;27. 11. 15;44. 16. 8;45. 15. 8;*ORF*, no. 21, fr. 13 = Gell. 4. 20. 3—6, fr. 22 = Cic. *De Or*. 2. 268;Varro, *Gerontodidaskalos* 196 Astbury = Non. Marc. 190. 28;Dion. Hal. *AR* 20. 13;PsAsc. 189St.;Pieri, 1968, 113 ff.;Botsford, 1909, 62;Fraccaro, 1933. 关于不名誉的特里布斯,见 Dion. Hal. *AR* 19. 18. 1;Pliny, *HN* 18. 13;关于监察官不可能完全剥夺一个公民特里布斯籍的情况,见 Livy, 45. 15. 3—7。

[14] *ORF*, no. 8, fr. 124 = Gell. 4. 12. 1;Pliny, *HN* 18. 11;*Staatsr*. ii. 1. 375 ff.;并见下文注释[17]。

[15] Varro, *LL* 6. 93;Livy, 1. 44. 2;Dion. Hal. *AR* 4. 22. 1—2 提到了 *suovetaurilia*;Val. Max. 4. 1. 10;Suet. *Aug*. 97. 1;*ORF*, no. 21, fr. 22 = Cic. *De Or*. 2. 268;*Staatsr*. ii. 1. 412—413.

[16] Varro, *Sesquiulixes* 478—480 Astbury;Livy, 29. 37. 8, cf. 5;Festus, 47L;Plut. *Pomp*. 22. 5—9;*Staatsr*. ii. 1. 398 ff.

都里亚大会中,对骑士森都里亚的基本界定,本会在校场完成,在广场上,监察官也许是确定,如果一个人不适合服骑兵兵役,就命令他"卖掉马匹";他们也可能认为,他已经服完了骑兵兵役。⑪ 监察官对元老院成员的挑选,前文已有讨论(第六章及其注释⑬—㉚)。这里只需要强调一点:像检阅骑兵(recognitio equitum)一样,这与赎罪节无关,因为它可能在仪式举行前生效,其有效性独立于仪式的举行。⑱

　　监察官的道德评判看起来特殊而且专断,是对法庭裁决的补充。考虑到监察官任期的间隔,谴责不太可能在审判后发生,因此永远不会应用到那些被判了重罪的人头上。可是,对于那些重罪被开释了的或者因罪行不够严重而逃脱了控告的人来说,它是又一重威胁,地位的丧失包括任何形式的不名誉行为(infamia),对于一个以光荣和良好名声为中心来实现雄心的社会来说,都是一个严重问题。我们不清楚监察官这一权力的来源,或是源自精英阶层内部的讨论,或是来自保民官在平民大会决议中对大众感情的诉求。虽然监察官职务的性质显示,这些官员的活动是精英阶层自我规范的一部分,但情况可能是:这种特殊的职能,是由于某

---

　　⑪ Livy, 24.18.6—7;27.11.13—14;29.37.12;34.44.5;45.15.8;*ORF*, no.8, frr.78—80(=Gell.6.22.1),124(=Gell.4.12.1);no.21, fr.18(=Gell.3.4.1),fr.21(=Cic. *de Or*.2.258).关于《关于交回马匹的平民会议决议》(*plebiscitum reddendorum equorum*),参见 Cic. *Rep*.4.2,在西塞罗看来,它暗示的是骑兵和步兵的平等。

　　⑱ 关于公元前311年的情况,见 Livy, 9.30.1—2。关于公元前61年,见 Dio, 37.46;并见 *Staatsr*.ii.1.419。

第七章 高级官员和续任官员

些危机时期公众的愤怒而增加的。

除他们严格的监察职能外,监察官的另一任务是发包合同,不仅包括把公共资金用于工程开支,而且接受以税收和租金形式提供的收入。在法律规定了税收的具体条件后,他们将税收拍卖给出价最高的人。在分配公共工程的合同时,他们大概也是采取竞价方式。这一职能的重要性得到了波里比阿的注意。[⑲] 监察官对来自公共土地和水源收入的关注,还扩展到对边界的划定和对不恰当利用土地的制止。[⑳]

这些官员的职责,是完成一系列基本而且耗费时间的工作,在完成这些任务时,一年一任的官员们会面临困难。对于那些构成了公民团体的个人在公共和私人生活中的地位和幸福,这些职能都会产生严重的影响,在这方面,监察官比任何其他官员,甚至比城邦司法的主要处置者——城市副执政官和外事副执政官——都更多地触及公民团体。因此,监察官为具有最高声望的人是适当的,即使在该职位于公元前339年向平民开放后,他们也主要是贵族。从公元前209年起,除一个例外,他们都来自前执政官。此外,监察官像两个主要的副执政官一样,绝大多数情况下是独立做出决定。在《克洛狄亚法》正式提供对做标记上诉前,对监察官权

[⑲] Pol. 6. 17. 1—6; *Staatsr.* ii. 1. 426—464, Nicolet, 1975, ch. 1; *Imp. Rom.* 76—77, 86—91.

[⑳] Lex agr. 35; *Tab. Heracl.* (*RS* i. 24), 73 ff., 82; Livy, 39. 44. 4; 43. 16. 4; Front. aq. 94—95, 97 (*RS* ii. 43); Pliny, *HN* 8. 11; Tac. *Ann.* 13. 51; *CIL* vi. 919.

力的唯一限制是保民官的阻挠和控告。[20] 因此,关于监察官发展的传统强调其专断性质,或通过限制该官职的任期,期望限制这种专断,并不奇怪。

---

[20] 关于该职位向平民的开放,见 Livy, 8.12.16。关于公元前 131 年的第一对平民监察官,见 Livy, Per. 59。关于当选监察官者最初的官阶,见 Suolahti, 1963, esp. 23—24。关于《克洛狄亚法》(*Clex Clodia*),见 Asc. 8C; Dio, 38.13.2 (Plut. *C. Gr.* 2.8 提供了《克洛狄亚法》之前就与做标记有关的问题举行听证的资料,但这可能取决于监察官的自主裁量)。

第八章 保民官、市政官及低级官员

平民保民官

平民保民官的起源,在等级冲突的故事中居于核心地位,在共和国早期的编年史中,等级冲突为国内生活的主题。在公元前494年的第一次撤离中,平民在与贵族谈判时选举保民官为他们的代言人,并发誓向任何对保民官施以暴力的人报复,从而宣布了他们的神圣性(前文第四章及其注释㉔和㉕)。根据我们的资料,保民官最初仅有两人或者五人。十人的保民官团是公元前457年确立的,至少在十人团垮台、保民官制度恢复时如此。他们开始任职的时间颇不寻常,为12月10日,也许是其早期历史的残存。①从他们职务的性质看,最早的保民官来自贵族之外。在整个共和

---

① 关于保民官的数量,见 Piso, fr. 23P; Cic. Corn. 1. fr. 49 Puccioni(据阿斯科尼乌斯文章的手稿提供的数字,公元前493—前492年最终当选的保民官是十名,但这段一般被删去。阿斯科尼乌斯认为,他本人的西塞罗文本中有一段存在讹误); Asc. 76—77C; Livy, 2.33.2; 58.1(公元前471年首次出现五名保民官); 3.30.7(公元前457年有十名保民官); Dion. Hal. AR 6.89.1—2(保民官为五名); 10.30.2(公元前449年有十名保民官);保存在 Diod. 11.68.8 的另一不同传统称,公元前471年首次选举了四名保民官。关于12月10日就职问题,见 Livy, 39.52.4; Dion. Hal. AR 6.89.2; Fasti Praenestini (Inscr. It. xiii. 2, pp. 136—137) sub die。概括性论述见 Staatsr. ii. 1. 274—330; Niccolini, 1932; Bleicken, 1955; Thommen, 1989。

国时代,保民官虽是只向平民开放的官职,但在共和国最后的两个世纪中,它经常由那些继续出任更高级职务的人担任,有些最杰出的任职者,如森普罗尼家族的格拉古兄弟(更不用说普布利乌斯·克洛狄乌斯那样的人了,他是从贵族过继到平民家庭的)。可是,有些似乎没有杰出祖先的人也当选过该职务,许多保民官在仕途上好像再无寸进,例如公元前67年的保民官C.科尔内利乌斯(见下文)。

保民官主持平民会议(consilia plebis),并在那里通过决议。这些决议最初似乎仅对平民有约束力,但公元前339年的《普布利亚法》,好像已经使这些决议在经过元老院或另一人民大会批准后对全体罗马人民有效成为可能;公元前287年的《霍腾西亚法》,将平民会议决议等同于由森都里亚大会或特里布斯大会通过的法律(见第四章及其注释㊷和㊿)。此类人民大会的一个特殊特征,是保护保民官演讲时免遭打断。西塞罗认为,这是保民官职务神圣性的因素之一。② 平民会议也被用来进行政治控告。平民反对派最初不大可能认为这些程序在法律上有效,尽管在索取罚款或迫使被告流亡方面,它们是有效的。事实上,十二表法很可能已经具体规定了剥夺法律保护的问题(前文第四章及其注释㉛;下文第九章及其注释⑬)。在有关共和国中期和后期的编年史中,我们发现,在人民大会后来有关叛国罪的重罪审判中,保民官是唯一的控诉人,在涉及罚款的重大案件中,经常充当控诉人。这也许是贵族

---

② Cic. *Sest.* 79;Val. Max. 9.5.2;Dion. Hal. *AR* 7.16.4—17.5. 关于平民会议的立法问题,见前文第五章及其注释⑮、㉒—㊶。

第八章 保民官、市政官及低级官员 183

方面加以鼓励的一种发展，一般控告杰出人物这个精细的，而且常常是遭人愤恨的任务，委托给全体人民的代表。③ 这样，蒙森视之为"永久存在的革命"的领袖们，④不仅被接受为政制的一个部分，而且在政制内被授予了重要的职能。

类似的吸收过程，也改造了保民官与元老院的关系。我们知道，保民官最初是从门口监督着元老院的议程，并且试图通过封锁出口来阻止那些平民不欢迎的措施。后来他们获得许可，坐在元老院内，而且可以发言，提出供讨论的问题。⑤ 保民官参与元老院讨论的第一个确定的例证为公元前216年，但在这方面，他们的权利可能要回溯到《霍腾西亚法》，甚至更早。⑥ 尽管如此，如波里比阿所评论的，就他们能够否决任何辩论结果而言，他们仍保存着其革命性权力的实质（前文第六章及其注释⑮、㊺、㊽—㊾）。波里比阿进一步宣称，保民官能阻止元老院开会。在理论上，他们可能利用自己的神圣身份封锁打算举行会议的建筑物的入口。但他们是否实际尝试过，我们没有证据。

---

③ 参见 Livy,25.3.13 ff.；26.2.7—3.12；43.8.2—3；*Staatsr.* ii. 1. 300—303；318 325；Brecht,1939；Hardy,1912,i. 152—169；Lintott,1987,44—45,47—48 等；另见下文第九章及其注释⑲以下。

④ *Staatsr.* ii. 1. 281.

⑤ Val. Max. 2. 2. 7；Zon. 7. 15. 8. Badian,1996,191—192 对这一传统提出了某些怀疑。可是，保民官通过阻挠施加的压力获得了进入元老院的资格，与该职务成长过程的一般传统吻合。贝狄安还正确地指出，编年史有时把共和国早期的保民官描绘成元老院的成员。见下文注释⑥。

⑥ Livy,22.61.7. Livy,4.6.6,48.15 f. 和 Dion. Hal. *AR* 10.31.2 肯定属于时代误置。

对元老院议程的阻挠,只是保民官利用其神圣身份的一个方面。⑦ 它表现为多个侧面。神圣性偶尔可以用于攻击。当保民官亲自逮捕反对派以将其送入监狱,甚至将后者从塔佩(Tarpeian)悬崖上扔下去时,可以利用它排除对手的抵抗。可是,在共和国时代,保民官把反对者抛下悬崖的可靠例证仅有一个;另外一次得到可靠资料证实的,是尝试或者威胁。至于监禁,我们已经看到,这是保民官对付监察官的武器之一。共和国后期的一次戏剧性冲突中,它实际上导致了执政官的被监禁。该事件最后是以闹剧而非悲剧的形式收场。⑧ 神圣性也是保民官拘捕权的基础,可由他本人直接行使,也可以通过平民市政官——最初他是保民官的属员(见下文及注释㉘和㉙)——来行使。元首制时代,保民官企图将此权扩张成普遍的传唤权,如某些法学顾问指出的,这样做不恰当,公元56年的"元老院命令"正式废止了从乡村把人们传唤入城市的做法。⑨ 在人民大会上,保民官可以提议罚款,而且这是控告最常见的形式(见前文)。此外,他可以根据法律规定进行罚款,因

---

⑦ 关于这个问题,参见 Cic. Sest. 79; Tull. 47; Leg. 3. 9; Festus, 422L; Livy, 2. 33. 1;3. 55. 6—7(它宣称,侵犯者的人身属于朱庇特的圣物,其财产属于刻瑞斯、利伯和利伯拉)。也请见 Dion. Hal. AR 6. 89. 2—4;Plut. Ti. Gr. 14. 5—8;15. 1—2;21. 5; C. Gr. 3. 5—7;App. BCiv. 1. 13. 57;2. 108. 453;4. 17. 65,以及 Niccolini,1932m 68 ff.。

⑧ 关于抛下悬崖,见 Vell. 2. 24. 2;Livy, Per. 59;Pliny, HN 7. 143(十二表法中,对于做伪证的常规惩罚手段就是抛下悬崖,见 Gell. 20. 1. 53 = XII Tab. VIII. 12 (23),RS ii. 40,p. 692);Dion. Hal. 7. 35. 4;10. 31. 3—4;Gell. 17. 21. 24—25 记载了一些属于共和国早期的可疑例证。关于监禁权,见 Cic. Leg. Agr. 2. 101;Att. 2. 1. 8;Dio,37. 50. 1—2; 38. 6. 6。也请见前文第七章及其注释⑩。

⑨ Livy,29. 20. 11;Dion. Hal. AR 7. 26. 2—3,35. 3;Gell. 13. 12. 6—9 引用了安提斯提乌斯·拉贝奥(Antistius Labeo)和阿特伊乌斯·卡皮托(Ateius Capito)的看法,证明权力并未通过中介扩大到可以传唤人的程度。见 Tac. Ann. 13. 28。

为该法规定任何官员都可以罚款。⑩ 可是，保民官用财政惩罚手段进行强制的最初形式，是对财产的圣化（*consecratio bonorum*）， 124
共和国后期，这样的做法数次得到证实。⑪ 对于这一权力的起源，不曾有任何解释流传下来。但它也许与下述信仰有关：保民官本人是神圣的，因此如果他愿意的话，可以把神圣性转移到物体上。

更常见的情况，是保民官以干预权（*intercessio*）的形式被动性地使用神圣性，即他本人亲自干预，以阻止其他官员利用公权采取的行动。除对元老院命令的否决外，这种阻挠还会影响立法（第五章及其注释㉘、(92)、(93)）和对私人个体行使执行权。在最后这种语境中，干预权被称为"救助"（*auxilium*），常常是对正式申诉的反应。对于格利乌斯（Gellius）来说——此人的写作生涯在公元 2 世纪，当时保民官政治上的权力已经失效，这是保民官制度的主要职能，也解释了保民官一般不能在城外过夜的原因（保民官离开城市参加拉丁人的节日，其他时候偶尔会因特殊事务被派出）。也正是为了保证人们总是可以利用救助，在保民官任职的一年中，他家的门昼夜敞开；在共和国时代，保民官白天同时在人民大会会场和元老院附近的波尔西业会堂设有接待点。⑫

---

⑩ *Lex Silia* (*RS* ii. 46)，11—14；*lex lat. Bant.* (*RS* i. 7)，11—12；*lex osca Bant.* (*RS* i. 13)，35—37；Adamesteanu fr. 4—5.

⑪ Livy，43. 16. 10；Cic. *Dom.* 123；Pliny，*HN* 7. 144；*Staatsr.* i. 157—158；Niccolini，1932，135—136.

⑫ Cic. *Leg.* 3. 9 and 16；*ILS* 212，I. 30 (Claudius)，Gell. 13. 12. 9；Plut. *Cato mi.* 5. 1；*QR* 81 (283 B—D)；*Staatsr.* i. 269 ff. ，esp. 278 n. 4；ii. 1. 292—293. 关于离开罗马问题，见 Dion. Hal. *AR* 8. 87. 6；Livy，9. 36. 14；29. 20. 9—11；App. *BCiv.* 1. 24. 102；Plut. *C. Gr.* 10. 2；关于根据《瓦列里亚法》（*tabula Valeria*）设立保民官接待站的情况，见 Coarelli，1985，53—62。

共和国后期,保民官干预立法有一些显著的例子,它们有时有效,有时无效,时间在选民分散进入各自的投票单位之前,其原因也许在于,直到那时,由另一官员进行阻挠,但在那之后,就是罗马人民(*populus Romanus*)自己行使阻挠权力了。⑬ 公元前 100 年,塞尔维利乌斯·凯皮奥(Servilius Caepio)在部分同僚支持下,通过破坏投票通道、抛掉投票箱的办法,来否决萨图宁的谷物法(应当注意到,他们是在最后的可能时刻进行干预的)。公元前 67 年,当塞尔维利乌斯·格洛布鲁斯(Servilius Globulus)企图阻止传令官宣读 C.科尔内利乌斯的法案——该法案企图限制对特别荣誉(*privilegia*)的授予——时,科尔内利乌斯本人宣读了法案。公元前 62 年,在加图和米努奇乌斯·特尔姆斯(Minucius Thermus)试图否决梅特鲁斯·内波斯(Metellus Nepos)召庞培回意大利的建议时,内波斯同样企图本人宣读议案,但加图夺走了文件,当内波斯继续背诵该文件时,特尔姆斯堵住了他的嘴。⑭ 在使用神圣性进行阻挠时,身体是一个明显的因素。同样引人注目的是,保民官打算直接向否决权发起挑战。在科尔内利乌斯一案中,西塞罗对那一行动进行辩护的基础是:阻止人民实现他们的愿望是错误的。这个论点可以追溯到提比略·格拉古的保民官任期以及波里

---

⑬ Asc. 71C;前文第五章及其注释㉓。关于行使否决权的恰当时机,见 Relinger, 1989。据我所知,没有保民官对选举实际行使过否决权,威胁要这样做的情况见 Livy, 27.6.2—11。关于对形式上的《库里亚授权法》的否决,以及罗鲁斯禁止对其土地委员会选举行使否决权的情况,请见 Cic. *Leg. Agr.* 2.30,以及 Kunkel and Wittmann, 1995, 217。

⑭ *Ad Herenn.* 1.21;Asc. 58C;Plut. *Cato mi.* 28.1.

比阿有关保民官职责的评论。[15] 如果一个法案在忽略了否决后实际上被通过,那这个论点就很有力量。如果我前面的建议正确,那进行否决的时机就是:阻挠一个官员是一回事,直接阻挠罗马人民是另一回事。绝望之时,保民官也许会使出阻挠的撒手锏:因土地法案遭到反对,提比略·格拉古在一个命令中宣布停止公共事务,可以设想,是威胁要否决任何确实采取的行动,并给国库盖上了封印。无论这样做在技术上是否就是事务暂停(*iustitum*),但它所产生的效果,和一个牙座官员更常用的暂停理事类似。[16]

罗马编年史上一系列戏剧性的事件,也为我们说明了保民官救助权的起源。它的起点是一个伪造的有关沃列罗·普布利利乌斯(Volero Publilius)抵制征兵的故事,编年史家们企图通过这个故事说明上诉权的本质和向保民官申诉的基本形态。普布利利乌斯首先向保民官发出请求,当他们退缩、一个执政官随从开始剥他的衣服做实施鞭刑的准备时,他高呼"我向人民上诉"("*Provoco ad populum*")。在他的支持者们将随从赶走后,他躲到平民中寻求庇护。[17] 后来的一个故事很可能有事实基础,虽然故事本身是以尽可能戏剧化的形式铺陈的,以把它作为说明上诉权的例证。故事与公元前325年的独裁官L.帕皮里乌斯·库尔索和他的骑兵长官Q.法比乌斯·马克西姆斯·鲁利亚努斯有关。法比乌斯

---

[15] Cic. *Corn*. 1, fr. 31 Puccioni = Asc. 71—72C; App. *BCiv*. 1. 12. 51—53; Plut. *Ti. Gr*. 15. 3—4,7 (*ORF*, no. 34, fr. 16); Pol. 6. 16. 5.

[16] Plut. *Ti. Gr*. 10. 8;参见 App. *BCiv*. 1. 55. 244。关于由执政官宣布的事务暂停,见 Plut. *Sulla* 8. 6, *Mar*. 35. 4。另见 Niccolini, 1932, 111。

[17] Livy, 2. 55. 4—9; *VRR* 12—13; Lintott, 1972, 229—230.

因在萨莫奈不服军令要被处决,通过直接求助于士兵逃脱后,他逃回罗马以求得保民官的保护,但为独裁官追击。一旦到达罗马,独裁官立刻命令逮捕法比乌斯,保民官对是否提供救助态度犹疑。可是,当保民官们动摇时,聚集起来的民众的意见站在了法比乌斯一边,这就让那本不情愿行动的独裁官停止了处决他的努力。[18] 在这个故事中,保民官提供保护的基础,是他们乃全体平民的代表,当他们不愿行动时,聚集起来的人民增加了他们的分量。

随着保民官被整合进法律的运作中,申诉权的这一方面变得不再那么重要。可是,保民官作为平民集体代表采取行动的职责,在执行重罪判决的场合,仍然可以看到他们提供的救助。公元前270年,在叛离罗马遭遇失败后,罗马和坎帕尼亚在勒基乌姆(Rhegium)驻军的300名幸存者被遣送到罗马。一个保民官企图阻止对他们的处决,但在举行人民投票后,由于人民的同意,处决仍然进行。公元前210年,也是在经过人民投票后,300名坎帕尼亚叛徒同样被处决。[19] 后来在第二次布匿战争中,Q. 普列米尼乌斯(Q. Pleminius)和大约30名罗马人因在罗卡里的罪行被判处死刑后,被带到罗马,保民官好像曾阻止对他们的处决,然后把他们带到人民面前,希望为那些被定罪的人获得赦免,可是没有成功,普列米尼乌斯要么是因为监禁自然死亡,要么因随后煽动暴乱被

---

[18] Livy, 8.32—35;Lintott, 1972, 236—237. 关于独裁官和保民官权力的相对大小,见第七章及其注释㉚和㉛。

[19] Val. Max. 2.7.15;Dion. Hal. *AR* 20.16.1—2;Oros. 4.3.5;Livy, 26.33.10—14 宣称,公元前319年萨提里孔被占领后,已经有了同样的先例,对比李维在9.16.1—10的叙述,并见 Lintott, 1972, 241—242。

处死。⑳我们还发现，被罚款后有向保民官申诉者，导致了人民大会的决议。在这些个案中，罚单都是由大祭司开出的。公元前189年，P. 李锡尼·克拉苏已经没收抵押品，并对奎里纳祭司Q. 法比乌斯·皮克托罚款。他诉之于保民官，并向人民上诉。随后人民大会的投票是和稀泥，要求该祭司服从大祭司的命令，但撤销了罚款。这不是司法判决，但它是个政治决定，情况可能是：建议来自作为仲裁人的保民官。同样的案件在公元前180年、公元前159年、公元前131年以及共和国时代更晚的某个时候发生过。㉑

向保民官申诉的一个有趣的后果，是保民官们发现有时他们需要作为一个委员会进行讨论。在对公元前187年L. 西庇阿·亚细亚提库斯（L. Scipio Asiaticus）审判的不同解说中有一个共同特征：他的兄弟阿非利加努斯向保民官申诉，针对的是监禁亚细亚提库斯的企图，因为亚细亚提库斯要么是没有支付他根据判决应缴纳的罚金数额，要么是因为未为支付提供担保。事实上，这场申诉要对抗的，或者是人民大会的判决（据科尔内利乌斯·内波斯[Cornelius Nepos]），或者是进行调查的副执政官（据瓦列里乌斯·安提亚斯[Valerius Antias]）。所以在咨询保民官后，多数人主

---

⑳ Livy, 29. 21—22; 34. 44. 6—8; Lintott, 1972, 241—242.

㉑ Livy, 37. 51. 1 ff. ; 40. 42. 8 ff. ; *Per.* 47; Cic. *Phil.* 11. 18; Festus, 462—4L; Lintott, 1972, 244—245; Bleicken, 1959, 341 ff. ; Martin, 1970, 79 ff. ; *Staatsr.* ii. 1. 57 ff. ; *Strafr.* 40, 559—560. 蒙森相信，大祭司本人主持着这些特里布斯大会，但尽管这个看法好像因下述情况具有了可能性：一个祭司提出了《丰特伊亚法》(*lex Fonteia*) (RS i, no. 36)，可既然人民大会的目的与其说是批准对罪行的判决，不如说是对妥协的指示，那在我看来，更可能的情况是一个或者多个保民官在主持会议。

张:即使西庇阿以提供担保的方式合作,他们也仅仅打算反对实行监禁。可是,公元前187年的保民官之一 T. 格拉古宣称,他不会允许监禁亚细亚提库斯,但他不会阻拦从后者的地产上索取公家的金钱。格利乌斯实际上引用了一道保民官的命令,该命令是科尔内利乌斯·内波斯从编年史中搬来的。即使这个命令来自大编年史(*annales maximi*),那它也不一定是真实的文献。可是它证明,保民官团体以书面形式提交正式的决定。[22] 我们发现,在反对征兵的申诉后,他们进行了讨论。特别是我们知道了某个叫 C. 马提努斯(C. Matienus)的情况,在公元前138年的征兵骚动中,他"在保民官面前被控在西班牙当了逃兵,被定罪后,在经受长期戴枷(*furca*)和鞭打后,只被卖了一塞斯特斯"。这种假审判肯定是因为被害人的申诉产生的,上诉最终被拒绝。[23]

在私诉之案中,当人们向保民官提起申诉时,也可能出现咨询的情况。在罗马私法典型的两段申诉程序中,这只是在第一阶段出现,以对抗副执政官的决定。例如在《土地法》中,允许上诉的条文只与官员的行为有关。保民官们经常性的接待点位于波尔西亚会堂旁边的理由之一,是这里靠近副执政官在人民大会会场最初举行审判的地方。[24] 公元前83年,西塞罗的门客 P. 昆克提乌斯(O. Quinctius)的代表(*procurator*)获得了保民官的支持,以对抗

---

[22] Gell. 6. 19. 1—7(Cornelius Nepos), ibid. 8(Valerius Antias); Livy,38. 54—55,参见52—53(据称保民官禁止在西庇阿·阿非利加努斯缺席时对他进行审判,虽然不大可能);Fraccaro,1911,286 ff. ,303 ff. ;Gruen,1995;Lintott,1972,254—255.

[23] Livy,*Per.* 55;关于征兵期间对士兵的调查,见 Livy,42. 32. 7—8;Lintott,1972,243.

[24] *Lex agr.* 34,36;Coarelli,1985,53 ff.

第八章 保民官、市政官及低级官员

他设想的副执政官对纳维乌斯（Naevius）代理人的不恰当让步。他做证说，对于他要求的那笔钱，应当马上提供担保。另一方面，在 M. 图利乌斯案件中，西塞罗的敌人 L. 昆克提乌斯（L. Quinctius）对保民官提起的申诉，是针对副执政官在该问题上所提供的程式，认为它无效的，也许是因为该程式实际上被保民官拒绝。[25] 尽管如此，对官员的裁决提起上诉的原则似乎根深蒂固。可是，对刑事调查的干预，一般情况下好像是不允许的，因为它为确立上诉原则的法律专门禁止。在《关于勒索钱财罪的法律》中，禁止审判拖延或者干涉的一章，针对的是任何官员，首要的是保民官。在拉丁殖民地班提亚的法律中，我们发现了类似的条文，在公元前101—前100年有关副执政官治理行省的法律中，有一条禁止官员在由该法规定的审判员面前阻挠的有关程序。[26] 可是，人们期待保民官提供保护，以对抗那些司法判决中的不公，以及官员的滥用暴力，在这方面，保民官对法律实践的发展做出了重要贡献。

除刑事调查外，干预权的范围和限制似乎是通过偶发事件和试验确立起来的。例如，公元前54年反对 C. 庞提努斯（C. Panptinus）举行凯旋式的正当理由，是授权举行该凯旋式的投票被操纵了。公元前143年，阿庇乌斯·克劳狄乌斯预计自己会遇到类似的阻挠，因为人民反对他，于是他利用其姐妹的维斯塔贞女的神圣身份

---

[25] Cic. *Quinct.* 29, 63, 65; *Tull.* 38—39. 关于对抗副执政官决定的其他申诉，见 Asc. 47, 84C（参见 Plut. *Caes.* 4. 2）; *Staatsr.* i. 274; Niccolini, 1932, 118 ff. .

[26] *Lex rep.* 70—72; *lex lat. Bant.* (RS i. 7), 7 ff.（比较第14行的誓言）; *lex prov. praet.* (RS i. 12), Delphi, C24 ff. 对比 Cic. *Vat.* 33—34 有关一个已知例外的记载。在该案例中，瓦提尼乌斯似乎利用了他正因之受审的法律即公元前62年《李锡尼-尤尼亚法》（*lex Licinia Iunia*）的漏洞，见 Lintott, 1978。

加以恐吓。㉗ 一个指导性的原则是:保民官反对元老院或者官员个人的命令是合法的,但不能反对作为集体的罗马人民的意志。准此而论,波里比阿在提到保民官的否决权后所做的评论(6.16.4—5)——保民官必须把自己的眼光放在人民的意志上——是特别准确的判断。

市 政 官

市政官是这样一种官职,其起源在某些方面与它后来的职能不同。官职的名称显示,它与建筑,更具体地说是与神庙(aedes)有联系,尽管传统坚称,两个平民市政官的创设,是平民首次撤离以为保民官提供全面帮助,特别是从保民官那里获得了委托的司法权的结果。㉘ 这种解说本应更加可信,因为在共和国中期,平民市政官被认为具有神圣性。据猜测,由于这个身份,他甚至可以逮捕官员。可是,到李维写作的时代,法学家们已经把这个法律解释得没有任何神圣性的暗示了。该法被归于公元前449年的《瓦列里亚-霍拉提亚法》,颁布该法是为了对付那些伤害保民官和市政官的人〔以及十人争讼审理团(decemviri stlitibus iudicandis)〕,一般公认的是,市政官会受到更高级的官员强制的事实,表明他们

㉗ Dio,39.65.2;Cic. *Cael.* 34;Val. Max. 5.4.6;Suet. *Tib.* 2.4.

㉘ Dion. Hal. *AR* 6.90.2—3;Gell.17.21.11(科尔内利乌斯·内波斯利用了该部分);Festus,258—259L;Zon. 7. 15. 10; *Staatsr.* ii. 1. 470—522; Sabbatucci, 1954; Garofalo,1989,28 ff.

第八章 保民官、市政官及低级官员

并不像保民官一样具有神圣地位。[29] 事实上,这种神圣性已经变成多余,平民市政官其他更具体的平民特征是他们有义务主持平民节(*ludi plebeii*),充任平民文件的保管员,档案库可能以阿芬丁山上的农神庙为基础。[30]

根据编年史家的意见,牙座市政官的创设,是贵族对公元前376—前367年间李锡尼和塞克斯提乌斯的政治骚动做出的部分反应。执政官职位恢复和平民获得担任该职务的权利之后,随之创设了副执政官和牙座市政官职位。两个牙座市政官与平民市政官对应。该职务虽对贵族开放(最初的意图可能是它应仅仅属于贵族),但平民事实上似乎并未被排除在外。我们还听说有一次妥协:两个市政官职务由平民和贵族轮流担任,尽管到共和国后期,这种做法好像已经过时。[31] 牙座市政官由"更高级"官员主持下的特里布斯大会选举产生。共和国后期,他们的任期似乎与执政官、

---

[29] Livy,3.55.7—9;29.20.11;Festus,422L(Cato);Dion. Hal. *AR* 7.26.3,35.3—4; Plut. *Cor.* 18.3—4. 贝狄安(1996,195—196)争辩说,派市政官出使到西庇阿处的故事是虚构的,平民市政官从来就不具有神圣性。我更倾向于认为,传统明显的荒谬源自共和国中期法律对神圣性界定的缺乏。也请见 Gell 13.13.4 (Varro),他称所有市政官理论上有义务对所有私人的控诉做出反应。参见 Garofalo,1989,33 ff.。

[30] 参见 Livy,23.30.17;27.6.19 和 36.9;28.10.7;29.38.8(有关赛会的主持); *Dig.* 1.2.2.21;Livy,3.55.7;Dion. Hal. *AR* 6.94.3;*Staatsr.* ii.1.476 (有关农神庙的问题)。Sabatucci,1954 认为,平民市政官最初是农神庙祭司,但这似乎对资料解读过头了。

[31] *Staatsr.* ii.1.482;Livy 6.42.14;7.1.1 and 6。也见 9.46.1 ff. and Piso,fr. 27P (Gell.7.9.2—6)关于 Cn. 弗拉维乌斯的记载,以及菲斯图斯(Festus,436L)有关公元前366年的记载,那时"罗马节"(*ludi Romani*)第一次公开被搬上舞台(Livy,7.2)。在这里,牙座市政官变成了一种补充,但语境要求的理解是:一个牙座市政官是平民。与此相反,波里比阿 Pd.(10.4.1—2)(有关公元前211年的记载)称,习惯上是两个贵族当选。

副执政官同时开始,而且可能一直如此。[32] 而平民市政官继续由保民官主持的平民会议选举。[33] 如其名称所暗示,牙座市政官拥有象牙椅,但他们没有那些拥有随从的官员都有的全面强制权。瓦罗从民事案件中牙座市政官拥有的控告权推测,市政官与那些"更高级"官员不同,在受到普通公民控告时,他们可以被恰当地传唤,以对指控做出回答。[34] 他们发布与其责任有关的各种命令,例如有关市场、赛会、拍卖奴隶等,对命令的侵犯,有可能让犯罪者受到毁灭其货物——可能是罚款或没收抵押物——的惩罚,甚至遭受鞭刑(如果是演员的话),就拍卖奴隶而言,那是一场民事诉讼。[35] 一篇提到拍卖奴隶规定的元首制早期的文献中,包括这样一个短语:"根据牙座市政官有关要式买卖的权力"(*ex imperio aedilium curulium de mancipis emundis vendundis*),但我们不能把它作为牙座市政官拥有特殊意义上的、我们前面讨论过(第八章及其注释⑧)的执行权的证据,*ex imperio* 的意思不过是:"根据命令",指市政官发布的有关这个问题的命令。[36]

---

[32] Gell. 7. 9. 2 (Piso 27P); 13. 15. 4 (Messala, fr. 1a Bremer); Livy, 25. 2. 7; Varro, *RR* 3. 2. 1, 17. 1 and 10; Cic. *Planc.* 49; *Att.* 4. 3. 3—4; *Staatsr.* ii. 1. 483.

[33] Plut. *Cato mi.* 46. 3.

[34] Piso 27P (Gell. 7. 9. 6); Dion. Hal. 6. 95. 4; Varro *Rer. Hum.* XXI in Gell. 13. 13. 4.

[35] 关于发布的命令,见 Capt. 791 ff.; Macr. *Sat.* 2. 6. 1; Gell. 4. 2. 1—4;关于他们的职责,见 Cic. *Verr.* 5. 36,关于这篇演说,见 Taylor, 1939,她争辩说,西塞罗是个平民市政官,不是牙座市政官(*Qui primi ludi romani appellati sunt* 所说的不是一般所称的罗马节,而是另一赛会,即平民节,后者据称更古老,与佛洛拉节和农神节有关,正常情况下由平民市政官管理);关于对货物的毁灭,见 Plaut. *Rud.* 372—373, cf. Pers. 1. 129—130 and Juv. 10. 100—102 有关意大利城市中市政官的描述;关于没收抵押物,见 Tac. *Ann.* 13. 28;关于鞭刑,见 Plaut. *Trin.* 990; Suet. *Aug.* 45. 3。

[36] *Tabulae Herculanneses* no. 60 (Arangio-Ruiz and Pugliese-Carratelli, 1954, 55); Serrao, 1956, 198—199.

第八章 保民官、市政官及低级官员

可是,尽管两对市政官在起源和地位上存在区别,但到共和国中期,他们的职能和权力很大程度上融合了。他们的区域首要的是罗马城及其人民。他们关注的是神庙、市场尤其是粮食供应和街道,确保它们获得良好的养护和畅通,以及各种卫生问题、供水和葬礼。㊲除委托给副执政官的阿波罗节之外,两对市政官分担着罗马其余主要节日的责任:罗马节属于牙座市政官,平民节属于平民市政官,那些后来设立的节日中,库柏勒节(*Megalensia*)一般由牙座市政官主持,佛洛拉节(*Floralia*)和农神节可能由平民市政官主持。㊳虽然对火灾的监控属于刑事三吏或夜巡三吏(*triumviri nocturni*),但从市政官对无能的(刑事和夜巡)三吏的控告看,他们似乎拥有监督职责。㊴他们有责任维护赛会和市场的秩序,因为他们是对此直接负责的官员。可是,如蒙森指出的,警察工作本身并非他们的职责,只是在一个场合,我们发现他们参与了逮捕和强制活动,对象是那些据信为罪犯的人,时值公元前186年镇压酒神信徒期间,牙座市政官受命找出并公开逮捕举行崇拜的所有祭司,同时,平民市政官的任务是确保仪式不会秘密举行。㊵

㊲ Plaut. *Rud.* 372—373; Stich. 352—353; *Capt.* 791 ff. (以及 Fraenkel, 1960, 37, 126); tab. Heracl. (RS i. 24), 20—52, Cic. *Verr.* 5. 36; *Leg.* 3. 7; *Fam.* 8. 6. 4—5; *Phil.* 9. 17; Livy, 23. 41. 7; 30. 26. 6; 31. 4. 6 and 50. 1; Dion. Hal. *AR* 6. 90. 2—3; Sen. *Ep.* 86. 10; Dio 49. 43. 3.

㊳ Cic. *Verr.* 5. 36; *Har. Resp.* 27; Livy, 34. 54. 3; 比较 Dion. Hal. *AR* 6. 95. 4 关于拉丁人节日的记载;另见 *Staatsr.* ii. 1. 517—521。

㊴ Val. Max. 8. 1. *Damn.* 5—6;也见 Dio, 53. 24. 4—5 关于**埃格纳提乌斯·鲁弗斯**(Egnatius Rufus)的记载。

㊵ Livy, 39. 14. 9; *Staatsr.* ii. 1. 512; *VRR* 94—96, 99—101; Nippel, 1995, 16—22.

然而,两对市政官都曾作为检控官出现,处理刑事和行政法规范围内的案件。这些审判在人民面前进行,与保民官提起的控告一样,并在特里布斯大会上投票(由于没有任何案件是死罪)。蒙森觉得,市政官司法权的兴起,纯粹是因为他们以法律为基础采取行动,而法律指示任何有罚款权利的官员执行法律。[41] 这样的条文肯定存在,但它们无法解释市政官进行的或者威胁进行的控告的多样性。市政官在这个领域中的活动,可以认为是平民市政官最初作为保民官助手和平民保护人职能的延续,但应当强调的是,在共和国中、后期,这些控告并不是平民市政官的专属领域。我们也不应把西塞罗的论辩过于当真,进而相信遏制政治腐败为市政官工作职能的核心。[42]

有些控告针对的是对具体法规的侵犯。我们听说有人受审和被定罪,是因为拥有超过限额的公有地而违反了《李锡尼土地法》;有些因养牲口——可能是超过了在公地上允许放牧的牲口的限额和没有支付税收(scriptura),而被判不那么明确的罪名。同样得到证实的,还有一场在森都里亚大会上举行的因使用魔法(veneficia)移动庄稼的审判,十二表法对此罪有界定。[43] 有趣的是,市政官这里处理的,是城市之外的问题。有关高利贷的控告源

---

[41] Staatsr. ii. 1. 495—496,但受到格里尼奇(Greenidge,1901,340—341)的批评。有关例证参见前文注释⑩。

[42] VRR 96 n. 2;Garofalo,1989,108—113.

[43] 关于违反《李锡尼法》的情况,见 Dion. Hal. AR 14.12;Val. Max. 8.6.3;Livy, 7.16.9;10.13.14。关于养牲口问题,见 Livy,10.23.13 和 47.4;33.42.10;34.53.4; 35.10.11—12。关于魔法案,见 Pliny HN 18.41—43。

第八章　保民官、市政官及低级官员

自罗马在该问题上的立法,因此可能的罪名是利用粮食短缺牟利。[44] 另一方面,也有关于强奸或诱奸(*stuprum*)的审判,当时这类指控显然是在有关立法尚未覆盖的情况下进行的。[45] 我们偶然会发现一些政治性的控告,似乎让人想起平民市政官最初作为平民保卫者的特征。克劳狄亚(Claudia)是公元前249年执政官P. 克劳狄乌斯·普尔策(P. Claudius Pulcher)的姊妹,因宣称希望平民去死而公开侮辱了后者,于公元前246年受到控告。共和国后期,当克洛狄乌斯控告米洛(Milo)在保民官任内和卸职后使用角斗士制造暴力时,原告的目的似乎是要把自己打扮成人民的保护人。[46] 这好像也是西塞罗的看法,当时他威胁说,如果他反对维列斯的追偿行为失败,他会利用自己次年市政官的地位,控告维列斯违反上诉法之罪。他同样威胁要控告那些司法贿赂的支持者和代理人。[47] 西塞罗不太可能引用任何准确的先例作为他许诺采取行动的根据,克洛狄乌斯也不可能用例证来证明他控告米洛的正

[44] 关于控告,见 Livy, 7.28.9;10.23.11—12;35.41.9—10;38.35.5—6;关于反对高利贷的法律,见 Livy, 7.16.1 和 42.1;Tac. *Ann*. 6.16;Gai. *Inst*. 4.23;App. *BCiv*. 1.54.232—233;关于利用粮食牟利案,见 Plaut. *Capt*. 492 ff。

[45] Livy, 8.22.2—3, with Val. Max. 8.1. *abs*. 7;Livy, 25.2.9;Plut. *Marcell*. 2.5—7 with Val. Max. 6.1.7—8;也许 Livy, 10.31.9 也记载此事。

[46] 关于克劳狄亚,见 Gell. 10.6.1—4 (Capito);Livy, *Per*. 10;Val. Max. 8.1. *damn*. 4;Suet. *Tib*. 2.3;关于米洛案,见 Cic. *QF* 2.3.1—2, 6.4;*Sest*. 95;*Vat*. 40—42;*Mil*. 40;Asc. 48C;Dio, 39.18.1 (提到了控告)。格鲁恩(Gruen, 1974, 298 n.139)的看法是:西塞罗所描述的是三次预备会,只是为在关于道路的法庭(*quaestio de vi*)控告做准备。他的看法为加罗法洛(Garofalo, 1989, 107)接受,但与西塞罗的用语"休庭,延期到向人民提出控告"(*diem dicere, prodicere, ad populum accusare*)相反。当然,克洛狄乌斯可能改变控告的方式,但这并不能削弱预备会程序上的形式特性。

[47] Cic. *Verr*. 1.36;2 *Verr*. 1.14, 5.151, 173;*VRR* 96—97;Garofalo, 1989, 109—115.

当性。尽管如此,他们的行为,是以多年来牢固的市政官检控传统为前提的。此外,共和国中期,市政官所进行的控告范围表明,他关心的不纯粹是罗马城的干道。对西塞罗来说,在公民的许多活动中,全城都与罗马人民有关。

我们无法用文献对两对市政官的融合以及他们职能上的细化过程加以说明。可是,有一个因素特别刺激了这一进程:执政官,某种程度上甚至有副执政官,在罗马崛起为地中海地区统治者的过程中,忙于战争和对外事务。当罗马自高卢人洗劫之后变成越来越大,越来越复杂的城市时,就需要有专门管理城市本身以及日常生活中的公民的官员。作为平民保卫者的保民官越出了他们的领域,除他们在作为整体的共同体政治生活中建设性和阻挠性的角色外,还变成了官员。但可以争论的是,他们的角色,除政治上的职能外,还具有保护人和仲裁人的作用,可并无执行额外的管理者角色的空间。因此,平民市政官,保民官过去的助手,以及他们的牙座同僚,其作用也随着他们所服务的城市的扩张而放大了。

财 务 官

共和国后期,财务官是低级官员,负责监督罗马的国库、农神财库(aerarium Saturni),或者担任意大利独立的行政管理职务,或者,对多数财务官来说如此,作为在国外的执政官或续任执政官的助手。还有一种司法官员,有时被称为主审法官(quaesitores),他们一般是前市政官,在缺少副执政官时,他们主持常设刑事法庭

第八章 保民官、市政官及低级官员

即 quaestiones perpetuae。⑱ Quaestor（财务官）和 quaesitor（主审法官）显然是同一名词的不同形式，它的意思是调查者，到共和国后期，已经具有了完全不同的内涵（在希腊语中，quaestor 一般被翻译为 tamias，即财务官或保管员）。就我们所知，共和国后期，这两个职位相互之间没有任何关系。可是，关于这两个职位的早期传统怎么说都是模糊的，由于司法官员（quaestor parricidii）和那些负责罗马国库或帮助执政官的财务官之间的混淆，变得更加让人迷惑。⑲

据《法学汇纂》援引庞波尼乌斯（Pomponius）的记载，十二表法已经提到主审法官，对此我们没有理由抛弃。公元前 486 年财务官指控 Sp. 卡西乌斯犯叛国罪的传统，不是该故事的唯一版本，对于编年史家所说有关此事或者后来对 M. 弗尔基乌斯·费克托（M. Volscius Fictor）控告的故事，我们无论如何不能给予太多的信任。⑳ 主审法官的产生实际上早于十二表法，甚至可能起源于王政时代，仍不失为合理的猜测。早在公元前 2 世纪，人们就坚持认为，国王们已经有了某种形式的财务官，尽管对这些人到底由君

---

⑱ 关于财务官，见 Staatsr. ii. 1.523—590，尽管它对主审法官（quaesitores）(582 ff.)的讨论不太令人满意(VRR 122 n.3)。

⑲ 关于财务官和主审法官之间的差异，见 Lydus, de mag. 1.25 and Cloud, 1971, 18—26. 对比 Varro, LL 5.81, 瓦罗声称，调查性质的财务官负责的是重罪，Livy, 4.43.4 尽管存在文献上的讹误，但它明显是说，只有两种类型的财务官，即城市财务官和那些"另选两人帮助执政官管理战争事务"("*qui consulibus ad ministerial belli praesto essent*")的财务官。庞波尼乌斯(*Dig*. 1.2.2.22—23)把主审法官和行政性质的财务官并列而无进一步评论，佐纳拉斯(7.13.3)将这两种官职合而为一了。

⑳ *Dig*. 1.2.2.22—23; Cic. *Rep*. 2.60; Livy, 2.41.11；3.24.3. 更多的书目请见第四章注释㊲征引的著作。

主挑选,还是实际由选举产生,存在着争议。[51] 在李维的传统中,没有任何形式的财务官的地位(除前面提到的有关控告的两个故事外),直到公元前421年,我们才听说在现存两名城市财务官之外,增加了两个执政官的财务官。这暗示后者的存在是从罗马历史上某一更早的时期开始的。然而,塔西佗把执政官的财务官当作那些由国王指定的财务官的天然继承者,因此早于共和国的其他财务官,因为由人民选举的财务官在公元前443年才第一次出现(与那些由执政官本人挑选的财务官相对),城市财务官是后来增加的。[52]

如庞波尼乌斯指出的,无论执政官的财务官和城市的财务官何时、按照何种顺序创立,看来最好让他们与主审法官保持区别。在《关于控告的注疏》(*commentarium vetus anquisitionis*)——该文由瓦罗为我们保存下来——中被描述为倡议人民大会审判的人,可能是执政官的财务官或者城市的财务官。[53] 自公元前2世纪后期以来,城市财务官的称号在法律文献中与监督国库联系在

---

[51] 关于罗慕路斯时代的选举,见 Iunius Gracchanus, frr. 1—2 (p. 37 Bremer) in Ulp. *Dig.* 1.13. pr. 和 1. 对比 Tac. *Ann.* 11.22(首次选举为公元前447年), Zon. 7.13.3(共和国初期首次选举)。

[52] Livy, 4.43.4;也见归于卡努雷乌斯的演说(4.4.3),演说把财务官的创设作为共和国的革新之一。另见 Tac. *Ann.* 11.22。他们开始任职的时间(12月5日,据 *lex Corn*. XX *quaest*. [*RS* i. 14], 10, 18, 22, 25, 30, 比较 Cic. *Verr.* 1.30)可能起源于古代,但仍神秘难解。

[53] Varro, *LL* 6.90—91,也许产生于公元前3世纪初,在 *rostra* 和 *tabernae argentariorum* 创立之后。关于这个问题,见 Latte, 1936; Kunkel, 1962, 35 ff.。关于财务官在共和国后期的人民大会审判中提起控诉的可能例证,见 Lintott, 1971a。

第八章 保民官、市政官及低级官员

一起。[54] 这也许从一开始就是城市财务官的主要职能。另一方面，人们期望，执政官的财务官处理那些不在罗马的军队的财政和其他行政事务。据塔西佗，"随着意大利支付的贡金和行省上交的税收的增加"，财务官的数量被提升到八个，而后来的资料即吕底亚人约翰（John the Lydian）谈到，公元前267年创设了12个被称为 *classici* 的财务官，关于这个官职，我们的资料没有任何更多的信息。[55]

我们发现，共和国后期和元首制时代的意大利，除国库财务官、执政官的财务官和那些分配到行省的财务官外，还有其他特定职务，其中之一是奥斯提亚财务官。他负责进口粮食，而且因为这个原因，他可在第勒尼安海沿岸的其他地区行使权力，所以这里有时被称为他的水域（*provincia aquaria*）。另一个监督从阿普利亚到亚平宁山中部的公共道路。我们还听说有高卢土地官，也许与高卢人地区的公有地（*ager Gallicus*）有关。[56] 行省之中，共和国后期西西里的异常之处，在于那里有两个财务官，一个在叙拉古，另一个在利利拜乌姆（我们不清楚这种做法何时开始）。这两位似乎

---

[54] *lex rep.* 72, 79; *lex agr.* 46; *lex Corn. XX quaest.* (RS i. 14) I, 1—3; *tab. Heracl.* (RS i. 24) 37 ff. 也请见 Cic. 2 *Verr.* 1. 37; *Flacc.* 30; *Att.* 2. 6. 2; *Phil.* 9. 16。

[55] Tac. *Ann.* 11. 22; Lydus, *de mag.* 1. 27, 以及不完整的 Livy, *Per.* 15。也请见 Mattingly, 1969, 509 ff. 对吕底亚人约翰的准确性和他校改文本的天才尝试提出的怀疑，他好像误解了 *hoionei* 一词。

[56] 关于意大利财务官，见 Cic. *Sest.* 39; *Har. Resp.* 43; *Mur.* 18; *Vat.* 12; *Att.* 2. 9. 1; Tac. *Ann.* 4. 27. 2; Suet. *Claud.* 24. 2; Dio, 55. 4. 4; 60. 24. 3; *Staatsr.* ii. 1. 570 ff.; Mattingly, 1969, 506—509 论证，高卢行省（*Gallica provincia*）只在苏埃托尼乌斯的著作中出现过，但那是 *callium provincia* 误写的结果。

特别关注粮食供应。㊼ 情况似乎是,苏拉独裁之前,由于需要更多的财务官以支持总督,财务官的数量已经增加了一次,虽然财务官的任期可能超过一届总督的任期,新财务官也不会每年都自动地分配到各个行省。㊽ 可是,当苏拉将财务官数量增加到 20 个,而且把该职位作为进入元老院的资格后,㊾就确保了每年除两名国库财务官,两到三名意大利财务官和分配给执政官的财务官外,还有足够数量的财务官补充省的职位。在执政官任期之内,虽然很多人并未离开罗马,但仍给他们分配了财务官。㊿ 事实上,公元前 38 年,在恺撒把财务官数量增加到 40 人后,我们发现,每个执政官被分配给两名财务官。㉑

财务官的分配由元老院监督。罗马和意大利的行政职位似乎通过抽签决定。可是,在挑选财务官为其下属时,官员们好像进行过某些讨论。㉒ 我们不知道这种操作在什么限度之内,也无法详细说明模糊提到此事的《提第亚法》以及可能发布于公元前 137 年的元老院命令的内容,后者对抽签做了某些规定。㉓ 附属于重要

㊼ Cic. *Div. Caec.* 39, 55—56; 2*Verr.* 2. 44, 3. 168, 5. 114; *Planc.* 65.

㊽ C. 格拉古称,尽管一年后可以合法离开,但他在撒丁尼亚度过了三年(Plut. *C. Gr.* 2. 9=*ORF*, no. 48, fr. 23),比较 Sall. *Jug.* 95. 1, 103. 4; Diod. 34/35. 39 有关苏拉在阿非利加的记载。

㊾ Tac. *Ann.* 11. 22;*lex Corn.* XX *quaest.* (RS i. 14), prescr.

㊿ 关于执政官的财务官,见 Cic. 2 *Verr.* 1. 34—37(公元前 1 世纪 80 年代);*Clu.* 99;*Red. Sen.* 21;*Sest.* 8(苏拉以后的情况)。

㉑ Dio, 43. 47. 2;48. 43. 1.

㉒ Cic. *Sest.* 8;*Vat.* 12;*Mur.* 18;*Phil.* 2. 50;*Att.* 6. 6. 4;Livy, 30. 33. 2;*Staatsr.* ii. 1. 532.

㉓ Cic. *Mur.* 18;*Dig.* 1. 13. 2.

官员的财务官在这方面都是前者的助手。执政官的财务官在国内外事实上好像都扮演着私人秘书或军营助理的角色，在资金管理，特别是军队工资问题上有特别的责任。(64) 那些被指定为国外的官员或者续任官员的财务官也是如此，虽然他们拥有更广泛的自主权，可以作为统帅或总督的代表；如果后者因任何原因离开职位，他们通常暂时代理职务。(65) 我们已经谈到，在某些情况下，他们可能获得拥有续任副执政官权的独立统帅权（前文第七章及其注释(96)）。可是，他们对财务的关注，在国外时像在国内一样显著。(66)

罗马国库的财务官在元老院和执政官指导下，全面监督国库的收支，同时还具有一系列特殊职责。我们发现，除其他责任外， 137
他们追缴祭司拖延未缴的税收（*stipendium*）；此外，他们根据对曼利乌斯·弗尔索凯旋式捐献的比例，给纳税人提供相应的补偿。(67) 他们还负责给那些因公外出的人提供开支，在意大利招待那些杰出的外国人。他们负责某些公共工程合同的出让，并把总款项支付给承包人。他们甚至公开谈论国库收支的平衡。(68) 尤其是现存

(64) Pol. 6. 12. 8；Cic. 2 *Verr*. 1. 34—40.

(65) Pol. 6. 12. 8；Cic. 2*Verr*. 2. 44（有关财务官分配法官的情况）；*Att*. 6. 3. 1，4. 1，5. 3，6. 3. 关于 M. 安尼乌斯（M. Annius）军事上对财务官的使用，请见 *Syll*.[3]。关于苏拉在努米底亚的情况，见 Sall. *Jug*. 95 ff.。

(66) Pol. 10. 19. 1—2；Livy，26. 47. 7—8；*lex prov. praet*.（*RS* i. 12），Cnidos Ⅳ，40 ff. = Delphi C，3 ff.；Sall. *Jug*. 104. 3；Cic. *Fam*. 12. 14. 1 和 5；15. 1 和 6。关于元首制早期一个财务官得到税收承包人感谢的情况，也请见 *EJ*[2] 191。

(67) Livy，23. 41. 7；33. 42. 4；39. 7. 4—5；42. 6. 11.

(68) Livy，45. 13. 12，44. 7；*Ad Herenn*. 1. 21；Cic. *Att*. 2. 6. 2，16. 4；*Phil*. 9. 16；*tab. Heracl*.（*RS* i. 24）37—49；Val. Max. 5. 1. 1e；Plut. *QR* 43（275b—c）；*Staatsr*. ii. 1. 553—556. 关于招待外国使节问题，也请参见 *RDGE*，nos. 9. 67 ff.；10. B 12 ff.；15. 64—65；16. 9 ff.；22. Latin 13，Greek 25—26；26. 24 ff.；Reynolds，1987，no. 8. 74 ff.

的法律文献,表明他们收受现款,或者接受抵押品——那些因刑事犯罪的人提供的担保,以及拍卖公有地的收入。他们也向原告支付金钱。[69] 此外,通过财务官的拍卖,战利品或者被没收的抵押品被转变成现金。[70] 国库(aerarium)不仅是现金仓库,而且是文件的保管地。除与金钱有关的记录外,法典文本、法律议案文本(rogationes)、元老院命令都存放在那里。[71] 此外,官员们宣誓服从共和国后期的某些法律时,他们登记的地方,正是在国库的财务官处。[72] 国库财务官的自主裁量权可能比其他财务官小,但他们仍有大量的职责。共和国后期,加图的财务官任期强调了这一点。当时他花费心力揭露了书吏的作伪和不准确。罗马实际的现金会计账出自书吏之手,他们倾向于利用主管财务官经验上的不足牟利。[73]

低级官员

罗马有大量地位比财务官还低的官员,他们中的绝大部分每年由人民选举产生;还有一些低级官员是偶尔需要的时候选举产生的。元首制时代,前者由那些最近刚成年的人担任,并被视为仕途的第一步。共和国时代,他们可能也由年轻人担任,但我们对其

---

[69] *lex rep*. 57—69; *lex agr*. 46—47. 也见 Livy,38.60.8。
[70] Plaut. *Capt*. 111,453; *lex agr*. 46,74; Livy,7. 27. 8—9; Gell. 13. 25. 26—27。
[71] Sisenna,fr. 117P; Suet. *Jul*. 28. 3; *Schol. Bob*. 140St; Tac. *Ann*. 3. 51。
[72] *Lex lat. Bant.* (RS i. 7),24,比较 *Frag. Tar*. (RS i,8),20 and 22 所复原的文本。
[73] Plut. *Cato mi*. 16—17。

第八章 保民官、市政官及低级官员

中某些官职了解如此之少,以致我们不能确定它们是否存在。当《关于勒索钱财罪的法律》的立法者列举那些因不恰当获得钱财将受到控告,以及那些任职期间及以后被排除在陪审团之外的官员时,被视为最低的三个官职分别是刑事三吏(triumvir capitalis)、土地三吏(triumvir agris dandies adsignandis)和前四个军团中任何一个军团的军团长官(tribunus militum)[74]。这些官员中,第一个和第三个是每年选举产生的,第二个即分配土地的委员会,是特别选举的,但在格拉古时期,自公元前133年以来一直存在一个土地委员会。这三类官员可能是因为他们所获得的权威被选举出来的,从地位来说,任职者的地位比其他低级官员要高些。

保存在《法学汇纂》中庞波尼乌斯摘要所列举的其他官员有:十人争讼审理团(decemviri stlitibus iudicandis)、城市四环卫吏(quattuorviri viis in urbem purgandis)和铸币三吏(tresviri monetales)。他还提到一个团体,他们晚上代替官员行动,可能是做守望工作,为台伯河两岸五吏(quinqueviri cis et ultis Tiberim)[75]。在关于共和国的理论阐述中,西塞罗泛泛谈到了低级官员的职能:受命指挥军队;留心公共资金;监督对已判罪者的监禁;执行死刑;铸造青铜币、银币和金币;判决法律案件,执行元老院的命令。他的论断有意识地简洁,但情况也可能是:他设想的是一个团体,其

---

[74] Lex rep. 2.16,22;参见 lex lat. Bant. 15。西塞罗(Clu. 148)在列举那些根据《关于刺杀和投毒的〈科尔内利亚法〉》(lex Cornelia de sicariis et veneficis)可能出现司法腐败的前官员时,在财务官以下,只提到了军团长官,但这可能是压缩的结果。

[75] Dig. 1.2.2.29—31.我的文本中,道路委员会的名称来自 tab. Heracl.(RS i. 24),50—51,李维(39.14.10)(据赫辛格[Heusinger]校改)的文本有"台伯河两岸五吏"的说法。

成员在需要时共同完成军团长官、财务官、刑事三吏、铸币三吏、十人争讼审理团的任务。⑯ 某些低级官员作为一个团体,即使不共同分担任务,但他们的存在得到了狄奥(Dio)有关奥古斯都改革二十吏的叙述的证实。狄奥说,二十吏最初称为二十六吏,但两名看管罗马之外道路的人被撤销了,派到坎帕尼亚去的四人也一样。这样只留下了刑事三吏、铸币三吏,四人负责罗马城内的道路,十人裁决案件。负责罗马之外道路的两人得到了公元前111年《土地法》以及《赫拉克勒斯城法典》的证实,因此在恺撒独裁时期,他们也许仍存在。那四个被派到坎帕尼亚的长官分别被派到卡普亚、库麦以及其他八个坎帕尼亚城市,履行在罗马由副执政官完成的任务;同盟者战争后,或许随着公元前59年恺撒立法建立卡普亚殖民地,或者随着三头时期卡普亚地位的进一步变化,他们成了多余。这些人为选举产生的官员,与副执政官派往那些拥有罗马公民权城镇(最初无投票权)——例如丰狄、弗尔米、卡雷等——的、拥有类似权力的长官不同。⑰ 因此,共和国时代,大约有50名经选举产生的常设官员:24个军团长官,26个民政职能部门官员。除这些官员外,还有临时选举的殖民地和土地官员,以及某些偶然

---

⑯ *Cic. Leg.* 3.6. 这一段如此开头:"共和国将有一系列低级官吏分担法律权威来完成一系列任务。"(*minores magistratus partiti iuris ploeres in ploera sunto*)。关于这个问题,见 Rawson, 1991, 142,她论证说,这表明,在西塞罗的政制中,财务官不会是元老院的成员。

⑰ Dio, 54.26.5—7; *lex agr.* 18; *tab. Heracl.* 50—51; Festus, 262L; *ILLRP* 441(这个人担任财务官——他担任过的唯一其他职务——前后是否担任过主管,我们并不清楚);关于主管,参见 *Staatsr.* ii. 1. 592 ff. esp. 609 ff.。关于后者,现在请参看 Pobjoy, 1996, 11—21, 158—159。

第八章 保民官、市政官及低级官员

需要的官员,例如为献纳神庙指定的两人委员会;或者为第二次布匿战争提供资金的三人财政委员会等。[78]

资料的稀缺,意味着只要对这些官员中的绝大多数做个简短的概括就够了。在波里比阿笔下,前四个军团的军团长官是执政官在军事问题上最重要的部属。他们不仅在战场上指挥,而且在每年的征兵和要求士兵进行军事宣誓时发挥重要作用。即使波里比阿所描述的程序,由于军团数量的大量增加,以及第二次布匿战争以来长期在海外服役,某种程度上已经成为过时的古董,但军团长官仍相当重要。[79] 我们得知,最初的六个军团长官由人民选举产生,后来增加到 16 个,最后是 24 个。四个军团之后的长官由执政官提名。[80] 共和国后期,海外的这些职位由统帅自主授予,导致这些职务被作为闲差给予那些非战斗人员。[81] 选举产生的军团长官仍是一个具有相当声望的职位,共和国后期的选举中存在着激烈竞争。在波里比阿时代,这些职位中的 14 个归于那些具有五年军龄,十个属于已经完成十年服役期者。选举在执政官和副执政官选举后的某个时候,在特里布斯大会上进行,其职务的任期像那些高级官员一样,从每年的 1 月 1 日开始。[82] 看起来它终究像

---

[78] *Staatsr.* ii. 1. 619 ff., 641; Livy, 7. 28. 5; 22. 33. 7—8; 23. 21. 6 —7 and 30. 13—14; 24. 18. 12—13; 26. 36. 8; 40. 44. 10; *ILLRP* 121, 281.

[79] Pol. 6. 19—26, esp. 19. 1—2, 6—9; 21. 1—10.

[80] Livy, 7. 5. 9; 9. 30. 3; 27. 36. 14. 关于那些由执政官提名、被称为 *rufuli* 的官员——所以得此名,据说他们的产生是因为鲁提里乌斯·鲁弗斯的法律——对比 Festus, 316—7L; 参见 *Staatsr.* ii. 1. 574 ff.。

[81] 参见诸如 Caes. *BG* 1. 39. 2—4; Cic. *Fam.* 7. 5. 2, 13. 2 等。

[82] Pol. 6. 19. 1; Cic. *Verr.* 1. 30; *Att.* 13. 33. 3; Sall. *Jug.* 63. 4; Plut. *Cato mi.* 8. 4—5.

个奇特的残留，但确实在某种程度上维持了罗马人民选举自己军事统帅的原则。

对于铸币吏，尽管我们拥有大量他们制造的产品，了解却很少。这些官员似乎由那些位在财务官之下的人充任。从其后来被纳入"二十六吏"来看，他们经选举产生，而且可能由特里布斯大会选举。虽然铸币吏是个三人团体，但铸币上经常只打上一到两个人的名字。因此，有人已经以"L. 弗拉米尼乌斯·切拉首先铸造"(*L. Flaminius Chila pri*[mus] *fl* [avit])的短语为基础，论证三人在一年中有分工。我们不清楚铸币问题由谁决定。可能的情况是，如同开支归于执政官和元老院一样，特定年度的铸币也由当年任这些高级职务的官员们决定。铸币的名称和重量标准由立法规定，尽管曾有人论证，铸币吏或财务官有时负责恢复多年来被忽视的重量标准。[83]

我们已经通过《赫拉克勒斯城法典》大概浏览了两个道路委员会的监管功能，一个主管城内的道路，一个主管城市近郊的道路。至于十人争讼审理团，我们知道，在共和国时代，他们判决的是那些由 sacramentum（亦即任何由古代的请求之诉）提起的有关 libertas 即自由地位之争的案件。李维模糊地提到，他们的人身在法律上不受侵犯。如同后来元首制时代一样，该职务由尚未出任财务官的年轻人担任。奥古斯都让十人委员会主持百人团法庭。[84] 公元前 211 年，当坎帕尼亚地区的罗马公民（最初拥有无投

---

[83]　*Staatsr.* ii. 1. 601—603；*RRC* I, no. 485；ii, chs. 3 and 5, esp. 619—620.

[84]　*Tab. Heracl.* 50—51；Cic. *Caec.* 97；*Dom.* 78；Livy, 3. 55. 7；关于 Cn. 西庇阿·西斯帕努斯(Cn. Scipio Hispanus)的仕途，见 *ILLRP* 316，并请见 Dio, 54. 26. 6；Suet. *Aug.* 36.

第八章 保民官、市政官及低级官员

票权的罗马公民权)在叛投汉尼拔后再度被罗马征服并被剥夺了他们自己的地方政府后,派往该地区的坎帕尼亚长官履行的是副执政官的职能,以及更一般的行政职能。⑧

我们的资料给刑事三吏的职能提供了更多的证据,但难以满意地给予界定。据李维,它们创设于公元前290—前287年,尽管甚至在此之前,夜巡三吏显然已经存在,他们的任务之一——监督夜间的纵火与作奸犯科者,明显是后来的刑事三吏的范围。⑧ 可是,也许在公元前3世纪晚期(在设立第二个副执政官之后),《帕皮里亚法》规定由城市副执政官每年选举刑事三吏索取司法保证金,用于提起诉讼(sacramenta),而且自己判决案件。选举似乎在副执政官就职之后进行,因此可能与财务官或军团长官之类的选举完全分离,或者与十人争讼审理团及坎帕尼亚长官的选举有联系。⑧ 根据该法,他们要从事的司法工作与提起私人之诉(legis action ascramento)的古老形式有关,但刑事三吏实际上可能会处理我们认为归属于刑事犯罪的案件。⑧

共和国中期和后期,刑事三吏监管监狱和执行死刑的核心职能得到了文献的证实,例如在诗人奈维乌斯(Naevius)的案件中。⑧ 他们在夜间监督的不仅仅是火灾,因为他们统领作为原始

---

⑧ Livy,26.34;Frederiksen,1984,244 ff. 也请见前文注释⑦。
⑧ Livy,9.46.3;*Per.* 11;*Staatsr.* ii. 1.594 ff.;*VRR* 102—106;Nippel,1995,22—26.
⑧ Festus,468L=RS ii. 45.
⑧ Kunkel,1962,97 ff.
⑧ Plaut. *Miles* 211—212;Gell. 3.3.15(关于此案,见 *VRR* 102 n.7);概括性论述见 Cic. *Leg.* 3.6;*Dig.* 1.2.2.30。

消防队的奴隶团(*familia publica*),[90]而且处置窃贼和逃亡奴隶。逃奴在被归还主人之前,显然在马尼乌斯柱处受到鞭笞,那里是刑
142 事三吏的办公地点,位于通向监狱的人民大会会场的西北。窃贼可能要遭到同样的惩罚,理由是由于他们可耻的地位,他们不配得到《波尔西亚法》的保护。[91] 刑事三吏的职责,部分是为了确保公民生命和财产的安全,但他们通常既无时间,也无资源采取类似现代警察那样的行动。可是,危机中他们会被授予广泛的自主权。在公元前186年的酒神信徒阴谋案中,刑事三吏受命监督全城,以防止夜间的集会和纵火,并在各自地区得到台伯河两岸五吏的协助。公元前63年,当喀提林阴谋的消息披露之时,低级官吏,其用词应包括刑事三吏和坎帕尼亚四长官,得到了类似的命令。[92]

我们也发现了他们从事司法活动的证据,尽管这看来与《帕皮里亚法》中所证实的活动属于不同类型,因为他不是基于发誓者正式的民事行为——誓金法律诉讼(*legis actio sacramento*),而是以简单的提供证据或者逮捕为前提。瓦罗告诉我们,在他那个时代,刑事三吏调查此前由主审法官处理的犯罪案件;在普路塔斯时代,有关偷窃和拥有攻击性武器的指控是向刑事三吏提出(事实上是一把厨刀)。资料提到,向刑事三吏提起的案件以扣押(*manus iniectio*)开始。西塞罗为科伦提乌斯(Cluentius)所做的辩护,让

---

[90] *Dig*. 1. 15. 1;Val. Max. 8. 1. *damn*. 5.

[91] Plaut. *Amph*. 155;Hor. *Epod*. 4. 11;Asc. 37C;PsAsc. 201St on Cic. *Div. Caec*. 50;关于马尼乌斯柱的地点,见 Coarelli,1985,47—53。关于演员不受《波尔西亚法》保护的情况,见 Suet. *Aug*. 45. 3。

[92] Livy,39. 14. 9—10;Sall. Cat. 30. 7.

第八章 保民官、市政官及低级官员

我们可以一瞥此类诉讼的情况:当时阿苏维乌斯(Asuvius)已经被谋杀,他的朋友们将奥皮阿尼库斯(Oppianicus)的朋友阿维利乌斯(Avillius)作为嫌疑犯扣押了起来,并"把他置于刑事三吏之一的 Q. 曼利乌斯(Q. Manlius)脚下"。在另一个场合,C. 科尔内利乌斯因为同性恋的性交关系被监禁,可能也是这种情况。[93]

罗马针对平民成员的刑事程序的性质是下一章的问题。这里只要注意到下述就足够了:刑事三吏似乎对一系列问题进行调查或做出判决,有些源自正式的刑事诉讼,有些源自对有关犯罪嫌疑的告发或者逮捕。对这些罪行,总体上看,一般都不是那种由保民官或市政官在人民大会上提起控告的案件。刑事三吏有时继续惩罚那些他认为有罪的人。这样做时,他像任何其他官员一样,要服从于上诉法,而且可能受到保民官的干预。我们特别被告知,保民官曾拒绝干预一个自由人被监禁的案子。[94] 总体看来,虽然刑事三吏的诉讼自由在法律上受到严格限制,但实际上他们的自由大得多,因为他们可以惩罚那些平民所认为的异己分子或者敌人,因此,被告诉之于上诉的任何行动,都不大可能得到保民官的支持。

最后,我们应提到共和国后期具有巨大重要性而且是争议主题的一个机构:土地委员会,绝大多数情况下为三人,如同我们在

---

[93] Varro LL 5.81; Palut. Asin. 130—133; Aulul. 416—417; Bacch. 688; Capt. 1019; Rud. 778,857;关于扣押,见 Persa 62 ff.; Truc. 759 ff.(不一定是因为某些小罪过所规定的扣押[*manus iniectio quadrupli*],关于此点,见 VRR 104 n.3);关于阿维里乌斯案,见 Cic. Clu. 38;关于科尔内利乌斯案,见 Val. Max. 6.1.10。

[94] Val. Max. 6.1.10.

前面讨论的铭文中所说,它被称为三人土地委员会(triumvir a [gris] d [andis] a [dsignandis]),但也有过五人、七人、十人、十五人或者二十人的。⑮ 无论我们听说的法律是否授权进行土地分配(在某些情况下,李维的叙述可能被压缩了。也有可能在给殖民地补充人员时,人们认为不需要通过一个法律),这些委员都是选举产生的。⑯ 塞尔维利乌斯·鲁卢斯建议他的委员会任期五年。可是,一般情况下这些人都无固定的任期,人们期待他们继续工作,直到完成。T.格拉古似乎为他的土地委员会提供了主席轮换制,虽然其成员年复一年地任职,只有服务者的死亡会造成替换。⑰ 此外,这个职务还可以和其他职务合并。例如,提比略·格拉古和盖乌斯·格拉古、M.弗尔维乌斯·弗拉库斯和M.李维乌斯·德鲁苏斯(公元前91年保民官)同时兼任保民官和土地委员会成员。⑱ 塞尔维利乌斯打算建立的十人委员会,无论他法案的真实意图是什么,将被授予副执政官的权力,我们不清楚它是否像西塞罗暗示的那么不平常。可是,无论如何,委员们肯定拥有必要的组织那些将安置在土地上的公民的权力,并会为殖民地提供一

---

⑮ 见前文注释㉔,比较例如 *ILLRP* 467—475;*ILS* 49;Cic. *Leg. Agr.* 2.17;*Att.* 2.6.2;*Phil.* 5.21 and 33;Pliny,*HN* 7.139.

⑯ 参见例如 Cic. *Leg. Agr.* 2.17 ff.; Livy, 34.53.1;37.46.10; *Staatsr.* ii. 1. 626—627;Badian,1996,188;并见下文。

⑰ Cic. *Leg. Agr.* 2.31;App. *BCiv.* 1.9.37 and 18.73,并见加巴(Gabba)的注疏(1958)以及 Carcopino,1928,149 ff.

⑱ APP. *BCiv.* 1.13.55 and 24.102—105;Plut. *C. Gr.* 10.3—4 and 11.3;*ILS* 49;公元前57年,当庞培负责粮食供应时,根据恺撒的立法,庞培可能仍是土地委员会成员(Cic. *Att.* 2.12.1,19.3),见 *MRR* 相关年份的叙述。

部法规。建立殖民地时,他们也有权占卜。[99] 如人们期待格拉古的委员会所做的那样,在新征服的或新剥夺来的土地上安置公民是一回事,调查和调整现存公有地的份额是另一回事。为此,格拉古的三人委员会被授予了司法权,显然是根据另一个法律,而且在他们所立界石上出现了 A(gris) I(udicandis) A(dsignandis)(土地司法委员会)的字样。[100] 在某些意大利人向西庇阿·埃米利亚努斯提出抗议后,与他们有关的司法权力被转归执政官的司法权之下。后来的情况可能是:C.格拉古打算做出让步,根据他的法律建立的土地委员会不应拥有任何司法权力(因此,在《关于勒索钱财罪的法律》中,三人委员会仅仅是 A[gris] D[andis] A[dsignandis]即土地分配吏)。公元前111年的土地法中,意大利的司法权属于副执政官、执政官和监察官。[101] 可是,在此后的共和国时代,我们发现了其他拥有司法权的土地委员会的例证。[102]

荣誉阶梯

对一个人来说,理智的做法显然是在达到高级官职之前,首先应当在低级民政职位上获得经验,就好像人们认为,在成为将军之

---

[99] 关于鲁卢斯根据《森普罗尼亚法》的先例所建议的占卜权,见 Cic. Leg. Agr. 2.31。《森普罗尼亚法》可能是盖乌斯的一个法律,因为如西塞罗认为的,是他而不是提比略·格拉古关心殖民地的建立。可以想象,土地委员会的权力是一种司法权力,不是执行权(西塞罗不曾暗示十人委员会拥有随从和"法西斯")。

[100] Livy, Per. 58; Macr. Sat. 3.14.6; ILLRP 467—474; AE 1973, 222; JRLR 44.

[101] App. BCiv. 1.19.79—80; lex rep. 2, 13, 16, 22; lex agr. 15, 24, 33—36; JRLR 46。德鲁苏斯是其成员的委员会是 a.d.a.(土地分配吏)(ILS 49)。

[102] 有关苏拉之后格拉古所立界石的恢复,见 Inscr. Ital. xiii. 3, no. 6; ILLRP 474。

前,一个人应当在行伍中获得经验一般。在希腊,这一原则之得到承认,如"希腊政治学说的梵蒂冈残篇"——一般认为它是提奥弗拉斯图(Theophrastus)有关法律著作的一部分[103]——所示,即使不是更早,至少是在公元前4世纪。对于罗马共和国早期这方面的做法,我们一无所知。从原则上说,一个被视为帮助某一比自己职位更高的官员的职务,例如财务官,可能是在担任那个高级职务之前担任。可是,公元前3世纪初期,地位低于执政官的副执政官职位,虽然也是高级官职,但经常在出任执政官后担任。[104] 波里比阿提到的一个规定也许可追溯到公元前3世纪,它要求任何担任政治职务者,必须先服十年军役。学者们一般认为,正常情况下,受此规则影响的最低官职是财务官。如我们已经指出的,部分军团长官职位是向那些尚未完成十年军役的人开放的,[105]某些其他低级官职,例如铸币三吏等,对那些尚未完成军役者可能是开放

---

[103] 见 Aly,1943,fol. B,172 ff. ;Oliver,1977。

[104] 例证如下:P. 森普罗尼乌斯·索弗斯(公元前304年执政官,公元前296年副执政官),Ap. 克劳狄乌斯·凯库斯(公元前296年第二任执政官,公元前295年第二任副执政官),L. 帕皮里乌斯·库尔索(公元前293年执政官,公元前292年副执政官),L. 凯西利乌斯·梅特鲁斯(公元前284年执政官,公元前283年副执政官),Q. 马尔西乌斯·腓力普斯(公元前281年执政官,公元前280年副执政官),L. 波斯图米乌斯·麦吉鲁斯(公元前262年执政官,公元前253年副执政官,而且显然同时担任监察官),见 *MRR* 相关年份。

[105] Pol. 6.19.1 and 4. 蒙森论证(*Staatsr.* i. 505, n. 1)和 P. 西庇阿的例证(Livy, 25.2.6—8;26.18.6—9)证明,在公元前180年的《维利亚法》(*lex Vilia*)通过之前,十年的资格并不是绝对必需的。第一个故事表明,保民官认为,对市政官的职位来说,西庇阿过于年轻,但并无绝对的法律障碍,只存在保民官对候选人进行阻挠的可能性。可是,情况可能是:第二次布匿战争的紧急态势让规则有了通融余地。

第八章 保民官、市政官及低级官员

的;另一方面,在完成军役后,最初人们也许直接竞选副执政官甚至执政官。我们还听说,一个古老的法律禁止十年中两次担任同一职务。[106]

公元前180年,即对官职的竞争已经大大白热化之时,紧随反对贿选(ambitus)的法律之后,由 L. 维利乌斯提议的《任职年限法》(lex annalis)通过。据李维记载,该法规定了竞选和担任各类官职的最低年龄。[107]李维的叙述简略,其结论已遭怀疑。可是,有人已提出强有力的论证,表明《维利亚法》首先是引入了财务官、副执政官和执政官的连续阶梯,其次是规定了担任不同官职之间强制性的两年间隔周期(biennium),最后是规定了两个主要官职的最低年龄,即使没有对财务官做出规定(后者的年限无论如何已由完成十年的军役确定)。[108]在公元前81年苏拉的《任职年限法》中,这些规则经过某些修订被再度重申。对于修订情况我们所知甚少,但从西塞罗的资料看,情况似乎是:根据这一法律,担任财务官的最低年龄为30岁,副执政官为39岁,执政官为42岁。[109]市政官不是仕途上的必备要素,平民保民官也不是。后者根本不向贵

---

[106] Livy, 7.42.2;10.13.8;Plut. Mar. 12.1;Astin,1958,19—20.

[107] Livy,40.44.1;Staatsr. i.505 ff.;Astin,1958,1 ff.,后者批评了蒙森的某些观点。关于反贿选法,见 Lintott,1990。

[108] 阿斯廷(Astin,1958)提供了统计数据,并讨论了 Cic. Att. 13.32.3 and Fam. 10.25.1—2 的资料。关于阶梯及其例外的情况,见 Asc. 25C;Cic. Har. Resp. 43,以及 Lintott,1971b,448 nn.5—6,451 n.1;Badian,1959。

[109] App. BCiv. 1.100.466;Cic. Phil. 5.48;Leg. Agr. 2.3—4.

族开放,也不像其他重要规则那样受到同样规则的约束。[⑩] 罗马人企图利用这些规则限制对官职的争夺,因为到共和国后期,争夺官职的斗争最为激烈。

[⑩] 因此,塞尔维利乌斯·格劳西亚直接从保民官跳到了副执政官,两个官职之间的间隔只是从公元前101年12月9日到公元前100年的1月1日(App. *BCiv.* 1.28.127,以及加巴的注疏[1958]。阿庇安错误地认为,格劳西亚在主持萨图宁出任第二任保民官选举时已经是副执政官了)。关于再度出任保民官问题,见 Cic. *Amic.* 96;关于卡尔波建议保民官可以无限期地连选连任的建议,见 Livy, *Per.* 59; App. *BCiv.* 1.21.90—22.91;关于 C. 格拉古的连选连任,见 Plut. *C. Gr.* 8.2 及 Jones,1960b; Hall,1972。

第九章 刑事司法

在前面各章讨论人民大会以及某些官职,特别是副执政官、平民保民官、市政官和刑事三吏的职能时,已经对罗马司法过程的性质有所揭示。对罗马私法之诉复杂网络的考察,不属本书的范围,私法的目的是解决公民个人,事实上还有处于罗马法律体系下的外国人个人之间的争讼。与本书有关的,是由于所谓的反对共同体的犯罪嫌疑,个人面对公共权威时的司法程序。

首要的问题是定义。现代法律体系通过程序上的区分、控方的来源以及判决的性质,清晰地区分了民事和刑事案件。刑事案件绝大多数根据下述事实界定:国家准备起诉,应用特定形式的诉讼程序,判决有利于公共权威机关而非实际受到伤害的人。在罗马共和国,如波里比阿指出的,在刑事案件中,我们发现既有在人民大会上举行的审判,也有由官员进行调查的情况,但官员可能获得了元老院或人民的授权。[①] 共和国后期,由于一系列法律的颁布,一种被称为常设刑事法庭的讼诉程序发展起来。在该类诉讼中,一个官员在一个法官团体的帮助下,受命调查那些涉及公共利

---

① Pol. 6. 14. 6—8,13. 4—5 and 16. 2.

益的犯罪。[②] 另一方面,私人之诉的程序以两段为特征,对此我们在讨论副执政官职能时已经论及。原告前往城市副执政官处(如果涉及一个非罗马公民,则前往外事副执政官处)要求提出诉讼,并说明他的委屈。副执政官提出一个程式,规定如果该诉讼要胜诉需要满足的条件:"如果某某事情得到证实,那就让法官们判决有罪,如果不能证实,则放弃。"程式上还会指定一个法官(如果他们心目中已经有人选则由两造选择)或者一个法官团,并将案件提交他们审判。这个或者这些法官——后来有时是一个法官团,有时是十人争讼审理团或百人团法庭——听取了证据和理由后,再做出判决,判决由副执政官详细规定的程序支持。一块青铜铭文显示,这一程序经行省总督改造,被用来解决两个西班牙共同体之间在土地和用水权利上的纠纷。[③]

可是,民事和刑事控诉之间的界限以及区分标准,总体说来不像今天在英国法律中看到的那样清楚。例如,偷盗案在共和国时代被视为私人案件,由民事诉讼追究,攻击、殴打和人身攻击在苏拉的《关于侵权的法律》(*lex de iniuriis*)之前,都属私人提起诉讼的问题。在罗马,根本不存在公共起诉人,留下的空白,不同程度上根据使用的程序填补:例如人民大会上的保民官或者市政官等官员,被侵害的各方或者他们的亲戚在人民大会上提起控诉。多数情况下,是在常设刑事法庭或者某个钱财追偿法庭进行审判,这些法庭允许公民个人因各种原因代表罗马人民或者其他受害的个

---

② 见 Kunkel,1962,;*RE quaestio*,24(1963),720—768;*JRLR* 11 ff.。
③ Richardson,1983.

第九章 刑事司法

人提起诉讼。原因中包括公益精神、提升自己的仕途、报复个人的私仇等。④ 在理解罗马刑法方面,这是个关键因素。根据《关于侵权的法律》的规定,惩罚似乎应是对受到伤害的个人的补偿。财产追偿法庭即使不完全是,至少是特别为补偿那些受到罗马官员和续任官员不公正勒索的非公民们建立的。最初的惩罚措施,是从罪犯那里将钱款归还给受到他伤害的人们。C.格拉古立法后的一段时间里,不仅是这个法庭控诉的提起,而且还有诉讼的进行,本质上都由那些受到伤害的个人自己进行。后来,案件被委托给法庭指定的一个控诉人,实践中,这个人似乎就是在罗马的保护人。金钱上的惩罚会翻倍以达到制裁目的,最后,对于那些特别恶劣的罪行,进一步的惩罚是流放。尽管如此,元首制时期,根据奥古斯都时期通过的《卡尔维西亚努斯元老院命令》(SC Calvisianum),应用缩短程序进行的诉讼与关于财产的民事案件类似。⑤ 如果观察共和国时代刑法的发展,我们可以发现,私人寻求报复或补偿与通过公共机关追索罪犯并行,有时相互重叠。随着时代的发展,公共权力的重要性增强了,但并未掩盖私人对恩怨的追索。无论如何,那些受公共权力委托进行控诉的人,经常不是官员,也不是某种专业文官,而是公民个人。

考虑到前面的讨论,罗马刑法从来不是一个有组织的整体的事实,也就不令人惊奇了。从现存残篇看,十二表法中已经存在一

---

④ 关于在财产追偿法庭举行的诉讼,见 Schmidlin,1963;Lintott,1990 and JRLR 13—14;29—30。

⑤ 见 Lintott,1981 和 JRLR 12—32,以及那里引用的书目。关于《卡尔维西亚努斯元老院命令》,见 SEG ix.8=FIRA i.410 ff.。

系列刑事诉讼,⑥但它不足以处理因城市发展而导致的复杂的、各种可能的犯罪,尤其是政治犯罪。在共和国最后的两百年中,出现了有关刑事立法的潮流,但这些只是针对个别的犯罪或者犯罪集团。事实上,有些犯罪是一系列法律处理的主题,例如《关于勒索财产罪的法律》等。如塔西佗尖锐评论的那样(《编年史》,3.27),当公共事务处于极其糟糕的状态时,法律也最多。这些法律主要针对官员和元老在公共职能上的犯罪,但也被扩展到诸如任何人所犯的谋杀、暴力、伪造等罪行。

共和国早期的背景

虽然幸存的法律文献残篇以多种方式让我们拥有了自罗马早期以来最可靠的文献资料,但任何有关该时期刑法发展的详尽叙述,很大程度上仍是猜想。这里提供的是一个简短的叙述,目的既是为波里比阿时代的法律,也是给共和国后期的法律提供必要的背景,类似前文对政制发展早期阶段的传统提前做的概述(前文第三章),并对罗马人如何理解自己的过去有所揭示。资料显示,在罗马,存在着规范私人复仇和报复,特别是血缘集团进行的此类活动,到进行公共调查和强制执行公共机关认可的程序和判决的进步过程。归于国王努马的法律表明,当时已经对故意杀人和过失或被迫杀人做了区分,对故意杀人的宣判与谋杀自己的亲属等同,

---

⑥ RS ii. 40, Tab. I. 13. 21, Ⅷ. 8—10,13,23—24a, Ⅸ. 1—6 (= Tab. Ⅷ,1—24 in FIRA i).

后一种案件对死者血亲的补偿是正式献祭一只羊羔。⑦ 十二表法允许人们就地杀死那些夜间侵入或者用武器自卫的盗贼,同时建议当事人召集邻居证明他的行为。对其他形式的偷盗,罪名由公共机关确定,并规定了一系列制裁措施,其中包括让盗贼成为受害者的被束缚者(addici)。⑧ 在人身伤害问题上,十二表法就肢体伤害规定了准确的报复措施(tlio),除非双方达成了补偿协议,同时为其他较小的伤害规定了一系列经济上的制裁办法。⑨ 所有这些规定都以受害一方提起诉讼为前提,其程序可能类似于当时民事诉讼(legis actions)使用的程序,后者应与共和国后期副执政官提供的处理此类罪行的民事诉讼一致。至于谋杀、纵火和其他重大罪行,十二表法的现存条文,规定用适合于此类罪犯的方式处决他们,没有任何条文涉及之前进行审判的方式。有人近来颇有说服力地指出,这些人也按照民法程序受到控告。⑩ 可是,传统的观点是,这些重大罪行由官员在人民大会上提起控诉,其方式与那些反对共同体的罪犯相同。⑪

如今几乎无可置疑的是,十二表法时代,如共和国后来的时期一样,那些属于叛国罪(perduellio)的审判,是在人民大会上举行

---

⑦ Festus,247L;Serv. Ecl. 4.43;Tab. IX.4 (RS ii. 40,p. 702)=FIRA i,Tab. VIII. 24.关于这些文献,见 Cloud,1971。Thomas,1981,676—679 否认谋杀罪和谋杀亲属罪名合并的观点。

⑧ RS ii. 40,Tab. I.17—21=FIRA i,Tab. VIII,12—16.

⑨ RS ii. 40,Tab. VIII.4—6,12=FIRA i,Tab. VIII.2—4.

⑩ RS ii. 40,Tab. I.13—15=FIRA i,Tab. VIII.8—10,23;Kunkel,1962,97 ff.

⑪ Staatsr. i. 162 ff.; ii. 1. 301 ff.; 538 ff.; 615 ff.; iii. 351 ff.; Strachan-Davidson,1912,i. 152 ff.;Greenidge,1901,319 ff.

的。问题是这一审判的程序,是由专门的法律规定,还是依据适用于所有重罪的习惯法。波里比阿著作中的一段记载了他那个时代的情况,它宣称,"只有人民就死刑做出判决"。但人们已经证明,这段记载与他在其他部分所说不合(事实上与当时的实践也不吻合),除非我们认为这段所指的是前一句末尾提到的"那些担任最高官职的人"。⑫ 更重要的是十二表法的下述规定:不应向人民大会提出有关授予"特殊荣誉"(*privilegia*)的建议,任何有关公民生命(*caput*)的建议都不应向人民大会提出(在罗马法中,生命不仅指公民的性命,还有他作为公民的存在),除非是在那种"最大数量的"或"非常之大的人民大会"上。对于最后这个短语,西塞罗认为它指的是森都里亚大会,尽管最初它所指的也许不过是一次出席充分的人民大会。有关特权的条文,无论其规定多么精确,按照西塞罗的理解,都是禁止在未经过全部审判程序前以立法形式做出判决。⑬ 蒙森相信,该条款要求的,是任何重大审判都应在森都里亚大会上举行。但有人对他的看法已经提出强有力的反驳,指出该条款制止任何人民大会将死刑判决施之于公民,只有森都里亚

---

⑫ Pol. 6.14.6, cf. 13.4, 16.1—2,并见前文第三章及其注释⑱;Lintott, 1972, 257—258。

⑬ *RS* ii. 40, *Tab.* IX.1—2 (pp. 690 ff.);Cic. *Leg.* 3.11 and 44;*Rep.* 2.61;*Dom.* 45;*Sest.* 65. 关于最大规模的人民大会(*maxmus comitaitus*),请参看Gabba,1987,她论证说,*comitiatus* 的意思似乎是指为召开人民大会举行的人民集会,而 *comitia* 的意思是指按此方式组成的人民大会。与此短语可能存在对应的是 *demos plethuon*——一种出席充分的人民大会,在古风时代雅典关于议事会的法律中,我们经常发现该术语,公元前5世纪,该法重新勒石公布(*IG* i.³ 105, 255, 39—43)。布莱肯(1959, 352 ff.)认为,有关特殊荣誉的条款是专门用来对抗在平民大会上举行的审判的。

大会例外，因此它没有暗示任何其他形式的判决。⑭ 此外，如果该条款事实上不是专指森都里亚大会，那最初的法律应当只规定人民大会的程序。应当强调指出，在常设刑事法庭做出死刑判决的高潮时期，西塞罗仍认为该条款有效。

如我们已经指出的，共和国早期，有一种名为 *quaestores parricidii*（杀人罪审判官）的官职，据说他的任务是调查犯罪（*parricidium* 一词最初的含义似乎是指谋杀自己亲族的成员，然后被推广到泛指对任何自由人的谋杀）。⑮ 李维将法官们描绘成在人民大会上实际进行控告之人。但在一个案件中，出现了不同的传统；在另一个案件中，审判实际上没有进行。在上述两个场合，都不曾有关于谋杀的指控。这些叙述的价值令人生疑，而且即使叙述是真实的，也无法证明下述结论：这是他们能利用的唯一审判方法。⑯ 如其名称所示，他们可能是被任命的常设"审判官"，其职能是刑事审判，而非充当控诉人。

罗马另指定一对官员负责控告那些犯叛国罪（*perduellio*）之人。有关它们的证据同样稀少而费解。在李维关于国王图鲁斯·霍斯提利乌斯时代罗马和阿尔巴-隆加统一的故事中，霍拉提家族和库里亚提家族之间的决斗是关键。罗马胜利的后果之一，是普布利乌斯·霍拉提乌斯对他妹妹的谋杀以及随后对他的控告，控

---

⑭ Heuss,1944,115 ff.；Bleicken,1959,352 ff.；Kunkel,1962,31 ff.；cf. Lintott,1972,227.

⑮ Varro,*LL* 5.81,并见前文第八章及其注释㊾以下。关于 *parricidum* 的含义，我赞成 Cloud,1971 的看法。

⑯ Livy,2.41.11；3.24.3. 在 Pliny *HN* 34.13 中，有关于法官控告卡米鲁斯贪污的记载，但人们相信，采取行动的是一个国库财务官。

告的罪名不是谋杀，而是叛国。国王"根据法律"创设了两人委员会。在随后的 lex horrendi carminis（措辞严厉的法律）中，他们受指示提出控告，或许是判决（拉丁语术语是 iudico）霍拉提乌斯有罪。如果他不服两人委员会判决，可以适用上诉权，那样将会有一场上诉权之间的竞争。如果两人委员会获胜，那霍拉提乌斯的头要被蒙上，在一棵不幸的树上被吊死，在城内或城外挨打。在该故事中，霍拉提乌斯事实上利用上诉权向人们发出了请求，并且被开释。[17] 由两人委员会举行审判的唯一确定的历史例证，是一件怪异之事，那是由恺撒和拉宾努斯策划的对 C. 拉比里乌斯（C. Rabirius）的控告，罪名是他参与了公元前 100 年私刑处死保民官萨图宁的行动。在这种情况下，平民会议决议复活了那个"措辞严厉的法律"，只有一条例外：被告似乎没有机会为自己辩护，只是因为上诉，造成了对该案进程的阻碍——可能是某个对他友好的保民官采取的行动，拉比里乌斯才得以活命。[18] 看来可能的情况是：在共和国早期，有关叛国罪的控告被委托给了两人委员会，他们可能不是常设官员，而是需要时选举产生。可是，当他们的职能为平民保民官接管后，只有关于那个"措辞严厉的法律"的（可能歪曲的）版本作为早期程序的证据幸存。在该版本中，两人委员会被许可立刻对被告做出判决，但如果他行使上诉权，他们就必须在

---

[17] Livy, 1. 26. esp. 5—8; Staatsr. ii. 1. 615 ff.

[18] Cic. Rab. Perd. esp 10,12,17,32; Suet. Jul. 12; Dio, 37. 26—27; Gelzer, RE 7 A.1(1939),870 ff; Stachan-Davidson,1912,188 ff.。桑塔鲁奇亚（Santalucia,1984）论证到，该程序是压缩式的，是杀人罪审判官审理的重刑案件中常规程序的例外。这里对上诉权的看法，请参见 Lintott,1972,261—262 和前文第四章及其注释㉖—㉚。有关这些问题的评论，见 Santalucia,1998,29 ff.。

人民面前证明自己决定的正当性。

从李维的故事和班提亚法典中的《奥斯卡法》判断,即使不是更早,至少自公元前3世纪以降,反对人民的犯罪,无论是死刑还是非死刑的案件,都由保民官、市政官和财务官在人民大会上提起控诉(死刑类控告绝大多数情况下专属保民官),[19]所涉及的程序由一名官员启动,而且复杂。在从副执政官那里获得举行人民大会的征兆后,他向被告(diem dicere)正式宣布举行第一次听证的时间。[20]除确保过程上的宗教正确性外,还会让副执政官确认该审判在时间上不会与广场上要进行的任何其他重要事情发生冲突。审判以专用于调查(anquisitio)的人民大会预备会开始,会上会发表控告和辩护演说,随后是两场类似的预备会(每次的间隔至少和前一次会议中间有一个晴天),在那里人们发表更多的演说,提供证据。然后,在至少经过一个三集市日的间隔后,会在正式的人民大会上举行投票。由于征兆不吉而导致的正式人民大会程序上的任何错误或者终止,都会让整个过程受损,导致一切从头再来。《奥斯卡法》可能是班提亚从拉丁殖民地维努西亚的宪法中搬来的,对类似程序的描述涉及一次诉讼的五个部分,那就是说,在最后的人民大会之前,举行过四次人民大会预备会,整个过程的间隔为35天。这显然是罗马所使用的程序的一个变例。至于罗马

---

[19] 参见 Livy, 25.2.11—3.7; 26.3; 37.57.7—58.12; *lex osca Bant.* (*RS* i.13), 12 ff. *commentarium vetus anquisitionis* 描述过一次财务官提起的死刑控告(Varro, *LL* 6.90—91); Cn. 庞培尼乌斯可能作为财务官控告过 Q. 法比乌斯(Oros. 5.16.8,可是,他使用的"送达被告"[*diem dicere*]一语不是西塞罗所说的意思,因此是该程序性质的可靠指南)。关于后来出现的一个可能例证,见 Lintott, 1971a。

[20] Varro, *LL* 6.91; Livy, 26.3.9; 43.16.11.

的程序是否一直如此精细,每类人民大会的审判是否都适用该程序,我们并不清楚。[21]

蒙森相信,此类法律程序由霍拉提乌斯故事所描述的程序演变而来,从原则上说,两个过程是一样的:它们都是两步审判法,由上诉权联结。在第一部分(三次预备会),官员们达成判决,而在第二部分,判决被提交给人民。[22] 可是,后世的学者正确地指出,在我们看到的共和国中期和后期的人民大会审判中,没有任何迹象表明存在此类划分,也没有任何使用上诉权的证据。[23] 某些学者对此提出的解释[24]——用上诉权对抗司法判决原则上是非法的——又与西塞罗有关十二表法的下述说法相冲突:允许就所有判决和处罚提起上诉,同时还与共和国后期的建议:允许对常设刑事法庭的判决提起上诉相矛盾。[25] 在这样的法庭中,上诉权连同保民官的阻挠权实际上似乎都属非法,不是因为某些不成文的基

---

[21] Cic. *Dom.* 45; *Sest.* 65; *QF* 2.3.1—2, 6.4; App. *B Civ.* 1.74.342; *lex osca Bant.* (*RS* i.13), 12—18. *RS* i 认为, *quarta sit action trinundinum prodicta die* (Cic. *Dom.* 45)的意思是:"应当举行第四次控告,并且在那次会上事先确定投票的日子",而不是"在预先确定了投票的日子后,进行第四次控告"。这是对西塞罗和《奥斯卡法》的强行调和。事实上,Livy, 26.3 清楚地表明,在罗马,在最后的法律判决和投票之前只有三次诉讼(Appian, loc. cit. 谈米过四次召集会议)。Cic. *QF* 2.3.1 显示,它是一篇在第一次诉讼(预备会)上的辩护演说。关于证人的情况,见 Livy, 25.3.16; 26.3.5; 37.57.13—14; Val. Max. 6.1.7. 关于三集市日的间隔周期,见 Lintott, 1965。可是 Livy, 25.2 暗示,只经过了一天的审判就举行投票。

[22] *Staatsr.* I, 162 ff.; ii.1.301 ff.; iii.351 ff.; *Strafr.* 161 ff.

[23] Brecht, 1939, 300 ff. Heuss, 1944, 106 ff.; Bleicken, 1959, 332 ff.; Kunkel, 1962, 21 ff.; Lintott, 1972, 226—227.

[24] Heuss, 1944, 119 ff.; Bleicken, 1959, 348 ff.; Kunkel, 1962, 27 ff.

[25] Cic. *Rep.* 2.54; Plut. *Ti. Gr.* 16.1; Cic. *Phil.* 1.21; Martin, 1970; Lintott, 1972, 228, 238 ff.

本原则,而是因为建立这些法庭的法律的具体规定。㉖ 另一方面,在人民大会审判过程中上诉权的缺位,可能有实际的考虑,因为程序本身确保了它乃人民之判决,通过上诉权向其挑战乃无的放矢之举,那些未参与控诉的保民官,也不会支持就此判决提起的上诉。㉗

如波里比阿指出的,到公元前 2 世纪初,人民大会的审判乃共同体对付其前官员的懦弱、无能和腐败行为的神圣权力。当时还有一系列不那么严重的犯罪,有些是因违反了具体法律遭到市政官的控告。㉘ 一系列针对个人的犯罪,例如偷盗和人身伤害,仍如十二表法的规定,通过民事程序提起控诉,其处罚是补偿受害一方。㉙ 那么,如何处理严重的罪行,例如谋杀、纵火和巫术?

传统的观点是:这些控告在人民大会上进行,因为其他程序形式都违背了上诉法。这一观点继续为那些相信上诉不是人民大会有机组成部分的学者们所坚持。可是,孔克尔(Kunkel)提出了一系列说服力不等的论证,指出谋杀一类的案件通常由官员处理,但有陪审团充任顾问。㉚ 首先,共和国后期官员和常设刑事法庭的陪审团的判决,尽管被禁止上诉,却显然并未被视为对罗马政制的

㉖ *Lex rep.* 70—72 with *JRLR* 140, *lex lat. Bant.* (RS i, 7), 7 ff. 参见前文第八章及其注释㉖。

㉗ Lintott, 1972, 237 ff.

㉘ Pol. 6.14.6, 关于这个问题, 参看前文注释⑫以及第八章及其注释㊶以下。

㉙ 关于把罪犯作为受束缚者交被害人一方的一般处罚, 见 Livy, 23.14.2—3; *ORF*, no. 8, fr. 224＝Gell. 11.18.18; Plaut. *Rud.* 888—891; Plut. *Cato mi.* 2.6; Kunkel, 1962, 97 ff.。

㉚ Kunkel, 1962, 59 ff.; Kunkel, 1967 and 1968 扩展了他的论述。

根本性违背。其次,在常设刑事法庭之前和与之同时的时期,我们发现存在一系列其他的法庭:根据法律或元老院命令组建由官员们主持的特别法庭,来处理群体性的违法或其他某些不寻常的犯罪(见下文)。看来上诉并未出现,但没有任何人以此为由反对此类法庭。再次,有证据表明,谋杀与携带攻击性武器的案件被诉之于刑事三吏,我们知道,他们拥有某种形式的司法权力。㉛ 最后,考虑到人民大会审判的不便,所以它每年只能处理少数案件,这意味着对某些针对个人的最严重犯罪,它缺乏足够的制裁力量。

孔克尔的看法是:官员在审判团(*consilium*)——成员由他本人挑选——帮助下进行的审判,只是由于顾问团的出现,被转变成了不受上诉的审判程序(理由是上诉只有在针对强制时才可能,而强制是官员直接对个人行使权威时出现的)。他的看法与资料相冲突(见前文及注释㉕),而且已被证明是他错误地理解了官员和这样一个陪审团之间的关系。孔克尔笔下的顾问团拥有一个法官或者陪审团的权力,但当一个官员在"咨询了自己的顾问团"后做出判决时,顾问团就不是陪审团了,因为那是官员的决定。如果他遵守顾问团的意见,顾问团的观点一般会影响到有关的决定,并为他提供道德上的支持。但如果该判决随后遭到异议,那承担责任的是官员,例如波皮利乌斯·莱纳斯和奥皮米乌斯,类比的话,还有西塞罗。㉜ 可是,这并不意味着一场由官员及其顾问团对重大犯罪提出的控诉非法。如果他置上诉权于不顾,而且判决可能没

㉛ 前文第八章及其注释㉗—㉘,㉝—㉞。《帕皮里亚法》专门提到,作为法官(*iudicare*)是三吏的职责之一。

㉜ Brunt,1964;Garnsey,1966;Lintott,1972,228,259—262;*VRR* 165 ff.

有遭到上诉,或者上诉未得同情,因此保民官或人民本身都不提供支持时,那这就特别真实。当普通罪犯被定罪时,结果可能就是如此。㉝

因此,从原则上说,没有必要对人们持有的下述观点提出反驳:犹如酒神信徒案的重大罪行由特别指定的官员审理那样,㉞在正常状态下,谋杀犯、纵火者和施蛊者在公民个人提起控诉后,也由官员们审理,是官员们经常性责任的一部分。在共和国早期,这些人也许是那些杀人罪审判官,后来,该任务归于刑事三吏(虽然这些人能否根据自身的权威判处自由公民死刑仍是问题),或如最近有人认为的,属于一个副执政官。㉟ 但这并不排除下述可能性:某些针对公民个人的重罪实际上是在人民大会上审判的。㊱ 我们获知,Cn. 庞培乌斯·斯特拉波(Cn. Pompeius Strabo)公元前104年或前103年的财政官,起诉Q. 法比乌斯·马克西姆斯杀死其自己的小儿子。这似乎是一次在人民大会上的诉讼审理,尽管我们不能太过相信后来的一篇资料。可是,在任何年份,不可能有很多案件在人民大会上审理,尽管尼佩尔(Nippel)和琼斯(Jones)提出了批评,㊲但孔克尔的观点——如果这是处理那些被控所犯重罪的

㉝ Lintott,1972,esp. 230 ff.

㉞ Livy,39.14 ff.;40.37.4 and 43.2—3.

㉟ 关于杀人罪审判官和刑事三吏,见 Varro, *LL* 5.81;Val. Max. 5.4.7;前文第八章及其注释㉗和㉘、㉝和㉞;Kunkel,1962,70 ff.;Brunt,1964;关于副执政官作为刑事法官问题,见 Mantovani,1990,但被 Garofalo,1990 指责为过于玄想,但曼托瓦尼(Mantovani)的假设并不能完全被排除。

㊱ Oros. 5.16.8.

㊲ Nippel,1995,25 ff.;Jones,1972,19.

唯一方式,那将使镇压犯罪变得困难——似乎仍具有某些说服力。尼佩尔正确地指出,我们不应把我们当代的执法标准以及对犯罪的担忧强加给罗马人。他设想,当时唯一重要的看法是精英阶层的观点,他们可以利用奴隶和门客保护自己。可是,事实上,平民自身有可能遭受严重的犯罪行为之害,他们对当时罗马政治的影响,可能超过18世纪英国的普通大众。普通的罗马人必须自充警察,[38]但他可能也需要一个合理的、对付严重犯罪的适用程序。

最后,我们应注意到,在某些政治案件——在此类案件中,一个官员在城外对一组重罪犯进行审判——中,在判决执行前,问题会被提交到人民大会。公元前270年勒吉乌姆那些反叛的驻军、公元前210年坎帕尼亚的反叛者、公元前205年卷入罗卡里丑闻的Q. 普列米乌斯和其他人等所得到的命运,就是如此。关于他们的上诉,我们缺乏直接的资料,但我们拥有两个保民官进行干涉的例证。这表明,即使在涉及叛国的问题上,在不诉诸人民大会四部分审判的情况下,仍可以执行死刑判决,但它也表明,对于被告的权利,也给予了一定程度的尊重。[39]

共和国后期法律的发展

公元前2世纪罗马刑法性质的变化体现在法庭(*quaestio*)数量的增长上。该词最初的含义是"调查",但在这一时期,除抽象意

---

[38] Nippel,1995,16 ff.; Lintott,1968,11 ff.

[39] Val. Max. 2. 7. 15; Dion. Hal. *AR* 20. 16. 1—2; Livy, 26. 33; 29. 20—22; 34. 44. 6—8; cf. Pol. 6. 16. 1. 参见 Lintott,1972,240—243。

义外,它还获得了"调查法庭"或者"法庭"之意。我们首先看到的是元老院建立的此类法庭,一名或多名官员在那里"调查",即审判具有特殊重要性的严重犯罪。[40] 对酒神信徒阴谋案的调查、妇女投毒案、"灌木节"(silva Sila)谋杀案的调查,[41]都属此类。这些审判都是公开进行的,但没有任何证据表明,被定罪者使用过上诉权。

我们还发现,平民会议决议也建立此类法庭,以"调查"官员的渎职行为,有时是根据元老院的建议,有时不是。[42] 在这些审判中,我们也不曾听说任何被告使用上诉权对抗法庭的决定,但在对L.西庇阿审判的一个说法中,曾有对保民官申诉以反对执行判决之事。[43] 可能的情况是判决适用的法律禁止上诉,但每个案件的程序都由平民会议决议确定的事实,无论如何都会让被告宣称审判不公变得更加困难。可是,在常设刑事法庭建立前的时期,这绝非将有过失的官员送上法庭的唯一试验。有一次即公元前171年,当西班牙使者在元老院指责三个前西班牙总督非法勒索和处置方式可耻时,就专为他们建立了一个由五名追偿钱财法官组成的特别法庭。公元前2世纪50年代,类似的程序可能被用来对付那些

---

[40] *Strafr.* 186 ff.; Strachan-Davidson, 1912, i. 255 ff.; Siber, 1942, 376—80; Kunkel, 1962, 45 ff., and *RE* 24 (1963), 720 ff.; Lintott, 1972, 253 ff.

[41] *FIRA* i, no. 30; Livy, 39. 14 ff.; 40. 37. 4 and 43. 2—3; Per. 48; Cic. *Brut.* 85 ff.

[42] Livy, 38. 54. 2—55. 8(关于此点,参看 Fraccaro, 1911; Gruen, 1995); 42. 21. 8—22. 8; Cic. *Fin.* 2. 54; 4. 77; *ND* 3. 74; Brut. 127—128, 160; Sall. *Jug.* 40; Asc. 45—46C; Val. Max. 2. 5. 3; 3. 7. 9.

[43] 参见前文第八章及其注释[22],Scullard, 1973, Appendix 4。

被判有罪的行省总督们。㊹

截止到目前,我们所考虑的法庭都是临时创建的,目的是为遭受的具体犯罪行为提供补偿。可是,有很好的证据表明,在苏拉的《科尔内利亚法》改革这些法庭之前,已经有按常规建立的法庭来处理盗匪(*sicarii*)、投毒者或巫蛊(*venefici*)案件。㊺ 处理贿选(*ambitus*)和贪污(*peculatus*)案件的法庭似乎也已存在。㊻ 这些早期的常设法庭似乎遵循了传统的方式,即官员依靠顾问团的帮助进行调查。官员控制着审判,并且由他本人做出判决。他也不受控制审判全部进程的详细规则的限制,后者是 C. 格拉古和后来的立法者创立的常设刑事法庭的特征。㊼

为其他常设刑事法庭提供模式的,正是追偿钱财法庭的发展。该法庭处理的,是追回那些罗马人任职期间非法获得的钱财。根据西塞罗的看法,公元前 149 年的《关于勒索钱财罪的卡尔普尔尼亚法》创设了第一个常设法庭(即由法律确定的永久性法庭,每年都应由适当的官员主持召开)。㊽ 对该法和随后的《尤利亚法》,我们了解很少,后者的条文源自勒索钱财法并取代了它们,出自乌尔宾诺的青铜残片上保存了该法的残篇。惩罚似乎只是补偿,适用

㊹ Livy, 43.2; Per. 47. 也请注意同一时期"根据《凯西利亚法》"对 L. 伦图鲁斯·鲁普斯(L. Lentulus Lupus)的控告(Val. Max. 6.9.10, Mommsen, *Stra fr.* 708 将其校改为适用《卡尔普尔尼亚法》,但这不过是一种可能性而已)。关于追偿钱财法庭的前身,参见 Venturini, 1969, Lintott, 1981, 164—176; *JRLR* 11—16。

㊺ Cic. *Fin.* 2.54; 4.77; *ND* 3.74; Asc. 45C on Cic. *Mil.* 32; *ILS* 45; *Ad Herenn.* 4.47 和 53; Cic. *Inv.* 2.60; *Rosc AM.* 11, 64—65, 90。

㊻ Plut. *Mar.* 5.3—10; Cic. *de Or.* 2.274; Plut. *Pomp.* 4.1—6.

㊼ Kunkel, 1962, 45 ff.; *RE* 24 (1963), 720 ff.

㊽ *Brut.* 106; *Off.* 2.75; *Verr.* 3.195; 4.56.

的程序形式上与古代被称为"对物的誓金法律诉讼"的民事诉讼相类。[49] 根据刻在青铜版上的勒索钱财法,诉讼形式得到了改造,强有力的论证,迫使我们把它们作为 C. 格拉古立法的一部分。[50] 新程序标志着刑法发展的一个时代的开始,其主要特征如下。

每年副执政官受命挑选一系列陪审团,共有 450 人之多,从中为每一案件组建一个 50 人的陪审团,成员是有关各方筛选取舍后的混合物。这些陪审员应来自骑士阶层,他们还不曾担任低级官职,与任何元老也无亲属关系。副执政官主持法庭,并需确保法律(最小的细节上)规定的程序得到正确遵守,但在审判的主程序和随后对损害的估价中,判决由陪审团做出,以简单多数为胜。传唤是受害方或者其代表的责任,对非公民来说尤其如此。它不涉及与法律之诉有关的宗教程式,而由送达副执政官的告示(*nominis delatio*)执行。一旦罪名被接受,任何原告,只要愿意,都会由法庭指定一个顾问(*patronus*),但在执行过程中,他本人继续发挥重要作用。人们的理解是:一场特定的控告应涵盖针对一系列不同人的伤害。如果对罪犯的判决得到执行,需要进行进一步的调查,以确定提起控诉各方所受的损害(*litis aestimatio*)。损害按双倍估价,因此具有惩罚的含义。此外,成功的控告人也会得到奖赏,如果那些人没有公民权,则会得到允分的罗马公民权,或者获得上诉权,免除军役或其他需为所在共同体承

---

[49] *Lex rep.* 23.74,81;*JRLR* 14 ff. 及有关注疏。
[50] 有关论证的概要见 JRLR 166 ff.。

担的强制性公共义务。(51)

这里不适合讨论法律的政治含义以及给受害人提供救助的有效程度。在实践中，甚至在苏拉改革之前，更多的法律改变了提起控诉的程序，并产生了积极效果：向陪审团提起控诉时，由罗马演说家代表受害的一方或者多方进行；审判的范围扩展到受贿，因此自那时起，不是所有的诉讼都是为追回失去的钱财。(52) 尽管如此，法庭的结构本质上仍是一样，当萨图宁公元前 103 年（或公元前 100 年）创设尊严法庭（*quaestio de maiestate*）时，他好像还模仿了这个结构。此法庭审理那些因军事失利或在国内时对政治机关行为不当造成的损害罗马人民尊严的案件，也就是说，背叛罗马人民
160 的案件。(53) 在苏拉改革之前，这个程序可能已经被扩展到反贿选法庭或反贪污法庭（前文注释㊻）。追偿法庭和其他这些法庭的重大区别在于：由于惩罚是追索，不是取回钱财，所以它们的程序与民事程序无任何相似之处，可能控告从一开始就是向所有罗马公民开放的（受害者当然是作为整体的罗马人民）。

公元前 81 年苏拉以独裁官身份进行的改革，以追偿钱财法庭为模板重组了现存刑事法庭，并创设了新法庭处理伪造和非法侵占罪（*iniuriae*）。(54) 苏拉强化元老院权力的政策，导致只能由该集

(51) 参见 *JRLR* 16 ff. 的叙述，以及 Lintott，1981，178 ff.；Sherwin-White，1982。

(52) *JRLR* 25 ff. and Lintott，1981 更详细地讨论了这个问题。

(53) Ferrary，1983.

(54) Cloud，*CAH* ix，2nd edn.，1994，514—528. 关于《非法侵占法》（*lex de iniuriis*），见 *Just. Inst.* 4. 4. 8；*Dig.* 3. 3. 42. 1；47. 10. 5—6；关于伪造遗嘱罪（*lex de falsis testamentaria*），参见 Cic. 2 *Verr.* 1. 108；Just. *Inst.* 4. 18. 7.

团的人组成较小的陪审团,但改革中的这个方面因公元前70年的《奥勒利亚法》(lex Aurelia)被推翻,共和国末年的陪审团人数超过50人,由元老、骑士和特里布斯财务官(tribuni aerarii)组成,由各方用分配和拒绝的混合方式选出。⑤⑤ 公元前78年的《鲁塔提亚法》(lex Lutatia)创设了一个新法庭,处理那些公共场所的暴力活动,该法可能为公元前70年的《普劳提亚法》(lex Plautia)所改进。⑤⑥ 公元前1世纪60年代,又有两部关于贿选罪的法律得到通过(第二部是由西塞罗和他的执政官同僚安东尼通过的);在它们之后,有公元前55年克拉苏关于非法结社(de sodaliciis)的法律,关涉利用团体和政治俱乐部进行贿赂和暴力行动问题;公元前52年,庞培的《反贿选法》(lex de ambitu)颁布。⑤⑦ 与此同时,庞培通过了一部关于杀人罪(parricidium)的法律。⑤⑧ 公元前65年,《帕皮里亚法》创设了一个法庭,处理获得公民权不当问题。除剥夺非法获得的公民权之外,该法可能引入了其他罪名。⑤⑨ 我们也不应忘记公元前59年恺撒那宏大的《关于勒索钱财罪的尤利亚法》。⑥⓪

---

⑤⑤ 关于元老陪审团,参见 Cic. Verr. 1.30; Clu. 74(32人的陪审团);关于《奥勒里亚法》,见 Cic Asc. 17C 以及《罗马共和国的职官》关于公元前70年的官员;关于后来的陪审团,参见 Cic. Att. 1.16.3 and 5; Asc. 28,39,55C(Cic. Planc. 45 可能指的是苏拉以前的时期);关于特里布斯财务官,参见 Nicolet,1966, i. 598 ff.; Staatsr. iii. 192,533。

⑤⑥ Cic. Cael. 70—71; Sest. 89,95; Sall. Cat. 31.4; Asc. 55C; VRR 107 ff.

⑤⑦ Lintott,1990,8—10.

⑤⑧ Dig. 48.9.1.

⑤⑨ 关于《帕皮里亚法》,参见 Cic. Arch. 10; Balb. 52; Att. 4.18.4; Off. 3.47; Val. Max. 3.4.5(年代学上不可能); Dio, 37.9.5.《关于拐骗的法比亚法》(lex Fabia de plagiariis)(Cic. Rab. Perd. 8; Dig. 48.15; RS ii. 51)是否创立了审理绑架案的新法庭,我们并不清楚。

⑥⓪ RS ii. 55; Dig. 48.11; Lintott,1981,202—207; Venturini,1987.

恺撒任独裁官时,对法庭陪审员的组成和程序进行了某些改革,奥古斯都除修订法庭程序外,还创立了新法庭。元首制时代,尽管法庭的利用率最终下降了,人们青睐由官员进行的调查,实际上是回归更早的程序,但这些重要法令条文的累积,使罗马达到了极其接近拥有刑法典的程度。

与这些发展同时,追偿钱财法庭的审判发生了重要变化。这个词 recuperatores 最初指的是民事诉讼中的陪审团,在审判速度重要的情况下用于追偿钱财。后来,追偿钱财法庭的审判逐渐被作为制裁手段用于执行法律。如同在绝大多数法庭中一样,通常任何愿意的人都有权提出控告,两者的程序也类似,虽然追偿法庭的程序要简单得多。追偿钱财法庭成员由已经产生的名单中通过筛选产生。在召集证人问题上有规定,有些情况下甚至会给控告者以奖励。这方面最典型的例证,是公元前101—前100年科尼多斯有关副执政官行省的法律。该法中适用全部程序的情况,只是为确保对法典中所包含的、范围广泛且不同的行政措施的服从。[61] 因此,统治不仅得到刑法制裁措施的支持,而且得到了这些行政补救措施的支持。

由于我们所拥有的西塞罗的资料倾向于暗示,一般情况下,利用熟练的演说家或大规模贿赂能够获得对罪犯的开释,人们容易认为,共和国后期的刑法缺乏效率。但这会低估常设刑事法庭制度的意义。根据我们拥有的资料,在追偿钱财法庭受到控告的人

---

[61] RS i. 12, Cnidos V, 9 ff.; cf. *lex lat. Bant.* (RS i. 7) 9—11; *lex agr.* 37—39; *lex Iulia agrarian* (*Mamilia*) (RS ii. 54), ch. 55; Schmidlin, 1963; Lintott, 1990b; Mantovani, 1989, 121 ff.

第九章 刑事司法

中,约50%实际上被判有罪。㊷ 如果我们考虑到某些演说家经验的丰富,陪审团的业余性质和起诉体系的非专业化特征,那这个比例仍具合理的严厉性。这一点与我们所掌握的关于共和国中期的资料肯定形成了对照,那时因严重罪行遭人民大会审判的人中,没有一个被定罪的例证。有助于体制严厉性的特征之一,是因为对常设刑事法庭的判决缺乏任何形式的申诉(如同在民事案件中不存在对法官判决的上诉一样)。公元前44年,马可·安东尼建议对此加以改进,㊸元首制时代,这种状况得到改变。这也帮助解释了那些来自精英阶层的被告为何求之于那些让人印象深刻的一组辩护策略以及其他不合法方法,以从审判中被开释。如果所有办法均告失败,在非死刑控诉中被定罪后最恶劣的结果,是失去财产和名誉,但可以通过及时的选择自愿流放加以规避。

㊷ 参见 Lintott,1981 书末的图表。
㊸ Cic. Phil. 1. 21。

第十章　社会和宗教的影响

波里比阿知道,罗马存在的更多的是"政制"(politeia)而不是政治制度。在从军事方面比较罗马共和国与其他民族的政制时,他指出了罗马葬礼在鼓舞勇气和爱国主义方面的作用。就其与政治生活的关系来说,他强调的首先是罗马人不赞同利用政治腐败牟利,其次是他们对宗教的态度。[①] 现代的注疏家们沿着这条路走得要远得多,常常对罗马共和国的社会学而不是法律或宪政习惯更感兴趣。自 M. 格尔泽尔和 F. 莫泽尔(F. Münzer)开创性的著作出版以来,[②]人们的兴趣尤其集中在贵族成员间的关系——他们的竞争方式和政治联盟的性质——和贵族与平民的垂直关系上。因此进行的研究,重视的是统治阶级以及统治阶级内部各个集团而不是个人的影响。由于我们的资料只能让我们做出非常概括性的结论,一直很难对平民进行类似的考察。因此,总的趋势是强调政治中的贵族因素,其程度达到波里比阿所说的民主制和君主制因素被视为某种形式上的和机械性的因素,它们可以被贵族

[①] Pol. 6.53—54.4;56.
[②] Gelzer,1912;Münzer,1920.

占主导地位的力量所操纵的程度。③ 表面看来，罗马共和国的社会确实以贵族制度为核心；同样确实的是，在某些时期，贵族圈子确实在政治上支配着罗马社会。但前一个假设并不必然引向第二个假设，因为它仅仅有助于解释在某些情况下贵族的核心作用如何实现的问题。

贵族家族及其价值观

在萨路斯特借盖乌斯·马略之口所做演说的一个著名片断中，他宣称，那些当选后表现糟糕的执政官，多是得到"古老的贵族"支持的，他们的"祖先有显赫的功绩，他们的资源来自他们母亲一方的亲属和婚姻，以及数量众多的门客"。西塞罗提到"那些生于贵族家庭，尚在睡梦之中就被罗马人民授予了各种好处"的人时，含义一样。④ 他们对早期罗马共和国的重构（前文第四章），似乎表明罗马人相信贵族曾构成一个封闭的圈子。公元前4世纪，它最终被迫在对最高官职近乎独占的问题上做出让步，之后，一个不再封闭的新贵族集团发展起来。那些出自已经知名的家族的后代总是享有巨大优势，一定数量的财产乃必要条件。可是，要上升到最高官职需要通过人民的选举，至少需要个人方面的优异和成

---

③ 有关这一趋势的讨论以及日益增强的对它的反击，参见 Lintott, *CAH*, ix, 2nd edn. Ch. 1; North, 1990a and 1990b；参见同一作者对 Brunt, 1988 的评论，载 *JRS* 79 (1989), 151—156。对诺斯论文（1990b）有效的评论可参见 Harris, 1990。重申格尔泽尔的观点以应对尤其是来自米拉的批评（1984, 1986），参见 Burckhardt, 1990。

④ Sall. *Jug.* 85.4; Cic. *Verr.* 5.180; *Leg. Agr.* 2.100.

功,美德(virtue)和功业(facta)。他的成功,反过来可以传给该家族的后代,为他们的仕途提供支持和榜样。这里存在着潜在的、西塞罗和萨路斯特都暗示过的腐败之源,因为祖先的地位和成就,并不能保证那个正寻求当选官职者也具有美德。

在这个贵族集团内部,显贵家族是一个重要的,但不是拥有特殊特权的一个集团。自公元前342年起,他们每年只能占据一个执政官的职位(第四章及其注释㊷)。《奥古尼亚法》规定,主要的祭司职位在显贵和平民之间平分(参见第四章及其注释㊻)。尽管它最初曾削弱显贵的影响,但到共和国后期,在政治生活的这个领域,肯定产生了相反的效果,强化了他们的影响。摄政王制度(第四章及其注释⑳,第六章及其注释⑪)是显贵作为集体发挥作用的场合之一:如果恰好没有一个在职的执政官、副执政官和独裁官活着,那显贵们就聚集在一起,从他们自己中间选择一个摄政王或者一系列的摄政王,每次任职五天,负责维持执行权和占卜权,并尽快把它们转交给以适当方式选举的官员。虽然萨利的祭司职位为显贵独占,尽管当时可能有类似的其他宗教职位,但共和国中期和后期提供的资料表明,没有任何政治团体完全由显贵构成,该时期的显贵家族也不曾通过与自己同类家族联姻的方式——它为《卡努雷亚法》(lex Canuleia)所废止——尝试维持实际上的统治。⑤

---

⑤ 关于摄政王制度,参看 Jahn,1970;关于萨利祭司,参看 Cic. Dom. 38;关于《卡努雷亚法》,见前文第四章及其注释㊱。显贵-平民联姻的经典例证是西庇阿·阿非利加努斯的女儿科尔内利亚与 Ti. 森普罗尼乌斯·格拉古(公元前177年执政官)之间的婚姻——这场婚姻以成功知名(Livy,38.57.2—8),以及西庇阿过继的孙子埃米利亚努斯与刚提到的联姻所生女儿森普罗尼亚之间的婚姻。文献记载的最早例证见 Livy,6.34.5。

第十章 社会和宗教的影响

现在我们必须考虑的,是那个由贵族构成的排他性贵族集团——罗马人坚称,该集团统治着早期共和国——在多大程度上被来自贵族和平民家族的另一集团所取代,后一集团垄断着高级官职以及元老院的权威。萨路斯特描述后来的贵族即共和国的显贵集团时说,他们像早期的贵族一样支配着执政官职位。他们相互传递该职位,一旦一个新人获得该职位,无论他多么优秀,都会认为它被玷污。平民被局限于其他官职。此外,在朱古达战争时期,据说他们"利用 *factio*(帮派)取得优势","因此国内和国外的问题都由少数人决定,国库、行省、官职、荣誉和举行凯旋式的权力,属于同样的少数人。"⑥

Factio 不能简单地对应于现代的"帮派"一词。在罗马喜剧中,它的意思是由财富和社会地位派生出来的权力。⑦ 在萨路斯特《朱古达战争》的最后一段中,他把帮派与平民大众分散的权力进行了对比,好像暗示个人的影响,通过个人关系和阴谋,集中在一个狭小的集团中。在此前归于保民官 C. 摩米乌斯(C. Memmius)之口的一段演说中,那因为分享同样的欲望、仇恨和恐惧而产生的团结力量,据说创造了善人之间的友谊和坏人之间的帮派。⑧ 因此,帮派是个抽象名词,包含着有助于腐败的寡头分子们团结和统治的各种力量,不是关于某一具体统治集团的术语。在《论共和

---

⑥ Sall. *Cat.* 23.5;*Jug.* 63.6—7,参见 *Cat.* 31.7(喀提林对西塞罗的嘲讽);*Jug.* 41.6—7。

⑦ Plaut. *Aul.* 167, cf. 227;*Cist.* 493—494;*Trin.* 466—467,491—499;Statius, *Plocium* 172 Rib;Titinius,108Rib;Turpilius,208Rib。

⑧ 关于 *factiosi*,参见 *Jug.* 31.14—15,27.2 和 *Cat.* 51.40。也见 Nonius,304M;*Ad Herenn.* 1.8;Caes. *BG* 8.50.2 和 *BCiv.* 1.22.5 关于 *factio paucorum*(这里 *factio* 的意思是"集体的权力")的记载,其他提及帮派的情况及讨论见 Seager,1972a。

国》中,西塞罗赋予该词以狭隘的寡头政治这一更具体的意义,与腐败后的贵族政治对应。根据他的(柏拉图式的)理论,贵族政治有一种天然的衰变趋势。可是,在有关政治的犬儒式解说中,西塞罗借弗里乌斯·菲鲁斯(Furius Philus)之口称,任何由一小撮贵族进行的统治都"是帮派,但他们被称为优异者(optimates)"。[9] 应当强调的是《论共和国》讨论时的语境。在那里,罗马共和国并未被等同于狭隘的寡头统治,而是混合政制(见下文第十二章)。在萨路斯特和恺撒的著述中,帮派也可以指某一具体的寡头集团。[10] 对萨路斯特来说,腐败寡头的统治是共和国在特定时期衰落的迹象之一。在同一时期的贵族集团中,他没有发现存在不同的诸帮派(factiones),而只有唯一的帮派,即个别人民领袖与之斗争且取得不同程度成功的帮派。他的看法正确到什么程度,必须留到对共和国做最后分析时再说。这里我们关心的是贵族统治机制的有效性。这样,罗马作家对帮派一词的使用,显然仅具有限价值,因为这是个模糊且笼统的概念。我们需要考虑的是所谓对执政官职位的控制以及贵族团结的性质。

公元前4世纪,执政官职位首次正常向平民开放(根据传统,是通过李锡尼和塞克斯提乌斯法案,参见第四章及其注释㊶),而且后来执政官之一是保留给平民的,大量平民家族因他们家族的成员当选为执政官获得荣誉,有些到共和国末期仍然显赫。于是我们看到,到公元前300年,弗尔维家族、阿提里家族和克劳狄·

---

[9] Cic. *Rep.* 1. 44 and 69;3. 23(Philus);3. 44.

[10] Caes. *BG* 1. 31. 3;5. 56. 3;6. 11. 5,12. 1;Sall. *Jug.* 31. 4;*Hist.* 3. 48. 3 and 8.

第十章 社会和宗教的影响

马尔凯鲁斯家族首次出现在《年代记》(fasti)中,有些平民家族已经在贵族集团中扎下根来。达到执政官职位的新家族较少,但在后者之中,仍有凯其里·梅特鲁斯家族、多米提乌斯家族、森普罗尼乌斯家族、奥列里家族、鲁塔提家族和李锡尼家族。他们中也产生了杰出的人物,例如 C. 法布里基乌斯·鲁斯西努斯(C. Fabricius Luscinus)和 M. 库里乌斯·登塔图斯(M. Curius Dentatus),他们的家族对后来的政治没有产生影响。尽管如此,从皮洛士战争到第二次布匿战争之间的执政官表中,只有大约百分之八的新名字出现。出任执政官之前这些人中有多少担任过官职,我们并不清楚。事实上,他们之前的副执政官任期更成问题,因为直到第一次布匿战争时期,该官职经常是在出任执政官之后才出任(参见第八章及其注释⑭)。公元前 2 世纪前半期的执政官表中出现的新名字比例相似。我们拥有的关于该时期副执政官任职者的知识,让我们将出任该牙座官职的新名字压缩到三个。

对公元前 232—前 133 年时期所做的一个著名分析证明,该时期的 200 个执政官职位由 58 个家族分享,其中的 159 席为 26 个家族(gentes)占据,99 席为 10 个家族占据,令人印象深刻地占了总数的一半。⑪ 把家庭(gens)一词的使用作为独占的标志,由于此时重要的贵族和平民家族已经出现了一系列分支(stirpes),多少有点误导之嫌。在某些案例中,我们也不能肯定,那些人就一定是我们所说的亲属,那也许不过是因为他们的名字一样。尽管如此,乍一看,这一分析似乎证实了执政官职位为那些

---

⑪ Scullard,1973,10—12.

被罗马人称为显贵（nobiles）——那些人与该官职有着悠久的联系——的人所独占的结论，在萨路斯特的作品中，我们看到了这样的说法。让波里比阿对他们的葬礼印象如此深刻的正是这些人，尽管我们并不清楚，是不是只有执政官家族才有权既在自家的前厅（atrium），也在公共葬礼上展示他们的蜡制面具（imagines），还是这一特权属于所有那些曾达到牙座官职的人及其后代——后者似乎更为可能。[12] 格尔泽尔论证说，显贵的定义是那些拥有执政官祖先的人，这个定义至今仍为人们普遍接受。可是，A. 阿夫泽利乌斯（A. Afzelius）最终只是把它接受为关于共和国末期的定义，相信在更早的时期，它或者与那些因担任过牙座官职而拥有蜡制面具的家族并存，而 P. A. 布隆特（P. A. Brunt）通过论证所下的定义不那么严格，认为它包括前执政官的旁系亲属、古老的贵族家族和祭司职位的担任者。[13] 无论基于这些观点中的哪一种，共和国的选举性贵族政治在很大程度上都得到了自动延续。

可是，这个贵族集团又不是正式封闭且受血统限制的，因为需要依赖人民的选举，所以它是个竞争性团体。如果我们刚刚引用的有关共和国中期的数据显示它是个相当稳定的统治集团，那这幅图景需要修正。很早以前就有人指出，公元前178—前82年间

---

[12] 关于《蜡制面具法》（ius imaginum），见 Staatsr. i. 442—447；Pol. 6. 53. 4—6；Pliny, HN 35. 6；Sen. Ben. 3. 28. 2；Ep. 44. 5. Cic. Leg. Agr. 2. 3 表示，那是对当选为执政官的奖赏，但 Verr. 5. 36 和 Rab. Post. 16 暗示，任何牙座官员，甚至是市政官，都会如此。西庇阿·西斯帕努斯的墓志铭（ILLRP 316）称，他在出任不高于副执政官的职位后获得了显贵地位。关于蜡制面具的一般情况，现请见 Flower, 1996（有关证据集中在第 281 页以下）。

[13] Gelzer, 1912；Afzelius, 1938。Afzelius, 1945 进行了修正。另见 Brunt, 1982。

第十章 社会和宗教的影响

当选的执政官中,四分之一来自此前从未产生过执政官的家族(也就是说,来自以前不为人知的家族的旁系或者全新的家族)。K. 霍普金斯(K. Hopkins)和 G. P. 伯顿(G. P. Burton)近来已经证明,公元前132—前33年间,执政官表中所代表的家族数量,远比之前的一百年要多。[14] 此外,最后这项研究已经表明,罗马共和国离事实上的世袭贵族政治到底有多远。在公元前249—前50年的执政官中,仅有62%的人是某一执政官的直系男性后嗣,另有7%属于执政官家族的旁系。实际上,如果该分析限于共和国的最后一百年或者相近时期,比例会更高,但那是以前出任过执政官家族分支繁衍的一个结果,并不让人惊奇。这是从肯定的一面所做的考虑,从否定方面进行考虑同样重要,尽管由于缺乏有关罗马贵族家族人口再生产比例的直接信息,我们难以估价。在六代人的时间里,只有约40%的执政官家族产生了三到四名执政官,其中的20%连续两代各出现过一名执政官。如果我们把视线转到"精英的内圈"即那些拥有执政官父亲和祖父的家族之外,情况可能是:公元前249—前195年,其他执政官活到40岁以上的儿子中,约三分之一可能未担任过副执政官或执政官。同样正确的是,那些未曾担任过副执政官以上职务的人中,44%的儿子应当活到40岁以上了。[15]

换句话说,执政官家族的男性成员中,有相当比例在追求政治仕途时没有达到高级官职,或者他们的尝试遭遇了失败。糟糕的

---

[14] Willems, 1878, i. 396; Hopkins and Burton, 1983, 53, tab. 2.1.

[15] Hopkins and Burton, 1983, 57, 63—64 with tabs. 2:3 and 2:7.

健康状态,政治上的无能,竞选诉求的缺乏,都是偶然会发生的可能因素。如果一个人逃避政治仕途,那既有可能因为缺钱,也有可能是他需要集中力量照顾家庭财产,以避免出现财政问题。⑯ 无论如何,结果都是出现一个有着上下流动的贵族集团。我们可以想象,他们不仅在元老阶层内部运作,而且也在其边缘发挥作用,所以经常出现从骑士向元老和相反方向的流动。⑰ 因此,如果我们用自动延续这样的术语来形容罗马的贵族,那只能是从该词的广义上来理解。此外,它所暗示的家族的流动性,表明世家对选举过程的控制并不严密和僵化。那些通过经年获得巨大声望的人,为他们自己家族的成员在未来选举中的成功取得了有利地位。那些已经失去对执政官职位控制的人,或者那些新近刚达到此高位的人,影响似乎远不是那么确定。那些相信根据寡头们的利益操纵选举的学者,被迫假设在贵族的重要家族和其他家族间存在广泛的分支联系。更重要的是,为揭示操纵如何成功,他们需要假设在贵族和平民之间存在强大的垂直联系。

几乎不用怀疑,共和国时代的那些豪族会动用他们所有的资源,支持其成员中寻求高级官职者。在家中展示蜡制面具的主要功能之一,是激励年轻一辈模仿其先人,在葬礼上,这一点表现得甚至更加强劲。⑱ 一个家族在公众眼中取得被称为 gloria(光荣)和 fama(声望)的杰出地位,正是通过荣誉、高级官职,以及任职期间表现出来的美德。在西庇阿家族的墓志铭中,这一点得到了

---

⑯ 关于后代有意选择不同于其祖先职业生涯的情况,见 Cic. Off. 1.116。

⑰ Hopkins and Burton,1983,66 ff.

⑱ Sall Jug. 4.5;Pol. 6.54.3.

第十章 社会和宗教的影响

清楚的体现。在该墓志铭中,官职和军事上的胜利被用作他们确实拥有杰出美德的证据,那些因死时过于年轻,因此未能取得任何伟大功勋的人,则被作为拥有其祖先美德的人加以纪念,(在后人看来,)他们不过是不幸缺乏机会,未能把美德转变成伟大的功绩而已。[19] 在普劳图斯的喜剧中,一个因放荡毁灭了其先人传给他的声望的年轻人,被责骂道:"……你应当给你的后人追求荣誉增添力量,你的父亲和祖父为你铺平了道路,并为你打开了通向荣誉的道路。"这里,荣誉具有"声望"和"高级官职"的双重含义。在西庇阿家族的一个墓志铭中,我们发现了同样的情绪。它宣称,由于他本人良好的人格,增添了其家族的荣誉,而他出任高级官职,让他的家族高贵起来。[20]

家族影响能够被转化为选票的途径之一,是该家族的一个成员主持选举,尤其是在公元前139年《加比尼亚法》引入秘密投票制度之前,因为主持官员的工作是选择监票人,后者的任务是要求选民对候选人做出选择(前文第五章及其注释[32])。公元前182年,Cn. 巴比乌斯·塔菲鲁斯(Cn. Baebius Tamphilus)得其同僚许可,在主持执政官选举中照顾自己的弟弟M. 巴比乌斯(M. Baebius),因此后者立刻当选。我们可以认为,在一系列场合,主持选举的官员宣布他自己家族的某个人,事实上是他自己的堂兄弟当选,例如,Sp. 波斯图米乌斯(公元前174年执政官)似乎主持了A. 波斯图米

---

[19] ILLRP 309 ff., esp. 311—312; Wiseman, 1985, 3 ff.; Flower, 1996, chs. 5 and 6, pp. 128 ff.; Earl, 1960 and 1967, 25 ff.

[20] Plaut. Trin. 644—646(比较271—273, 651以下所提及的其他贵族传统); IllRP 316.

乌斯当选为公元前174年监察官以及L.波斯图米乌斯当选为公元前173年执政官的选举。可是,当M.波皮利乌斯·莱纳斯(公元前173年执政官)的执政官职位公元前172年为其兄弟盖乌斯(Gaius)继承时,他并未主持相关的选举。公元前192—前191年,由于科尔内利乌斯家族另两个成员的影响,人们期待西庇阿·纳西卡会当选,因为西庇阿·阿非利加努斯陪同他竞选,科尔内利乌斯·梅鲁拉(Cornelius Merula)为选举的主持人,但科尔内利乌斯家族的影响为T.昆克提乌斯·弗拉米尼努斯(T. Quinctius Flamininus)击败。又如公元前185—前184年,当执政官阿庇乌斯·克劳狄乌斯(Appius Claudius)试图让他的兄弟盖乌斯(Gaius)当选时,为获得成功,他没有采取直截了当的方式,而是诉之于被视为不恰当的压力手段,即"克劳狄家族的力量"(*vis Claudiana*)。[21] 对主持官员在选举中的影响的透彻研究所得出的结论是:尽管他有各种各样的机会影响选举,但我们无法证明他的影响具有决定意义。[22] 如果连主持选举的官员都不能确保按照他自己家族的利益操纵选举,那我们就难以想象,显贵中的任何其他成员会有更方便的条件这样做。可是,人们也许可以争辩说,一系列的失败并不能反驳下述看法:显贵有能力控制选举。因此,我们需要考察能让他们这样做的资源。

a. 友谊与义务

在恺撒《高卢战记》的第八卷中,奥鲁斯·希尔提乌斯(Aulus

---

[21] Livy,40.17.8;42.9.7—8;35.10.1—10;39.32.12—13.
[22] Rillinger,1976,esp.143 ff.

第十章 社会和宗教的影响

Hirtius)记录了恺撒的一次愤怒:公元前50年,恺撒所青睐的候选人塞·苏尔皮基乌斯·加尔巴(Ser. Sulpicius Galba),因为与恺撒关系密切,虽然在影响(*gratia*)和得票上领先,却被抢去了执政官职位。加尔巴是个贵族,可能拥有可资利用的家庭关系,但希尔提乌斯所说的,是那种超出血缘和婚姻之外的关系。这些关系的性质,在公元前62年西塞罗致庞培的信中有清楚的展示。㉓ 西塞罗在该信中间接提到,庞培在其前一封信中对西塞罗表现得缺乏善意,而且(言不由衷地)说道,这事不重要,因为他本人充分意识到,他为庞培提供了服务(*officia*),如果得不到回报,他会高兴地在提供服务方面享有决定权。他接着说,如果他对庞培的支持不曾赢得庞培对他的好感,那公共利益会在他们之间创造出友谊,并让他们走到一起。然后西塞罗提到了他们作为*amicitia*即友人的关系,并且宣称,如果庞培反过来承认西塞罗所取得的成就的重要性,他将允许庞培和他本人之间的关系达到文献记载的莱利乌斯与西庇阿·阿非利加努斯(埃米利亚努斯)关系的程度。这里提到了潜在的政治盟友的三个因素:第一,因已经提供的服务及其回报所产生的相互帮助;第二,对政治问题的共同看法;第三,因尊重对方的品质而产生的相互尊敬。这三点与西塞罗在《论义务》和《论友谊》中有关义务与友谊的理论探讨非常吻合。在《论友谊》中,西塞罗借以发言的,是年轻的、曾任公元前140年执政官,而且是西庇阿·埃米利亚努斯朋友的C.莱利乌斯,以论证友谊并不是因为人类的弱点或因服务互换以提供补偿的需要产生,毋宁说它

㉓ Caes. *BG* 8.50.4;Cic. *Fam.* 5.7.2—3;Brunt,1988,351—381.

来自人类对那些他们所钦佩的良好品质的天然爱慕。虽然事实上它伴之以巨大的利益(utilitates),但爱慕的原因并不是对这些利益的期待,人类也不是为了获得感激(gratia)才仁慈和慷慨的。只要有友谊存在,人们就可能得益,但如果友谊纯粹和利益结合在一起,那当利益改变时,友谊就会消失。㉔ 西塞罗论证道,最重要的是,友谊不应被用来证明请求或者因请求而做出不道德行为的合理性,例如支持颠覆共和国的行为,或者发动对祖国的内战等。㉕ 在《论义务》中,西塞罗考虑过因人类关系(societas)的不同等级产生的各种友谊。最亲近的是与祖国和父母的关系,但任何一个都不及同类善人之间的友谊(familiaritas),这也是最令人愉快的友谊。另一种同盟关系(communitas)因提供和接受服务而产生,只要服务是相互的,而且可以接受,那同盟仍保持强大。就履行义务论,一个人需要仔细计算他因不同关系而产生的不同的义务。㉖

西塞罗的理论著作和书信都表明,罗马存在着广泛的、有着不同动机的社会联系和政治联系。西塞罗似乎尝试按照他在《论友谊》中所阐释的理想生活,甚至在他证明联系终止的合理性时,例

㉔ Cic. Amic. 26—32,比较同书 51 关于伪友谊的论述。关于亚里士多德的著作(Eud. Eth. 3 and Nic. Eth)对西塞罗友谊观的影响,参见 Griffin,1997,95—96。西塞罗的论述,与亚里士多德在《政治学》第三卷的论述也有相似之处,那里称,城邦不是因相互的利益而签订的一个契约产生的,而是为实现美德产生的联合组织(koinonia)。

㉕ Amic. 40—43;cf. Fam. 11.27.8 (to Matius)以及西塞罗公元前 49 年的思考(例如 Att. 9.10.2 ff)。

㉖ Cic. Off. 1.55—59。关于友谊(amicitia)的术语,见 Hellegouarc'h,1972,63 ff。familiaritas 一般指那种密切的政治联系(其中爱慕可能发挥不了什么作用),而义务(necessitudo)(71 ff.)的意思同样是密切的联系,其中义务是最强烈的因素。

第十章 社会和宗教的影响

如,在向伦图鲁斯·斯品特尔(Lentulus Spinther)说明卢卡会议后他在政治上新近追随庞培、恺撒和克拉苏的行动时,他不仅使用了回报庞培过去给予他的支持这样的政治话语,而且把他对庞培地位的尊敬、恺撒个人对西塞罗及其兄弟的仁慈,特别是公共利益作为根据。[27] 对其他人来说,政治中的友谊无疑更多地被视为一种生意关系,其中的服务是相互的,尽管人们不应排除其中有个人友爱的因素,因为在马提乌斯为恺撒的忠诚进行辩护时,提供了充分的此类证据。[28] 考虑到公共事务(res publica)的重要性,如同在18世纪的不列颠一样,在共和国时代的罗马,正常情况下,人们不会通过寻求当选或规划自己的仕途来表明自己的政治立场。[29] 尽管如此,政治上的分歧仍可能对个人之间的关系造成灾难性影响。例如西庇阿和提比略·格拉古之间,后者是前者的表弟和妹夫,又如普布利乌斯·苏尔皮基乌斯(Publius Sulpicius)和昆图斯·庞培乌斯(Quintus Pompeius),两人过去是朋友,分别是公元前88年的保民官和执政官,西塞罗的《论友谊》就是以他们两人作为例证开篇的。恺撒曾就公元前50年的选举抱怨说,加尔巴通常依靠的关系缺乏效力。当凯利乌斯就随后的选举——恺撒的候选人马可·安东尼在该次选举中获胜——向祭司团发表评论时,下述言论也就不是偶然的了,"这是一场伟大的选举,党派情绪显然决定

---

[27] Cic. Fam. 1.9.9—12.

[28] Cic. Fam. 11.28.2,4—6.关于政治友谊,见 Griffin,1997。关于贵族政治上友爱的重要性,见 Pares,1953,74—75,其中引用了埃德蒙·伯克(Edmund Burke)和查尔斯·弗克斯(Charles Fox)的观点。

[29] 关于英国的政治,参见 Pares,1953,2;关于罗马政治,参见 de Sanctis,1907,484—485。

了支持的对象,极少有人因个人关系投票,履行了他们的义务。"[30] 内战前夕,对两个对手的忠诚,比对过去服务的报答——政治影响的一般来源——更加强大有力。

b. "政党政治"在何种意义上存在?

公元前 50 年政治形势异乎寻常的性质,反应在凯利乌斯所使用的拉丁语术语 *partes* 上,在前文中,该术语被译为"党派情绪"。*Partes* 指的是广义上的政治集团,而非由朋友组成的小集团,因此,意思有点儿类似于近代的政治性党派。可是,对该词的使用相对稀少,而且几乎总是指因内战产生的政治派别,如苏拉的、马略的、秦纳的、恺撒的、庞培的和诛杀暴君派的等。[31] 所以,我们不应推理说,存在着多个广泛的贵族派别,派别决定着和平时期的政治,犹如 19 世纪英国的辉格派和托利派。在对共和国后期的政治进行解释时,这一度是主流,其观点反映在蒙森的《罗马史》中,但它经不起分析。

确实,在《为塞斯提乌斯辩护》中,西塞罗谈到了罗马政客的两种类型:那些是,而且希望被认为是"贵族"的人,否则就是"平民"的人。前者试图让所有的善人满意,后者则试图让平民高兴。贵族都是思想健康之人,希望保持现状,他们的领袖是 *principes*

---

[30] Vell. 2. 4. 4;Plut. *Ti. Gr.* 21. 7—8;Cic. *Rep.* 1. 31;*Amic.* 2;*Fam.* 8. 14. 1;Caes. *BG* 8. 50. 4;Meier,1966,7 ff.

[31] Helloegouarc'h,1972,110 ff. 例外的是萨路斯特对该术语的使用,在 *Jug.* 40. 2—3 和 43. 1 中,它被用来表示显贵和大众。在 *Att.* 1. 13. 2 中,西塞罗所使用的"贵族派"(*partes bonae*)可能也是如此,该短语在此或可译为"善人的事业"(*the good cause*)。

publici consilii，即那些由前执政官构成的元老院资深成员。西塞罗对该问题的处理似乎是独创性的，因为他声称，"全体善人"中包括社会等级较低者，其中有解放奴隶，但基本分类并非如此。*Optimates* 一词首次出现于公元前1世纪80年代，很可能还要早些。㉜ 西塞罗常常把这个精英集团简单地称为"善人"(*boni*)，尽管该术语也用来指"全体善人"，贵族努力推进的，正是后者的利益。㉝ 在80年代的修辞手册《致赫伦尼乌斯》(*ad Herennium*)中，短语 *viri boni*（善人）可能具有政治含义，它所描绘的，是那些支持 Q.凯皮奥反对萨图宁的人。在公元前119年 L.克拉苏指控格拉古过去的支持者 C.卡尔波的控告词残篇中，*bonus* 和 *civis bonus* 的意思肯定是"健康的保守派"。㉞ 因此，*optimates* 和 *boni* 有着共同的事业，大体上可以称为保守派，但这是把他们联系起来的唯一共性。他们是过于宽泛的集团，所以把他们形容为政党不可能公正，既然他们包括罗马所有的统治阶级。西塞罗的用语，反映了此前希腊世界存在的情形。在那里，上层阶级一般被赋予下述名称："漂亮而善良的人"、"最优秀的人"、"最具美德的人"或者"最令人愉快的人"。与此相对，修昔底德明确地谈到了那些"强有力的人"或者"最强有力的人"。㉟

㉜ Cic. *Sest*. 06—08, cf. 103. 在 *Ad Herenn*. 4. 45 and Cic. *Inv* 2. 52 中（那里 *optimates* 指公元前232年反对弗拉米尼乌斯土地法案的人），我们发现 *optimates* 此前已经存在。有关该问题的概论见 H. Strasburger, *RE* xviii. 1. 773—798。

㉝ 例如 *Att*. 1. 13. 3, 14. 1 and 6, 16. 3, 8, 9 and 11。

㉞ *Ad Herenn*. 1. 21; *ORF*, no. 66, fr. 14 = Cic. *de Or*. 2. 170. 也请见公元前107年麦特鲁斯·努米底库斯演说的残篇，见 *ORF*, no. 58. fr. 6。

㉟ Lintott, 1982, 92—93, 121 n. 18。

至于平民派,他们本质上是一系列的个人,站在作为整体的人民利益立场上,并因此为人们记录下来,他们或者通过土地或谷物法案提高人民的福利,或者通过诸如上诉法或秘密投票法之类的法律来保卫平民的自由和政治权利。他们所具有的共同特征,是在未寻求,至少是没有得到元老院事先同意的情况下,就直接利用人民大会立法。如我们所指出的,在诸如萨路斯特借 C. 摩米乌斯和 C. 李锡尼之口所发表的演说,或如西塞罗的《为科尔内利乌斯辩护》所表明的,当时也存在着这种一以贯之的意识形态。㊱ 可是,那时并无真正的平民政治组织,在代际之间实际上也不存在连续性。㊲ 为与众哲学学派成员所创造的列表进行比较,西塞罗提供了一个平民派领袖的名单,名单有意忽略了某些最显著的例证,例如格拉古兄弟、萨图宁和 P. 苏尔皮基乌斯等,却包括了某些让人怀疑的例证。在西塞罗为修辞目的回忆那些著名的人民领袖时,出现了不同的名单。㊳ 显然,人们可以列出英雄或者恶棍的名单,但如在讨论思想传统中出现的那样,对于谁应入选可能存在争议。

总之,如果我们认为,在罗马共和国存在任何固定的政治集团,而且其规模大于有时聚集在某一伟大人物如西庇阿·埃米利

㊱ Sall. *Jug.* 31;*Hist.* 3. 48M;Cic. *Corn.* 1. frr. 48—51 Puccioni＝Asc. 76—78C. 也请见 Plut. *C. Gr.* 3. 5＝ORF,no. 48,fr. 31。关于上诉权,见 Cic.*Verr.* 5. 163。

㊲ 概括性论述见 Meier, *RE* Supp. Ⅹ. 549 ff.；Seager, 1972b；Perelli, 1982；Ferrary,1982；Mackie,1992。

㊳ Cic.*Acad.* 2. 13. 对比 *Har. Resp.* 43；*Sest.* 101 和 103；Corn. 2. fr. 5 Puccioni＝Asc. 80C. 在《论学园派》(*Acad*)卷 2 的列表中,有些条目与《反维列斯》(*Verr*)卷 5 之 180—181 的新人有共同之处,尽管有政敌,但这些新人仍取得了成功。

亚努斯或庞培周围的忠诚政治信徒,那我们就错了。大众政党的观念,例如最近两百年中世界政治中兴起的那样的政党,对罗马来说是时代的误置。因义务和感激产生的关系——西塞罗《论友谊》对此所提出的看法,倒是关键性的。一旦利益发生改变,这些关系可能立刻瓦解。如同在今天的政治中一样,人民受到各种不同的关系、利益和信仰的牵引走向不同的方向,在罗马共和国,没有政党纪律让他们保持忠诚。但对家族的忠诚不可以提供这类东西吗?我们应当记住,以密切的血缘关系为基础的集团,最多也就是个小团体,而且即使在这里,如提比略·格拉古和西庇阿·埃米利亚努斯的故事所表明的,也可能存在分歧。此外,即使我们退一步,承认家族及姻亲关系经常合作,以确保其成员的当选,如萨路斯特《朱古达战争》中的马略所宣称的那样,那也导不出下述结论:在元老院或人民大会上,当他们表达同一种看法时,他们就是在合作。莫泽尔以这样的评论作为其名作的序言,"所有政党的目标都是权力和对国家的统治"。如果说这一点对我们不言自明,那是因为这个结论与其说是基于经验事实的归纳,不如说它是一个分析出来的真理,其有效性源自当代的政党观念:一个不寻求权力的政治团体更经常地被称为压力集团。可是,在缺乏直接证据的情况下,我们不应把一个近代政党的动机归于古代的一个贵族小集团。[39] 当萨路斯特在有关朱古达问题的年代和公元前1世纪70年代的叙述中提到某一派别的统治时,他所指的不是众多政治集团

---

[39] Münzer,1920,1. 与此关系更密切的是修昔底德(8.54.4)对雅典贵族 *sunōmosiai* 的描述,它的目标是法律诉讼和官职。

中某一特定的集团，而是当时的政治秩序，那些会把自己称为善人或贵族的人。⑩

那些曾认为罗马共和国的政治权力由于对选民的操纵而为贵族垄断的学者们，既相信在贵族派别中存在一致和一贯的合作，还相信存有强大的联系把下层阶级的成员与贵族捆绑在一起。⑪ 如果这样的集团既小且易变——抛开倾向于把贵族联合起来对抗平民及其领袖以保卫自己的利益，并且会超越友谊和个人义务之上的共识，那任何固定的垂直联系是否能够维持就非常值得怀疑了。
176 当然，本书无意提出否认垂直联系存在的观点，这里仅仅提出它们在政治上的有效性问题。

平民与贵族的联系及其依附

我们关于平民组织及其与贵族的联系的资料是令人讨厌地不足。前文已经提及特里布斯的重要性（第五章及其注释(61)）。作为罗马人民的基本划分单位，人口统计也以它为基础，特里布斯包括了社会各个阶层的人，至少具有最基本的组织。保佐人（*curatores*）帮助进行人口登记，此外还有分发者（*divisores*），其主要职能似乎是向特里布斯成员分发来自庇护人（*patrons*）的好处，共和国后期，作为贿赂的渠道之一，这些人臭名昭著。⑫ 共和国后

⑩ Sall. *Jug*. 31. 4; *Hist*. 3. 48. 3 and 8M.

⑪ Münzer, 1920; Syme, 1939; Rouland, 1979.

⑫ Varro, *LL* 6. 86 有关于保佐人的记载，其他记载见前文第五章及其注释(61)和 Lintott, 1990a, 7—8。

期由公元前61年的保民官提出的一个议案规定,向某一特里布斯许诺金钱的候选人,如果尚未交付金钱,不会受到惩罚,但如果他确实已经支付,将有义务向该特里布斯的每名成员支付三千塞斯特斯。西塞罗关于当年选举漫不经心的评论颇能说明问题:"法沃尼乌斯赢得我所在特里布斯选票的方法,比赢得他本人所在特里布斯选票的方法更值得敬重,他失去了卢赛伊乌斯特里布斯的选票。"[43]后来,克拉苏公元前55年的《关于非法结社罪的李锡尼法》(lex Licinia de sodaliciis)成为特里布斯在腐败实践中重要地位的一个体现,它规定以特里布斯为基础挑选陪审员。人们猜想,它的目的是从那些据称当时最少可能卷入腐败的特里布斯中挑选陪审员。由于这些陪审员是元老、骑士和所谓的特里布斯财务官——他们似乎具有与骑士相同的财产资格,所以这表明,腐败把该特里布斯中较富有的成员与较贫穷的成员联系了起来。[44] 这种联系并不仅仅是共和国后期的特点,因为根据编年史,它们可以追溯到罗马史的早期,而且在共和国垮台后继续存在。李维笔下的卡米鲁斯把他的特里布斯同胞和门客召唤到他家里——"这些人构成了平民的大部分",以弄清他是否可以从他们那里筹集到金钱来支付一笔司法罚金。在贺拉斯(Horace)笔下,他的特里布斯同胞戴着毡帽、腋下夹着拖鞋到一个富人家里用餐。奥古斯都除立法对付贿赂外,据说曾向自己所在的法比乌斯特里布斯和斯卡普提亚特里布斯的每个男人分发了一千塞斯特斯,以使他们感到勿

---

[43] Cic. Att. 1.16.13;2.1.9.

[44] Cic. Planc. 36—38;Schol. Bob. 160St.

需到其他人那里寻求金钱。这个多少有点儿口是心非的解释,与其说是为掩盖奥古斯都本人败坏选民,不如说是老派的贵族庇护制的体现。可是,它非常符合贺拉斯描绘的职业选举代理人(*nomenclator*)的形象:他会提醒候选人注意的事项,让他与选举"掮客"握手,"这个人在法比乌斯特里布斯中很有势力,另一个人在维林特里布斯很有势力;此人会轻易地给他喜欢的人以'法西斯'和象牙宝座,并能拿走它们。"⑤

公元前 55 年克拉苏的法律尤其是针对社团(*sodalitates*)的,这是个比特里布斯更加模糊的组织。那些在共和国后期的选举中发挥作用的社团显然不是宗教兄弟会,也不是早期罗马的表演团队,关于后者的存在,来自萨特里库姆的铭文已经向我们做了证明。⑥ 尽管如此,它们仍是上层阶级的集团,从 C. 冯达尼乌斯(C. Fundanius)、Q. 加利乌斯(Q. Gallius)、C. 科尔内利乌斯和 C. 奥查维乌斯(C. Orchivius)关于社团选举的注疏(*Commentariolum Petitionis to the sodalitates*)的资料判断,它们也卷入司法诉讼,因为通过为有关人士辩护,西塞罗争取到了这些人的支持。出自乌尔比诺的格拉古的《关于勒索钱财罪的法律》残篇禁止为原告挑选保护人(*patroni*),或者从那些来自与被告同一社团或团体的人中挑选陪审员。⑦ 因此,在公共生活中,社团作为相互帮助工具的功能,在公元前 2 世纪后期已经确立。公元前 56 年的元老院命令

---

⑤ Livy, 5. 32. 8; Suet. *Aug*. 40. 2; Hor. *Ep*. 1. 6. 52 ff. , 13. 15.
⑥ Stibbe, 1980.
⑦ *Comm. . Pet*. 16 and 19; *lex rep*. 10, 20, 22, and 25. 那里有与公元前 411 年雅典存在的 *sunōmosiai* 的直接对比。

第十章 社会和宗教的影响

为《李锡尼法》铺平了道路,要求解散社团和百人审判团(decuriati),建议根据反暴力法,给那些坚持留在社团中的成员定罪。[48] 它表明,至少在共和国后期,社团已经发展了它们与作为整体的平民的联系。下述事实做了同样的暗示:结社成了形容特里布斯内部一种特定形式贿赂的术语。

在平民中,行会(collegia)是一种特别重要的联合形式。有些人,例如书吏、铁匠、木匠、号手、吹角手等,都是非常古老的行业组织,并被接受为共和国的基本组成部分。最后四种人,因为其军事上的重要性,在森都里亚大会上拥有森都里亚席位。[49] 其他行会,例如卡皮托林和麦丘利,专门从事宗教崇拜,虽然前者是那些生活在卡皮托山人的联合协会,而后者是商人行会。[50] 其余组织似乎是从城市的区域组织成长起来的,其成员或来自 vici(与内城街道相连的地区),或来自城外的 pagi(乡区),例如阿芬丁山或雅尼库卢姆。[51] 到共和国后期,大量其他职业协会成长起来,在那些充斥着城市的解放奴隶和奴隶中,这样或那样的协会似乎成倍地增长,它们特别关注的是康皮塔利亚节(Compitalia),这是个新旧交替时的节日,由各行会的首领在 12 月末或 1 月初庆祝。[52] 这些协会的多样性,让贺拉斯对伪协会的嘲讽有了目标(其中包括乞丐的、演员的和歌舞艺术家的行会),在庞贝的涂鸦中也有此类讥讽(包

---

[48] Cic. QF 2.3.5.
[49] Plut. Numa 17.1—4;Dion. Hal. AR 4.17.3—4,并请见前文第五章及其注释 60 和 80。
[50] Cic. QF 2.6.2;Livy,2.27.5;5.50.4;ILLRP 696;ILS 2676.
[51] Dion. Hal. AR 4.14.2—4;15.2—5;Cic. Dom. 74;Comm. Pet. 30.
[52] VRR 78 ff.;Ausbüttel,1982,87 ff.;Accame,1942.

括睡觉者、小偷和夜间饮酒者的行会)。事实上,在不同类型的行会之间,不可能划出明确的界限,人们只能通过强调发现其差异。行业协会和地方协会都有联合性的崇拜,而不同的职业和行业也都以特定的地区为根据地,例如金匠来自圣道地区。㉝《竞选手册》的作者建议西塞罗,如果他希望竞选成功,就需要考虑所有行会、城外和城内的人士,它们的成员,尽管有些是永久的,有些是临时居住在罗马,在共和国后期,都不可能局限于四个城区特里布斯,而应包括罗马附近那些古老的乡村特里布斯以及那些来自更远地区的移民。㉞因此,这里存在另一个潜在的影响选举的渠道,而且可能是贵族控制不那么严密的渠道。这里应强调指出特里布斯、社团和行会的一个共同特征:它们全都拥有某种程度的组织,所以那些参加选举的候选人,实际上还有立法者,通过接近少数人可以影响更多的人。正是因为这个原因,在共和国后期的大规模贿赂中,它们得到了培育,成为立法压制的焦点。

最后,我们必须考虑各个恩主(*patronus*)与他们的门客(*cliens*)之间的关系。许多历史学家好像已经认为,这是贵族和平民之间联系的主要形式。在罗马社会中,这个特征的重要性在下述事实中得到了体现:它的创立被归于罗慕路斯。虽然穷人对富人和强者的依赖是当时和现在的众多社会的共同特征(哈利卡纳索斯的狄奥尼修斯专门引用了雅典的佩拉太[*pelatai*]和色萨利的皮涅斯特[*Penestai*]作为罗马社会门客的同类参照),但门客的

㉝ Hor. *Sat.* 1. 2. 1 f. ;*CIL* iv. 575—576,581=*ILS* 6418d,e,f;*ILLRP* 11..

㉞ *Comm. Pet.* 30;*VRR* 86—87;Taylor,1960,132 ff.

第十章 社会和宗教的影响

权利和义务在罗马有周密的规定，门客与他们的恩主的地位相对，据说受到十二表法的保护。它宣称，恩主对门客的不公正伤害为犯罪(sacer)，也就是说，可以当场被杀死。[55] 据说人们期待门客以助金和选举支持等各种形式帮助其恩主。[56] 门客和恩主在法庭中不相互指控，或者不做不利于对方证词的原则。体现在格拉古的《关于勒索钱财罪的法律》中，在规范常设刑事法庭的其他法律中可能也存在。[57]

人们期待于门客的，是通过早晨在恩主家中向其问候，陪同恩主到广场等方式，表现对恩主的尊敬，以显示恩主的声望，甚至为他提供身体上的保护。[58] 门客从恩主那里获得法律建议和支持，乃是传统。西塞罗认为，最初，那些伟大而雄辩的人并不亲自卷入私诉案件，但在精明而无原则的人开始利用他们演说的经验来干扰真相时，恩主被迫代表他们的附庸进行干预以对抗不公。这些伟大且雄辩的人中，有监察官加图、莱利乌斯和西庇阿·阿非利加努斯。与此相对照的是，在波里比阿笔下，西庇阿·埃米利亚努斯

---

[55] Dion. Hal. *AR* 2.10.1—3; *RS* ii. 40, *Tab.* Ⅷ. 10(pp. 689—690) = *FIRA*, *Tab.* Ⅷ. 21. 参见 Gelzer, 1912, in *Kleine Schriften* i, 1962, 68—75(在赛格[Seager]的译作中为第62页以下)和 Brunt, 1988, 382—422. 两书对门客的意义持相反看法，特别请参看 Brunt, 1988, 407 ff. 他对那种认为恩主对门客具有相当大合法权力的看法进行了批评，并且对十二表法该条文的真实性提出了某些疑问。在众多追随格尔泽尔观点的著作中，请参看 Badian, 1958 和 Rouland, 1979。

[56] Dion. Hal. *AR* 2.10.2; Livy, 5.32.8. 关于可能颁布于公元前209年的《普布利亚法》，参看 Macr. 1.7.33，该法限制了门客在农神节向有蜡制面罩者(cerei)捐纳的数量。关于限制礼物的《秦其亚法》(lex Cincia)，一般请参看 *MRR* i. 307; *RS* ii. 47。

[57] *Lex rep.* 10 and 33; Dion. Hal. *AR* 2.10.3; Plut. *Mar.* 5.7; *JRLR* 126.

[58] Sen. *Ben.* 6.34; Livy, 6.18.5; 58.51.6.

最初不愿用这种方式代表其门客亲自参与诉讼。⑤ 即使西塞罗对私人代诉制度发展的重建是理论上的,在共和国早期,一个恩主所做的工作,更多的也是作为法律顾问(这正是拉丁语的 advocatus 一词的意思),而不是法庭中的发言人(它成为恩主一词的一个重要含义)。尽管如此,恩主在法律方面的重要性是清楚的。在普劳图斯的《三块钱一天》(Trinummus)——该剧反映了贵族家庭对荣誉的追求——的一篇枯燥演说中(前文已有讨论),人们对那个年轻人的鼓励是让他在广场上为朋友尽力,而不是在床上为情人服务。⑥

正是基于此类资料,学者们论证说,强烈的依附关系把社会中比较贫穷的成员和那些富有、强大的人联结在一起,并让前者成为可供操纵的政治傀儡。对共和国早期,我们无法排除存在这种图景的可能,甚至等级冲突都可被视为贵族集团及其依附者的主体与少数强大的圈外人之间的斗争,因为在 Sp. 马利乌斯和 M. 曼利乌斯的故事中,出现的毕竟是恩主-门客的社会模式(前文第五章及其注释㊳—㊴)。然而,虽然恩主和门客的联系到公元前 2 世纪并非变得不重要了,但却更加复杂和混乱了。更重要的是,它们日益为其他政治影响渠道诸如特里布斯和社团组织所超越,在某些特定场合,它们为现金贿赂和娱乐等调度金钱的策略击败。

前文已经提到,格拉古的《关于勒索钱财罪的法律》禁止指定被告的恩主或门客为原告的辩护人(这里的专用术语是 patroni),

---

⑤ Cic. *Inv.* 1.4—5;Pol. 31.23.7—12;Dion. Hal. *AR* 2.10.1.
⑥ Plaut. *Trin.* 651.

第十章 社会和宗教的影响

或者提供不利于被告的证词。有趣的是,这条规定既针对现在的恩主—门客关系,也针对过去的此类关系,它暗示的,不仅有这些联系可能被放弃和改换门庭,而且有个人忠诚残余的继续存在,即使在关系被放弃之后。公元前2世纪早期恩主竞争的特性,在普路塔斯的剧本中曾间接提及:所有人都希望尽可能多地获得门客,他们并不介意这些门客的好坏,他们希望的是拥有大量门客的名声,而不是他们的忠诚。贺拉斯笔下 L. 腓力普斯和弗尔特乌斯·麦纳(Vulteius Mena)的故事表明,共和国后期,恩主的幻想是,他如何在街道上认出他自己的门客。[61] 据波里比阿,西庇阿·阿非利加努斯之获得市政官职位,是因为他是个慷慨的礼物施予者,还因为他是一个和蔼的、愿意帮助人民的人。阿西利里乌斯·格拉布里奥在温泉关取得了对安条克的胜利,但由于返回时为竞选监察官大把分发现金(*congiaria*),引起了猛烈的反击。[62] 公元前182年,第一部针对奢侈浪费的反奢侈法得以通过;公元前181年,创建了可能专门用于对付贿选的第一个刑事法庭。[63] 此外,我们发现公元前180年通过了第一部《任职年限法》,大概并非偶然。该法规定了担任官职的时间和顺序,即荣誉阶梯(前文第八章及其注释[105]以下)。贿赂的最初效果,可能是为解放那些以前被束缚的选

---

[61] *Lex rep.* 10 and 33; Plaut. *Men.* 571 ff.; 也请参见 *Trin.* 468 ff.; Hor. *Ep.* 1.7. 46 ff.

[62] Pol. 10.5.6; Livy, 37.46.2—6, 57.9—58.2.

[63] *ORF*, no. 8, frr. 136, 139—140; Macr. 3.17.1—3; Livy, 40.19.11. 关于宴会政治上的重要性,参见 Cic. *Mur.* 74—76; Tac. *Ann.* 3.55;关于选举操纵的发展,概论性著作见 Lintott, 1990a, Nicolet, 1975, 407 ff.

票。㊾ 那引入秘密投票的法律(前文第五章及其注释㉟)可能进一步解放了选民,这为共和国后期的政治开辟了道路,到那时,选举中的竞争和贿赂都达到了高潮。

我们应当考虑的,是罗马平民投票之时,在多大程度上为贵族控制。首先,我们必须强调的是有关庇护制和贿赂方面的证据,无论它们是个别进行的,还是通过诸如特里布斯之类的组织进行的,都与选举而非立法以及实际上在人民大会上进行的审判有关。没有任何资料表明,平民可以偏离他们自身的利益,根据他们各自或集体依附的上司的要求投票。在实践中,人民的立法或其前景可能为贵族创造新的附庸资源,例如,那曾经伴随提比略·格拉古的5000人。㉟ 其次,虽然在共和国的最后两个世纪里,选民并不是在和平中做出自己的决定,而是很大程度上要屈从来自上层的压力,但可能的情况仍是:多样化的压力不完全指向同一个方向。他实际上被束缚于复杂的多重关系,这种复杂性创造了选择的机会和一定程度的自由。同样,共和国后期——这是一个我们拥有关于贵族关系细节的充足资料的时期——出现的精英阶层成员联系的多样化强有力地表明,在正常的状况下,政治不是由一个或两个强大的派别控制的。当这样的情形真正发生时,那或者是内战的结果,如同由苏拉派统治的公元前1世纪70年代那样;或者是政治危机的结果,如同紧随盖乌斯·格拉古垮台后的年代那样。换句话说,它是由政治和意识形态的凝聚力而非友谊、义务等正常的关系创造的。㊱

㊾ 参见 Namier,1968,104。

㉟ Sempronius Asellio,fr. 6P.

㊱ 迈耶(Meier,1966,ch. 1,esp. 14 ff.,29 ff.)对这一重要问题进行了阐发。

宗　教

公元前193年，副执政官 M. 瓦列里乌斯·麦撒拉致信小亚细亚城市忒奥斯，宣布罗马人承认该城有提供避难之权。他评论说，罗马人在创建帝国中所取得的巨大成功，归功于他们对诸神的虔诚。[67] 在对话集《论法律》中，西塞罗汇集理想法典的活动是从有关崇拜和其他宗教仪式的法律开始的。他这么做的理由，是需要给他的公民留下诸神所以控制着一切的印象，不仅是因为这个看法正确，还因为它的功利性后果：尊重条约、誓言和人类社会自身。在宗教法令的末尾，西塞罗借阿提库斯之口评论道，这些法律和努马的法律以及罗马传统并无不同，并亲自确认了这一点，宣称他试图提供的法律适合古代罗马共和国的需要，因为在《论共和国》中，他已经证明它拥有最优秀的政制。[68]

在罗马人关于其城市的观念中，宗教是核心部分。那是赋予在宗教仪式中起领导作用之人以尊严和权威的某种东西，因为它包含，或者说被认为包含着许多古老的因素，罗马人可以用它来支撑保守的意识形态。可是，由于它的许多公共活动以及许多私人活动都不是孤立存在于某一神圣领域，而是与罗马人的其他世俗活动紧密地联系在一起，因此它对罗马政治甚至具有更直接的影响。如众多其他文明的历法一样，罗马的历法是宗教历法。可是，

---

[67] RDGE 34,11 ff.

[68] Cic. Leg. 2.15—23. 关于共和国时代宗教的概述，见 Wissowa,1912；Latte,1960；North,CAH vii. 2^2,573—624；Beard,1990, and CAH ix^2,729—768。

它又不完全由节日确定,这些节日有些很古老,很大程度上具有农业的内涵;有些比较晚近,通常与引进的神灵有关,一个月中复杂的日程分布,传统上每个月由祭司公布。在举行适当的牺牲仪式后,他们首先宣布一个起始日(nonae),在那一天,圣王(rex sacrorum)会宣布每月节日历法其余的日子。⑩

如我们已经指出的,在举行公共活动前,需要进行占卜,以确保神的同意(第七章及其注释㊳—㊻)。Prodigia 即异常且引人注目的自然事件,会导致公共宗教节日,节日上举行驱魔仪式以缓解神灵的愤怒。宗教节日(ludi)上正式的娱乐活动在神灵的护佑下进行,而且是神圣的庆祝活动。⑰ 可是,节日最显著的特征,是官方宗教里最重要的仪式中,多数不是由祭司举行,而是由罗马人民选举的官员表演,事实上其中的一次还由官员的妻子进行。在那个臭名昭著的场合,据说一个男人打扮成妇女模样——人们猜想此人是 P. 克洛狄乌斯,闯入了公元前 62 年的波娜·德亚节(Bona Dea)仪式,而这样的事情所以发生在恺撒家里,不是因为恺撒乃祭司长,而是因为他是一个有执行权的官员(公元前 63 年,仪式在西塞罗家里举行)。⑪ 在许多仪式中,例如奉献牺牲、发愿、祷告和节日庆祝活动等,祭司也许可以向任职或主持的官员提出建议,但他们自己并不表演任何仪式。当元老院就宗教问题向祭司们咨询时,他们的顾问角色也得以显示。在这个意义上,政治和

---

⑩ Varro, LL 6.27—28; Macr. 1.15.9—19.

⑰ 关于罗马宗教节日的创设,特别请参看 Fabius Pictor, fr. 15—16P(=Cic. Div. 1.55; Dion. Hal. AR 7.71—73)。

⑪ Cic. Att. 1.13.3; Plut. Cic. 19.4 f.

第十章 社会和宗教的影响

宗教生活是交互联系的,虽然它们各自都有自己的中心工作和权威来源。此外,像官员一样,祭司由贵族阶层的成员充任。实际上,多数祭司职位一般终身任职,但可以与官员的任期合并。例外的是圣王职位和第亚力祭司(*flamen Dialis*)。人们特别禁止前者出任任何政治或军事职务,后者包括一系列禁忌,实际上使他无法离开罗马担任军事统帅或者从事其他服务,难以担任任何其他职务。[72]

官员和祭司之间的一个基本区别,是除少数例外,祭司终身任职,而官员一年一任。此外,共和国时代,祭司可以由那些尚未穿上成人托加(*toga virilis*)的人担任。[73] 那些专注于具体崇拜的古代祭司,例如圣王、弗拉门祭司和维斯塔贞女等,由祭司长挑选。共和国中期,那些在祭司团任职者(他们具有一般的祭司职能)、占卜官和十人圣书官(他们特别关注的是西贝尔圣书),其任命由同行增补。[74] 可是,从公元前3世纪的某个时候起(由于李维有关公元前292—前219年的记载失传,这个年代可能也失传了),大祭司改由在祭司主持下由人民选举产生,或者毋宁说是由十七个特里布斯选举产生。它不足罗马人民的半数,因此,把它形容为人民

---

[72] 关于圣王,见 Dion. Ha., *AR* 4.74.4;也见 Livy,40.42.8 ff.。据李维,人们企图让那个打算仕此职者放弃他作为海军两统帅(*duumvir navalis*)的职务。关于弗拉门祭司,见 Gell. 10.15.1—25,31—32;也见 Livy,31.50.7—9。据他说,一个弗拉门祭司当选为市政官却无法宣誓服从法律,所以让一个替身履行这一仪式。

[73] 关于祭司职务的终止,其中大多是强迫或自愿辞职,见 Beard,1990,24;关于孩童出任祭司的情况,见 Livy,40.42.7 and *ILLRP* 311。那里所提到的 P. 科尔内利乌斯 P. f. 西庇阿已被确认为阿非利加努斯之子,他在被任命为弗拉门祭司后夭折。

[74] *Staatsr*. ii. 1.18 ff.;Beard,1990,22 ff.

选举是不适当的。用于选举库里亚大祭司（curio maximus）的选举形式可能类似，这个官员的任务，是搜集各个库里亚的宗教捐献。⑦ 在公元前145年保民官C.李锡尼·克拉苏的法案遭遇失败后，Cn.多米提乌斯·阿埃诺巴尔布斯（Cn. Domitius Ahenobarbus）的平民会议决议终于把该程序扩展到所有的祭司、占卜官，可能还有十人祭司团和宴会祭司（epulones）的产生上。⑯《多米提亚法》显然为苏拉废止，但它的条文于公元前63年由T.拉宾努斯（T. Labienus）复活。⑰ 选举祭司似乎是民众更广泛参与公共宗教模式的一个部分。两人祭司团（duumviri）为十人祭司团（后来是十五人祭司团）——其中半数是平民——所代替，据说是公元前4世纪颁布的李锡尼-塞克斯提亚法案的一项内容。公元前300年的《奥古尼亚法》增加了占卜官和祭司的数量，允许平民进入这些团体。三人祭司团（tresviri）（后来是九人祭司团［septemviri］）实际上是公元前196年的平民会议决议创立的。⑱ 可是，那些和古代的崇拜相关的古代祭司职位并不是通过人民选举产生，例如弗拉门祭司、维斯塔贞女和圣王等。这不仅仅是因为这些祭司和占卜官可能起源于王政时代，所以是根据年代划分的层次。尽管如

---

⑦ Cic. Leg. Agr. 2.17—18；Livy, 25.5.2—4；Dio, 37.37.1—2；Res Gestae 10.2；cf. Livy, 39.46.1；40.42.11. 在最后这处记载中，大祭司的"创造"似乎与祭司的同行增补区别开来。关于库里亚大祭司，见 Livy, 27.8.1—3；Festus, 42L. s. v. curionium aes。

⑯ Cic. Amic. 96；Leg. Agr. 2.18；Vell. 2.12.3；Asc. 21C；Suet. Nero 2.1（误为多米乌斯）。

⑰ Dio, 37.37.1；Staatsr. ii.1.30—31；并请参见 Cic. ad Brut. 13（1.5）.3；Fam. 8.4.1 and Caes. BG 8.50.1—4 关于占卜官和十五人鸟卜祭司团选举的记载。

⑱ Livy, 6.37.12 and 42.2；10.6.3—9；33.42.1（Dio, 43.51.9 称，公元前44年之前有七名宴会祭司，恺撒另外增加了三个宴会祭司，给十五人祭司团增加了一个）。

第十章 社会和宗教的影响

此,情况看来是:最初平民的兴趣集中在那些具有重大政治影响的祭司职位上,正是这些祭司职位的产生被引入了人民选举形式。我们可以把它看作原来是一个限制贵族独占宗教的过程,但也可能与下述事实有关:宗教仪式中,不是由祭司,而是由当选的官员所举行的数量是如此之多。可以想象的是,这并非自共和国初期就产生的传统,而是作为对平民的让步,在共和国最初的两个世纪中发生变化的结果。[79]

今天我们知道的唯一例证来自科斯的一份希腊语铭文,为一个名为 C. 丰特乌斯·卡皮托(C. Fonteius Capito)——后来为公元前 33 年执政官——的祭司向人民大会提出。可是,抛开转写拉丁原文中可能存在的正确性问题外(丰特乌斯可能是作为官员被记录下来的,这可能在希腊语文献中被省略了),还有一个问题是该法约属公元前 40 年,当时正值三头时代,传统规则被忽视。[80] 西塞罗还了解另一传统:在被选举出来草拟十二表法的十人团之后,大祭司在阿芬丁山主持保民官团的选举。该记载缺乏旁证,可能是某一罗马作家为解释在十人团期间保民官被废止后得以复活而做的天才尝试。[81] 如果某一祭司为对抗大祭司的权威向保民官申诉,那我们肯定能够看到大祭司与人民大会协同工作,但这里的人民大会似乎更可能是由保民官自己召集的平民大会(前文第八章及其注释㉑)。可是,他的经常性职能中,确实包括在卡拉塔会

---

[79] North, *CAH* vii. 2², 588—590, 619—624.
[80] *RS* i. 36, pp. 497 ff.
[81] Cic. *Corn*. 1, fr. 50 Puccioni＝Asc. 77C; Livy, 3. 54. 11.

场(comitia calata)主持纯粹形式上的库里亚人民大会。[82] 这条史料并不意味着最高祭司被视为官员之一,但有一点是清楚的:他被视为与官员平行的政治权威来源之一。提出这一权威到底是宗教的还是世俗的问题同样不智,因为它两者都是。

虽然许多崇拜活动的举行乃官员的职责,但某些祭司也会负责崇拜仪式。他们中不仅有专管具体崇拜的弗拉门祭司、圣王、维斯塔贞女、幸福女神祭司、牧神祭司,而且有大祭司和宴会祭司。此外,用来确保神灵一段时间内认可的占卜形式即 inauguratio,与进行占卜相反,由占卜官而非官员进行。[83] 占卜官和十人祭司团(十五人祭司团)都可以在他们自己的神圣领域中采取行动。可是,由大祭司、占卜官和十人(十五人)祭司团组成的三个主要祭司团体,其功能是权力部门的宗教政策顾问。Haruspices 即脏卜师也是如此,但作为引入的埃特鲁斯坎人,他们仍处于罗马宗教的主要组织之外。当某些异常或意外事件,例如征兆、公共灾难或宗教问题发生时,罗马会召入这些祭司采取行动。

在编年史家卡西乌斯·赫米纳(Cassius Hemina)有关公元前390年或公元前386年阿利亚战败和罗马为高卢人攻克后的结果的记载中,我们获得了关于祭司早期权威的记载。元老院咨询脏卜师 L. 阿奎尼乌斯(L. Aquinius),他答称,是 Ides 日那天以后的奉献牺牲导致了灾难。然后人们咨询祭司团,他们规定,从此以

---

[82] 前文第五章及其注释[44]—[46];Staatsr. ii. 1. 37 ff.。
[83] 关于祭司职位见 Beard,1990,20—21 的列表。对占卜行为和占卜官之间差异的彻底讨论,见 Catalano,1960。

第十章 社会和宗教的影响

后,所有朔日、Ides日后的第九日和Ides日都属"凶日"。[84] 公元前217年,执政官弗拉米尼乌斯离开罗马踏上远征之途,结果是特拉西美诺湖之战,当时存在大量征兆,涉及天象、供水、雕像、家养动物和禽类。另一执政官C.塞尔维利乌斯向元老院报告了这些征候,并就这些异常向元老院提出了证人。元老院立刻下令举行特别的动物牺牲仪式,并在所有神灵的庙中举行三天祷告。它还进一步要求十人祭司团研究西贝尔圣书,以便根据神灵的预言采取进一步行动。十人祭司团马上提出向卡皮托林三神殿、阿芬丁山上的统治者朱诺(*Juno Regina*)、拉努维努姆的救主朱诺(*Juno Sospita*)和费诺尼亚神举行一系列奉献。当所有这些均完成时,十人祭司团亲自在阿德亚城举行牺牲仪式。12月,罗马除举行牺牲仪式外,还为诸神举行宴会(*lectisternium*)和一场荣耀农神的公共宴会。"萨图纳尼亚"(*Saturnalia*)的呼号昼夜持续,该日根据命令成为了永久性节日。[85] 根据独裁官法比乌斯的提议,大败之后举行了更多的赎罪仪式:虽然没有出现新的征兆,但十人祭司团要进一步研究西贝尔圣书。他们随后发出的指令,又给马尔斯提供更多牺牲,为朱庇特举行赛会,为埃里克斯的维纳斯和门斯修建神庙,并举行一天的祈祷和宴会,以及在未来五年里,如果罗马人民能够在与迦太基和高卢人的冲突中幸存,则向朱庇特发 *ver*

---

[84] Cassius Hemina, fr. 20P = Macr. 1. 16. 21—24; cf. Livy, 6. 1. 11—12. 也请见 Gell. 5. 17. 12,他声称,根据维列乌斯·弗拉库斯的意见,朔日后的日子,Ides日后的第九日和Ides日也都是凶日。于是,根据后来的历法,许多朔日、Ides日及其以后的第九日都是凶日(*fasti*),它们之后的日子也如此。

[85] Livy, 22. 1. 8—20.

sacrum 之愿(也就是说,把那年春天出生的所有动物献给朱庇特)。[85]

公元前62年年底,当波娜·德亚节仪式中的渎神丑闻公布时,人们已经根据维斯塔贞女的指示奉献了第二次牺牲,实际上没有举行更多的赎罪仪式。可是,问题被提交给祭司团和维斯塔贞女,他们宣称发生了渎神事件。当问题再度回到元老院时,它向执政官建议,应把一道法令提交给人民,以对此进行特别的刑事调查。该法案的修正本在经过大量阻挠和冲突后得以通过。[87]

这些分布在三个世纪中的例证,其共同特征是:经常化的程序,对确定宗教事实的关注,对有限变革的喜爱。元老院是行动的枢纽,自身可发起某些常规性的行动,但在困难的宗教问题上,进行决断的权威仍属祭司团。政治控制的因素是重要的。公元前199年,当一系列地震发生时,作为反应,费里亚节(*feriae*)即奉献牺牲和赎罪的节日开始支配公共生活,以致影响了必要的政治管理。因此,在咨询十人祭司团后,罗马发布了再举行三天祈祷的命令,而且规定,在费里亚节期间,任何人不得再报告有更多地震发生。可是,次年地震回归,于是有了38天的费里亚节,随后是三天的祈祷,到那时节日终于结束。[88] 在驱除因灾难和怪异之事可能引起的恐惧和不稳定中,宗教仪式是个重要的资源。观念和倡议来自精英阶层,但在适合的场合,人们诉之于人民大会参与的宪政程序。在处置征兆时,我们能够看到罗马对民众认知的关注。所以,宗教不仅有贵族的发布命令,而且有与一般的人民大众对话的

---

[85] Livy,22.9.7—10.10;Plut. *Fab.* 4.4—6.
[87] Cic. *Att.* 1.12.3,13.2—3,14.4—5,16.2.
[88] Livy,34.55.1—5;35.40.7.

第十章 社会和宗教的影响

主题。在罗马最大军事危机时期的宗教史中,这一点得到了清楚的体现。

据李维记载,到公元前213年,由于第二次布匿战争的压力,传统的宗教仪式和祈祷逐步为新的仪式取代,私人崇拜和公共崇拜都如此。翌年,新任城市和外事副执政官P.苏拉开始宣读某个叫马尔西乌斯的人的预言。预言搜集在苏拉前任编辑的书中,其中之一是对有关坎尼战役的警告,它的正确当然不会令人惊奇(对于现存的西贝尔圣书的预言以及《圣经》类的预言书等,我们了解得更清楚)。另一条建议确立一年一度的荣耀阿波罗的节日,如果敌人被逐出意大利,那节日期间,十人祭司团应根据希腊仪式奉献牺牲。在请示元老院并经十人祭司团核查圣书后,节日马上建立起来。⑧ 在当时的罗马人民中,某些宗教的重要意义立竿见影。元老院最初本能地把变革和外国仪式作为颠覆活动加以遏制,可是,后来它通过创立新的节日,遵循了民间圣书的规定。

这不是第一次采用希腊的崇拜仪式。汉尼拔战争前,依靠来自尼亚波利斯和维利亚的希腊女祭司的帮助,罗马已经引入了克瑞斯(Ceres)的崇拜,这些祭司们还被授予罗马公民权。⑨ 坎尼战役后的公元前216年,在发现两名维斯塔贞女不贞并请示西贝尔圣书后,罗马有一个举行外来新仪式的典型事件:把一对希腊男女和一对高卢男女活埋在一座石墓中,在那里,人们过去已经举行过

---

⑧ Livy, 25.1.6—12, 12.2—15.
⑨ Cic. *Balb.* 55; *adv. Gentes* 2.73.

人牺仪式。[51] 引入新崇拜更显著的例证,是从弗里吉亚运来了代表大母神(Mater Idaea)的石头。该事件始于公元前205年,为西庇阿(后来的阿非利加努斯)任执政官之年,人们对那场战争几次战役结果的忧虑正值高潮。触发因素又是西贝尔圣书,还有来自德尔斐的、让人鼓舞的反应,罗马人给它送去了西庇阿在西班牙获胜后所得的战利品作为礼物。当使者们前往亚细亚途中拜访德尔斐时,它指示使节说,大母神到达罗马之时,应存放于最优秀的人处。李维有关该故事的版本是:在大母神从奥斯提亚前往罗马途中的最后阶段,罗马所有妇女都要根据指示陪伴那个被挑选出来作为大母神主人的人——执政官的堂兄弟、另一个 P. 西庇阿——并轮流搬运那块石头。前往巴拉丁山的旅行于是成为一场宏大的宗教游行,大母神到达之日随之被作为大母神节(Megalensia)加以庆祝。[52]

在大母神故事中,元老院的政策或许不仅仅是对民众情绪的反应,而且通过把民众注意力集中在一个新奇且独特的仪式上,企图有意地舒缓大众的紧张与忧虑。这是对波里比阿的判断——罗马人对宗教如此重视,把它变成了私人和公共生活的核心,以致根本没有超越他们努力程度的可能性——的经典证明,而且它还是

---

[51] Livy,22.57.5—6;Plut. *QR* 83.283f—284c.公元前114年,在发现维斯塔贞女不贞的类似情况后,该仪式重演。

[52] 主要叙事史料见 Livy,29.10.4—11.8,14.5—14。关于德尔斐之旅,见28.45.12;29.10.6,11.5—6;关于法比乌斯·皮克托公元前216年请示神谕之事,也见22.57.5;23.11.1—6。其他参考文献见 MRR 有关公元前205年的记载。该故事的另一版本描述的最优秀的人,是用单手拉纤的克劳狄亚·昆塔(Claudia Quinta)。

第十章 社会和宗教的影响 275

因为大众的缘故这么做的。㉝ 可是,公元前200年,就在第二次马其顿战争前夕,采取主动的是人民大会。大会通过了保民官关于受委托指挥战争的执政官必须发愿向朱庇特献纳礼物和举办赛会的建议。大祭司反对这一建议,理由是它在形式上无效,因为它没有为其确定一个经费总额。但执政官把这个问题提交给祭司团,祭司团赞同这个决议,称钱款的准确数额,就像在五年期还愿的情况下一样,可由元老院确定。㉞

此后的年代里,宗教领域没有显著变革的事例。事实上我们发现,当宗教上出现问题时,元老院按保守路线采取行动。当所谓的努马圣书——其中包含祭司法典和毕达哥拉斯哲学的混合文献——于公元前181年在雅尼库卢姆的一具石棺中被发现时,元老院把它视为危险之物完全拒绝接受,并把它烧掉了。㉟ 在此之前五年对酒神信徒案的反应,即使那些与罗马该崇拜有关的犯罪报道在某种程度上得到了证实,它也似乎体现了宗教上严厉压制政策的总体倾向。李维本人的叙述以及其他暗示清楚地表明,该崇拜已经发展了一个时期。最初它是一年一度的、由妇女举行的三天公共庆祝活动,但现在它变成了每月五天,而且男人也参与其中。除所谓的因此崇拜所导致的犯罪外,它干扰政治和宗教权威当局之处在于它的频率,以及下述事实:它在夜间进行,并举行入

㉝ Pol. 6.56.8—9.
㉞ Livy,31.9.5 ff.
㉟ Pliny *HN* 13.84—87引Cassius Hemina fr.37P(普林尼还引用了森普罗尼乌斯·图狄塔努斯、瓦罗和瓦列里乌斯·安提亚斯记载的有关该书卷数和性质的不同传统);Livy,40.29.3—14.也请见Pailler,1988,623—667。

门式和秘密崇拜。⑯ 尽管如此,我们仍可认为,当时该崇拜并未完全被废止的做法,乃是对民众宗教情感的让步。以后它仍可在官方许可的情况下,作为私人崇拜进行,参加的人数少,而且没有男性祭司或官员(magistri)参与。此外,男女可以一起举行崇拜,而那曾被认为乃该崇拜造成腐败的新特征。⑰

对作为整体的人民和精英阶层的成员来说,宗教是一个真正重要的问题。**精英绝大多数时候是宗教管理的来源,需要考虑民众的宗教情感**。对某些祭司职务实行人民选举,可能是作为限制管理过程中出现腐败和阴谋的方法之一,但它也有利于祭司获得官员式的权威。元老院和祭司团对民众情绪的反应在多大程度上是反应性的而不是压制性的,则是另一个问题。有些时候,它似乎确实是反应性的。可是,虽然元老院和祭司被迫容忍私人宗教行为上出现相当大的变革,但由于异教的本质就是开放性的,而且无论怎样都不存在能够控制此类行为的政治机构或社会结构,所以他们对公共宗教的态度,总体上看是保守而专断的。在宗教问题上,我们可以称为由精英阶层推动的民主措施,是选举产生祭司以及对占卜的规范。在崇拜问题上,波里比阿赞颂的意识形态具有至高无上地位,那就是控制平民的情绪,或者借用西塞罗的看法,是确保人民依赖贵族的建议和权威。⑱

---

⑯ Livy,39.8—19,esp. 14.8—10;SCBacch (FIRA i,no. 30),esp. 7 ff. ;10 ff. ; 15;比较 Cic. Leg. 2.21 和 35—36 有关酒神节夜间崇拜仪式的记载。公元前 2 世纪早期的戏剧观众熟悉这一崇拜(Plaut. Amph. 703—704;Aul. 408—411;Bacch. 53;Cas. 979—983;Mil. 1016)。关于酒神节案,参看 Pailler,1988,esp. 467—521;North,1979。当时在波尔森纳的地下酒神圣坛存在争议,见 Massa-Pauvant and Pailler,1979; Pailler,1971,384 ff. 。

⑰ FIRA i,no. 30,10—21.

⑱ Pol. 6.56.11;Cic. Leg. 2.30.

第十一章 政制的平衡

> 因为,如果我们注目于执政官的权力,那它(罗马政制)看来完全是君主制的和王政的;如果注目于元老院,那它正好相反,是贵族制的;事实上,如果我们考虑到多数人的权力,那它看来显然是民主制的。
>
> ——波里比阿,6.11.3

我们已经研讨过波里比阿有关罗马政制叙述的性质,政制对叙述可能产生的影响,以及它某些更明显的独特之处。既然我们已经对它的三个主要因素——人民大会、元老院和高级官员——进行了评论,而且考察了影响其性质的其他因素,那就让我们再观察一下波里比阿的观念,看它在细化罗马政制的一般观念时,到底对我们有多大助益。波里比阿的分析中,一个重要的特征是:虽然他先后论及那些相互冲突或合作的各个因素或部分——君主制的、贵族制和民主制的,但它们最初都只是政制的几个方面或侧面;不是政制到底是什么,而是对处于某一角度的观察者来说,它看起来是什么。基于这样的建构向他的理论提出挑战并非易事,因为当我们孤立地考虑其各个方面时,它们确实会产生不同的、自相矛盾的结论。

尽管如此,他关于各种政制演变及罗马混合政制地位的论述,所涉及的并不是政制的外表,而是政制内真正政治权力不同程度的平衡。因此,如果我们清楚应当提出什么样的问题,那质疑该理论的有效性就并非不合理。关于形式,"它终归是个真正的寡头政体(还是君主政体或民主政体)"之类的问题,虽然在争论中会富有成果,但会导致偏颇性地忽视该政制的某些特征。更有益的做法是承认三种因素的存在,并就它们在罗马政治生活中所做贡献的相对有效性提出问题。

另外还需要预先指出一点。波里比阿认为,诸因素之间的平衡在罗马历史上一直在变化。几乎不用怀疑的是,共和国早期,人民和元老院之间的关系,以及执政官与元老院和人民或其代表保民官之间的关系,发生过变化。我们需要思考的是,在共和国中期和后期——对于这两个时期,我们拥有比较好的资料,这一结论在多大程度上符合实际;同时我们还要注意,这不是说波里比阿假设那是个单纯的、线性的演变过程。这就意味着我们对政体的分析依赖于政治史。但这样做并无任何不妥。在18世纪的英国,人们注意到,"在一个混合政体中,各自的权力领域并未得到精确和有效界定,特定时期实际的关系,将由个人性格的偶然因素决定;克服危机所需要的,或曾克服过危机享有声望的机关,可能会获得优先地位。"[①]

---

① Pares,1953,61.

第十一章 政制的平衡

高级官员

对蒙森来说,高级官员,其代表是执政官,乃罗马共和国的关键特征;政制最重要的变化,是那些影响执政官的变革。该理论让他把罗马政制史看作一个循环过程——对波里比阿式循环的变通。他认为,最初,君主的权力因执政官的创设以及随后对执政官权威施加的限制而被弱化,但君主先是在苏拉和恺撒的独裁制度中,后最终以元首制和多米那特制的形态,恢复了最初的权威。可是,在执政官的权威和君主的权威之间存在重大差别,虽然两者的统治在共和国时代并存。执政官由人民选举产生,而且在蒙森看来,是人民的代表,受他们的委托统治。[②] 因此,按照他认为的人民利益的需要行事,既是他的权利,也是义务。罗马共和国实行的不是希腊式的民主制——在后者那里,人民大会在管理决策中发挥着积极作用,它是那样一种政制:其当选的领袖不仅要提供领导权,而且要惩办那些未履行服从义务的人。[③] 蒙森认为,在实践中,这个权威因同僚制和高级官职的增加被削弱了。(在削弱官员能力的诸因素中,其他学者可能会加上上诉权,但对蒙森来说,这个过程在执政官控制之下,而且在必要情况下,它可以被超越。[④])

这一看法与波里比阿的观点之间显然有重大区别,也更加独特,尽管关于后者还可以争论。在蒙森眼中,共和国时代的君主制

---

② *Staatsr*. i. 4—8;ii. 1. 11;iii. 1. 327.
③ *Staatsr*. i. 43—44,136 ff. ;Mommesen,1857,ii,ch. 1.
④ *Staatsr*. i. 24;140 ff. ;150—151.

因素同时是民主因素,那里当然有执政官,并且确立了自己作为魅力型领袖的地位,例如西庇阿·埃米利亚努斯、马略和恺撒等。但是,蒙森的观念,尽管可能符合恺撒的自我呈现,但几乎没有涉及共和国时代的人们一般如何看待这些事物的问题。我们也许会想到西塞罗的声明。在就鲁卢斯土地法案向人民发表的演说的开头,他声称他是人民的执政官(*popularis consul*),但那是一个为宣传而宣布的,目的是引诱平民离开他们自己的领袖保民官,根本不享有宪法原则的地位。⑤

我们最好回到前面对波里比阿的评论上(前文第三章及其注释④以下)。从肯定的角度来说,资深官员作为发起人在国内和国外的重要性,都已经得到说明。蒙森有关高级官员与元老院关系的观察,大量地受到他本人有关罗马共和国观念的影响,但在古代的某些说法中得到了证实(前文第六章及其注释⑤—⑨)。元老院对会议召集者的依赖是清楚的,即使并不总是他确定会议的程序,而且他也难以控制辩论进程,但哪个动议应付诸表决,正是召集者决定的。构成元老院决议的具体条款的起草也处在他的监督之下。虽然要求官员执行已经发布的命令的压力相当大,但许多命令中包含下述形式的便宜从事条款:"如果他(他们)如此决定的话(*si ei videbitur*)",或"当他们根据公共利益和他们良好的信誉做出判断时"。⑥

---

⑤ Cic. *Leg. Agr.* 2.6—7 and 102.
⑥ 保存在铭文中的元老院决议的此类例证,见 *RDGE*, nos. 2, 12—14; 7, 50—51; 9, 70—72; 10, A11, B15; 12, 16—20; 14, 73—74; 15, 63—64; 22, Latin 12, Greek 24 f 等。也请见 Livy, 22.33.9; 25.7.4 and 41.9; 26.16.4; Cic. *Fam.* 8.8.5; *Staatsr.* ii. 2. 1027—1028。

第十一章 政制的平衡

另一方面,蒙森的理论暗示的罗马由执政官的"法西斯"统治的图景,乃是误导。没有任何证据表明,执政官巡回于城市中,利用他们的强制权(*coercitio*)维持秩序。当他们行使权力时,那是在履行他们特定职能的过程。⑦ 执政官确实有副执政官作为僚属,但由于罗马司法职能的重要性,公元前3世纪的副执政官常由前执政官出任。刑事法庭的发展,既是军事和帝国扩张的需要,也是罗马内部管理的需要使然。更重要的,是副执政官在罗马的活动,首要的是在司法领域,本质上是自主的;在他们主持元老院或进行立法时,也是如此(前文第三章及其注释⑤—⑥;第七章及其注释58以下)。

正是在作为军队指挥官或者行省总督之时,执政官和副执政官表现得最像国王,这种情况显然影响了波里比阿对执政官权力的看法。⑧ 可是,这样的权力对国内政治的宪政方面并无影响,因为当指挥官返回城内时,他的执行权随之消失;或者在凯旋式结束后消失,如果他举行凯旋式的话。⑨ 此外,在波里比阿时代,共和国的理想是不赞成把高级官员和续任官员的指挥权——续任官员(*continuare magistratum*)或执行权——合并在一起。⑩ 因此,共和国的官职缺乏真正的王权所具有的永久性质。当然,危机时期这一原则会出现例外,如在第二次布匿战争期间,M. 克劳狄

---

⑦ Heuss,1944;Nippel,1995,5 ff.;*VRR* 89—92.

⑧ Pol. 6.12.5—9;Richardson,1991.

⑨ *Lex prov. Praet.* (*RS* i.12),Cnidos Ⅳ.38—39;Delphi C.3;Cic. *Fam.* 1.9.25; Livy,26.21.5;45.35.4;Dio,53.32.5;*Staatsr.* i.128 ff.

⑩ *Staatsr.* i.517 ff.;Astin,1958,esp. 7 ff. 关于这一术语,参看 Sall. *Jug.* 37.2; Livy,9.15.11,41.1 and 42.2;24.9.1;27.6.4 and 8;Vell. 2.91.3.

乌斯·马尔凯鲁斯在大约八年的时间里,几乎是不间断地出任高级官职或者续任官职;西庇阿·阿非利加努斯事实上连续十一年担任职务,或者是马略,对辛布里人战争期间,连续被授予执政官职位。西塞罗曾援引此类先例,以论证把对米特拉达梯战争的指挥权和庞培现存的清剿海盗的指挥权联系起来的合法性。[11] 但是,如果把这类措施纯粹归于政治危机的需要,未免过于简单,因为在某些时期,一些罗马人很可能更愿意经常性地接受某一人或者数人的指挥。事实上,如果平民真的抵制了魅力型领袖的诱惑,那倒让人惊奇了。西庇阿家族和马略的经历表明,他们并不反对。

近来有人主张,公元前4世纪和公元前3世纪初,即在新的贵族-平民的贵族式一致确立之前,通行的习惯是几个主要政治人物的统治;为进行管理,他们可能会寻求人民大会而非元老院的支持。[12] 第二次布匿战争中,我们再度发现统帅权被集中起来,如波里比阿指出的,正是在这一时期,元老院的权威达到了顶峰。[13] 因为需要协调一系列不同战场的战略以及国内的经济和社会政策,元老院的地位也得到了强化。因此,对政体的平衡而言,这一时期并无重大变化。布匿战争结束后,随着罗马帝国在东方的扩张,绝大多数政治和军事职位再度在一小撮人物中分割。此外,防止同

---

[11] Cic. *Imp. Cn. Pomp.* 60 ff. 参见 *MRR* 有关公元前 215—前 201 年以及公元前 107 年以后的有关记载。

[12] Cornell,1995,342—344,370—377 在其他事物之外,指出了下述事实:据《年代记》记载,公元前 366—前 291 年共 54 个执政官,却仅由 14 人出任。

[13] Pol. 6.51.6—7. 考虑到该时期重要的立法,我们不应该低估人民大会的重要作用。

第十一章 政制的平衡

一人十年内两次担任同一职务的立法,可能也再度颁布。[14]

共和国后期,富有魅力的官员,以其对人民大会的重大影响,再度成为共和国的典型特征,它始自西庇阿·埃米利亚努斯,终于庞培和恺撒,更准确地说,可能是恺撒的继承者。由于长期地、连续地出任同一支军队的统帅,他们的权力越来越大,自马基雅维利以来的历史学家和政治学家,都把这一点作为共和国垮台的一个重要因素。[15] 即使我们不把军事独裁自为的欲望归于这些将军(在我看来我们不应如此),[16]但下述说法仍是正确的:首先,他们本是为平民服务的,却成了第一批能够积累起对平民巨大影响的人;其次,他们独占了该项技巧,而且知道如何调度庞大的军事力量。尽管有这些因素的存在,但只要共和国仍以某种形式存在,任何攫取个人独裁统治的企图,都因为传统的对暴君统治的敌视而受到削弱。如同共和国前期三个潜在暴君的著名故事所示,仅仅被怀疑犯下此种罪行者,便可被置之死地。[17] 这不仅仅是不得人心的问题,任何此类行为都暗示,个人居然认为自己享有如此特权,以致他可以无视那约束其他贵族成员的规则,因此是僭取王权的标志。在李维的叙述中,对晚年的西庇阿·阿非利加努斯,人们就是这样看的,尽管当时他没有担任任何职务。公元前59年,其

---

[14] 参见第七章及其注释[90]—[93]关于续任的阐述,以及 Livy, 7.42.2, Astin, 1958, 19—20 有关连续任职的论述。

[15] *Discorsi*, 3.24.

[16] 参见 VRR 2—3, 205—207.

[17] 见前文第四章及其注释[37]—[39]; VRR 55—58.

对手们对庞培和恺撒的看法，肯定也是如此。[18]

元老院与贵族政制

贵族制因素在共和国政制中的重要性，和元老院作为机构的重要性之间，虽然存在明显的联系，但并不完全平行和共存。在波里比阿关于元老院职能的叙述(6.13)以及前文关于一个典型执政官年度的论述（前文第二章）中，我们已经看到了元老院在管理中的核心地位。作为共和国唯一的议事机关，它是公共决策的主要舞台。确实，在一次预备会上，那些经过选择的发言人会向听众发表有关的论证和反驳言论，如同我们在公元前60年西塞罗对《弗拉维乌斯法案》所提出的建议所看到的那样，这会导致对某些提交上来的议案的修正。[19] 可是，在一次预备会上所发生的，与其说是就某一法案的优点进行自由讨论，不如说是一场表演性的辩论，目的是为进行投票的选民听众利益计，将有关问题公布出来，并使得提议人考量公民的情感。相反，在元老院中，尽管高级官员控制着会议的召集以及最后的投票，却有相当多的自由讨论机会，并会创造出辩论自主进行、无法预见的时刻（前文第六章及其注释67以下）。在他们期待从事公共事务时，或者在某些正式场合，我们也

---

[18] Livy,38.50.9;Cic. *Att.* 2.24.3;*QF* 1.2.15.虽然对于那些强势的保民官，人们会有同样的看法。见Plut. *Ti. Gr.* 19.3; *C. Gr.* 14.3。

[19] Cic. *Att.* 1.19.4.也请见 1.14.1—2。弗维乌斯·卡列努斯似乎一直努力要从庞培那里得到议案，以修正执政官有关公元前61年波娜·德亚节事务法案的修正条款。《论庞培的指挥权》(*Imp. Cn. Pomp.*)第52、60节对《加比尼亚法》和《曼尼亚法》的反对条款，也许可以翻译为修正案。

第十一章 政制的平衡

不要低估元老之间非正式交流的重要影响。

共和国体制下,元老院并非立法机构,严格地说,也不具有行政职能。虽然它可能制定规则,而且规则的意图是作为一般的原则,不仅仅是给在任官员提出的建议(见前文第六章及其注释㉙),但在辩论中,任何修订法律的建议,都必须提交给人民大会,并经过正式的、程序正确的投票。元老院辩论的结构,事实上不那么适合起草复杂的立法法案(在那里的辩论中,不存在与英国议会相当的法案草拟"委员会"阶段)。至于行政权力,元老院并不拥有监督官员和制裁在罗马的罪犯的权力,而那是雅典民主政治下议事会具有的权威,因为该权力属于高级官员或那些提出控告的人。在国内,元老院对财政具有事实上的行政权,因为人们期待官员们每年将某些财政方面的问题向它提出报告,特别是因为它决定着由监察官根据合同划拨的金钱的总额,并对出自国库的开支享有否决权。根据波里比阿的看法,只有在执政官花钱时例外。[20]

在对外事务中,元老院不仅做出事关战区及统帅选择的战略决策(否则决定就必须由执政官自己做出了),而且根据适当的指示接待外国使团和派出罗马使节。对主要敌人宣战与媾和的重大决定,直到波里比阿时代,仍由人民做出。但我们并不清楚,在共和国后期这一习惯在多大程度上得以维持(例如,第三次米特拉达梯战争前,没有证据表明公元前74年人民大会就此进行讨投票)。同样,对和约或者盟约的批准,在波里比阿时代,至少在理论上是人民的特权,但到共和国后期,从缔结条约的铭文记载看,似乎已

---

[20] Pol. 6. 13. 3;前文第三章及其注释④、⑫。

经为元老院垄断。[21] 元老院对意大利同盟者事务的干预受到波里比阿的重视,尽管元老院与这些共同体的代表之间有外交往来,但它很大程度上是通过给高级官员的指令来实现的。从方法上说,这与对意大利之外的外交和军事政策的管理并无不同。值得注意的,是在和平时代对这些共同体内部事务的干涉,尤其是罗马人对刑事司法事务的接管。[22] 可是,我们并不能说,这会影响到元老院在罗马的宪政地位。

我们也许可以说,缺少了高级官员的行政权力,元老院可能是一个让人印象深刻但无效的机关。可是,虽然这种图景反映了高级官员对于元老院的重要性以及波里比阿所描述的高级官员对元老院的依赖,但如果说元老院的职能因为高级官员的权力而产生,就不是对事实的正确陈述了。元老院的影响,源自下述需要:有效管理罗马事务,保证贵族的团结,对高级官员的权力进行遏制和协调。元老院是共同政策得以形成、贵族之间的分歧得以调和与联结的天然论坛,它在政治上的分量,适应了宪政与社会的双重需要。

到目前为止,对元老院的讨论局限于它与高级官员的关系,后者大体上可以等同于波里比阿所说的君主制因素。有趣的是,当波里比阿转向描述元老院对罗马人民的权力时,他所提供的答案,似乎是个异常且古怪的东西——平民对在元老院监督下的监察官出让的合同的依赖,以及平民对元老个人充任民事副执政官所做

---

[21] 见 Pol. 6.13.6—9 and 14;10; *Imp. Rom.* 39 及其注释[78]。关于宣战,请参见 Rich,1976,13—19。

[22] 前文第三章及其注释[14];Pailler,1988。

第十一章 政制的平衡

判决的依赖。[22] 看来他无法援引罗马政治组织中平民依赖于贵族的特征,相反,他转向了平民经济和社会的依附地位。我们可以争论的是,即使他过高估计了国家合同在普通罗马人维持生计时的重要性,但他从这一领域中寻求贵族统治的源泉的做法也是正确的,从宪法上说,人民是罗马的主权所在。在前一章中,我们已经讨论过这一论点——罗马人民或者说是平民的投票,尽管在理论上是他们自己的意志的表达,实际上却是由对贵族的各种社会依附所决定的——的各个方面。他们的投票显然要屈从各种外来压力,如庇护制、团体成员资格和贿赂等。但在共和国最后的两百年中,这幅图景至少是混乱的,谈论竞争性压力而非控制也许更加恰当。尽管如此,这显然是贵族权力的一个来源,虽然该权力通常不是一贯而严格地得到执行。那么,它达到了什么程度?

首先,罗马人民似乎接受了在和平和战争时期都受贵族领导的事实,这个贵族阶层在很大程度上是世袭的,它的构成,就其向外人开放而言,在一个时期里确实有所变化,不过变化缓慢。他们集体拥有的权威,倾向于诱导人们服从,尽管在民众情绪高涨时,会出现人民的骚动,特别是考虑到在罗马编年史中,平民抵抗贵族的传统所发挥的重要作用。贵族通过对公共宗教的管理,强化了他们的权威,而公共宗教规定着历法以及一般的公共生活的运作。在这个问题上,尽管贵族会对人民的感情做出某些让步,但对神灵命令的解释始终是贵族的特权,随之做出的决定,甚至可以超越人民大会的决议,还可能让其失效。其次,许多平民在经济上和社会

---

[22] Pol.6.17;前文第三章及其注释[20]、[21]。

上依附于贵族,那些曾作为贵族的奴隶的,或者是过去奴隶的后代的,尤其如此。这些人仰赖于他们的庇护人提供法律上的帮助,赖以为生的财产可能也属于他们的庇护人,或者是利用他们的庇护人所提供的资本从事商业活动。

这种依附关系的政治影响,由于平民可能卷入的各种复杂的关系得到缓解,而且当重大问题成为标的时,例如就某一土地法案进行投票时,此类关系并不必然会压倒平民对自身利益的追求。可是,依附关系的优先存在,让主要的政治人物以获得更稳定的平民的支持来挑战贵族的情感和通过某些政策变得更加困难。事实上,尽管存在着以平民组织为基础的社团,却不能创立真正的"人民党",此乃原因之一。[24]

如果严格地从宪政角度看问题,罗马共和国中的贵族因素体现在元老院管理财政和外交事务的权力,以及如波里比阿指出的,阻止高级官员的权力之中。但是,这个因素远比元老院的职能要大得多,因为贵族的理想是政治行动发生背景的关键部分,是追求美德和光荣的活动的平台,不过在某些领域,尤其是在那标志着"暴君统治的野心"的领域登台,会遭到惩罚。从更广泛的基础看,贵族因素乃罗马社会本身的性质,在这个社会中,在共和国存在的许多时间里,平民不仅受到贵族的财富、声望以及与生俱来的宗教和社会特权的威慑,而且可能还因为对贵族个人的忠诚,被迫保持在分裂状态。

---

[24] 关于克洛狄乌斯在这方面的努力,参见 VRR 80—83,193—194;Lintott,1967。我们也许可以认为,这是一个贵族家族独占对平民庇护权的一种尝试。

第十一章 政制的平衡

人民的权力

亚里士多德很可能会把罗马归于那种比较温和类型的民主政治之列。无论是穷人还是富人，都不能支配政治生活；官职根据财产资格来担任，但数量少且不属永久性质。虽然存在对政治的全体性参与，但从社会的角度看，共同体处在拥有中等财产的农夫或者有闲暇的自由公民的影响之下。可是，他可能会为下述事实感到担心：像在极端民主制度下一样，在这里，是人民大会，而不是法律处在主权地位。因为在罗马，没有任何"根深蒂固的条款"。共和国最根本的原则，如果有人提议，而且经过程序正确的投票表决，可以用一道法令予以推翻。㉕ 在波里比阿的叙述中，人民大会在选举、立法、宣战和媾和方面的权力是匆忙地，而且几乎是随意地重复的，原因可能是他并不想过于强调民主因素，因为他显然认为，当时罗马所拥有的政制，与他自己的共同体——阿凯亚同盟——所拥有的政制属于不同类型，那里的民主被他称为 *isēgoria*（政治上的平等）和 *parrēsia*（言论自由）。㉖ 事实上，如果孤立地看，罗马人民大会的权力会支持把罗马作为某种类型的民主的解释，保民官制度会给这种看法提供更进一步的说明。

由人民大会做出决定的问题涉及的范围相当广泛。他们不仅选举那些构成了荣誉阶梯的部分官职，从监察官和执政官一直到

㉕ Ar. *Pol.* 4.1291ᵇ30—92ᵃ15,92ᵇ25—30.

㉖ *Pol.* 6.13.9—12;cf. 2.38.6;Nicolet,in Nicolet,1983,15 ff.；并见第三章及其注释㉒。

财务官，因此很大程度上决定着共和国中后期元老院的成员资格，而且还包括一些低级官职，例如刑事三吏和铸币三吏等。不足一半特里布斯参加的有限人民大会用于选举大祭司长，在共和国后期，有两个时期还选举了主要祭司团的成员（前文第十章及其注释(75)—(77)）。立法涉及许多不同的主题。首要且最突出的，是对宪法的修正，例如扩大某些官职的数量，引入新的官职。[27] 与此类似的是改变公共宗教职位和程序。[28] 在整个共和国时代，由人民大会通过的法令一直修正着民法，尽管自公元前2世纪起，它在很大程度上为副执政官的《荣誉法》(*ius honorarium*)所代替，以改造旧法并创立新法。[29] 可是，刑法的改革，特别是新的常设法庭（常设刑事法庭）的设立，是立法方面的事情（前文第九章及其注释㊽以下）。此外，最终控制着罗马公民权授予事宜的，是人民大会。[30]
201 除颁布宪法和法令外，建立殖民地，分配公有地，也都由人民大会通过的法律启动。我们还发现，人民大会就经济和社会问题曾通过一系列法令，包括金钱借贷，限制奢侈的反奢侈法，以及共和国后期的谷物法等。[31]

公元前171年以前，一直有证据表明人民大会曾就宣战、媾和

㉗　例如《科尔内利亚法》(*lex Cornelia XX quaest.*) (*RS* i. 14)；《帕皮里亚法》(*RS* ii. 45) 等。

㉘　例如 Livy, 31. 9. 5 ff.; 33. 42. 1。

㉙　Cic. *Leg.* 1. 17; Gai. *Inst.* 4. 30；也请见第七章注释(67) 所引用书目。

㉚　最重要的例证也许是授予意大利人公民权的一系列法律，如《尤利亚法》、《卡尔普尔尼亚法》和《普劳提亚-帕皮里亚法》(*leges Inlia, Calpurnia and Plautia Papiria*)等(*MRR* 有关公元前90年和公元前89年的条目)，关于其他法律，见 Livy, 27. 5. 7; 38. 36. 7—9; 41. 9. 9，和 *Imp. Rom.* 161—162 等。

㉛　Lintott, 1987, 42; *JRLR* 34—58; Virlouvet, 1985.

第十一章 政制的平衡

和批准条约做出决定。那以后,如前文已经指出的(注释㉑),元老院可能接管了对条约的批准权;关于重大战争的宣战,它还不能够确定。可是,总体上看,共和国中期,在对外政策和军事领域,人民大会未就具体问题进行立法。准此而论,罗马人民与雅典的人民相当不同,后者会就军队和使节的派出通过命令。尽管如此,共和国后期的大众政治仍引入了雅典的某些精神,如 C. 格拉古就亚细亚行省的组织进行立法,另一个内容模糊的《森普罗尼亚法》与阿非利加行省有关,且与企图在迦太基建立殖民地的《卢比里亚法》(lex Rubria)有别。㉜ 稍晚有公元前 101—前 100 年的副执政官治理行省的法案,该法当萨图宁和格劳西亚权力如日中天时通过,涉及重要性程度不同的东方事务的许多方面,而这通常是由元老院命令决定的,例如增拨军事力量、军队的粮食供应、马其顿行省总督的新职责和关于海盗问题的书信的起草等。㉝ 后苏拉时代的法律中,如《加比尼亚法》、《马尼利亚法》和《瓦提尼亚法》(leges Gabmia, Manilia and Vatinia)等,事关重要的海外统帅的任命。除指定统帅本人外,这些法律似乎还包含详细的指令,从而侵入了此前一直由元老院裁量处理的事务的范围。㉞

如果说通过人民大会立法在共和国后期变得更加重要了,那么在政治事务中,人民对制裁权的控制则变得更加遥远了。当波

㉜ Cic. Verr. 3.12; lex agr. 82 with JRLR 269—270.
㉝ RS i. 12 with Lintott, 1976, 70—72.
㉞ 例如,授权庞培的《马尼利亚法》,授权克拉苏的《特里波尼亚法》,都允许他们与他们挑选的对象缔约和进行战争(App. Mith. 97.446—447; Plut. Cato mi. 43.1; Dio, 39.33.2)。

里比阿把人民给予荣誉和惩罚作为人民大会最重大的权力时,存在一个问题:虽然在他的时代,有证据表明一系列的审判在人民大会上进行,但我们所了解的这类重大审判中,没有一个最终被判决有罪,这就让我们怀疑,作为人民反对贵族的武器,这些审判是否有效。[35] 无论如何,随着常设刑事法庭的创设和成长,人民把他们进行惩罚的权力委托给了陪审团,尽管是一个可能由五十人或更多人组成的陪审团。青铜残片上保存的格拉古《关于勒索钱财罪的法律》所使用的程序表明,它努力把审判程序的所有部分都公开,而且陪审员虽然可能有财产资格限制,但有意清除了那些与元老有关的人,因此是该法民主的表现。[36] 可是,对陪审员的这种限制在随后的立法中未能坚持下来,而且到共和国后期,虽然偶有人民大会进行审判的情况,但无论如何,人民似乎已完全被说服:为了政治控诉具有更大的效率,放弃他们的民主特权。

虽然波里比阿在讨论对元老院权力的限制时(6.16.4—5),几乎是把保民官事后作为添加物列入其中,但我们仍能够证明,该官职构成了罗马民主因素的重要成分。立法最为有效的中介,正是由保民官主持和召开的平民会议。保民官的干预权,在对抗元老院和高级官员时,几乎是屡试不爽的阻止手段。当人们以帮助形式利用干预权捍卫公民个人权利时,它变成了罗马人对抗那些比自己更强大的公民、捍卫合法权利的有效保障,事实上,甚至那些

---

[35] Pol. 6.14.6;第九章及其注释⑲以下;Machiavelli, *Discorsi* 1.28 and 31 认为,人民的这种仁慈乃共和国的一项美德。

[36] *Lex rep.* 12—23, 36—38, 53, 65—66, 79 with *JRLR* 20 ff.; Sherwin White, 1982.202.

陷入孤立和危险状态的精英阶层的成员,也采取过这样的行动。虽然人们认为,这是对该法原初意图的歪曲,但事实表明它具有显而易见的效果。较低等级的罗马人无力采取政治上的主动行动,但在保民官中,他们至少有一个潜在的、忠诚的代言人,从理论上说,他的领导起码让他们对政治产生了重要影响。

尽管政制中的人民因素具有显然的重要性,但现代学者倾向于相信,这样的外表是欺骗性的。有关论证取两个理路进行:第一,人民大会并不真正代表人民;第二,在绝大多数时间里,提升人民利益的,既不是人民大会,也不是保民官,它们都倾向于为精英阶层的野心服务。

就普通罗马公民显然不曾积极参与辩论而言,罗马人民大会不同于雅典的公民大会,对此我们已经清楚。普通公民确实在一个法案被否决或者表决前有权发言,但在共和国中后期,有可能被邀请发言的,是精英阶层的成员(前文第五章及其注释㉗)。更重要的,是人民大会的实际构成,自公元前4世纪中期罗马领土和它的公民人口扩张以后,甚至很少能占到罗马公民总人口的代表性样本。共和国后期,正常情况下的选举是在7月份举行,有机会让全意大利和山南高卢的公民前来参加,虽然到底有多少人真正能来,我们没有概念。共和国后期,罗马城及其郊区的公民可能超过20万之众,大约占罗马登记公民总数的四分之一。㊲ 如果我们假设这些人的多数参与投票,选举之时,另有来自罗马之外的五万人加入,那执政官、保民官以及其他官员就可能是由大约登记公民的

㊲ 参见 Frank,1933,329;Beloch,1886,392 ff.;Brunt,1971,376 ff.。

四分之一选举产生(公元前 70—前 69 年的统计是九十一万人)。这些可能是乐观的假设。尽管如此,我们仍可认为,虽然共和国后期的官员由罗马公民中的少数选举产生,他们的当选仍得益于大量人民的支持。至于立法活动,我们得知,在某些场合,有罗马之外相当数量的人参加。据阿庇安和狄奥多罗斯,提比略·格拉古的土地法让人民——殖民者、拉丁人和其他人等——群集罗马,并根据对法案的态度分成两派。后来,当格拉古希望获得支持再度当选保民官时,他试图从乡村召集人手,但由于当时这些人正忙于收割,他转而向城市平民求助。[38] 据一个当时人说,在城内,他通常由一支大约五千人的护卫相伴,[39] 支持他的城市总人口可能要大得多。我们还听说,公元前 100 年萨图宁土地立法以及当年晚些时候他企图再度当选之时,乡村选民大批涌入城内。[40] 即使这也只是公民人口一个相对较少的比例——当时大约超过 30 万人,但我们这里涉及的政治参与者的原始总人数,比任何希腊城市能聚集的人口都要大。

在此,我们必须给我们前文(第五章及其注释⑤和注释㊾)提到的由罗马集体投票体系造成的歪曲留下空间。在森都里亚大会中,是按照等级和森都里亚投票,在特里布斯大会中按特里布斯投票。如西塞罗指出的,前者的集会对大众不利,财富,还有年龄,被赋予了与其比例不相称的影响。可是,虽然执政官选举可能在第

---

[38] App. *BCiv.* 1.10.41,13.57,14.58;Diod. 34.6.1—2(可能源自波斯多尼乌斯[Poseidonius]的说法,表明这一传统属于近乎当代的资料)。

[39] Sempronius Asellio, fr. 6P.

[40] App. *BCiv.* 1.29.132,30.134,32.143.

二等级的票数计算之后就已经决定,导致比较贫穷的人民根本没有机会对结果产生影响,但在一场势力接近的竞争中,可能需要所有森都里亚投票。[41]

在特里布斯大会上,潜在的歪曲因素有两个。第一,某些乡村特里布斯可能代表很少;第二,公元前2世纪以前,解放奴隶以及他们的后代通常被限制在四个城区特里布斯中,因为罗马人不愿意让新公民拥有过大的影响。有关这一限制的资料以及克服它的努力,是如此众多,以致其重要性无可争议。但这样做的动机之一,是希望限制保护人对他们过去的奴隶的影响(第五章及其注释[52]),因此从原则上说,也许可以认为是民主的。至于乡村特里布斯的低代表率问题,其中的17个拥有这样的领土,其选民到罗马的距离不远,他们的成员要参加那些他们认为重要的人民大会时,几乎没有多少困难。西塞罗曾经认为,克洛狄乌斯聚集的,除了他自己的几个支持者外,就是那些支持率糟糕的乡村特里布斯的人口,但这个说法是孤证,而且像西塞罗所有其他指控克洛狄乌斯的罪名一样,肯定需要做某些保留。[42] 更加重要的,是那些遥远的乡村特里布斯中刚好把他们的家搬到罗马的成员的影响。他们的重要性可从下述事实推知:虽然在35个特里布斯中只有四个属于城区,除非那些来自乡村的人民付出特殊的努力出席大会,否则城区平民的成员似乎支配着公元前2世纪后期和西塞罗时代的特里布

---

[41] Cic. *Rep.* 2.39; *Phil.* 2.82; *Leg. Agr.* 2.4; Yakobson,1992,esp. 44 ff.,虽然他根据西塞罗《论共和国》(2.39—40)所做的论证(48—49)并不可靠。见前文第五章注释[77]。

[42] Cic. *Sest.* 109; Taylor,1966,76.

斯人民大会。㊸ 尽管如此,在重要的场合,那些来自乡村特里布斯,实际也居住在乡村的人确实来到了城内,而且影响了人民大会的表决。

第十章中,我们已经讨论过下述论点的某些方面:无论人民大会的构成如何,它的投票都受到精英的控制。对于选民,当时肯定有各种压力,如他们作为特里布斯成员、社团的成员,以及诸如此类的组织,还有与比较富有、更具影响力的公民的私人关系等。在秘密投票制引入前,这些压力可能特别强大(在《论法律》的对话中,作者让Q.西塞罗论证道:正是因为大人物的压力,才导致人民对投票法的要求)。当时还存在贿选,罗马人认为,这是某种挤压现存庇护人-依附者关系的东西(那些强化现存关系的礼物不属贿选),确实,它在罗马所以发展起来,似乎正是因为它具有这种功能。㊹ 可是,这样的压力是民主社会具有的一般特征,问题在于选民是否仍有选择他认为对自己更加有利的投票的自由。共和国最后的两百年中,对选民施加的压力可能常常相互冲突,而且因其复杂性被弱化,这会让选民有某些操作的空间。

我刚刚援引的关于投票法的例证,表明人民不仅会根据他们自己的利益投票,而且会寻求立法,如同在同一个十年中,他们从T.格拉古那里要求土地法案一样。㊺ 在《为塞斯提乌斯辩护》有关

㊸ VRR 86,179—181.在《论土地法》的第2章第71节中,西塞罗的论证策略暗示,他演说的对象是城市居民,人们期待,在关于土地法的投票中,他们占有优势。

㊹ 参见Lintott,1990,以及那里所参考的此前的文献,另见Bleicken,1975,278 ff.。关于投票法,见Cic. Leg. 3.34 ff.以及前文第五章及其注释㉞以下。

㊺ Cic. Leg. 3.34;Plut. Ti. Gr. 8.10.

第十一章 政制的平衡

贵族政治的插叙中,西塞罗论证道,那时贵族政治所以可敬,大众政治所以腐败,原因是人民满足于他们的命运,不提出要求。在此之前十年,在他为马尼利乌斯的法案辩护的演说中,西塞罗论证道,遵从人民的情感,将米特拉达梯战争的指挥权授予庞培是正确的,因为在前一年人民投票支持《加比尼亚法》时,人民已经证明了他们的正确,他们的贵族反对派错了。⑯ 平民自己不可能提出立法,他们需要等到有一个愿为他们利益工作的高级官员行动。可是,在我们的资料中,人民被描绘成能够要求某些措施,并做出理性选择的人。民众的不满,也构成了抨击元老院对朱古达政策的背景,也是通过恢复分配谷物和保民官全部权力等办法,颠覆苏拉政策的背景。这里列举的只是些著名的例子。⑰

人们也许争辩说,这是动荡的共和国后期的特征,可能复制了共和国早期的斗争,不是萨路斯特眼中那把两者分开的和谐年代。⑱ 可是,即使是共和国中期,平民也投票通过了一系列措施,例如公元前189年关于解放奴隶后代的《特伦提亚法》(lex Terentia)、公元前188年授予丰狄、弗尔米和阿尔皮努姆以公民权的《瓦列里亚法》,两者都不是由元老院倡导的。加图的《上诉法》(lex de provocatione)在何种背景下得以通过,我们也不清楚。⑲ 此外,我们发现,森都里亚人会表现出它不愿支持发动第二次

---

⑯ Cic. Sest. 104; Imp. Cn. Pomp. 53—56. 与此相反的看法请见《论土地法》(Leg. Agr.,101—102),在那里,西塞罗宣称,他对鲁卢斯法案的抨击获得了人民的支持。
⑰ Sall. Jug. 30.1;40.3;Hist. 2.45,47;3.48.23M;Cic. Verr. 1.44—45.
⑱ Hist. 1.11M.
⑲ Plut. Flaminin. 18.2;Livy,38.36.7; ORF,no.8,fr.117.

马其顿战争的意愿(同时还有一个宗教上的议案,最终宣战后,随之通过)。㊾为人民的利益立法(*commodun* 或 *commoda*),正是平民派政治家的原则。㊿这暗示,即使上层阶级的庇护人试图让人民做相反的事情,但仍可期待人民会支持符合他们自身利益的立法。我们也不能忽视这样的思想意识:它坚持认为,法律是人民意志的表现,尽管法律通过的背景让人生疑。对于共和国最后一百年中的立法,正是这一点让我们难以完全忽视它们,或者宣布它们无效。㊼

如果罗马人民能够让他们的政治家明了问题所在,并说服他们的领袖推动某些政策,那我们如何看待他们的领袖,尤其是保民官?曾有人论证说,当这个一度革命性的官职被吸纳进罗马政制后,到波里比阿时代,他们也是被操纵的对象。这正是布莱肯在《古典共和国的平民保民官》中提出的核心论点,虽然在后来的一篇文章中,他大大细化了他的看法。㊳确实有许多保民官与元老

㊾ Livy,31.6.3—4;9.5 ff. 我显然无法接受布莱肯的看法(1975,288ff.),他认为,立法一般是代表贵族的官员和人民之间的协议。虽然对于那些"根据元老院的决议"(*de senatus sentential*)通过的法案来说,这个描述是公正的,但这样一个特殊限定语的使用本身就暗示,元老院的赞同并不是立法的一般性质。立法为提议人和选民之间的协议乃不言自明之事。

㊿ Cic. *Sest*. 103; *Leg. Agr*. 2. 71,76,78,81; *ORF*, no. 48, fr. 44 = Gell. 11. 10. 3; Ferrary,1982,748 ff.; Perelli,1982,5—69.

㊼ 公元前 43 年,M. 安东尼在一封信中(*Phil*. 13. 31)如此谴责执政官:"你已经根据元老院命令取消了一个根据法律建立的老兵殖民地。"(*veteranorum colonias, deductas lege, senatus consulto sustulistis*)。也请注意西塞罗反对克洛狄乌斯立法论证中的精密性质(*Dom*. 43—61)。关于法律的撤销,见前文第五章及其注释㊼以下,以及 *VRR* 132—148。

㊳ Bleicken,1955。在 Bleicken,1972 中,他重复了自己的看法;Meier,1966,尤其是第 117 页以下发展了这一看法。与此相反的看法见 Bleicken,1981,他论证道,保民官是变革和反对元老院多数意见的"支柱"。

第十一章　政制的平衡

院的决议合作并协助贯彻这些决议,但我们可以争辩说,那是因为他们认为,决议符合共和国的最大利益。[54] 共和国中期,正是由于保民官被拖入了公共事务的主流中这一事实,导致它在代表人民利益时,失去了某些锋芒。尽管如此,执政官和元老院所以争取他们的合作,恰恰是因为这是一个代表平民的主要职务,而且其职能是外在于元老院中的贵族的。我们可以论证,最重要的政治控告所以被委托给保民官,以把那细致的、令人讨厌的尝试毁灭精英阶层的事务,交到一个官员之手,原因正在于此,因为人们期待,该官员任职期间所代表的,是精英阶层之外的那些人。就其与贵族和牙座官员的关系而论,当人们认为某个官员逾越了他的职能,或者贵族内部发生纠纷,需要裁判之时,保民官的外人地位也可发挥作用。[55]

波里比阿的论断——保民官总是需要执行人民的决议,并且把眼光盯在人民的意愿上——代表了对保民官的一种态度。这个结论颇有争议,但也许不像人们经常认为的那样极端和激进。从T.格拉古保民官任期内的事件看,它获得了特殊的说明,当时他提议废黜自己的同僚屋大维,理由是一个反对人民意愿的保民官,使得自己不再适合担任该项职务。在随后遇到异议时,他为自己的行动辩护时争辩道,反对共和国的最大罪行,例如在卡皮托林山或在船坞中纵火,本身不足以让人们丧失担任保民官的资格,但不

---

[54] 有关例证见 Livy,30.27.3;31.50.8;39.19.4;45.35.4。共和国后期的一个例证是《关于特美西布斯的安东尼亚法》(*lex Antonia de Termessibus*),它保存在一块青铜残片上。见 *RS* i.19。

[55] 前文第八章及其注释[117]和注释[130]以下;前文第七章及其注释[56]—[57]。

服从平民的意愿就会失去。[56] 事实上,对土地法案的否决,实际上是对任何其他有关的、一般由平民处理的公共事务法案的否决,这在当时都是史无前例的。[57] 因此,导致极端反应的,正是屋大维的极端措施。

可是,保民官服从平民的原则,可以从另一个不同的角度看。保民官无畏无偏私地履行他们的职责,是对他们的要求,特别是对那些来自平民派贵族的保民官来说,他们与贵族的关系,要被置于平民和全体人民的利益之下。人们的谅解是:如果这样一个人当选为保民官,则他要想不被视为本阶级的叛徒,必须把他和那些可能损害贵族利益,而且不太可能从元老院获得多数支持的法案联系在一起。这是罗马人民活动和意识形态的基础之一,因此,在后格拉古时代那些狂热的保民官中,我们发现了诸如 Cn. 多米提乌斯·阿埃诺巴尔布斯和 L. 马尔西乌斯·腓力普斯那样的人,两人都是约公元前 104 年的保民官,后来则变成了"行业标兵"。[58] 我们可以认为,这样一种合法的反对,常常强化元老的统治。[59] 可是,保民官的作为,大量地取决于什么样的人出任保民官。从宪法的角度看,捍卫平民利益乃根深蒂固之传统,而它就成了政治冲突

---

[56] Pol. 6.6.5;Plut. *Ti. Gr.* 15.2—4 and 7=*ORF*,no.34,fr.16;cf. *Ti. Gr.* 14.5—8=*ORF*,no.17,fr.4. 也请参见 App. *BCiv.* 1.12.51—53;Cic. *Corn.* 1. fr. 31 Puccioni=Asc. 71—72C;Badian,1972,706 ff.

[57] 关于对公民权法案的否决被撤回的情况,参见前文第二章及其注释[19],这类法案显然是人民大会的特权,参见 Badian,1972,694 ff.。

[58] 关于他们的仕途,参见 *MRR*. 同盟战争期间,阿埃诺巴尔布斯位至监察官,腓力普斯作为执政官对抗过李维乌斯·德鲁苏斯,马略时代曾任监察官,苏拉返回后,他成为首席元老。

[59] Meier,1966,40 ff.,117 ff.

的潜在根源。

平衡的变迁

波里比阿看到了罗马混合政制的平衡从贵族制向民主制的滑动，但事情不是那么简单。我们已经提到了康奈尔(Cornell)的论点(前文注释⑫)：公元前4世纪末和公元前3世纪初的政制，是一种魅力型领袖和人民参与的混合物，它不利于元老院，用波里比阿的话说，乃君主制和民主制的混合物。公元前3世纪的其余时间，可以视为元老院统治的时期，第二次布匿战争期间和公元前2世纪前期肯定也是如此。但C.弗拉米尼乌斯，可能还有更早的M.库里乌斯·登塔图斯的例证表明，公元前4世纪的模式可能回溯。将公元前287年作为"等级冲突"的终结点，也许是虚假的分期。(60)当元老院的统治约公元前2世纪中再度受到挑战时，其部分原因正是保民官传统的支持平民的活动，这一次是征兵问题。但当时也有受欢迎的军事领袖——西庇阿·埃米利亚努斯，他是当时平民引颈翘望的焦点。(61) 可是，随着提比略·格拉古出任保民官，对政制进行重新解释的第一步开始迈出。

前文已经指出，在一定程度上，提比略·格拉古是按照传统规 209
则履行保民官职责的。屋大维顽固的否决是不正常的，由此导致他的职务被人民大会终止，则富有争议性，因为T.安尼乌斯

(60) Pol. 2.21.7—8；Cic. *Inv.* 2.52.更详尽的论证见前文第三章及其注释㉖；前文第四章及其注释㊾以下；Lintott，1987，52。

(61) Taylor，1962；Astin，1967，98 ff.，175 ff.；Lintott，*CAH* ix^2. 59 ff.

(T. Annius)试图表明,他可以通过赌誓(sposione provacare),发起合法的挑战。可是,如果提比略的措施已经得到通过,他本人又已经在没有更进一步行动的情况下离职,那波里比阿式的共和国就仍会在罗马胜利。但随后发生的,事实上是把人民大会转变为另一个管理机构的第一步——通过了一个法案,它利用罗马新近在亚细亚的所得来执行土地改革计划,以及格拉古本人对第二个保民官任期的追求。这并不必然违法,但缺少明确的、比公元前4世纪李锡尼和塞克斯提乌斯更晚近的先例。格拉古的竞选,还伴随着新且重大的立法议案。人们也许会论证,这不过是人民大会受到鼓舞,希望行使它固有的最终权威而已。但他的支持者可能让他控制人民大会的投票,而且在同样得到人民支持下连任保民官后,存在着在平民中创建某种接近于政治组织的危险——自撤离运动以来,这是个史无前例的事物,而且该组织有一个富有的、高贵的人民英雄为首领。因此,他的贵族反对派将他视为专断的人民领袖,几乎没有什么让人惊奇。与其说民主因素在政制中被放大,不如说是贵族集体的社会权力受到了威胁,因为人民大会正得到教育,相信它可以就任何它喜欢的决议进行投票。

C. 格拉古在更大的范围内重复了这个故事。人民大会获得了更多通过关于土地、殖民和谷物的法律来提高自身福利的方法,盖乌斯本人确实成功地连任了一年。虽然从宪法上说,元老院的地位并未受到挑战,但它的成员因为新的司法程序受到威胁。此外,人民大会发现它自己正通过越来越复杂的法律(从现存的格拉古《关于勒索钱财罪的法律》和后格拉古时代的《土地法》部分文本

第十一章 政制的平衡

中,我们可以得到某些立法复杂程度的概念),[62]其中包含涉及帝国管理和财政问题的条款。它最终也导致了激烈的反应以及一个时期的贵族统治。该世纪末年,我们看到人民领袖回归到格拉古的原则,通过了关于土地、谷物的法律,并干预行省事务。为让他们的地位更加稳固,他们并不只是依靠人民大会的支持,而是争取伟大的军事统帅C. 马略的支持,后者曾经连续当选为执政官(公元前122年,C. 格拉古也曾寻求得到执政官C. 范尼乌斯[C. Fannius]的支持)。如我曾指出的,有关副执政官治理行省的法律,是当时罗马政治民主色彩的标志之一。该法中包含的大量相对琐细的条文,如同让法律条文生效所设置的誓言和惩罚措施之庞大的精密结构一样,具有重要意义(见前文注释㉜)。萨图宁和格劳西亚手段玩得过头了,因此失去了马略的支持,并且像他们之前的格拉古兄弟一样,被消灭了。可是,民主方法如今已经充分确立,一种真正新奇的政治意识形态已经出现。

然而,钟摆再度回摆。公元前98年,《凯其里亚-迪第亚法》紧随萨图宁垮台后通过,首次提供了一个取消法案的机制,在其他用途之外,它还可以通过占卜权来支持以宗教原因阻止立法。[63]具有讽刺意味的是,它的第一次使用是用来对抗李维乌斯·德鲁苏斯的立法。该法案企图把民主方法及利用土地和谷物为民众提供福利的法案与元老院和意大利人的利益联系起来。在马尔西人战争和原则上将公民权让与罗马的拉丁和意大利同盟者之后,利

---

[62] *JRLR*, esp. 59 ff.
[63] *VRR* 140 ff.

用人民大会的立法来解决当年突出问题的是P.苏尔皮基乌斯，结果他引起了苏拉对罗马的进军。

公元前88年由苏拉提出的法案，是重建贵族权威的一次激进尝试，即使这些法案得到了执行，那也仅仅在一个短时期内。它规定，未经元老院预先讨论，任何建议不得被提交到人民大会；所有投票都必须在森都里亚大会进行，不得在特里布斯大会举行（平民会议因此变得毫无权力）。(64) 苏拉自东方返回并成为独裁官后，他显然没有恢复第二项措施（他本人关于财务官的法案是在特里布斯大会上通过的）。(65) 在人民大会上进行立法需要元老院预先讨论的规定可能恢复了，但由于同样激进的一项措施——禁止保民官立法和控告（我们不清楚它采取的是何种形式）——而被大幅度
211 削弱。保民官还被禁止担任更高级的官职。(66) 他们仅仅保留了进行阻止的权力，其中包括保护个人和向人民发表演说的权力。人们可以争辩说，既然公民团体的巨大增长让在罗马举行的人民大会如此缺乏代表性，所以立法不能只是委托给他们，因为能够更好代表意大利的，是新近扩大的元老院。(67) 虽然如此，政制的平衡被颠倒了，公元前1世纪70年代因政治腐败毫无遏制而臭名昭著。此外，如西塞罗所承认的，罗马的平民由于失去了保民官，开始诉之于传统的暴乱以发泄自己的不满。因此，恢复保民官的全权，作

(64) App. *BCiv*. 1. 59. 266.

(65) *RS* i, 14.

(66) App. *BCiv*. 1. 100. 467; Livy, *Per*. 89; Caes. *BCiv*. 1. 5. 1 and 7. 3; Cic. *Leg*. 3. 22; Asc. 81C; Sall. *Hist*. 3. 48. 8.

(67) 关于意大利人得到代表的情况，见Wiseman, 1971, esp. ch. 3, 4。

第十一章 政制的平衡

为一个安全出口,成为令人期待之事。[68]

同时,罗马政制的发展,因为权力日渐积累到海外统帅之手,被掩盖了。尽管有第二次布匿战争提供的先例,但在整个公元前2世纪,总体上看,罗马人授予的军事统帅权的时间都相对短暂,直到该世纪最后的几年,马略才取得了他的第一波六次任执政官。公元前1世纪初期,这仍是一个孤立的先例(马尔西人战争中不曾有人模仿)。可是,事实上,内战让苏拉长期在东方担任续任执政官(如果我们把续任执政官和他以前的职务联系起来,意味着他几乎连续十年担任军事统帅),同时在罗马,马略派的主要人物将他们的年度官职任期成倍地增加。

那么,在苏拉看到了对共和国的威胁——如他本人的经历所暗示的——后,是否尝试过为共和国的未来消除它们?那些追随蒙森的学者们论证,苏拉的政策是要把民事官员和军队统帅区分开来,因为任职期间,两执政官和(当时的)八名副执政官都留在罗马,然后全都接管行省。累积起来的行省的数字,那时恰好是十个(如果山南高卢与山北高卢或者伊里吕库姆合并的话)。因此,也就不存在延长统帅权任期的必要。[69] 此外,《关于罗马尊严的科尔内利亚法》(*lex Cornelia de maiestate*)已经规定,未得元老院许可率军离开行省或者发动战争,均属犯罪。人们也许会认为,苏拉尚未天真到认为一个像他那样的人,一旦他决定率军进攻罗马发动内战,会因下述想法而被制止:如果他失败,他会受到特别为此意

---

[68] Cic. *Leg*. 3. 23—24.

[69] *Staatsr*. i. 57—59; ii. 214 ff.; iii. 1104—1105; Mommsen, 1857, ii. 353—356, 蒙森的看法受到 Giovannini, 1983, 73 ff. 的批评。

图制定的法律的控告。但无论如何,如今我们知道,这个法律并不是为此意图制定的。苏拉法律的条文来自《波尔西亚法》(可能属公元前101—前100年),并且为《关于副执政官治理行省法》重申。(70) 共和国后期,副执政官确实是直到他们城邦官职任期结束后才获得行省指挥权的,(71)但是,执政官在任期之初仍被分配了行省(公元前52年以前,根据C.格拉古的《森普罗尼亚法》,是在他们当选之前决定),有些执政官任期未满就前往行省。(72) 苏拉企图通过立法来消除因长期出任军队统帅造成的危险的观念,不过是幻想。在随后十年中控制罗马政治的那些他的支持者们,似乎也意识到这个问题。为与塞多留(Sertorius)作战,梅特鲁斯·庇乌斯(Metellus Pius)在西班牙待了大约九年,庞培是六年;在东方,卢库卢斯(Lucullus)最后任职大约七年,还有许多统帅大概是三年。一个原因是战场数量众多,缺乏足够能干的统帅,另一个是个人的野心。统治着共和国末年的、长期的军事统帅,在公元前1世纪70年代已经有了先例。

公元前70年庞培和克拉苏恢复保民官全权的举动,导致了保民官强有力的活动,而且这些活动常与特殊的续任执政官的指挥权有关。格劳西亚和萨图宁与马略的联合,在加比尼乌斯和马尼利乌斯与庞培、瓦提尼乌斯与恺撒、克洛狄乌斯与皮索和加比尼乌

(70) Cic. *Pis.* 50;*lex prov. praet.* (*RS* i. 12),Cnidos Ⅲ,3 ff.;Giovannini,1983,91 ff.

(71) Cic. *Att.* 1. 13. 5,14. 5,15. 1.

(72) 公元前43年可以作为一个特殊年份排除在外,其他证据请见 Cic. *Att.* 1. 16. 8,19. 2;4. 13. 2;*Sest.* 71—72;*Prov. Cos.* 36—37。也请见 *MRR* 关于公元前78、公元前74和公元前63年的记载,以及前文注释㉞。

第十一章 政制的平衡

斯，以及特里波尼乌斯与庞培和克拉苏的联合上被复制。这些联合的结果，是在相当长的时期里，将罗马海外活动的大部分排除在罗马权力机构的监督之外；就庞培而论，甚至包括财政支出和开征税收之权。[73] 因此，共和国最后的几十年中，元老院已经陷入保民官和续任执政官的夹击之中。前者以格拉古兄弟为榜样，正重夺人民大会理论上的主权，以便在罗马的政治决策中发挥主导作用，后者则利用了授予他们管理帝国事务的便宜行事之权。

这里勿需详述有关的暴力活动和腐败状况，那乃是当时城市内政治的特点。但应当强调的是，这与其说是因为某一特殊的个人或集团的统治，不如说是因为冲突和准无政府状态。传统上被视为权威的机构——元老院和当时城内的高级官员——信用的丧失，反过来恶化了形势。元老院本身自苏拉以来已经超过五百人，也缺乏苏拉以前该机构所具有的一致性，它较年轻的成员会受到一小撮伟大政治人物的巨大影响。如果把这个阶段作为柏拉图式（或波里比阿式）循环进步的低谷，未免过于简单化。由于有克洛狄乌斯的各种活动，城市平民并不曾被允许为它的领袖创造出独裁的地位，相反，高级官职的传统权威得到了伸张（可是，不是独裁官，而是以无同僚的执政官的形式）。与其说是罗马的混合政制变成了君主制式的人民领袖，不如说是制度与植根于制度之中的意识形态之间的冲突造成了僵局，因僵局产生了内战。然后胜利的统帅就可以利用人民大会的主权，为他自己创造一种超出共和制

---

[73] 参见 Plut. *Pomp.* 25.6；Cic. *Att.* 2.16.2；请与 4.1.7 有关公元前 57 年迈西乌斯（Mencius）的议案比较，并见前文注释㉞。

范围的官职。

因此,波里比阿的分析,虽然不符合他写作之后共和国发展的实际,但仍是一座有价值的路标,我们正应据此来解释罗马共和国的变革。政制中不同因素间的冲突,正发生在他那个时代,随后的时期仍如此,最后,民主制的和君主制的因素占了优势。波里比阿没有指出的,至少是没有明确指出的,是下述事实:罗马共和国政制中,不仅存在不同因素间的冲突,而且在意识形态以及对政制的解释上,也存在冲突。几百年来,这些东西,即使不比制度更多,至少是像制度一样,在发生着变化。

第十二章　混合政制与共和国的意识形态

前述各章中,那些参与共和国政治的人所持的不同信仰已日益显露。至少自公元前3世纪以降,出于维持现状的需要,精英阶层的多数可能支持元老院的权威,其余的则认为当选官员具有更高权威,而平民领袖则强调平民的权利:上诉权、保民官的不可侵犯以及平民集会的自由。[①] 这些意识形态的绝大部分,我们只能有一般的理解。可是,西塞罗的《论共和国》让我们拥有了一部可以根据罗马共和国来讨论混合政制理论的作品,《论法律》是这部著作的一个装饰品,它以罗马政制诸因素为基础,详尽地建构了理想共和国的宪法。这些著作不仅揭示了西塞罗的政治观念,而且是混合政制理论的重要例证。我们将清楚地看到,尽管西塞罗了解波里比阿,但他对共和国的理解却具有显著的不同,因为他即使不是更多,至少是同样地利用了亚里士多德的理论。因此,为给他的著作提供背景,本章将以简要讨论希腊政治思想中的混合政制理论开始。

---

① 参见 Ferrary,1982,esp. 755 ff. ;Perelli,1982,5 ff. ;Mackie,1992 等。

古典希腊和波里比阿作品中的混合政制理论

虽然混合政制理论的起源可以追溯到远至梭伦其人,然后是公元前5世纪初毕达哥拉斯派的宇宙论那里,②但要假设其起源早于品达(Pindar)和该世纪后期的希罗多德,似乎尚不够慎重。最早关于政制的理论以及关于三种单纯政制区别的分析的明确证据,就在他们的作品中。③ 更可能的是,该理论事实上起源于我们所知道的第一篇文献中,即修昔底德对五千人政制的描绘。五千人政制建立于公元前411年秋,修昔底德把它描述为一种多数人和少数人统治混合的温和政制。对修昔底德来说,该政制的温和特征和它的混合特征一样重要。准此而论,他的赞扬实际上是更古老传统的一部分。对温和的信仰可回溯到梭伦和弗库利德斯(Phokylides),④说得更具体些,五千人政制是一种民主政治,其基础是在重装步兵方阵中服役的那些人,即重装步兵,因为他们构成了公民大会的主体。在希腊世界,我们还可以找到其他的例证,它们使该理论在公元前4世纪得以延续。

我们所拥有的有关混合政制本身的第一篇讨论,应归功于亚里士多德,但在他之前显然还有一批先驱。其中之一是柏拉图。

---

② Alkmaion DK24,B4;Aalders,1968;Nippel,1980,43 ff. 下文的讨论在某种程度上是对 Linttot,1997 的复述。

③ Pindar, *Pyth*. 2. 86 ff. (约公元前470年);Hdt. 3. 80—82,最早可能写于该世纪中期。

④ Thuc. 8. 97. 1;Solon, frr. 5 and 36 West;Ar. *Pol*. 4. 1295^{b}33—34.

第十二章　混合政制与共和国的意识形态

在《法律篇》中,柏拉图已经宣称他所创造的理想政制介于民主制和君主制之间。⑤ 在对这一政制进行评论时,亚里士多德论证道:"它的目标既非民主制,也非寡头制,而是介于它们之间,他们称之为共和国(politeia),因为它是重装士兵的政制。"可是,他后来提到斯巴达政制,认为它可能更好些,宣称有人相信,最优秀的政制,是所有政制——君主制、寡头制和民主制——的混合,而且把斯巴达政制作为一个样板,因为王权提供了君主制因素,长老会提供了寡头制因素,监察官提供了民主制因素。⑥ 在另一片断中,亚里士多德指出,有人赞扬作为立法家的梭伦,理由是他为雅典创立了良好的混合政制,其中具有寡头制、贵族制和民主制的因素。⑦ 我们只能就这些讨论的可能背景进行猜测(例如对特拉美尼[Theramenes]死后的评价,或者对有关弗尔米索斯[Phormisios]将雅典公民权限制在那些拥有土地者之中的建议的争论等)。⑧ 然而,显而易见的是,亚里士多德之前,以重装步兵为基础的政制已经被称为共和政制了,而且有关这种政制的阐述,已经涉及单纯类型政制的混合和中庸观念。

在亚里士多德关于三种正宗和三种变态政制的分类中,共和

---

⑤ Plato, Laws 6, 756e—757a, 比较此前 3.691e—692a 和 693d 以下关于节制和混合的讨论。

⑥ Ar. Pol. 2. 1265^b—66^a. 在其他篇章中(1265^{b}40),监察官被作为专制因素,斯巴达人的生活方式则是其民主特征。

⑦ Ar. Pol. 2. 1273B—74a. 亚里士多德可能认为这个看法过于像共和了,比较 4.1297b12—15,亚里士多德在该处指出,在他的时代,被称为共和制的,在古风时代被称为民主制。也请见 Isoc. Panath. 153,在那里,共和制是混合了贵族制因素的民主制。

⑧ 据 Xen. Hell. 2.3.48 色诺芬归于特拉美尼之口的演说,特拉美尼信仰的,是以重装步兵为基础的一种政制。关于弗尔米索斯的建议,见 Lys. 34。

政制位列正宗政制中的第三类(在君主制和贵族制之后),在这种政制下,多数人为全体的利益管理着城邦。根据他的看法,虽然多数人难以在每种美德上达到完美,但在军事美德上,这是最可能出现的情况。因此,在以美德为基础的政制中,共和政制因其为重装步兵的民主而赢得了自己正宗政制的地位。[9] 这里不曾提到混合问题,但在第四卷有关各种政制的评论中,共和政制被界定为寡头制和民主制的混合物,但倾向于民主制(根据亚里士多德的看法,那些倾向于寡头制的混合政制被称为贵族制)。"只有混合政制的目标是折中穷人与富人,财富与自由。"[10]然后亚里士多德讨论了混合寡头制和民主制的各种方法。人们需要把两种政制有关它们各种制度的积极特征混合起来(例如,对富人不出席人民大会进行罚款,而对出席的穷人支付津贴),另一种是取它们各自规定的中间数,第三种是把各自的规定合为一个。[11] 这又导致了对中庸的讨论,因为良好的混合所导致的中庸政制中,两种政制的极端之处都会有表现。可是,亚里士多德是因为它们自身的优点信仰中庸和节制的。因为幸福生活的必要前提,就是中庸。这个原则既可应用到政制,同样也可应用于个人,因此,那些以中等财产所有制为基础的社会是最优秀的,因为它们的成员更可能服从理性,也更加稳定,既然它们不大可能成为寡头制、僭主制或者派别斗争的牺牲品。[12] 他后来论证道,共和政制只能从重装步兵中产生,但公民

---

[9] Ar. *Pol.* 3.1279^{a-b}.
[10] Ar. *Pol.* 4.1293^{b}—94^{a}, esp. 94^{a}15—16.
[11] Ar. *Pol.* 4.1294^{a-b}.
[12] Ar. *Pol.* 4.1295^{a}—96^{a}.

第十二章 混合政制与共和国的意识形态

资格应尽可能广泛,以确保该政制的公民比非公民的人数更多。[13]

我们的印象是,亚里士多德在这个问题上所进行的论证存在某种程度的混乱。他承认了在他之前那些有关混合政制讨论的重要性,但对他而言,共和政制的基本特征在于它是个重装步兵的民主。他精确而专业地讨论了混合问题,但他更关心的是作为共同体典型特征的中庸和节制。实际上,有关混合中最有趣的论述可能是那么一段:在那里他声称,只有混合政制意在调和穷人与富人,财富与自由,也就是说,把寡头制和民主制的意识形态合二为一。他的首要兴趣,在于以中产之人以及他们天然的美德倾向为城邦的核心进行统治,他还试图同步推进共享自由的民主理想以及授予富人以特权的寡头理想。[14] 最重要的是,他所设想的混合,不是平衡相互冲突的力量,波里比阿后来所做的,却正是如此。

混合政制理论在亚里士多德和波里比阿之间的发展,我们在很大程度上并不了解。西塞罗试图获得的作品中——尽管是在他完成其《论共和国》和《论法律》的写作之后——是亚里士多德的学生,墨西拿的狄凯阿尔库斯(Dicaearchus of Messana)的。狄凯阿尔库斯的一部作品名为《三政制论》(*Tripolitikos* 或 *Tripolitikon*)。如果我们可以相信一个拜占庭作家提及的《狄凯阿尔库斯作品集》(*the Dikaιarchikon*),那他主张的政制,就是混合了三种未混合政制最优秀特征的一种政制。这位作者显然对斯巴达有特殊的兴

---

[13] Ar. *Pol.* 4.1297^b1—12.

[14] Ar. *Pol.* 4.1294^a15—17;1295^b25 ff.;1296^b22 ff.关于两派的意识形态,也请参见 5.1301^a25 ff 以下。

趣。⑮ 他可能发展了亚里士多德的理论,用斯巴达作为样板,但将三种政制包含其中。虽然狄奥根尼·拉尔修(Diogenes Laertius)宣称,斯多葛派赞成混合政制,但这个结论是令人生疑的⑯大胆概括,因为他可能仅仅提到了与波里比阿同时代或者稍晚的斯多葛派。可是,如果把监察官加图据说在其《起源论》中似乎提到过的混合政制——他把迦太基政制描述为君主制、寡头制和民主制的混合——的事实,作为证据,更可能说明这个主题在他的当代人中流行,而不是加图可能提前了解了波里比阿著作第 6 卷的内容。⑰

我们已经考察过波里比阿有关罗马政制叙述的总体特征和细节(前文第三章)。本章将局限于论述它与其他有关混合政制叙述的关系。波里比阿论述的性质,事实上还有功能,都与亚里士多德的论述相当不同。亚里士多德是在进行理论分析(尽管他提到了现存的政治体制),就其在实践中的目标而论,是为立法家提供帮助。波里比阿是作为历史学家,尝试着向政治家们揭示罗马崛起为世界强国的一个重要原因,这些政治家很可能要亲自与罗马人打交道,而且无论如何都会从研究罗马政治制度如何运作中获得教益。亚里士多德所感兴趣的,是分析各种制度的模型,他希望这些制度会保持静止,从而创造政治的稳定。波里比阿所接受的,是制度间的平衡会发生变化,无论变化多么缓慢,并寻求那种动态

---

⑮ Cic. *Att.* 13. 32. 2;Athen. 4. 141a;Photius, Bibl. 37 Bekker.

⑯ Diog. Laert. 7. 131. 持这种看法的斯多葛派的可能例证,是波里斯特尼斯的斯法罗斯(Sphairos of Borysthenes),他与公元前 3 世纪后期斯巴达的改革派国王有关(Plut. *Cleom.* 2. 2—3;11)。关于此人,参见 Erskine, 1990, 97—99, 134—138;Vatai, 1984, 124—126。

⑰ Cato, fr. 80P.

第十二章 混合政制与共和国的意识形态

的、反映历史进程的解释。

在《政治学》中,亚里士多德已经放弃了柏拉图有关政制从正义的君主制到因纪律恶劣产生的民主制而衍生出的僭主制的单线进化图式,青睐一种更加复杂的政制变化的可能图景,它所反映的多样性,通过经验观察,可以在希腊世界发现。波里比阿基本采用了亚里士多德将政制划分为三种正宗政制和三种变态政制的分类,但他用"民主政制"替换了亚里士多德的共和政制。这是一种特别值得赞赏的政制,在那里,人民尊重法律、父母、领袖和言论自由;它的相应腐败形式是 *ochlokratia* 或 *cheirokratia*(暴民政治),在那里,暴民或者暴力实行统治。[18] 因此,在波里比阿笔下,在基本政制中,没有一种与混合有关。此外,他还回到了柏拉图的看法——每种良好的基本政制都自然地(*kata phusin*)相应演变为腐败形式。波里比阿引入的新因素,是一个循环进程(在此前的政制理论中,不曾有任何证据表明它的存在)。在这个循环中,一个社会从以"体力"为基础的君主制过渡到以正义为基础的君主制,然后依次是僭主制、贵族制、寡头制、民主制,最后又回到君主制的残暴形式。[19]

---

[18] Pol. 6. 3 7—4. 6.

[19] Pol. 6. 4. 7—9. 9, 并见 Walbank, 1957, i. 643—7。Von Scala, 1890, 180 ff. 追随 Pöschl 1936, 100 ff. 和 Ryffel 1949, 189 ff. 的看法,他企图把波里比阿的看法与归于希波达摩斯(Hippodamus)名下的新毕达哥拉斯派哲学著作残篇《论政制》(*Peri Politeias*),以及保存在斯托拜乌(Stobaeus)著作(*Flor.* 98. 71 and *Ecl. Phys. Et Eth.* 1. 13. 2 and 20. 3)中的奥塞鲁斯·鲁卡努斯(Ocellus Lucanus)的观点联系起来,但并不令人信服。这些残篇并不能准确地定年在波里比阿之前,而且它们全部是关于自然的叙述,与政治学无关。

对波里比阿来说，根据自然（*kata phusin*）成长和衰落的规律，是理解罗马政制的关键。可是，混合政制的观念同样重要。在引入这个观念时，波里比阿的典型做法不是参考亚里士多德那样的理论家，而是实际生活中的政治家来库古。后者曾试图遏制单纯政制中内在的天然衰败趋势，方法是在他给予斯巴达的政制中，将所有政制合在了一起。那里存在着三种因素：国王、长老会（*gerousia*）中的贵族制因素和人民。它们相互平衡，互相遏制以防止陷入灾难，尤其是长老会因素，它支持着两种因素中的弱者。来库古通过计算和远见所取得的成就，罗马人却自然地得到了，不是因为理论，而是因为行动和冲突得到的。[20] 在从君主制向民主制发展的过程中，他们保存着政治组织中已经被抛弃的因素，于是在其政制中，拥有了君主制的、贵族制的和民主制的因素，通过这些因素之间的相互对抗与合作，创造出了平衡。在迦太基发生过类似的过程，虽然在第二次布匿战争之时，迦太基已经进一步向民主政治方向演变了。[21]

一个精通柏拉图和亚里士多德理论的读者，在阅读波里比阿的作品时，当他发现有关纯粹政制腐败以及利用混合作为防腐剂的讨论时，也许会觉得自己处在熟悉的领域中。第三章已经对波里比阿有关罗马政制的一般特征和细节的分析进行了讨论，在那里我论证，波里比阿利用了一种新的理路，偏离了古典希腊政治思想的常规。他的注意力放在了政制中不同机构所拥有的真正权力

---

[20] Pol. 6. 9. 10—10. 14.
[21] Pol. 6. 18；51.

上，而不是它们形式上的职能，这使他能够把个人和集团追求自己的部门利益而非共同体利益的因素考虑进来。他勾画的罗马混合政制图景，是一种在一定程度上已经腐败、但腐败尚可被遏制的政治体制。它不是那种因中产之人实行统治，并把他们自己的性格转移给政制，已经达到了理想平均的政制，而是那样一种政制：在那里，不仅有遏制，而且有积极的反对和冲突，它们在维持平衡中发挥着关键作用。冲突（stasis）这个希腊政治思想家视为怪物的东西，并未被排除，但它尽管存在，却被驯化，并且在正常的政治生活中有了一席之地。因此，罗马人从革命中获得斯巴达人因之获得了称赞的自由。可是，创造了这种政制的自然过程——因此，罗马政制是历史的产物，不是一个哲学家的蓝图——同样也是它的弱点所在，是它最终灭亡的原因之一。

西塞罗的《论共和国》

由于梵蒂冈羊皮纸抄本的发现，我们今天幸运地能看到《论共和国》那么多的内容。这部抄本为我们提供了有关该著作第一卷到第三卷即使不完整但仍充分的知识，在前两卷中，西塞罗大量阐述了宪政原则。第四到第五卷零散的残篇，则补充了我们从其他作家处获得的有关这部著作相关部分的知识。

西塞罗是在卢卡会议的次年，庞培和克拉苏第二次出任执政官时开始写作《论共和国》的。公元前51年，该书开始流传。如果把它作为政治活动的替代品，是颇有吸引力的。可是，虽然公元前56年时西塞罗相信他是被迫放弃了光荣的政治，并在三个巨头的压迫下放弃了独立,但我们不应将此视为他的政治引退时期。事实上,他像过去一样大量卷入公共事务。[22] 如我希望在随后的分析中指出的那样,不把《论共和国》视为逃跑主义的表现,而把它视为参与当时政治辩论的作品——尽管是理论性的,也许更为公正。

逃跑主义印象的产生,一是它在文风上对柏拉图《理想国》的模仿,一是对话被置于过去背景中的事实,尽管这个过去不太遥远,但也在西塞罗出生前二十多年。在他致阿提库斯和公元前54年致兄弟昆图斯的书信中,西塞罗本人证明,这是有意的人为之举。萨路斯特力劝西塞罗把背景改为他自己的时代,这样西塞罗本人可以亲自参与,因此能够直面他一直关注的问题,避免明显虚构的印象(此前的对话《论演说家》被置于西塞罗的时代)。尽管遇到这些反对,他仍保留这种时间异置的理由,是希望避免开罪于人。[23] 由此推测,对话实际上具有当代的目标并体现了西塞罗本人的看法,因为作为对历史的想象性再创造,它可以不受真实性原则的约束。

在西塞罗的对话中,人物之一的莱利乌斯提到,西庇阿·埃米利亚努斯经常当着波里比阿的面与帕奈提奥斯讨论政治,并且宣称,西庇阿曾经论证罗马的祖宗旧制是所有政制中最优秀的。然后西庇阿被要求为让对话中的其他人物受益,就此主题展开论证。这些讨论实际上发生过,我们勿需怀疑。事实上,波里比阿对于罗

---

[22] 参见 Cic. *QF* 2.13.1;*Att.* 4.14.1;5.12.2;*Fam.* 8.1.4,以及下一注释中征引的现代著作。关于他那时的政治情感,见 Lintott,1974。

[23] Cic. *Att.* 4.16.2;*QF* 3.5.1. 参见 Ferrary,1984;Strasburger,1960。

第十二章 混合政制与共和国的意识形态

马政制的阐述,可能受到了西庇阿的影响。[24] 可是,我们没有理由认为,对于这些讨论,西塞罗拥有良好的知识,而且他无论如何也不曾尝试忠实地再现这些讨论。同样,即使对话中的某些评论带有斯多葛派的味道,我们也不能认为,它反映的是斯多葛派对于政制的看法,因为它的意图主要是表达西庇阿的观点。帕奈提奥斯对政制有何见解,我们一无所知,而且在《论共和国》中,西塞罗也不曾把斯多葛派的主张作为资源。亚里士多德主张的影响倒显而易见,西塞罗本人对此也曾强调。[25]

西塞罗接受了将三种未经混合的良好政制与三种腐败政制配对的分类法。他坚持认为,良好的政制,即使它们没有特殊的缺点,仍可能蜕变为它们相应的腐败形式。可是,他遵循的是亚里士多德而非柏拉图和波里比阿的模式,并不认为腐败不可避免,更具体地说,是并不认为一个单一的、单线的自然过程决定着变化。相反,其中有一系列的循环,例如,可以让任何其他单纯政制紧随僭主政治或寡头政治之后发生。[26] 西塞罗相信,人类社会并不仅仅因弱点和需要保护而产生,它还因天然的社会本能产生,由此导向

---

[24] 这方面可能的例证见前文第三章及其注释④。

[25] Cic. *Div.* 2.3 论及逍遥派的影响。在《论法律》第 3 卷第 13—14 节中,他说,在提奥弗拉斯图之后,斯多葛派的狄奥根尼,还有帕奈提奥斯讨论过官制问题,但不曾有任何其他斯多葛派人物讨论过这个问题。我们不清楚最后这两个研究所依靠的基础是什么。关于斯多葛派在政制之外问题上的看法,见《论共和国》第 1 卷第 19 节和第 56 节及第 3 卷第 33 节。近来有人论证:西塞罗的著作以狄凯阿尔库斯而不是亚里士多德本人的著作为基础,见 Frede,1989。可是,如果不了解狄凯阿尔库斯的作品,那我们无法以西塞罗的著作中缺少了某些亚里士多德的观念为基础,得出任何可靠的结论。也请见 Taiphakos,1995,ch. 5。

[26] Cic. *Rep.* 1.44—45 and 68;2.45 and 65;cf. Ar. Pol. 5.1304^b—6^a;1316^a.

对共同利益的追求和对法律的接受。这又与亚里士多德相似。[27] 基于此,他发现混合政制的优点在于他称为 aequabilitas,即公正的原则,它允许贵族保有特权,普通人民获得自由和参与。[28]

所以,西塞罗的理想,是一个由公正的组织联系在一起的社会,这也是为什么他不像波里比阿描述的那样,把罗马共和国的政制设想为某种因发展和冲突而产生、并依赖相互威胁而存在的东西的原因。在西塞罗有关罗马发展的叙述中,国王们自己对罗马混合政制的发展做出了巨大贡献:罗慕路斯模仿来库古创设了元老院;因为人民不愿接受一个没有国王的共和国,努马·庞皮利乌斯设立了人民选举君主的制度(《库里亚授权法》的通过);塞尔维乌斯·图利乌斯登基之前,咨询人民的做法一直在继续。塞尔维乌斯未得人民同意即攫取了王权,但他随后确实通过了有关他自己的执行权的《库里亚授权法》。此外,通过创立森都里亚大会,塞尔维乌斯·图利乌斯增强了政制的混合性,因为大会把参与的外表给予了所有公民,但又确保富人的投票占支配地位。[29]

因此,在西塞罗看来,王政在许多方面让人钦佩。它的不足之处在于缺乏自由。因此,当高傲者塔奎尼乌斯听任自己傲慢时,国王自然变异为暴君的事情发生了,并导致了人民反对王政的强烈

---

[27] Rep. 1.39; Ar. Pol. 1.1252^b; 3.1279^a, 1280^a.

[28] Rep. 1.69,但请参看第 1 卷第 53 节贵族对公正的敌视。请与 Ar. Pol. 4.1293^b—94^a,特别是 94^{a}15—25 比较。

[29] Rep. 2.15—17,23—25,37—41. 在史实上,西塞罗部分依赖于波里比阿(Rep. 2.27),但这并不意味着,在解释混合政制时,他追随波里比阿,How,1930 就是如此论证的。参见 Pöschl,1976,esp. 72ff. Ferrary,1984。

第十二章 混合政制与共和国的意识形态

反应。㉚西塞罗认为,从暴君统治下获得解放,必然导致人民自由的温和增长。新共和国的领袖以限制执政官权力和依法确认上诉权的形式,向公共舆论做出了让步。然后,作为对债务危机的反应,首次创设了保民官。对西塞罗来说,这一发展是公共事务本质(我们也许可以说,是政治上的必要性)对纯粹理性取得胜利的样板。尽管如此,它可以与斯巴达监察官和克里特科斯摩的设立媲美,并得到公正原则的合理证明,因为在那里,权力属于官员,权威属于重要人物(*principes*)的议事,自由属于人民。只有这样,才能获得政制的稳定。㉛通过发明独裁官和人民大会决议需要得到父族元老同意,让上层的权威得以伸张,从而让稳定的政制走向平衡。㉜

由于羊皮抄本的缺失,西庇阿关于政制发展主要论述的结尾大部分散失。但对于十二表法和《卡努雷亚法》(该法与贵族和平民之间的通婚问题有关)之后的事件,不可能提到多少。㉝因此,对于公元前4世纪和公元前3世纪初政制的发展,最多是一个简短的摘要,它们包括牙座官职、元老院成员和祭司职位向平民开放;保民官作为常设官职融入政治运作;承认平民会议决议对全共

㉚ *Rep.* 2.45 ff. 在第2卷第51节,西塞罗注意到,从国王向暴君的转化没有遵守柏拉图的模式(亚里士多德在《政治学》5.1310ᵇ 讨论过)。西塞罗还把国王和他的"共同体的领航员与舵手"(*rector et gubernator civitatis*)做了对比,后来他还更多地谈到了这样的人(5.5—6 和 8)。

㉛ *Rep.* 2.52—55 and 57—58.

㉜ *Rep.* 2.56.

㉝ *Rep.* 2.63—64. 未保存下来的文献中,包括公元前304年 Cn. 弗拉维乌斯公布历法(*dies fasti*,即在祭司看来适合进行法律行动的日子)的故事(*Att.* 6.1.8)。

同体有约束力等。这样做的合理性,依据是政制的基本因素在共和国初年已经得到创设,后来的发展皆属次要。在其关于古代罗马政治史的勾勒中,波里比阿似乎同样以十二表法和《瓦列里亚-霍拉提亚法》作为终点。㉞ 可是,波里比阿相信,罗马政制一直因为冲突处在发展之中,而且根据他本人的设想,不希望否认自此之后发展的重要性;西塞罗恰好相反,希望描绘一个因处在领袖控制之下而稳定、平衡和和谐的政制所取得的成就,他所赞同的混合政制,根据亚里士多德的标准,可能是贵族制的。㉟ 如果引入后来的冲突和变革,例如平民的最后一次撤离和《霍腾西亚法》,那这幅图景就会有污点了。此外,低估民众骚动和人民领袖所得成绩的重要性,也符合他的政治意图。平民的权利,应被视为比他们更优秀的人因自由、正义和政治稳定之故,让与他们的。它们不是对一场社会冲突中人民自我主张和取得胜利的奖赏。在这方面,西庇阿心目中十二表法颁布后的共和国,与西塞罗在《为塞斯提乌斯辩护》中所描绘的相似,那是一个人民拥有了他们所希望的一切,不用再要求更多权利的共和国。

西塞罗将人民领袖添加入共和国历史背景的企图,显然是对当代罗马的骚乱及其此前50年代他本人梦魇经历的反应,也许还反映了苏拉派意识形态的影响,尽管此人早已死去并受到憎恨,他对保民官职务的伤害,也已经得到修补。如同《论法律》中清楚表

㉞ Pol. 6.11.1;前文第三章及其注释㉖。

㉟ Rep. 2.57,67和69;请与亚里士多德《政治学》4.1293^b(根据优点和财富进行选举)和1298^b(全体公民控制着诸如媾和、宣战问题,官员需要负责,但当选官员控制着其他事务)比较。

第十二章 混合政制与共和国的意识形态

明的(见下文),西塞罗认为,在拨弄共和国平衡的问题上,苏拉做得太过。虽然如此,他所渴望的政制,是权力和权威分别属于牙座官员和元老院式的,就像公元前1世纪70年代的罗马。在其有关象倌指导大象的比喻中,这一点得到了最强有力的说明,野性且强大的力量,应当由某一个明显弱势、精明的生物来控制。㊱

在另一问题上,长期以来学者们似乎觉得,西塞罗正反映了庞培在公元前1世纪50年代末的首要地位,以及他对庞培应获得指导公共事务主导权力的期望。㊲ 这就是他对被称为"人民舵手和领导人"(rector et gubernator civitatis)或"共和国领导人"(moderator rei publicae)的那个人的论述。此人被作为一个理想类型引入,与那个变成了暴君的君主,例如高傲者塔奎尼乌斯处在对立的两极。后来,他显然构成了其第五卷讨论的中心。在那里,他被视为某种柏拉图式的智者——他有意在洞窟中待上一段时间;他精通法律和希腊文献,愿意把他的智慧投入实际应用中;他的意见将为共和国提供道德上的指引,并指导着公共事务。㊳ 我们难以确定的,是在西塞罗的想象中,这样的事情如何在实践中实现。一个明显的假设是:舵手应是资深元老,但分配给他的角色,似乎关涉更

㊱ Rep. 2.56—58;Leg. 3.23—25;关于象倌的比喻,见 Rep. 2.67。其他更传统的比喻是关于战车驭者和舵手的(见注释㊲)。

㊲ 有关这个问题的书目汗牛充栋,见 Schmidt,1973,esp. 326—332,有关的新解释见 Powell,1994。特别应指出的是,爱德华·迈耶(Eduard Meier,1922,180 ff.)认为,西塞罗正为庞培的元首制张目,尽管后者达不到他理想政治家的标准,正是这个观念成了奥古斯都的指路明灯。对这一观点进行批评的典范之作为 How,1930,36 ff.; Powell,1994 争辩说,rector 不过是称呼共和国理想政治家的术语,并无特殊权力。

㊳ Rep. 2.51;5.5—6 and 8. 请与《论演说家》(1.211)有关一系列元首指导公共事务的描绘进行比较。

大的政治权力,犹如希腊人的立法家。[39] 因此,我们可以认为,庞培一度是西塞罗所说的"第三位神圣执政官"。当然,在公元前49年的一封书信中,西塞罗大略说过,庞培从未想过要充当理想的"领导人",正是在这里,他表达了一丝失望之情。[40] 情况可能是:西塞罗认为,他本人明显是该职位的人选,他的政治学作品,在某种程度上是一个立法家面对不断衰落的共和国出现的问题所做出的反应(见下文)。

无论情况如何,西塞罗有关领导人的阐述令人感兴趣,因为这些论述可能与其著作中的其他特征有关,那就是对君主制的正面评价,在第一卷的理论探讨和第二卷的历史勾勒,以及西庇阿之梦中,它都有表现。在梦中,西庇阿可能作为独裁官受召让罗马回复正轨。[41] 在这方面,西塞罗的看法与几年前他在《为塞斯提乌斯辩护》中所阐述的有所不同,在那里,他号召上层阶级的年轻人起来支持元老院的权威。[42] 现在,贵族的统治,如果缺乏某个个人不定期的干预,已经不够了。他不可能是一个君主,因为君主制有可能腐败,而且罗马已经为共和国取代,但他必须履行那个过去由罗马君主履行的责任,作为睿智制度的权威之源。

---

[39] 在《论共和国》第 5 卷第 6 节中,舵手是制度(*instituta*)和纪律(*disciplina*)的源泉;在第 5 卷第 3 节中,作为法律之源泉,努马被比喻为希腊人的国王。

[40] Cic. *Att*. 7.1.4;cf. *Leg*. 1.8;*Att*. 8.11.1—2.

[41] *Rep*. 1.52,54—63;2.4—43;3.47;6.12.关于此点,参见 P. schl,1976,24 ff.,以及那里对此前观点的讨论。

[42] *Sest*. 96 ff.

西塞罗的《论法律》

《论法律》的抄本传统,本身就不如《论共和国》令人满意。第一卷的导论是关于自然法的,几乎保存完整;关于宗教法的第二卷也如此,虽然有一处空缺相当大;关于政制规定的第三卷文本本身有两处缺失,然后就中断了,显然是快到末尾了,因为西塞罗已经讨论了他设想的所有法令。至于其余各卷,无论西塞罗写过多少,我们所有的都只是几个残篇。该书宣称它是《论共和国》的续篇,犹如柏拉图的《法律篇》是对《理想国》的补充那样,[43]尽管它的背景被放在当代,由马尔库斯本人、他兄弟昆图斯和阿提库斯在阿尔皮努姆境内的利瑞斯河畔举行讨论。导言中友好地提及庞培,表明那既是一个想象出来的日子,也表明其写作的真正时间,是在庞培公元前52年第三次出任执政官后不久。[44]内战甚至尚未出现在远景中,因此,这部作品与公元前51年《论共和国》的第一次流传在时间上接近。

可是,背景的变化确实引起了那部作品的移位,其议程也如此。在《论共和国》中,罗马共和国的早期形式被作为理想混合政制予以说明。在《论法律》中,西塞罗利用罗马的制度作为其法律的基础,甚至搬来了十二表法的诸多章节,他公开承认,他的理想法典来自其第一原理。[45]这给了他进行变革的空间,尽管有一处

---

[43] *Leg.* 1. 15 and 20;2. 23;3. 4 and 12.

[44] *Leg.* 1. 1—2 and 8;2. 1—3. 一般论述见 Rawson,1973,以及那里提及的之前的文献。

[45] *Leg.* 2. 8—14;3. 2—5;cf. 2. 23;3. 44.

他声称,在其理想的早期共和国中,他正以法典形式重申那过去的习惯(*mos*)即不成文的规则,但在实践中,仍有某些重要的、改变政制平衡的变化。㊻ 然而,《论共和国》中一个原初的因素在《论法律》中完全缺失,那就是公民的舵手或者共和国的领导人。有人正确地论证,这表明此人不可能被西塞罗设想为半君主式的元首(*princeps*),因为在《论法律》中,没有给这样的官员留下任何空间。㊼ 虽然如此,如果此人可以被视为立法家和道德之源,那他就是《论法律》对话中出现的核心人物——马尔库斯·西塞罗——自己。我们可以把《论共和国》第 5 卷第 5—6 节(有关领导人的讨论)与《论法律》第 1 卷第 14—20 节进行比较,后面这篇对话解释了马尔库斯的任务:在各个部分,这个人的职能就是根据共和国的原则,而不是民法的细节发言。㊽

西塞罗宪政规则的核心是执行权。在一篇理论性的导论中,西塞罗论证了这一点的合理性。在那里,他追随《论共和国》的先例,赞赏地提到古代国王的正义和智慧。在指挥链条上,高级官员是从法律到人民的基本中间环节。官员是会说话的法律,法律是无言的官员。那些不赞成王权的人,并不希望任何人都不服从,而是不总是服从同一个人。因此,在共和国的混合政制中,执行权必

㊻ *Leg.* 2.23;Rawson,1973=1991,141 ff.;Keyes,1921。

㊼ Rawson,1973=1991,141—142 及其进一步参考书目;并见 How,1930,39 and 41。

㊽ Serenade mores,即道德的播种者(*Leg.* 1.20),与《论共和国》第 5 卷第 6 节作为道德良心(*verecundia*)提升者的统治者非常吻合。也请注意那个稀有的术语 *responsitare*(法律意见的经常提供者)。该词在《论共和国》第 5 卷第 5 节和《论法律》的第 1 卷第 14 节都出现过。关于注入道德的立法家,也请见西塞罗给恺撒提供的建议(*Marc.* 23),其中包括"克制私欲"(*comprimendae libidines*)。

第十二章 混合政制与共和国的意识形态

须保留,但对高级官员的统帅权和公民的服从必须施加限制。[49] 所以,在西塞罗的共和国中,君主制因素甚至比在波里比阿那里还要重要。在这里,我们也看到了蒙森相信罗马高级官员的权力乃核心的一个源泉。[50]

在随后的法典中,西塞罗以明确要求服从高级官员的命令 (*Imperia*)和要求官员利用强制手段——罚款、拘禁和殴打——执行命令开头,除非强制受到拥有同等权力或更大权力官员的干预,因为有关公民有向这些人上诉的权利(*provocatio*),如果上诉针对军事统帅,则无效。这就浓缩了罗马共和国的原则,同时又与通行的常规有所不同,因为它暗示,高级官员应当是法律全面的执行者,而事实上,他们既无时间,也无资源这样做。西塞罗实际上也取消了《波尔西亚法》,该法曾禁止鞭笞公民。[51]

西塞罗为罚款或惩罚提供了变通手段。"当高级官员已经做出判决或提出建议时",要通过人民大会,因此是某种形式的人民大会审判。"已经做出判决"的意思确实可能是,或者说其中包含了这样的意思:一个官员以刑事审判(*quaestio*)的早期形式做出的决定,例如在酒神信徒案中使用的那种程序(前文第九章及其注释㊵以下)。如果是这样,西塞罗的法律条文可能提供了由人民大会自动审议此类判决的机制,对于那些已经尝试适用强制却遭到上诉权抵制的场合,它显然不可能全部适用,而只能是那些场合:该

---

[49] Leg.3.2—5.
[50] 前文第七章及其注释⑮—⑯;第十一章及其注释②—④。
[51] Leg.3.6;前文第七章及其注释⑯、⑲。

官员选择自己作为诉之于该司法程序的人。[52] 这些条款应当与后文的一篇注疏联系起来考虑,在注疏中,西塞罗解释了所有官员都应被授予占卜权和有权举行人民大会的原因。前者让他们能够阻止那些不希望召开的人民大会,后者是"为了他们有权召集人民大会,人们可以向大会上诉"。[53] 西塞罗显然主张进行一项革新:任何官员都可以将上诉提交人民大会以供决断,如果他愿意的话。他可能论证说,这是有益的简化,但它的结果是侵入了传统上属于保民官的权能。在这方面,它也许与《论共和国》的意识形态保持了一贯。

对于官员的地位和职能,西塞罗也做了某些变革,至少是就共和国后期的官制而言如此。执政官被授予 *regium imperium*(王一般的执行权),被设想为最高军事统帅,指导他们的特殊原则,是人民的安全乃至高之法律。这好像是规劝他们要按照自身的权威行事,必要时可采取类似共和国后期《元老院紧急状态法》发布后那样的措施。准此而论,这是对前苏拉时代执政官地位的回归,那时重要的战争由执政官而非拥有长期指挥权的续任执政官进行。可是,对于执政官在危机时期采取激烈措施之责任的重视,与西塞

---

[52] *Leg.* 3.6 称:"在官员做出判决或裁定之后,应由人民对罚款数和惩罚形式做出决定。"关于本部分的内容,见 Lintott, 1972, 258—259。

[53] *Leg.* 3.27,请与第 10 节比较:"所有官员都被赋予占卜权和审判权。赋予审判权是为了实现人民的权力,因为可以向它上诉;赋予占卜权是为了以一些貌似有理的搁置借口而使许多无益的人民大会得以休会。"(*Deinceps igitur omnibus magistratibus auspicial et iudicia dantur; iudicia [a] ut esset populi potestas ad quam provocaretur, auspicial ut multos inutiles comitiatus inpedirent morae*)这里我不同意齐格勒(Ziegler)把多余的 a 扩展成 ita 的做法,因为这会破坏该句子结构上的对称性。

罗本人有关使用强制权的观念有密切关系。[54] 与此相反,副执政官本质上是个履行民事裁判的官员。西塞罗没有赋予他们军事职责,也从不曾提及他们作为刑事法庭主持人的职能。实际上,常设刑事法庭在西塞罗本人的仕途中如此重要,以致它的缺位相当突兀。应当强调的是,他并不想重述早期共和国真实的政制,而是要创造一个理想的系列法规,体现未腐败的共和国的原则。因此,仅仅出于年代学的考虑,不会妨碍他把常设刑事法庭包含在内。[55]

监察官被赋予传统的、统计公民人数并对公民进行分类,出让公共工程合同,监督道德等职责。但是,西塞罗特别要求他们制止单身(未解释原因),这一点超出了传统。公元前131年麦特鲁斯·马其顿尼库斯(Metellus Macedonicus)出任监察官时,这曾是他关注的问题,奥古斯都后来回忆过此人有关的演说。[56] 此外,该职务的有效权力由于延续整整五年得以扩展,与其他官员的一年一任形成对照。根据保存在李维著作中的一个传统,该职务最初是任职五年(见前文第七章及其注释[103]—[104])。在下一条规定中,西塞罗拒绝取消该官职,苏拉独裁期间及其以后,曾发生过这样的事情。在其计划的末尾,西塞罗回到了监察官问题上,赋予他们保存法律文本的责任,还遵循同一先例,授予他们接受卸任官员的履职报告

---

[54] *Leg.* 3.8 and 15—16;Keyes,1921,317. 我首先讨论执政官是为了我论证的方便。西塞罗本人是按照重要性增加的顺序论证的,独裁官是该系列的最后一个,监察官位在副执政官之下。

[55] *Leg.* 3.8;Rawson,1991,147—148. 可是我们勿需得出这样的结论:在共和国后期的背景中,西塞罗不赞同设立常设刑事法庭,理由仅仅是对于他的理想国来说,他认为常设刑事法庭不合时宜。

[56] *Leg.* 3.7;Livy,*Per.* 59;Suet. *Aug.* 89.2;*ORF*,no. 18,frr. 4—7.

的职责。在希腊世界，前者由法律保管员（*nomophulakes*）进行；后者的程序被称为离职审查（*euthunai*）。(57)

229 市政官的传统职责是管理城市、谷物供应以及赛会监督，西塞罗对此有简略的说明。应补充的，是该职务应是通向更高级官职的第一步，换句话说，西塞罗正草拟一个新的《任职年限法》，在这个阶梯上，市政官是必须的第一阶段。相反，西塞罗没有提到财务官的名称，但其职责被委托给那些低级官员，这似乎意味着他们不能进入元老院。(58) 独裁官仍被作为一个特殊的军事和民事职务（他的延期存在原因中包括平息内战），任期六个月，但其指定需要得到元老院的命令。西塞罗没有忘记将占卜体系归还给元老。如果当时碰巧既无执政官，又无独裁官在职，他将摄政的指定权也归于元老们。这一点倒不让人惊奇。在论述常设官员后，有一条关于续任官员和使节（*legatio*）的规定，这些职务可以由元老院或人民创设。(59)

在此，好像几乎是作为一个事后的补充，西塞罗引入了保民

(57) *Leg*. 3. 11，3. 46—47. 监察官自己并不进行控告，至于保存法律问题，西塞罗的意思显然不是说罗马人不习惯于保存法律文本，而是说一旦这些文本被委托给国库的财务官后，无人给它们适当的保护（Rawson，1991，145—146；*JRLR* 7—9）。

(58) *Leg*. 3. 6—7，cf. 10；Rawson，1991，142—143. 我不赞成 Keyes，1921，313—314 的看法。我无法相信，在第 3 卷第 10 节中的 *omnes magistratus* 属于低级官员，因为他们将拥有占卜权和司法权（*auspicium iudiciumque*）并构成了录取元老的基础。关于我认为西塞罗可能只设计了一个单一的低级官员层次，其成员会被赋予多种多样的责任的看法，也请参见第八章及其注释(76)。

(59) *Leg*. 3. 9 and 18. 根据他的精神，在执政官禁止私人事务助理（*liberae legationes*）的同时，西塞罗在其法律中列入了禁止使节因私人事务出使的规定（参见前文第五章及其注释㊵）。他似乎还建议，指挥官不应将战利品带回罗马。

官，他们被赋予了传统的神圣性，立法和干预的权力（包括否决元老院命令的权力）。在随后的讨论中，他借昆图斯之口抨击了保民官的胡作非为，特别提到了克洛狄乌斯对西塞罗一家的攻击，并以对苏拉废止保民官攻击性权力的赞扬和对庞培恢复保民官权力的谴责结束发言。西塞罗从四个方面做出了回答。第一，人们不能在没有考虑那些善良的保民官带来的好处的情况下，因为坏保民官而责备保民官制度；第二，保民官的权力是对人民拥有更大权力的替代，而人民的权力更难遏制。从历史上看，对保民官的承认，是为了镇压暴乱，这已经为人民获得了真正的自由；驱逐国王并论证其合理的背后，正是为了真正的自由。所以做出这个让步，是期望保民官会追随重要的元老的权威。最后，关于西塞罗本人的不幸，不是因为与保民官制度或者人民大众的冲突（西塞罗宣称，如果是那样，他会体面地以流放方式退隐），而是因反对奴隶以及军队暴力的威胁产生的。这里的两个核心论点，是对《论共和国》第2卷有关保民官起源说明的重复。[60] 为了自由和政制的稳定，保民官是必要的。更重要的是，善良的保民官会追随主要政治家的权威。

元老应从那些通过选举获得官职的人中产生（见本章注释[58]），不存在由监察官补选的问题。这一民主特征，是为了与西塞罗赋予元老院在决策过程中所占首要地位达成形式上的平衡。他已经规定，低级官员应服从元老院的指令；现在他宣布，除非元老院命令被否决，否则它将具有约束力（rata）。他的意思似乎是官

---

[60] *Leg.* 3.9 and 19—26；*Rep.* 2.45 ff.

员们应当无误地服从元老院的命令。该条款曾被解释为这样的意思:所有元老院命令都应具有法律效力,但其中存在困难,因为大量命令通常是针对某个具体官员的,这些人卸任时,命令无论如何也随之失效。元老院还应是道德楷模,这有助于证明赋予其命令以权威的正当性。[61]

接下来是长长的关于人民大会和元老院集会程序的部分,大部分是关于前者的。第一,在一个含蓄且模棱两可的短语中,保留了人民大会的投票权,但投票不应对主持大会的贵族隐瞒。在随后的讨论中,昆图斯·西塞罗(西塞罗之弟)对该条进行了批评,诅咒它削弱了贵族的权威,并把有瑕疵的投票隐藏了起来,对此西塞罗本人抱同情态度,但他争辩说,尽管如此,这是对表面自由的必要让步,并会让善人的权威继续发挥影响。[62] 执政官、副执政官、独裁官和保民官被赋予举行人民大会和元老院会议的一般权力。元老需要出席元老院会议,发言要言简意赅。关于遵守征兆以及立法程式的一章,包括了共和国后期法律——《凯其里亚-迪第亚法》和《李锡尼-尤利亚法》——的规定。与特权(*privilegia*)有关即关于个人的立法,以及只能由森都里亚大会通过死刑判决的部分,西塞罗搬用了十二表法的规定。[63] 该部分有两条有趣的革新。一是规定在人民大会上和元老院中发言时,应当保持节制和平静。

---

[61] *Leg.* 3.6,10 and 27;Keyes,1921,312 争辩说,西塞罗主张将元老院命令与法律合并。

[62] *Leg.* 3.10 and 33—39. 关于 *leges tabellariae*,见前文第五章及注释㉝—㊱。关于 19 世纪不列颠发生的类似争论,见 Lintott,1990,13 及注释㊳。

[63] *Leg.* 3.10—11 and 40—45.关于《凯其里亚-迪第亚法》和《李锡尼-尤利亚法》,见 VRR 132—148,前文第五章及注释㉟;关于十二表法的规定,见前文第九章及注释⑬—⑭。

第十二章 混合政制与共和国的意识形态

西塞罗为此规定提供的解释,因为文本缺失而部分失传,但他的理由可能遵循了亚里士多德的原则,那就是:混合政制的本质是谨守中庸。[64] 另一个新奇之处,是将立法和司法人民大会上发生暴力的责任归于那个召开会议并企图获得对该建议赞成的人。这与对否决权的确认以及支持使用否决权对抗那些不受欢迎的措施有关。西塞罗宣称,在这个问题上,他遵循的是他的老师 L. 克拉苏公元前 92 年在元老院中发表的意见:如果发生了暴力事件,解散人民大会就是会议召集者的责任。[65] 这显然是一定程度上有益于和平和节制的措施。同样,尤其是在西塞罗孤立使用否决权的语境中,也有利于阻止。有关规定以全面禁止贿赂和盗用公款终篇,与此相联系,它赋予监察官以记录法律和政治行为之职能。对此前文已经论及。

西塞罗有关宪政实践的法典,覆盖了从概括性道德主张到具体详尽规定的广大领域。因为他虔诚且乐观地认为,节制和善良终会胜利,所以批评他所立政制的天真和理想化并不困难。而且这种批评,因为法典中有关刑事司法规定的缺少,得到了强化。对于这一指控,西塞罗的辩护似乎是:他所谈的不是共和国后期腐败的贵族制,而属于未来的人类,他们愿意服从他制定的法律,特别是以他们获得了教育和纪律——对此他希望在其他地方会有机会进行讨论——的好处为条件。[66] 在他关于混合政制的分析中,存在另一个严重问题。虽然亚里士多德可能主要关心的是对中庸的

---

[64] *Leg.* 3.10 and 40; Ar. Pol. 4.1295^a—96^b.
[65] *Leg.* 3.11 and 42; Rawson, 1991, 31.
[66] *Leg.* 3.29.

追求，但他多少还是考虑到了混合问题。西塞罗在一个问题上这样做了，那就是投票。他试图把人民书面投票的自由与贵族在公开投票中的权威结合起来。㊆ 可是，总体上看，他赋予政制中君主制、贵族制和民主制因素各自充分的权力，即使这一权力的行使，与其他两个因素同时行使权力无法调和。

就保民官的充分权力而言，西塞罗遵循的是他所认可的贵族政治最初的原则，那就是：这些权力必须让渡，但希望保民官能自愿服从元首的权威。㊇ 此外，他没有考虑到如何解决执行权，特别是执政官"国王式的"执行权的突出地位与元老院普遍权威之间可能产生的冲突。例如，在解释他自己制定的法律时，我们并不清楚谁的判断优先。如果政制模型如波里比阿所描绘的，乃经常性冲突的一种，那就不重要了，但西塞罗共和国的本质是和谐、节制和稳定，因为人民很大程度上接受他们放在权力宝座上的那些人的决定。

从公元前1世纪50年代后期的政治文献看，对于当时存在的问题，《论共和国》和《论法律》所提供的政治解决方案，即使有，数量也很少。引人注目的是，它们不曾为解决意大利的统一以及帝国总体的巨大增长做任何尝试。共和国后期贵族的腐败显而易见，但它们提供的唯一新举措，是延长监察官的任期，强化其权力。西塞罗所主张的，实际上似乎是对处于社会顶端的贵族进行压缩，让有资格进入元老院的集团更加狭隘，以创造这个精英集团内部

㊆ *Leg*. 3. 10 and 38—39; cf. Ar. *Pol*. 4. 1294[a-b].

㊇ *Leg*. 3. 25.

第十二章 混合政制与共和国的意识形态

的紧密团结,从而让它能威慑外人。他的作品的重要性也许在于,在贵族原则的价值经受巨大侵蚀后,重申它们的合法性。苏拉的方法已经被放弃,但我们可以认为,苏拉共和国的图景被复活了,在那里,精英的权威决定着政治的进程。如果说这些作品在许多方面不合时宜,那是因为只有用这种方式,这个图景才能令人信服。

第十三章 对共和国的记忆

公元前28—前27年,奥古斯都将共和国归还元老院和罗马人民,在经历二十年的内战和独裁统治后,恢复了宪政原则。但在元首的名义下,他的执行权处于支配地位。数年中,由人民大会授予他的权力,后来还有阿格利帕的权力(见前文第五章注释②),让任何回归共和国平衡政制的想法变得不可思议。到奥古斯都公元14年去世时,甚至对共和国的记忆都已褪色,用塔西佗的话说,"官员们的称号一如既往,年轻一代都是在阿克提乌姆战役胜利后出生的,甚至老一辈的人大部分也都是在内战时期诞生的,剩下的人又有谁真正看见过共和国呢?"①就元首制时代对共和国的记忆来说,那也就是作为一种制度。它曾经让罗马崛起为世界强国,但已经堕落为腐败、公民间的冲突,最终变成全面的内战。② 塔西佗指责混合政制是某种"赞赏容易,实现却难,纵然实现,也难长久"的东西。当然,这样的理论上的批评已经被用来解释过共和国的政制,它批评的不是那种政制自身,它所针对的,更多的可能是西塞罗的《论共和国》,而不是波里比阿的作品。塔西佗本人关于共

---

① Tac. *Ann.* 1. 1 and 3;3. 28.

② Livy, *Praef.* 9—12; Tac. *Ann.* 1. 1;3. 28; *Hist.* 2. 38; *Dial.* 40. 2—4; App. *BCiv.* 1. 2—3;Syme,1986,ch. 30.

和国的观念,是权力在元老院和人民之间摇摆的政制,它某种程度上反映了波里比阿关于各种因素相互冲突的图景,尽管它拒绝了其中任何有关线性进化的内容。塔西佗认为,共和国后期这些冲突的增强演变成了内战,因为那由冲突衍生的自由变成了放纵。③ 在他还是儿童时,他亲历过一次严重的内战,成年后,又目睹弗拉维王朝垮台后罗马在千钧一发中逃过内战重演的场面。像那些接受奥古斯都统治的人一样,他了解和平的甜蜜。

一百年以后的卡西乌斯·狄奥(Cassius Dio),在开始写作他的罗马史之前,已亲眼目睹了自阿克提乌姆以来最严重的内战,结果最终导致了塞维鲁王朝的建立。在其书的第52卷中,作为叙述奥古斯都元首制的准备,他让麦凯纳斯(Maecenas)和阿格利帕就君主制和他所说的民主制(dēmokratia)即共和制度的相对优点进行了一次辩论表演。他们的共同出发点是防止内战,并需要执行有效的海外军事政策。对阿格利帕这个共和国的代言人来说,这些目标可以通过把元老院的讨论与人民的批准,精英集团之间在财富和勇气上的竞争,以及公正的司法结合起来实现。这样虽然可能产生冲突(stasıs),但在君主制下,这样的冲突会更多。作为回应,麦凯纳斯诉之于君主制的效率,提出了多种让君主制更容易被接受和更有效率的方法。在君主制下,每个集团都需要履行它们适当的职责。此外,君主制是真正的民主制,确保了自由,而大

---

③ Tac. Ann. 4.33 (*ut olim plebe valida, vel cum patres pollerent*); cf. Hist. 2.38,(有时是保民官惹起麻烦,有时又是执政官僭取了过多的权力。内战的最早的一些回合是在罗马城内和广场上进行的[*modo trubulenti tribuni, modo consules praevalid, et in urbe ac foro temptamenta civilium bellorum*])。

众的自由,却是最优秀之人的奴隶制。在他看来,由于精英阶层的野心,民主制也应避免,他们都希望成为首脑,而且有财力雇佣穷人为追随者,这会导致危险的对外战争和可恨的内战。这些危险的终极原因,就是罗马大量的人口及其所拥有的权力。④

因此,在元首制下,罗马共和国成为了一个应被抛弃的先例,即使理论的论证可以有利于它。只是到了中世纪,它才作为一个良好的样板被复活,虽然多数有教养的人仍然更倾向于卡西乌斯·狄奥所记载的辩论中麦凯纳斯的看法。从但丁到美国和法国革命期间,古典文献和历史对政治思想的影响是一个庞大的主题,过去四十年来人们已经写出了大量论著。自文艺复兴以降,这一影响大多源自有关混合政制理论的讨论,无论这个混合政制源自亚里士多德和波里比阿,还是罗马和斯巴达——这两个国家经常被拿来与当时的样板威尼斯进行比较——都是如此。可是,人们也诉之于斯巴达、罗马和雅典政制的某些具体特点。⑤ 宣称随后的叙述是对近来有关古代先例对文艺复兴和近代早期政治理论影响研究成果的纲要性叙述,会是一种误导。本章只是对那些似乎真正理解了罗马共和国性质的作品进行选择的尝试,而不是随意地显示自己的学问或者一种虚假的尊重姿态。我也涉及博古派学术的发展,虽然它的发展即使不是全部,起码在很大程度上是与有

---

④ Dio,52,esp. 7.5;9.1—5;13.5—6;14.3—5;15.4 ff.;Millar,1964,102 ff.

⑤ 例如 Baron,1966;Pocock,1975,Skinner,1978;Nippel,1980 等,该书既涉及古代,也涉及近代早期的世界。另见 Burns,1991;Bock,Skinner,和 Viroli,1990;Rahe,1994。在有关古代世界的讨论中,瑞(Rahe)选择绕过罗马、波里比阿和西塞罗,但在讨论近代早期的作品时,常有机会提到罗马。

关罗马共和国的政治讨论相分离的。一系列人文主义者毫无所求地研究过罗马共和国的方方面面,他们的部分作品完全是为恢复罗马政制的细节。这将构成我们熟悉的过去两百年来历史学术的基础。

中 世 纪

罗马最初是通过被称为 *dictatores* 的修辞学教师(对研究罗马共和国的学者来说多少有点儿让人迷惑)和律师影响中世纪的政治思想的。修辞学教师们不仅提供书信和演说的模板,而且逐渐开始写作有关国家政府的论著。在这些论著中,他们运用所熟悉的拉丁语文献,特别是西塞罗的《论义务》(*De Officiis*)和萨路斯特的《喀提林阴谋》。在他们看来,应当追求的理想是"伟大",它可以通过实践公民的美德、自由与和谐来实现。同时人们也向法律学习,自帕多瓦的马西略(Marsiglio of Padua)和萨克索菲拉托的巴尔托洛(Bartolo of Saxoferrato)以来,在亚里士多德哲学和《法学汇纂》研究的影响之下,人们都通过注疏和论著的形式提出他们的观点。他们基本的主题是自由、避免暴政和公民和谐。这都需要法律的统治,需要一个直面专制、自私政府的统治权力,以及一个追求美德的公民团体。马西略(《和平的保卫者》[*Defensor Pacis*] I. 8—18)将亚里士多德的共和政制解释为 *principatus temperatus*,即一个在法律框架内行事的、经选举产生的统治者,但需要一个立法家不定期的干预。与之相反的是巴尔托洛(《论城市政府》[*De Regimine Civitatis*] 2. ff. ,284 ff.),在列举了亚里士多德的诸种政制后,他论证到,不同的政制适合于规模不同的共同体的需要。对小共同体来说,共和制是合适的;对较大的来说,贵族制是适当的(例如威尼斯、佛罗伦萨和古代罗马等);对于最大的来说,君主制就是合适的了。此外,人们逐渐达成这样的认识:统治权以适当方式行事的最好保证,是他或他们应在得到同意的情况下任职,实际上就是通过某种形式的选举。⑥ 尚无任何迹象显示当时存在着对罗马共和国如何运作的细致分析。可是,对共和国自由——源自拉丁语文献和罗马人的榜样——思想上的支持,在14世纪末和15世纪初佛罗伦萨那些政治活跃分子的作品中,尤其是在科鲁西奥·萨路塔提(Coluccio Salutati)和列奥纳多·布鲁尼(Leonarda Bruni)的论著中可以看到。布鲁尼事实上走得非常远,用古典希腊语写了一部描述佛罗伦萨政制的著作,他认为那是一个混合政制,将贵族因素和民主因素混合了起来,因此是一种避免了彻底民主制危险的政制。他小心地指出,尽管存在着诸如任期短暂的官员和使用抽签等民主特征,人民及其议事会对于由官员和高级议事会提交给他们的建议,也只能表示同意或者反对,因此,政制中存在强烈的贵族因素,与佛罗伦萨历史的早期形成对照,当时军队并非雇佣兵,而是从人民中征调的,大众

---

⑥ Skinner,1978,i. 9 ff. (Bock,1990,ch. 6,pp. 121—141 中,他对此有综述),and 49 ff.;Baron,1966,57 ff.关于法学研究的发展,见 D. R. Kelly,"Law",in Bruns,1991,ch. 3,pp. 66—94。关于巴尔托洛,请特别参看 Quaglioni,1983,其中包括不同版本的《论暴政》(*De Tyranno*)和《论城市政府》(*Tractutus de Regimine Civitatis*)。也请见 Baldo degli Ubaldi Quaglioni,1980 年的论述。

也更加强大。⑦

马基雅维利

这些观念的一贯性以及它们对政治影响的程度,仍是一个有争议的问题。⑧ 从哲学的角度看,13—15世纪的思想,大部分可以被合理地称为原始共和派。可是,无可争议的,是在16世纪初的马基雅维利那里,既通过他常常无情的实用主义——诞生于他本人的政治经历之中,也通过他将古典共和理论和先例应用到他那个时代问题上的方式,即使尚未创立一种新的(de novo)思想传统,至少是改造了政治思想⑨。他的两部重要著作:《君主论》(Il Principe)和《论李维历史的前十卷》(Discorsi sopra la prima deca di Tito Livio),是在他1513年被解除佛罗伦萨共和国的首要职务后,在退休时期出版的,既反映了他在服务期间形成的意见,也反映了他因自己的现状所产生的观点上的修正。《君主论》主要论述君主权力(principati)的获得、维持和运用,因此几乎不提罗马共和国,也就不让人惊奇。尽管如此,在第九章中,马基雅维利仍强调了君主获得人民支持的重要性,虽然他也警告,如果缺

---

⑦ 参见 Coluccio Salutati,*Epitolarium*(ed. F. Novati, Rome, 1891) i. 90, 197; ii. 25, 389; Skinner,1978, i. 69 ff. ; Baron,1966,47 ff. ;98 ff. ;124 ff. ;但请注意与146以下有关萨路塔提回归到赞同恺撒、反对西塞罗观点的论述进行对照。布鲁尼的《论佛罗伦萨共和国》(*Peri tes ton Phlorentinon Politeias*)收录在 C. F. Neumann, Frnakfurt-on-Main,1822中。

⑧ A. Grafton,"Humanism and Political Theory",in Burns,1991,ch. 1,pp. 19—29.

⑨ 近来的研究著作有 Pocock,1975;Sasso,1958;Bock, Skinner,和 Viroli,1990。

乏其他支持,在面对官员或者政敌时,过于信赖这种支持存在危险,如同格拉古兄弟的例证所证明的那样。在后来的第十八章中,他对比了作为统帅的汉尼拔和西庇阿。他论证道,在对其军队实施纪律时,汉尼拔的残忍,与西庇阿的放纵比较,是一种真正的王者之风,只是因为西庇阿"生活在元老院的统治之下",放纵才可以忍受。

《君主论》并不关心共和主义本身,《论李维历史的前十卷》就是另外一个样子了。就其使用的材料来说,当然不局限于前十卷,李维的其他材料也出现过,他还参考并引用了塔西佗的著作。后者的《编年史》第一至六卷的印刷版本于1515年首次出版,利用的是新近在威悉河附近一座修道院中发现的唯一抄本。[10] 对我们当前的意图来说,最重要的是,我们发现马基雅维利还利用了波里比阿的作品,后者的历史著作当时在佛罗伦萨已经相当知名。用A. 莫米利亚诺(A. Momigliano)的话说:"波里比阿两次光临意大利,第一次是公元前167年,第二次是在大约1415年某个不确定的日子。"那些全文幸存的文本(第一至五卷)在该世纪中期被译成拉丁语;那些以摘要形式幸存的文本,包括讨论罗马政制的第六卷,到1482年已经有乌尔比诺图书馆的抄本,但直到下世纪初才被译成拉丁语。可是,从贝尔纳多·罗切拉(Bernardo Rucellai)的著作《论罗马》(*de urbe Roma*,写于1505年之前)——在插叙中,他对波里比阿有关罗马共和国的判断表示赞同——来看,在马基维利《论李维》写作之前,在佛罗伦萨的知识分子圈里,尽管他们

---

[10] 参见 Momigliano, 1977, 205 ff. 等。

第十三章 对共和国的记忆

是马基雅维利的政敌,但波里比阿的政制理论显然已为人所知并得到讨论。⑪

在《论李维》第一卷第二章中,马基雅维利提出了他关于古典政制理论的看法。首先,所有制度都可划分为三类:*principato*(君主制)、*ottimati*(贵族制)、*popolare*(民主制),然后是六分法,即每个类型都有它的健康和败坏形式,并且是循环式的进步。最后,是混合政制的优越性。理论上,马基雅维利接受了政制循环论,但他评论说,那种情况很少发生,因为一个经历了这些变异的共和国不太可能继续存在,而会屈从于一个秩序更好的邻邦。另一方面,他不像波里比阿那么悲观,相信混合政制会终结循环。他还修正了波里比阿的看法,认为民主国家的放纵不会堕落成某一个人严酷的暴政,而会导致人们挑选一个君主,由他来终结这种放纵。他在这里追随的是君主制的代言人大流士(Darius),在一场由希罗多德设想的波斯贵族间的辩论中他提出了这一看法。⑫ 然后,马基雅维利赞扬了来库古,却批评了梭伦。在他看来,梭伦创建了一个 *stato popolare*(民主国家),但他的政制很快为僭主制取代,而且他把在雅典镇压"大人物的傲慢和普遍的放纵"的任务,留

---

⑪ Sasso, 1978, 391; Momigliano, 1977, 79—98, "'Polybius' Reappearance in Western Europe", esp. 87, 追随了 Dionisotti, 1971, 252 ff. 的意见。B. Rucellari 的 *Liber de urbe Roma* 载 J. M. Tartini 为 A. L. Muratori, *Rerum Italiae Scriptores* (Florence, 1770), 785—803 所做的附录 2,有关波里比阿的讨论,见第 947—949 页。也请注意马基雅维利后来的论点:要把美德和放纵从人性中区分开来不太容易。

⑫ 特别请参看 *Dics.* 1. 2. 23—24(我利用的是里佐利版本中 G. 英格勒瑟[G. Inglese]和 G. 萨索[G. Sasso]米兰 1984 年版的分段法); Hdt. 1. 82. 4; Sasso, 1958, 310 ff.; 1978, 345 ff.。

给了随后的政制创造者。罗马缺少来库古那样的立法家,他的角色由偶然性(caso)充当,即使罗马制度(ordini)最初有缺陷,但它们终归距良好政制不远,所以罗马人还能把它们拨正。国王创造过某些良好的法律,但对一个自由城市来说,那还不够。因此,那取代了国王的共和国把执政官的王权和元老院的贵族权力混合在了一起。然后是贵族的傲慢引起了人民的起义和平民保民官的创设,这让共和国的制度得以稳固。[13]

李维叙事的影响清晰可见,同样清晰的是波里比阿有关以冲突保持稳定的观念,当马基雅维利在下一章中讨论导致保民官创立的那些"偶然事件"时,这一点变得更加清楚。在这里他利用了自己的一个基本信条:人本质上是个罪犯,除非必要,否则从不为善。正是饥饿和贫穷让人类勤劳,是法律让他们善良。在他看来,一旦贵族不再害怕塔奎尼乌斯家族,他们就对平民表现出傲慢和毒辣。[14] 然后,马基雅维利转向了对多数人意见的反驳,他们将罗马作为一个"纷争不已的共和国"予以抛弃。这些"多数人"到底是谁,是一个很好的问题。在古代作家中,奥古斯丁(Augustine)和萨路斯特是强有力的候选人,在说明罗马腐败时,奥古斯丁大量地引用了萨路斯特的作品。人们或许还可以提到阿庇安,其《内战史》的拉丁语译本当时已经出版。可是,马基雅维利心中所想的,

---

[13] *Disc.* 1.2.28—36.

[14] *Disc.* 1.3. 关于人类本性败坏的观点,以及随之产生的需要平衡集团内自私观念以创造政治稳定的信条,在詹姆斯·麦狄逊的思想中会再度出现,见 *The Federalist* 51, cf. Rahe, 1994, iii. 45 ff.。

可能是他那个时代的某些人,他们接受了这些古典文献的暗示。[15]他争辩说,贵族和平民之间的冲突,是有利于自由的各项法律产生的原因之一,而且代价颇小,只有很少的人被杀,八到十个人被流放,被罚款的人不多。看来这可能是他本人从李维的叙述中得出的结论,并因李维有关暴力温和性的评论得到强化。[16]他接着说,如果说人民在大街上胡冲乱突、店铺关门、逃离罗马的图景让某些人恐惧的话,那他们必须认识到,在每个城市,人民肯定要有某些方法释放他们的"野心"。事实上,这导致了适当的平民领袖的产生以及对自由的保护。

这个观点导致了对另外两个原则问题的讨论。第一,到底是大人物还是人民才是自由的保佐人?第二,拥有一个消除了人民和元老院敌对关系的共和国,对罗马是否可能?在回答第一个问题时,马基雅维利把罗马与斯巴达和威尼斯进行了对比。他论证,从原则上说,将自由的监护权交于那些希望避免被统治的人,即人民,而不是那些希望进行统治并篡夺其他人自由的人即贵族手里,更加合理。但是,偏袒斯巴达和威尼斯的人争辩说,如果让大人物(*potenti*)在政制中占统治地位,这些人的野心会得到满足,同时,平民的革命欲望也失去了合法性。这样做的话,贵族不会在绝望中颠覆共和国,而平民也不会在与贵族的冲突中,被鼓励为他们的

---

[15] Aug. *Civ. Dei* 2. 18;3. 17;Sall. *Hist.* 1. 11—12M;App. *BCiv.* 1. 1—6. Sasso,1978,特别是第 356 页以下最后论证道,马基雅维利的靶子是那些把罗马与威尼斯做不利比较的人。

[16] *Disc.* 1. 4, esp. 4—6;cf. Livy,2. 29. 4. 可是,对于暴力,马基雅维利不像哈利卡纳索斯的狄奥尼修斯(*AR* 7. 66)那样敌视。

领袖寻求更高级的官职,并最终把领袖们转变成为马略那样的魅力型领袖。对于这个论点,马基雅维利的回答是:虽然难以确定哪个阶级的态度(umore)更加危险,也难以确定哪个阶级期望维护已经获得的荣誉(onore),或者说是谁期望获得那些他们还未拥有的东西,但那些拥有了荣誉的人,除非他们获得新的东西,否则会害怕失去他们已经拥有的东西,所以会与那些未拥有荣誉的人具有同样的欲望,而且强有力的占有者有办法改变共和国的平衡。此外,他们不良的野心会在那些不占有的人中间激起相应的欲望,导致这些人要么希望剥夺那些强大者的所有物,要么希望获得遭强者滥用的财富和荣誉。⑰

可是,对于那些斯巴达和威尼斯的支持者,马基雅维利有第二种答案,这也是他的主要论点:在罗马共和国内部,冲突不可避免,也就是说,对那些希望获得一个能够建立帝国的共和国的人来说,罗马的先例更为可取。他有关斯巴达和威尼斯图景的历史准确性在这里无关宏旨。他把两者描述为一个小共和国,只关心自身的存在而不是扩张。更重要的是,它们的规模,使它们可以被少数人统治。由于它们是封闭的社会,得以维持了自己的地位,斯巴达的封闭尚甚于威尼斯,但其效果相似。此外,在斯巴达,经济上的平等和国王对平民的保护,消灭了与贵族冲突的原因。他论证到,如果罗马要取得这类和平,要么模仿威尼斯的先例,在战争中绝不能使用平民,要么就是追随斯巴达的先例,排除外国人。如果你希望创建一个武装的、人数众多的公民团体以建立帝国,你就不能期望

---

⑰ *Disc.* 1.5.1—12,15—20.

第十三章　对共和国的记忆

按照纯粹适合你自己的方式来管理这个团体。对政制的调整,例如创设一个终身制的君主,或者减少元老院的人数,都不会有任何不同。运用来库古在斯巴达应用的方法,可以让一个小城市获得稳定,但事情的本质,是很难让一个共和国既小且安全。事物会增长或者萎缩,为避免衰落,必须执行扩张政策。因此,罗马的政策更加可取,它把必须做的事情变成了一个光荣的目标,而冲突是通向伟大道路上必要的罪恶。更重要的是,作为自由的保护人和控告的中介人,保民官都是重要的。[18]

在随后的章节中,马基雅维利涉及共和国的各种特点,以说明他的政治原则。像波里比阿一样,他强调了奖励——无论这个奖励是多么的小——和惩罚的重要性。对于他们的伟人,罗马人并不比雅典人更寡恩,但他们的共和国并没有落入一个庇西特拉图那样的僭主统治下。更重要的是,在惩罚那些因无知或者糟糕的决定而未能履行职责的人时,他们是温和的。但在马基雅维利看来,科里奥拉努斯(Coriolanus)的故事表明,人民在政治问题上的控告能力让公民可以非暴力地发泄他们的愤怒,而暴力会产生敌对、恐惧和帮派(parti)。[19] 对罗马人(还有萨谟奈人)来说,宗教的重要性,在罗慕路斯和努马统治期间以及共和国的历史中得到了说明。祭司王(rex sacrorum)的保留尤其是维护古老传统一个良好的例证,当一场重大变单止进行时,它让变革的外表最小化了。[20] 十人团的活动,以及元老院和人民在创立并支持它时所犯

---

[18] Disc. 1.5.13—14;6;cf. Pol. 6.50.

[19] Disc. 1.25;cf. Pol. 6.14.4;Disc. 1.29;31;对比 7.1—11。

[20] Disc. 1.11—15;25.

的错误,得到了较大篇幅的讨论。在十人团导致对现存官职被废止的意义上,它被不利地比喻为独裁制度。[21]

以早期共和国为背景,马基雅维利更全面地讨论了暴君被逐后维持自由的问题,并与恺撒、卡利古拉(Caligula)、尼禄(Nero)等死后以及某些希腊僭主被推翻后的情况进行了对比。在他看来,早期共和国时期的人民,犹如从囚笼中放出的野兽,一旦有人希望再度把他关起来,他就会成为牺牲品。这就是他产生其著名判断的原因:在这种背景下,必须杀死共和国的敌人——布鲁图的儿子们,尽管他们已经失去了自己在王政时代的影响。另一方面,到恺撒和皇帝的时代,人民已经如此腐败,无法让他们保有自由,如果国王的统治维持得时间更长些,那早期罗马也会如此。[22] 马基雅维利强调了良好的法律和风俗之间的相互依赖性,他认为,正是这一点让腐败难以克服。此外,如果共和国的政治结构(ordini)原封不动,立法也会无效。他觉得,在共和国时代,发生了重大变革的,既不是人民、元老院、保民官和执政官的权威,也不是选举和立法的形式,而是这种变化让遏制腐败成为不可能,因为选举制度不再尊重美德(virtu),而是依赖于恩惠(grazia),立法成为私人获得权力的手段,不是为了公共之善。渐进的改革需要一个善良和有远见的人,而且甚至是他,也会发现在说服其同胞进行变革时,也存在困难。另一方面,全面的改革需要暴力和一个暴君的权力。事实上,如果在一个腐败的城市中创建或维持共和国,那就必

---

[21] Disc. 1.34—35;40—45.

[22] Disc. 1.16.2—3,11;17.4—8.有趣的是,马基雅维利把人民后来的腐败,即恺撒利用的腐败,归于马略一派。Disc. 3.3,他回到了杀死布鲁图儿子们的问题上。

第十三章 对共和国的记忆

须更多地走向王政而不是民主政治。㉓

产生腐败的具体原因之一是"土地法"。马基雅维利对土地立法的理解,在某些方面存在缺陷(它不是这里要讨论的问题)。尽管他正确地区分了重新分配被征服地区土地和限制土地占有的立法(由此可以看出阿庇安《内战史》第一卷的影响,该书当时已有拉丁语译本),但他没有意识到,第二类法律仅涉及公有地。他如何评价罗马土地立法对他的原则——让国家富有,公民个人贫穷——的削弱,我们也不清楚。就本文来说,重要的是土地立法对共和国稳定造成的影响。马基雅维利最初坚持说,平民对土地立法的渴望是病态,源自需要得到满足后随之产生的野心。相反,贵族因为受到要么失去土地,要么失去致富可能性的威胁,他们或者努力而耐心地尝试推迟立法,或者通过派人殖民,部分满足平民的要求。可是,可供分配的土地远离罗马。这个问题本已沉寂,但格拉古兄弟复活了它,而且产生了灾难性后果。因为反对者的力量成倍增强,于是元老院和平民之间的相互仇恨,演变成为内战。内战先是在马略和苏拉之间进行,后来在恺撒和庞培之间发生。就在此时,即在李维政治观点影响下,对本质上属于贵族的观点进行论证后,马基雅维利承认,他刚刚所说,与其前面的观点——元老院与平民的冲突,因为支持自由的立法,维持了冲突因之产生的自由——不够一贯。尽管如此,他仍重申了此前的看法,但补允说,贵族的野心太大,如果不以各种方式加以平衡,一个城市很快会崩溃。三百年后的斗争可能导致了罗马被奴役,但如果平民不是依靠这一法

㉓ *Disc.* 1.18.

律和其他贪欲制约了贵族的野心,那这个奴役来得会快得多。他补充说,贵族总是更乐意在荣誉而不是财产问题上让步,因此平民就诉诸特殊的措施。至于格拉古兄弟,他们的意图比他们的谨慎更加值得赞赏。怀旧的立法尤其不慎重。渐进的方式可能推迟或者排除那即将来临的不幸。㉔

马基雅维利对平民和保民官的正面评价为我们提供了更进一步的证明。他相信,在分配地位和尊严问题上,人民的判断是最可靠的指南,因为多数人比少数人更不可能自欺欺人。此外,他接受李维的看法,大众比一个国王更加聪明和一贯。大众所有的恶行,在个人身上都有体现。当共和国未腐败时,罗马人民既不像奴隶那般屈从,也不像暴君那般傲慢。他们是国王的敌人,是光荣和祖国共同的善的热爱者;他们不像国王那般寡恩;在他们做出的政治决议和选举的官员中,少有错误。更重要的是,人民的统治导向了更大的军事上的成功。㉕ 至于保民官,他们不仅限制了贵族反对平民的野心,而且还限制了他们在自己的小圈子里可以运用的野心。最后,在导致共和国灭亡的原因中,军事指挥的组织像这些冲

㉔ *Disc.*1.37.这里可以看到阿庇安《内战史》第1卷第2、7—8和17章的影响。关于阿庇安著作的利用,见 Sasso,1978,363。

㉕ *Disc.*1.47.27;58,esp.8,10,20,24—26,30.关于佛罗伦萨政治史对马基雅维利的影响,见 Bock,"Civil Discord in Machiavelli's Istorie Fiorentine", in Bock, Skinner, and Virioli,1990,181—201. 它表明,在《论李维》和《佛罗伦萨史》之间,并不存在严重的思想上的不一致。但无论如何非常清楚的,是马基雅维利关于罗马的观念不是根据佛罗伦萨历史预设的。

突一样重要。㉖

因此,我们发现马基雅维利对罗马共和国的评价,远在他所阅读的李维作品或其他古代资料之上,他的解释也是高度地富有洞察力,复杂而且协调。像波里比阿一样,他特别精巧地把美德作为不同阶级和机构之间冲突的产物,而其他人则认为,这是个致命的弱点。事实上他本人又承认,冲突是共和国最后灭亡的根源。我们尤其清楚地看到,这个观点对于后世的政治思想产生了重要影响。

博 古 派

从15世纪中期开始,越来越多的人文主义学者投身于从文献中重构古代罗马的工作。它的启动,一是古典文献注疏学的发展,但更重要的,是罗马自身以及过去罗马帝国的其他地区建筑的影响。古代的建筑,因为罗马的再规划而浮现出来,尽管在这个过程中,有些建筑被毁,有些雕刻和铭文也被毁坏。这些资料过去绝大部分未得利用,如今与铸币 道,让创造某种关于古代罗马的学问成为可能,这种学术,虽然不可避免地部分依赖文献资料,但也有

㉖ *Disc.* 1.50.6;3.24. 在《关于马基雅维利〈论李维〉的思考》(*Considerazioni sui Discorsi del Machiavelli*)(载 *Opere Inedite*,Ⅰ(Florence,1857))中,F. 圭恰迪尼(F. Guicciardini)对马基雅维利的主要论点进行了全面研究,目的与其说是要反驳他的看法,不如说是提供另一种反对人民的观点。他所青睐的混合政制中,有一个经选举产生的君主,一个任期长久的元老院,仅有限地提到人民。他认为贵族和平民的分歧是灾难,造成了元老院方面过多的让步。对他来说,贵族更有资格成为自由的监护人,内战不是因为长期的军事指挥权,而是道德的衰退。

它独立的基础,在一定时候,让人们以更加批判的态度对待文献资料。[27]《卡皮托林年代记》的发现所产生的影响尤其值得注意。它于 1546 年在卡皮托林山脚下发现,两年后被安放在由米开朗基罗(Michelangelo)设计的一巨型新建筑中,记录的是执政官名单及其取得的胜利。巴托罗米欧·马利亚尼(Bartolomeo Marliani)对其进行了转写,然后由奥诺弗里奥·潘维尼奥(Onofrio Panvinio)和卡洛·西格尼奥(Carlo Sigonio)进行编辑,随后,《年代记》——不仅是卡皮托林的,还有其他地区发现的——成为了碑铭集成抄本中铭文的第二个类别。这些抄本,就是今天拉丁铭文集成的前身。[28]博古研究的成果不表现为历史叙事,它们或者是注疏,或者是对罗马古迹一个或多个方面的分析和研究。在第二类的作者中,开拓者是 15 世纪中期弗拉维奥·比昂多(Flavio Biondo)出版的《胜利的罗马》(*De Roma Triumphante*),他讨论了罗马的宗教、政制和行政法规、军事组织、私人生活,最后是凯旋式。比昂多还写有关古代罗马历史地理的著作《复兴的罗马》(*Roma Instaurata*),以及描述意大利和从古典晚期到他那个时代意大利历史的著作。大约一百年后,出版的著作已经达到了相当规模,例如保罗·马努西奥(Paolo Manuzio)的《罗马古迹:法律篇》(*Antiquitatum Romanarum liber de Legibus*);潘维尼奥对《年代记》的编辑和注疏;尼古拉斯·德格罗奇(Nicolas de Grochy)的《罗马人民大会》(*De comitiis Romanorum*);最重要的人物是卡洛·西格尼奥,他编辑了《年代

---

[27] 关于博古研究的发展以及对非文献资料的利用,见 Momigliano,1950;Weiss,1969;Grafton,1983,i. 153 ff.,Crawford,1993。

[28] Smetius, Naples VE 4; Aldo Manuzio the younger, Vat. lat. 5234, esp. ff. iii-vi.

第十三章 对共和国的记忆

记》、《古代意大利的法律》(De antique iure Italiae)、《古代罗马民法》(De antique iure civium Romanorum)、《古代行省法》(De antique iure provinciarum)、《罗马法大全》(De iudiciis)等作品,更不用说他那大开本的《库里亚法》(lex curiata)了。[29]

一般来说,这些著作公开宣布的目的是恢复那曾经存在的最杰出的共和国和最伟大的帝国的知识以及拉丁语文学的尊严。[30]可是,在西格尼奥的著作中,我们也发现存在政治纲领的迹象。《古代意大利的法律》的序言强调了罗马杰出的 disciplina(纪律),纪律不仅让罗马人征服了意大利,而且还有世界上遥远的地区,并让这些地区服从罗马人的法律。这一点既体现在罗马人对战争研究的专注上,也体现在冲突后的解决方法上。在《古代罗马民法》和他的《年代记》注疏的序中,他把波里比阿的政制循环理论应用到对共和国的历史研究中,虽然他论证:从本质上看,政制只有两种类型,一种是政府掌握在一个或者少数人手中,另一种是政府掌握在多数人手中(即手艺人和店主拥有公民全权之时)。波里比阿和西塞罗赞美的理想政制,在与塔林顿和皮洛士的战争后已经实现,也就是说,在《霍腾西亚法》时期实现。西格尼奥将该时期描述为英雄时代,以那时为界,此前和此后时期的罗马历史,在优异程度上都有下降,最终距优秀越来越远。他谴责贵族最初的统

---

[29] 关于这些发展,特别请参看 Weiss,1969,66 ff.;145 ff.;McCuaig,1989,和(关于《库里亚法》)McCuaig,1986。关于潘维尼奥未完成的60卷的《罗马古迹》——绝大部分仅以手稿摘要形式幸存(Vat. Lat. 6783),现在请参看 Ferrary,1996。

[30] 参见 P. 马努西奥的《论罗马法》(De legibus Romanis)(1557年第1版)和西格尼奥的《古代罗马民法》(1560年第1版)等著作的序言。

治,认为保民官制度的建立是一种必要的让步,使平民有了一件非常锐利的武器以保护他们的自由和纯洁。随后,罗马授予了平民与贵族通婚、担任原由贵族出任的官职和祭司的权利,最后是《霍腾西亚法》,让平民会议决议对全体人民有约束力。他还从贵族和平民避免公民团体中出现一个排他性等级的冲突中,引申出政治教训。可是,在他看来,格拉古兄弟的保民官任期,标志着混合政制的平衡被颠覆。他追随罗马史学中的贵族传统,认为随后的时期是人民的不公正统治,那时所有保民官立法的目的,都是为打破贵族的权力,强化平民以及他们的领袖的权力。[31] 此外,《古代罗马民法》包括名为《自由法》(*de iure libertatis*)(1.6)的一章,试图界定罗马人心目中自由的基本构成。首先,他们不是另一人的财产(西格尼奥在这里强调的是当一个解放奴隶在罗马获得自由时,其公民身份的获得性);第二,是一个自由的共和国的成员;第三,受官员审判时,得到上诉法以及死刑审判规定的保护;第四,因负债受到惩罚时有限制;第五,秘密投票。[32] 西格尼奥在某些方面与马基雅维利类似:在如何构建一个自由公民的共同体时,罗马共和国被他树立为样板——它也有扩张的能力。他认为,保民官的权力,平民的自由和参与,是这个共和国的基本特征。可是,他并没

---

[31] *De ant. Iure Italiae* (Venice,1560),3 ff.; *De ant. Iure civ. Rom.* (Venice,1560),3 ff.; *In fastos consularis ac triumphos Romanos commentrium*(《根据〈年代记〉的执政官表对罗马凯旋式的注疏》)(Venice,1556),1 ff.;某些关键文献收入 McCuaig,1989,129 ff.有英语译文。

[32] 麦克艾格(McCuaig,1989,136—137)注意到,西格尼奥的叙述不系统,但罗马人自己仍有可能识别。现代的叙述是否是对这些基本意义的改进,值得怀疑。参见 Brunt,1988,281 ff.;Wirzubski,1950;Bleicken,1972 等。

有面对共和国内部的矛盾,在那里,贵族和平民之间的对立,既富有创造性,也具有毁灭性。在某种程度上,他把罗马共和国的关键时期理想化了,他的论证比古代资料有关共和国的论述更加大度(甚至超过萨路斯特,他把公元前218年和公元前146年间的罗马共和国视为伟大和谐的时代)。这样,西格尼奥帮助创立了近代的分期标准,等级冲突终结于公元前287年,共和国的衰落始于公元前133年,中间的时期是政体最为优秀的阶段。

然而,总体上看,博古派的研究不仅是在反宗教改革时代那些重要人物的庇护下进行的,而且这些庇护人自己就常常上阵(典型的例证是安东尼奥·阿古斯丁[Antonio Agustin])。这种研究不关注政治思想,尤其是那种可能暗示非一个人或少数人统治的思想。[33] 一部多方面浓缩了人文主义成就的著作是这种倾向的良好例证。斯蒂温·温肯斯(Steven Wynkens)或叫温南斯(Wynants)(后改名为斯提芬努斯·维南都斯·庇护斯[Stephanus Vinandus Pighius])的《罗马编年史》(*Annales Romanorum*),其中的第1卷于1599年出版,时当作者以八十四岁高龄去世前五年,随后的两卷以第二版出版,由阿古斯丁的朋友安德列亚·肖特(Andreas Schott)编辑和增补。[34] 这部著作很好地体现了博古派的特点,它把《年代记》作为罗马从王政时代到公元70年(后一个年代的选择,不仅因为它是罗马攻占耶路撒冷的时间,而且让作者可以把《韦伯芗大权法》[*lex de imperio Vespasiani*]包括在内)历史的资

---

[33] 特别请参看克劳福德(Crawford,1993)有关阿古斯丁和他的小圈子的研究。
[34] 关于庇护斯的生平,见 Jongkees,1954,esp. 148ff. de Vocht,1959。

料基础,将碑铭学、钱币学和文献资料结合了起来。在编年史的框架内,他实际上引用了一系列资料,尤其是碑铭文献。事实上,在第二部的开头,出现了《卡皮托林年代记》的全文。前两卷被划分为多部,取了诸如 *Tyrannifugium*(暴政的统治)和 *Italiiuga*(意大利联盟)之类的名称,通过对该时期历史意义的评价,庇护斯得以对他每部的名称进行简短的解释。可是,研究并未提供严格意义上的政治教训。在序言中,他强调了年代学的重要性,论证说,他的作品是表现罗马,尤其是罗马法永久性的一种方式,它实际上相当于一部历史。他给腓力二世的献词充满了忠诚于天主教的表白,以及国王接受命运乃上天规定的建议;同时,在第一部开头的致腓力辞中,他宣称,有关王政时代的叙述,意在以例证进行教育。这里离西格尼奥很远,离马基雅维利甚至更远。到《罗马编年史》出版时,政治原理很大程度上已经为 *Tacitismo*(塔西佗主义)占据,他们利用元首制时代一个历史学家的作品,既经常又不经常地就如何维持绝对统治向君主提供建议。㉟ 对罗马作为一个共和国的欣赏,随后在英格兰得到了最清楚的表现。

罗马共和国与英国革命

混合政制观念的影响,可以在自亨利六世(Henry Ⅵ)的大臣约翰·福蒂斯鸠爵士(Sir John Fortescue)以来为英国政体做理论

㉟ Momigliano,1977,205—229,"The First political Commentary on Tacitus",该文增补后发表于 *JRS* 37 (1947),91—100;P. Burke,"Tacitism, skepticism, and reason of state", in Burns,1991,479—498。

第十三章 对共和国的记忆

辩护和讨论的作品中看到。可是，15—16世纪中期所讨论的，既不是亚里士多德所说的混合政制，也不是波里比阿所设想并得到马基雅维利赞同的制衡体制，而是一种信仰：英国的主权——国王在议会中——本身就是混合式的；在宪法上，君主制受到限制。人们偶然会提到亚里士多德的理论和古典的先例，但与罗马共和国的实际构造无关。㊱当查理一世（Charles Ⅰ）与国会发生冲突时，形势发生了变化。在《利维坦》名为《论臣民的自由》一章中，托马斯·霍布斯（Thomas Hobbes）对那些认为他们的自由乃"他们的私有继承物和与生俱来的权利"的人进行了剖析，因为这些实际上仅仅是公共权利。那些应对欺骗这些人负责的，有"亚里士多德、西塞罗和其他人，希腊人和罗马人"，他们的这些权利来自其民主政府，而不是自然原理。

> 亚里士多德如此；西塞罗和其他作家根据罗马人——他们被教导要憎恨君主制——的意见，为他们的公民原则奠定了基础，……通过阅读这些希腊语和拉丁语作品，从孩提时代起，人们就习惯于（在自由的虚假外表下）赞成动乱，以及对他们的主权者的行为施加肆无忌惮的控制；他们还习惯于控制那些控制者；习惯于大量的流血；我认为我可以告知你们真相：人们购买的东西中，从没有任何

㊱ 尼佩尔（Nippel, 1980, 160 ff.）对福蒂斯鸠、斯塔克（Starkey）、阿梅尔（Aylmer）、波内特（Ponet）和卡特赖特（Cartwright）的贡献做了方便的概述。

东西像这些西方国家购买希腊和拉丁学问那样昂贵。㊲

有趣的是,内战前夕,混合政体理论最初被查理一世用来反对他的国会。《陛下对国会十九条建议的答复》(1642)是由弗克兰(Falkland)和约翰·科勒佩波爵士(Sir John Colepepper)为他起草的,其中把英国的祖宗旧制描绘为人间三种政府(绝对君主制、贵族制和民主制)的混合,意在提供所有三种政体的好处,却没有任何一种的不便。到目前为止,这是很好的亚里士多德的信条。可是,对于下院在政府中享有更大份额这一可能让步的预见,是波里比阿关于民主因素取得胜利的回响:

> 最后,普通的人民(他们必须同时得到讨好,并满足他们无法无天的放纵欲望,无论那是多么违背固有的法律,或与他们真正的善多么背道而驰),在发现这个国家之秘密(*arcanum imperii*),即所有一切都由他们完成,却不是为他们所做,并对无休止的工作感到厌倦之时,自己进行创建,将片面和独立称为自由,吞噬那曾吞噬了其他一切的财产;消灭所有权利和财产,所有的杰出家庭和

㊲ 2.21.9(我用的是由 J. C. A. 加斯金[J. C. A. Gaskin]编辑,1996年牛津出版的版本)。他攻击的目标似乎不仅包括当时英国新近的事件,还有前一个世纪"君主派"的活动,关于后者,参看 Skinner,1978,ii. 302 ff.。

第十三章 对共和国的记忆

优秀人士……[38]

法人主权的观念在腓力·胡顿(Phlip Hunton)的《论君主制》(1643)中得到阐述,后来的主权归于国会中的国王的原则的基础因而得以奠定。[39] 可是,内战中国会的胜利,导致了更加民主的政体建议和对罗马共和国先例更明确的利用,特别是根据马基雅维利来解释这些先例。

詹姆斯·哈林顿(James Harrington)的《大洋国》(1656)[40]中,有一段关于民主和代表制类理想政体的论述,其基础是对军队和财产占有制的历史分析。他的一只眼睛牢牢盯住现代,关注的是把对民主的热望与国民军队,还有以"首席执政官"奥尔发斯(Olphaus)——他有机会创建新的政治体制——身份出现的克伦威尔(Cromwell)的形象融合起来。他的另一只眼睛广泛地扫过了英国历史和古代世界,包括从《旧约》、希腊史,特别是斯巴达历史和罗马历史中撷取素材。在讨论罗马政制时,哈林顿的论证变成了与马基雅维利就最优秀的共和国形式进行的对话。大洋国的政体以古代世界等级化的社会为基础,由斯巴达的军队和政治单位与罗马的特里布斯和森都里亚组成,其中包括他们的同龄人集团和财产资格。该制度假设的是有限的5000人的公民权,以同样

---

[38] 本文的相关部分在 D. Wootton, *Divine Right and Democracy* (London, 1986), 171 ff.; 和 J. P. Kenyon, *The Stuart Constitution: Documents and Commentary* (Cambridge, 1966), 21 ff. 可以方便地得到,请与 Pol. 6.57 比较,参见 Nippel, 1980, 258 ff., esp. 262。

[39] 文本见 Wootton, 1986, 175 ff., 参见 Nippel, 1980, 269 ff.。

[40] 波科克(Pocock, 1977)对该书进行了全面的编辑,并有注疏。

数量的份地为基础，财产最高限额为 2000 英镑。每个教区的"长老"（年满 30 岁及其以上者）负责从教区中选举代表，这些代表选举任职时间不等的军事统帅和民政官员。在这些人中，"骑士"将组成元老院，然后从他们当中选举国家的最高官员和国家议事会成员，每年轮换。那里还有阶级，优先投票的特里布斯，四名一年一任的保民官，两名骑兵统帅和两名军事统帅——他们似乎是罗马军团长官和平民保民官的合成形式。立法由元老院提出建议，由人民决定，遵循的是"两个傻姑娘"的原则，即一个分蛋糕，另一个挑选。[41] 哈林顿相信，他的政体会在没有煽动家的情况下保持人民主权，而且既稳定，军事上还有效率。他抛弃了马基雅维利有关冲突必然性的信条，相信在罗马发生的情况，首先通过拥有平等的社会即对"土地"的平等占有和政府的轮换，可以避免。对于马基雅维利提出的、能否找到消除元老院和人民之间对抗的方法的问题，他答称，无论这个共和国的目标是稳定还是扩张，内部的平等就足够了。[42]

在一部因复辟时期的问题而写成，但在死后才出版的著作，即阿格农·锡德尼（Algernon Sidney）的《关于政府的讨论》中，我们可以发现，混合政制的原则和罗马共和国的先例以更正统的形式回潮，而这部著作也成为作者被处死的一个次要原因。作者意在反驳罗伯特·菲尔麦爵士（Sir Robert Filmer）在《父权制》中为绝对君主制所做的辩护，在为混合政制辩护时，他利用了古代希伯来

---

[41] Pocock, 1977, 172 ff; 210 ff.；在第 333 页以下有摘要，特别请注意第 267 页以下和第 335 页有关保民官的论述。

[42] Pocock, 1977, 180 ff.; 272 ff.

人、希腊人城市和罗马,以及当代威尼斯、热那亚、卢卡和德意志城市的例证。作为推翻君主制的先例,罗马人具有重要地位。此外,锡德尼重申了马基雅维利在《论李维》中将罗马作为正面样板所提出的论点。对一个国家来说,安全有赖于扩张,这又必然给因良好的政府所造成的人口增长提供空间,因此,安全取决于国家对战争的充分准备。更重要的是,动乱、战争和屠杀虽然是必要的苦难,但并不必然暗示最糟糕政府形式的存在。"在叛乱、骚乱和战争之中,人类的相互残杀正是病态,但让一个国家变得如此凄惨、软弱和粗鲁,以致既无力量,又无勇气竞争任何东西,就更加恶劣。"然后,锡德尼对古代和近代希腊做了有利于前者的对比,并遵循了其在意大利问题上同样的论点,"当他们(古代意大利的人民)自由时,他们热爱自己的国家,总是准备为保卫她而战。"相反,现在"那薄薄的、半饥饿状态的、由常春藤支撑的城墙上的居民,既不害怕人民的骚动,也不畏惧外来入侵的警报,只有饥饿、他们孩子的啼哭或者狼嚎声会干扰他们的酣睡,……那些国家的暴烈如今如此驯服,以致每个恶劣的税收官都会无所顾忌地从每个人那里榨取那本应用来供养其家庭的收入……(罗马的)总督,就像他们几乎不害怕格拉古一样,也不害怕汉尼拔。"对锡德尼来说,古代意大利城市的军事力量不仅供防止外来入侵者,还是反对他们自己的贵族压迫的保证。[43] 可以肯定,锡德尼对罗马政制的细节不是很感兴趣,但他关注民主政治的自由与军事力量以及穷人抵抗来自上层压迫的权利之间的关系。

---

[43] *Discourses Concerning Government*,特别是第1章第3节;第2章第16、23、26节;另见 Wootton,1986,417 ff.。

孟德斯鸠和国父们

可是,罗马对军国主义和共和主义的结合,对启蒙运动来说不是那么容易接受。在孟德斯鸠的作品中,我们发现,最终放弃把罗马共和国作为样板的决定性一步,在那里已经迈出。在《罗马盛衰原因论》(Considerations)对罗马的讨论中,他所达到的结论是:罗马的例证不再与当代政治科学家有关。对孟德斯鸠来说,罗马是一个从一开始就专注于扩张的社会:城市是战利品和农产品的仓库;由于她是个缺乏商业、几乎没有技术(arts)的城市,因而对罗马人来说,抢劫是个人致富的唯一途径,犹如他那个时候克里米亚的鞑靼人;从君主制向共和制的转变,一年一度执政官的设立,实际上意味着渴望战争、野心勃勃的人数的增加。他的看法与波里比阿的 anacylosis(政制循环论)存在有趣的区别,他认为如果罗马人的征服速度更快的话,那罗马人可能在皮洛士到达意大利时就已经陷入衰败了,因为在达到富裕的顶峰后,他们肯定会堕落为腐败。然后,马基雅维利的看法再度出现。如同提比略·格拉古意识到的那样,古代共和国力量的秘密在于土地的平等分配。等级冲突以及后来由人民进行的斗争,对平民取得他们的权利来说是必要的,而且人们也不能指望,一个由勇敢士兵组成的城市在国内会保持消极。事实上,长期海外服役的经历,侵蚀了军队的公民精神,所以他们就不再是共和国的士兵了。因此,引起麻烦、把人民的骚动转变成内战的,正是共和国的伟大(la grandeur)。但是,在一个自由的国家里,要求人们既在战争中勇敢,又在和平时期恬静,是不可能的。当人们看到一个所谓的共和国让一切都处于和平状态时,那就可以肯定,那里根本没有自由。[44] 所以,在孟德斯鸠时代,即使作为扩张和繁荣的一架机器,商业的发展也被置于战争之上,以致罗马的模式不再与当时有关,但他仍重申了马基雅维利的评价,对共和国内部的斗争给予同情。

那些在取得对乔治三世的胜利后决定美利坚诸州未来命运的重要政治家们,也是启蒙运动的苗裔,他们意识到,在他们自身所处的新的历史条件下,必须寻求新的政治解决方案。同时,他们中的绝大多数又熟知古典作品和古典历史。[45] 罗马的个人当然可以作为美德的样板或者恶行的反面典型,但罗马共和国的政制作为样板,事实证明要模糊得多。尽管他们认为她已经过时,但在他们的作品中,仍留下了有关这个先例的某些论述。[46] 约翰·亚当斯(John Adams)把古代混合政制的例证,包括罗马共和国的例证,作为他赞成的国家政府形式的指南,政府中包括一个代表制的参议院和一个代表制的众议院,以避免民主因素获得过大的权力。他所以不愿过分模仿希腊人的民主,是基于对人性本质上不完美的信仰:他们贪婪地追求个人利益,而且容易激动。[47] 此外,在主

---

[44] *Considérations sur les causes de la grandeur des romains et de leur décadence* (Oeuvres ii. 69 ff., 81—82, 111—119, ed. R. Caillois).

[45] Richard,1994,53 ff.;Rahe,1994,ii. 21 ff.;iii. 21 ff.

[46] Richard,1994,123 ff.;Rahe,1994,57 ff.

[47] J. Adams,*A Defence of the Constitutions of Government of the United States of Ameirica* (3 vols.,1787),特别是序言和书信 26(书信 27 和 30 分别用英语翻译了马基雅维利《论李维》的第 1 卷第 2 章,以及波里比阿第 6 卷的大量内容);Richard,1994,123 ff.;Rahe,1994,iii. 45 ff.

张限制国会中的代表人数和创建联邦参议院时,詹姆斯·麦迪逊(James Madison)在《联邦党人文集》中对同一观点提出了强有力的论证,"在所有人数众多的集会中,不管这个集会由什么人组成,激情从来都是要从理性那里夺取统治权的。即使每个雅典公民都是一个苏格拉底,但每个雅典人的集会仍会是一群暴民。""……历史告诉我们,缺少元老院的共和国,没有一个长命。"[48]

反联邦主义者仍为那自足的、面对面的古典城市共和国及其人民大会,以及轮换制的官职和公民兵制度(罗马的历史已经表明,当公民兵被强有力的行政机构领导下的常备军取代时,会发生什么样的事情)着迷。更重要的是,他们所希望的社会,是支持宗教和追求美德的社会。在某些人的观点中,这种社会在其他好处之外,通过控制移民和孤立于欧洲奢侈的腐败之外,有助于维持一个同质性的公民团体。[49] 可是,联邦主义者坚称,利用16世纪英国政治思想中发展出来的代表制原则,以及由孟德斯鸠倡导的、以商业而非军事扩张为基础的共和国观念,有可能完成罗马共和国未能完成的事业——将共和原则与一个庞大领土的国家协调起来。[50] 他们的制衡不仅在于创造相互竞争和对立的宪政机构,还在于接受并欢迎派别的存在,理由是这些派别不可能推翻庞大的联邦国家。相反,它们的多样性和潜在的冲突,是自由的来源之

---

[48] *The Federalist*, nos. 55,63,pp. 336 和 371,in I. Kramnick's Penguin edition (London,1987).

[49] Richard,1994,78 ff.有关资料搜集在 H. J. 斯托林(H. J. Storing)和 M. 德瑞(M. Dry)的《反联邦派全集》(7卷,芝加哥,1981,第1卷为总导言);选集载 J. R. 波勒(J. R. Pole);《美国宪法:赞成者与反对者》(纽约,1987)。

[50] Rach,1994,ii. 22 ff. ;iii. 39 ff.

一,是对抗任何类型暴君篡夺权力,特别是多数派的统治的保证——在一个小的政治共同体中,多数派能够进行统治。[51]

在《联邦党人文集》的众多篇章中,亚历山大·汉密尔顿(Alexander Hamilton)和詹姆斯·麦迪逊的作品以普布利乌斯(Publius)的名义发表,即罗马共和国的奠基人普布里乌斯·瓦列里乌斯·普布利可拉。此外,他们时常使用来自罗马共和国的例证来证实他们正阐述的论点。汉密尔顿诉之于森都里亚大会和特里布斯大会的共存,以论证州与国会立法机构并存的合理性。他坚称,一个体现了贵族的利益,另一个体现了平民的利益。麦迪逊用罗马保民官以及斯巴达的监察官和克里特的科斯摩来说明这样的观点:古代并非不了解代表制原则。"它们(即古代政制)与美国政府之间的真正区别,在于在后者这里,人民集体行动的能力完全被排除在外,但人民的代表并没有被完全排除在前者的管理之外。"这个句子清楚地表明,他厌恶直接民主制度。在论证行政权必须属于某一单独出任的官员时,汉密尔顿再度把罗马的执政官作为供批判的一个选择。[52] 人们还应记住,麦迪逊以罗马帝国主义为例来说明他们那新生的共和国所面临的众多危险,特别提到联邦主义的早期样板阿凯亚同盟以及它最终被罗马人推翻的史实。[53] 然而,麦迪逊和汉密尔顿压倒一切的目标,是将统一的中央权力机构的效率和力量,与他们为之战斗的自由结合起来,在这里,罗马共和国的分权(还有古典斯巴达的政制)所提供的,与其说是样板,不如说是供超越的起点。即使汉密尔顿和麦迪逊不愿面

---

[51] Madison, *Federalist* 10, 51 (Kramnick, 122 ff., 318 ff.).
[52] *Federalist*, 34, 63, 70 (Kramnick, 227, 373, 403—404).
[53] *Federalist* 18 (Kramnick, 161—164).

对在美国存在那曾发生在罗马的剧烈冲突,也绝不鼓励他们自己的平民的阶级意识,但他们犹如此前波里比阿、马基雅维利及其继承者们所主张的那样,接受,实际上是假设利益冲突乃阻止政府中任何一个权力机构行使暴虐统治的方法,大大得益于罗马共和国诸因素之间相互对立的架构。总之,罗马共和国给西方政治思想留下的最经久的遗产,也许是把对立与竞争作为自由的组成部分和效率政府的催化剂,让它们具有了合法性和可欲性。

18世纪的结束,是罗马共和国对后世西方思想影响的转折点。在法国,革命造成了修辞学中大量的对古典的模仿以及不同态度之间的碰撞。罗马提供了有关共和国的美德、共和国演说的优美样板以及某些有用的政治话语的著名例证,但是,虽然罗马的共和文化提供了话语和修辞,但罗马共和国的政治结构与意识形态,对于革命派来说,并不是一个恰当的纲领。事实上,斯巴达提供了美德更具吸引力的图景,雅典民主则成为法国更持久的政治理想。[54] 下个

---

[54] 见 Schama,1989,169 ff.;Rawson,1969,268 ff.;Vidal-Naquet,1995,141 ff.
有关利用古典先例的情况,参见诸如鲁西·卡米勒·德穆兰(Lucie Camille Desmulins)(*Oeuvres*, ed. J. Claretie, Paris, 1874)的作品,在《自由法兰西》(*La France Libre*)(*Oeuvres*, i. 84)中,他拒绝了《土地法》(*une loi agraire*);他提到了森都里亚大会(有181个森都里亚)(同书 i. 87)和《阿皮亚法》=《奥皮亚法》(*loi Appia* [=*Oppia*],同书 *i.* 145),在老科尔德利俱乐部[Le Vieux Cordelier Ⅳ],(ii. 186—188)中讨论仁慈问题时,他诉之于布鲁图斯致西塞罗的书信,以及塔拉绪布罗斯(Thrasyboulos)和屋大维对仁慈的应用。罗伯斯庇尔(Robespierre)本人被比喻为布鲁图斯书信所描绘的西塞罗(*Oeuvres Completes de maximilien Robespierre* [Paris,1912—] iii, letter 126)。1792年9月25日,因怀疑罗伯斯庇尔的野心,丹东(Danton)提议,对任何建议实行独裁官制、保民官制或三头制的人,执行死刑(同书,v. 29);在谁杀死提比略·格拉古的问题上,罗伯斯庇尔不得不纠正维尔吉尼奥(Vergniaud)的看法(ibid. v. 199);德穆兰主张处死国王的演说中,讥讽地把国民公会称为由740名布鲁图斯组成的会议(同书,v, 211—212)。

世纪复兴的,是人文主义者曾经从事的博古学研究,但应当充分说明的是,这次是在一个可能写出新的古代史时期进行的。这一知识背景下出现的蒙森的《罗马公法》,乃是其中的一个因素。与当代的联系虽未完全消失,但在19世纪和我们自己的世纪,有关罗马共和国的某一观点对当代事件的影响,比利用当代的话语和观念重构罗马共和国要小。这些研究的继续可能会让波里比阿感到高兴,但他也许会对有关研究从实践型政治家手中转到学院派历史学家之手感到遗憾。

引用书目

（缩略语表中出现者除外）

Aalders, G. J. D., 1968, *Die Theorie der Gemischten Verfassung im Altertum* (Amsterdam).
Accame, S., 1942, "La legislazione romana intorno ai collegi nel I secolo a.C.", *Bull. Mus. Imp. Rom.* 13, 13–49.
Afzelius, A., 1938, 'Zur Definition der römischen Nobilität in der Zeit Ciceros', *C & M* 1, 40–94.
—— 1945, 'Zur definition der römischen Nobilität *vor* der Zeit Ciceros', *C & M* 7, 150–200.
Alföldi, A., 1965, *Early Rome and the Latins* (Ann Arbor).
Aly, W., 1943, "*Fragmentum Vaticanum de Eligendis Magistratibus: Vaticanus Graecus* 2306", *Studi e Testi* 104.
Arangio-Ruiz, V., and Pugliese-Carratelli, G., 1954, '*Tabulae Herculanenses* IV', *PP* 9, 54–74.
Astin, A. E., 1958, *The Lex Annalis before Sulla* (Coll. Latomus 32: Brussels).
—— 1964, "*Leges Aelia et Fufia*", *Latomus* 23, 421–445.
—— 1967, *Scipio Aemilianus*, Oxford.
—— 1978, *Cato the Censor*, Oxford.
—— 1982, "The Censorship of the Roman Republic: Frequency and Regularity", *Historia* 31, 174–187.
Ausbüttel, F. M., 1982, *Untersuchungen zu den Vereinen im Westen des römischen Reiches* (Frankfurter Althistorische Studien 11: Kallmünz).
Badian, E., 1956, "Publius Decius P. f. Subulo", *JRS* 46, 91–96.
—— 1958, *Foreign Clientelae* (Oxford).
—— 1959, "Caesar's *Cursus* and the Intervals between Offices", *JRS* 49, 81–89, re-edited in *Studies in Greek and Roman History* (Oxford, 1964), 140–156.
—— 1965, "M. Porcius Cato and the Annexation and the early Administration of Cyprus", *JRS* 55, 110–121.
—— 1970, *Titus Quinctius Flamininus* (Cincinnati.)
—— 1972, "Tiberius Gracchus and the Roman Revolution", *ANRW* I. 1, 668–731.
—— 1996, "*Tribuni Plebis* and *Res Publica*', in Linderski, 1996, 187–213.
Balsdon, J. P. V. D., 1939, "Consular Provinces under the late Republic", *JRS* 29, 57–73.

—— 1962,"Roman History 65–50 BC.: Five Problems", *JRS* 52, 134–141.
Barnes, J., and Griffin, M. (eds.), 1997, *Philosophia Togata II: Plato and Aristotle at Rome* (Oxford).
Baron, H., 1966, *The Crisis of the Early Italian Renaissance* (2nd edn., Princeton).
Beard, M., 1990,"Priesthood in the Roman Republic", in Beard & North, 1990, 19–48.
—— and North, J. (eds.), 1990, *Pagan Priests* (London).
Beloch, K. J., 1886, *Die Bevölkerung der griechisch-römischen Welt* (Leipzig).
Bertrand, J.-M., 1989, "A propos du mot PROVINCIA: Étude sur les modes d'élaboration du langage politique", *Journal des Savants*, 191–215.
Bleicken, J., 1955, *Das Volkstribunat der klassischen Republik* (Göttingen).
—— 1959,"Ursprung und Bedeutung des Provocationsrechtes", *ZSS* 76, 324–377.
—— 1962, *Senatsgericht und Kaisergericht* (Göttingen).
—— 1972, *Staatliche Ordnung und Freiheit in der römischen Republik* (Kallmünz).
—— 1975, *Lex Publica: Gesetz und Recht in der römischen Republik* (Berlin).
—— 1981, "Das römische Volkstribunat: Versuch einer Analyse seiner politischen Funktion in republikanischer Zeit", *Chiron* 11, 87–108.
Bock, G., Skinner, Q., and Viroli, M. (eds.), 1990, *Machiavelli and Republicanism* (Cambridge).
Bonnefond-Coudry, M., 1989, *Le Sénat de la république romaine* (*BEFRA* 273: Rome).
—— 1993, "Le *princeps senatus*: vie et mort d'une institution républicaine", *MEFRA* 105, 103–134.
Botsford, G. W., 1909, *The Roman Assemblies* (New York).
Brecht, Ch., 1939, 'Zum römischen Komitialverfahren", *ZSS* 59, 261–314.
Briscoe, J., 1981, *A Commentary on Livy XXXIV–VII* (Oxford).
Brown, F. E. 1974–1975,"La protostoria della Regia", *RPAA* 47, 15–36.
—— 1980, *Cosa: The Making of a Roman Town* (Ann Arbor).
Brunt, P. A., 1964, Review of Kunkel (1962). *TR* 32. 440–449.
—— 1971, *Italian Manpower* (Oxford).
—— 1982, "*Nobilitas* and *Novitas*", *JRS* 72, 1–17.
—— 1988, *The Fall of the Roman Republic* (Oxford).
Bucher, G. S., 1987, "The *Annales Maximi* in the light of Roman Methods of Keeping Records", *AJAH* 12, 3–61.
Burckhardt, L., 1990, "The Political Elite of the Roman Republic", *Historia* 39, 77–99.
Burns, J. H. (ed.), 1991, *Cambridge History of Political Thought 1450–1700* (Cambridge).
Carandini A. et al., 1986,"Pendici settentrionali del Palatino", *BCAR* 91, 429–438.
Carcopino, J., 1928, *Autour des Gracques* (Paris, repr. 1967).
Cassola, F., 1962, *I gruppi politici romani nel III secolo a.C.* (Trieste).
Catalano, P., 1960, *Contributo allo studio del diritto augurale*, i (Turin).
Cloud, J. D., 1971, "Parricidium from the *lex Numae* to the *lex Pompeia de*

parricidiis", *ZSS* 88, 1–66.
Coarelli, F., 1983, *Il foro romano: Periodo arcaico* (Rome).
—— 1985, *Il foro romano: Periodo repubblicano e augusteo* (Rome).
—— 1997, *Il Campo Marzio* (Rome).
Cornell, T. J., 1975, "Etruscan Historiography", *ASNSP* 3rd. ser. 6, 411–39.
—— 1979–1980, "Rome and Latium Vetus 1974–1979" *AR* 1979–1980.
—— 1995, *The Beginnings of Rome 753–263 BC.* (London).
Crawford, M. H., 1985, *Coinage and Money under the Roman Republic* (London).
—— (ed.), 1993, *Antonio Agustin between Renaissance and Counter-Reform* (Warburg Inst. Survey Texts 24: London).
Crifò, G., 1968, "Attività normative del senato in età repubblicana", *BIDR* 3 ser. 10, 31–120.
—— 1970, "In tema di senatus consultum ultimum", *SDHI* 36, 1–15.
Crook, J. A., 1967, *Law and Life of Rome* (London).
de Libero, L., 1992, *Obstruktion: Praktiken im Senat und in der Volksversammlung der ausgehenden römischen Republik* (Hermes Einzelschr. 59: Stuttgart).
Derow, P. S., 1973, "The Roman Calendar 196–168 BC.", *Phoenix* 27, 345–351.
de Sanctis, G., 1907, *Storia dei Romani*, 4 vols. (repr. 1956, Florence).
Develin, R., 1975, "*Comitia Tributa Plebis*", *Athenaeum* 53, 302–337.
—— 1977, "*Comitia Tributa* Again", *Athenaeum* 55, 425–426.
de Vocht, H., 1959, *S. V. Pighii Epistolarium* (Humanistica Lovaniensia 15: Louvain).
Dionisotti, C., 1971, "Machiavellerie", *RSI* 83, 227–263.
Drummond, A., 1978, "Some Observations on the Order of Consuls" Names', *Athenaeum* 56, 80–108.
Dumézil, G., 1943, *Servius et la Fortune* (Paris).
Earl, D. C., 1960, "Political Terminology in Plautus", *Hist.* 9, 235–243.
—— 1967, *The Moral and Political Tradition of Rome* (London).
Engelmann, H., and Knibbe, D., 1989, "Das Zollgesetz der provincia Asia: Ein neues Inschrift aus Ephesos", *Epigr. Anat.* 14, 1–206.
Erskine, A., 1990, *The Hellenistic Stoa: Political Thought and Action* (London).
Farrell, J., 1986, "The Distinction between *Comitia* and *Concilium*", *Athenaeum* 64, 407–438.
Fascione, L., 1981, "*Bellum indicere* e tribù", in F. Serrao (ed.), *Legge e società nella repubblica romana*, i (Naples), 225–254.
Ferrary, J.-L., 1977, "Recherches sur la législation de Saturninus et de Glaucia", *MEFR* 89, 619–660.
—— 1982, "Le idee politiche a Roma nell' epoca repubblicana", in L. Firpo (ed.), *Storia delle idee politiche economiche e sociali* (Turin), 723–804.
—— 1983, "Les origines de la loi de majesté à Rome", *CRAI* 1983, 556–572.
—— 1984, "L'archéologie du *De Re Publica* (2. 2, 4–37, 63): Cicéron entre Polybe et Platon", *JRS* 74, 87–98.
—— 1996, *Onofrio Panvinio et les antiquités romaines* (CEFR 214: Rome).

Fiori, R., 1996, *Homo Sacer: Dinamica politico-costituzionale di una sanzione giuridico-religiosa* (Univ. Roma pubbl.ist.dir.rom. 72: Rome).

Flower, H. I., 1996, *Ancestor Masks and Aristocratic Power in Roman Culture* (Oxford).

Fraccaro, P., 1911, "I processi degli Scipioni", *Studi storici per l'antichità classica* 4 (Pisa), 217–414.

—— 1929, "La riforma dell'ordinamento centuriato", in *Opuscula* (Pavia, 1957), II. 1, 171–190.

—— 1933, "*Tribules et Aerarii*: Una ricerca di diritto romano", in *Opuscula* (Pavia, 1957), II. 1, 149–170.

Fraenkel, E., 1960, *Elementi Plautini in Plauto* (Florence).

Frank, T., 1933, *Economic Survey of Ancient Rome*, i (Baltimore).

Frede, D., 1989, "Constitution and Citizenship: Peripatetic Influence on Cicero's Political Conceptions in the *De Re Publica*", in W. W. Fortenbaugh and P. Steinmetz (eds.), *Cicero's Knowledge of the Peripatos* (Rutgers Univ. Studies in Class. Humanities VI: New Brunswick/London), 77–100.

Frederiksen, M., 1984, *Campania* (London).

Frier, B. W., 1980, *Libri Annales Pontificum Maximorum* (Rome).

Gabba, E., 1949, "Ricerche sull' esercito professionale in Roma: i proletari e la riforma di Mario", *Athenaeum* 27, 173–209 = *Republican Rome: the Army and the Allies*, trans. P. J. Cuff (Oxford, 1976), 1–19.

—— 1958a, *Appiani Bellorum Civilium Liber Primus* (Florence).

—— 1958b, "L'elogio di Brindisi", *Athenaeum* 36, 90–105.

—— 1987, "Maximus comitiatus", *Athenaeum* 65, 203–205.

Gargola, D. J., 1995, *Lands, Laws & Gods: Magistrates and Ceremony in the Regulation of Public Lands in Republican Rome* (Chapel Hill and London).

Garnsey, P., 1966, "The *lex Iulia* and Appeal under the Empire", *JRS* 56, 167–189.

Garofalo, L., 1989, *Il processo edilizio: Contributo allo studio dei iudicia populi* (Padua).

—— 1990, "Il pretore giudice criminale in età repubblicana", *SDHI* 56, 366–397.

Gasperini, L., 1968, "Su alcuni epigrafi di Taranto romano", *II Miscellanea greca e romana* (Rome), 379–397.

—— 1971, "Ancora sul frammento 'cesariano' di Taranto", *Epigraphica* 33, 48–59.

Gelzer, M., 1912, *Die Nobilität der römischen Republik* (Leipzig/Berlin) = *Kleine Schriften* (Wiesbaden, 1962), 1. 15–135, trans. R. Seager, *The Roman Nobility* (Oxford, 1969), 1–139.

Giovannini, A., 1983, *Consulare Imperium* (Schweizerische Beiträge zur Altertumswissenschaft 16: Basle).

Gjerstad, E., 1953–1973, *Early Rome*, 6 vols. (Lund).

—— 1962, *Legends and Facts of Early Roman History* (Lund).

Grafton, A., 1983, *Joseph Scaliger* (Oxford).

Greenidge, A. H. J., 1901, *The Legal Procedure of Cicero's Time* (Oxford).

Grieve, L., 1985, 'The Reform of the Comitia Centuriata', *Historia* 34, 278–309.

Griffin, M., 1997,"Cicero and Matius on Friendship", in Barnes and Griffin, 1997, 86–109.

Gros, P., and Torelli, M., 1992, *Storia della urbanistica: Il mondo romano* (Rome-Bari).

Gruen, E. S., 1968, *Roman Politics and the Criminal Courts 149–178 BC.* (Cambridge Mass.).

——1974, *The Last Generation of the Roman Republic* (Berkeley and Los Angeles).

——1995,"The 'Fall' of the Scipiones", in I. Malkin (ed.), *Leaders and Masses in the Roman World: Studies in Honour of Zvi Yavetz* (Leiden), 59–90.

Guarino, A., 1988,"Il dubbio contenuto pubblicistico delle XII Tavole", *Labeo* 34, 323–335.

Hall, U., 1967,"Voting Procedure in Roman Assemblies", *Historia* 13, 267–306.

——1972, "Appian, Plutarch and the Tribunician Elections of 123 BC.", *Athenaeum* 50, 3–35.

Hansen, M. H., 1987, *The Athenian Assembly* (Oxford).

Hardy, E. G., 1912, *Some Problems in Roman History* (Oxford).

Harmand, J., 1967, *L'Armée et le soldat à Rome de 107 à 50 avant notre ère* (Paris).

Harris, W. V., 1971, *Rome in Etruria and Umbria* (Oxford).

——1989, *Ancient Literacy* (Cambridge, Mass., and London).

——1990, "On Defining the Culture of the Roman Republic: Some Comments on Rosenstein, Williamson, and North", *CPh* 85, 288–294.

Heikkila, K., 1993, "*Lex non iure rogata*: Senate and the Annulment of Laws in the late Republic", in Paananen *et al.*, 1993, 117–142.

Hellegouarc'h, J., 1972, *Le Vocabulaire latin des relations et des partis politiques sous la République* (2nd edn., Paris).

Heuss, A., 1944,"Zur Entwicklung des Imperiums der römischen Oberbeamten", *ZSS* 64, 57–133.

Hölkeskamp, K.-J., 1988, "Die Entstehung der Nobilität und der Funktionswandel des Volkstribunats: die historische Bedeutung der *lex Hortensia de plebiscitis*", *Arch. f. Kulturgesch.* 70, 271–312.

Hopkins, K., 1983, *Death and Renewal* (Cambridge).

Hornblower, S., 1994, *Greek Historiography* (Oxford).

How, W. W., 1930,"Cicero's Ideal in his *De Republica*", *JRS* 20, 24–42.

Jahn, J., 1970, *Interregnum und Wahldiktatur* (Frankfurter althistorische Studien 3: Kallmünz).

Jashemski, W. F. 1950, *The Origins and History of the Proconsular and Propraetorian Imperium to 27 BC* (Chicago).

Jolowicz, H. F., and Nicholas, B., 1972, *Historical Introduction to the Study of Roman Law* (3rd edn., Cambridge).

Jones, A. H. M., 1960a, *Studies in Roman Government and Law* (Oxford).

——1960b, "*De Tribunis Plebis Reficiendis*", *PCPS* NS 6, 35–39.

——1972, *The Criminal Courts of the Roman Republic and Principate* (Oxford).

Jongkees, H., 1954, "Stephanus Vinandus Pighius Campensis", *Mededelingen van het Nederlands historisch Instituut te Rome* 8, 120–185.

Keyes, C. W., 1921, "Original Elements in Cicero's Ideal Constitution", *AJP* 42, 309–23.

Kloft, H., 1977, *Prorogation und ausserordentliche Imperien 326–381 v. Chr.* (Beiträge zur klassischen Philologie 84: Meisenheim am Glan).

Kunkel, W., 1962, *Untersuchungen zur Entwicklung des römischen Kriminalverfahrens in vorsullanischer Zeit* (ABAW 56: Munich).

—— 1967 and 1968, "Die Funktion des Konsiliums in der magistratischen Strafjustiz und im Kaisergericht",*ZSS* 84, 218–244, and 85, 253–329 = *Kleine Schriften* (Weimar, 1974), 151–254.

—— and Wittmann, R., 1995, *Staatsordnung und Staatspraxis der römischen Republik: Zweiter Abschnitt* (Handb. d. Altertumswiss. X. 3. 2. 2: Munich).

Lange, L., 1875, "Die *promulgatio trinundinum*, die *lex Caecilia Didia*, und nochmals die *lex Pupia*", *Rh. Mus.* 30, 350–397.

Last, H., 1945, "The Servian Reforms", *JRS* 35, 30–48.

Latte, K., 1936, "The Origin of the Roman Quaestorship", *TAPA* 67, 24–33 = *Kleine Schriften* (Munich, 1968) 359–366.

—— 1960, *Römische Religionsgeschichte* (Munich).

Levick, B. M., 1981, "*Professio*", *Athenaeum* 59, 378–388.

—— 1983, "The *Senatus Consultum* from Larinum", *JRS* 73, 97–115.

Linderski, J., 1990, 'Roman Officers in the Year of Pydna', *AJP* 111, 53–71.

—— 1995, "Ambassadors go to Rome", in E. Frézouls and A. Jacquemin (eds.), *Les Relations internationales: Actes du Colloque de Strasbourg 15–17 juin 1993* (Univ. Sci. Hum. Stras. C. R. Pr.-Or. Gr. Ant. 13: Strasbourg), 453–478.

—— 1996, "Q. Scipio Imperator", in J. Linderski (ed.), *Imperium sine fine: T. Robert S. Broughton and the Roman Republic* (Historia Einz. 105), 147–85.

Lintott, A., 1965, "*Trinundinum*", *CQ* NS 15, 281–5.

—— 1967, "Popular Justice in a Letter of Cicero to Quintus", *Rh. Mus.* 110, 65–9.

—— 1968, "*Nundinae* and the Chronology of the late Roman Republic", *CQ* NS 18, 189–194.

—— 1970, "The Tradition of Violence in the Annals of the early Roman Republic", *Historia* 19, 12–29.

—— 1971a, "The Offices of C. Flavius Fimbria in 86–5 BC", *Historia* 21, 696–701.

—— 1971b, "The Tribunate of Sulpicius Rufus", *CQ* NS 21, 442–453.

—— 1972, "*Provocatio* from the Struggle of the Orders to the Principate", *ANRW* I. 2, 226–67.

—— 1974, "Cicero and Milo", *JRS* 64, 62–78.

—— 1976, "Notes on the Roman Law inscribed at Delphi and Cnidos", *ZPE* 20, 65–82.

—— 1977, "Cicero on Praetors who failed to abide by their Edicts", *CQ* NS 27, 184–6.

—— 1978, "The *quaestiones de sicariis et veneficis* and the Latin *lex Bantina*",

Hermes 106, 125–138.

Lintott, A., 1981, "The *Leges de Repetundis* and Associate Measures under the Republic", *ZSS* 98, 162–212.

―― 1982, *Violence, Civil Strife and Revolution in the Classical City* (London).

―― 1987, "Democracy in the Middle Republic", *ZSS* 104, 34–52.

―― 1990a, "Electoral Bribery in the Roman Republic", *JRS* 80, 1–16.

―― 1990b, "Le procès devant les *recuperatores* d'après les données épigraphiques jusqu'au règne d'Auguste", *RHD* 68, 1–11.

―― 1997, "The Theory of the Mixed constitution at Rome", in Barnes and Griffin, 1997, 70–85.

Luisi, N. D., 1993, "Sul problema delle tabelle di voto nelle votazioni legislative: contributo all'interpretazione di Cic. *Ad Att.* 1. 14. 5", *Index* 21, 1–33.

Mackie, N., 1992, "*Popularis* Ideology and Popular Politics at Rome", *Rh. Mus.* 135, 49–73.

Mantovani, D., 1989, *Il problema d'origine dell'accusa popolare* (Dip. sci. giur. Univ. Trento 6: Padua).

―― 1990, "Il pretore giudice criminale in età repubblicana", *Athenaeum* 78, 19–49.

Marshall, A. J., 1984, "Symbols and Showmanship in Roman Public Life: the *Fasces*", *Phoenix* 38, 120–141.

Martin, J., 1970, "Die Provokation in der klassischen und späten Republik", *Hermes* 98, 72–96.

Massa-Pauvant, F.-H., and Pailler, J.-M., 1979, "*Bolsena* V. 1—La maison aux salles souterranées" (*MAH* Supp. 6: Rome).

Mattingly, H. B., 1969, "Suetonius, *Claud.* 24. 2 and the 'Italian Quaestors'", *Hommages à Marcel Renard*, ii (Coll. Latomus 102: Brussels, 505–511).

Mazzarino, S., 1947, *Dalla monarchia allo stato repubblicano* (Catania; 2nd edn., Milan, 1992).

McCuaig, W., 1986, "Sigonio and Grouchy: Roman Studies in the Sixteenth Century", *Athenaeum* 74, 147–183.

―― 1989, *Carlo Sigonio: The Changing World of the late Renaissance* (Princeton).

―― 1993, "Antonio Agustin and the Reform of the Centuriate Assembly", in Crawford, 1993, 61–80.

McDonald, A. H., 1944, "Rome and the Italian Confederation (200–186 BC.)", *JRS* 34, 11–33.

Meier, C., 1966, *Res Publica Amissa* (Wiesbaden).

Mertens, J. 1969, *Alba Fucens*, i (Brussels).

Meyer, Ed., 1922, *Caesars Monarchie und das Principat des Pompejus* (3rd edn., Stuttgart).

Michels, A. K., 1967, *The Calendar of the Roman Republic* (Princeton).

Millar, F., 1964, *A Study of Cassius Dio* (Oxford).

―― 1984, "The Political Character of the Classical Roman Republic, 200–151 BC.", *JRS* 74, 1–19.

Millar, F., 1986,"Politics, Persuasion and the People before the Social War", *JRS* 76, 1–11.

Mitchell, T. N., 1971,"Cicero and the *Senatus Consultum Ultimum*", *Historia* 20, 47–61.

Momigliano, A., 1950, "Ancient History and the Antiquarian", *Journ. Warburg and Courtauld Inst.* 13, 285–315 = *Studies in Historiography* (London, 1966) 1–39.

—— 1963,"An Interim Report on the Origins of Rome", *JRS* 53, 95–121.

—— 1977, *Essays in Ancient and Modern Historiography* (Oxford).

Mommsen, Th., 1857, *Römische Geschichte* (2nd edn., Breslau).

Münzer, Fr., 1920, *Römische Adelsparteien und Adelsfamilien* (Stuttgart).

Namier, L. B., 1968, *The Structure of Politics at the Accession of George III* (2nd edn., London).

Niccolini, G., 1932, *Il tribunato della plebe* (Milan).

Nicolet, C., 1966, *L'Ordre Équestre à l'époque républicaine* (Paris).

—— 1974,"Polybe et les institutions romaines", in E. Gabba (ed.), *Polybe* (Fondation Hardt: Entretiens sur l'antiquité classique 20), 209–258.

—— 1975, *Le Métier de citoyen dans la république romaine* (2nd edn., Paris).

—— 1976, "Le Cens Sénatorial sous la République et sous Auguste", *JRS* 66, 20–38.

—— (ed.), 1983, *Demokratia et aristokratia. A propos de Gaius Gracchus: mots grecs et réalités romaines* (Paris).

Niebuhr, B. G.,1826–1830,*Römische Geschichte*, trans. as *The History of Rome*, 3 vols. (Cambridge, 1828–1842).

Nippel, W., 1980, *Mischverfassungstheorie und Verfassungsrealität in Antike und früher Neuzeit* (Stuttgart).

—— 1995, *Public Order in Ancient Rome* (Cambridge).

Nocera, G., 1940, *I poteri dei comizi e i suoi limiti* (Pubbl. ist. dir. rom. Univ. Roma, 15: Milan).

North, J. A., 1979,"Religious Toleration in Archaic Rome", *PCPS* 25, 85–103.

—— 1990*a*, "Democratic Politics in Republican Rome", *P & P* 126, 3–21.

—— 1990*b*,"Politics and Aristocracy in the Roman Republic", *CPh* 85, 277–287.

Ogilvie, R. M., 1965, *A Commentary on Livy Books I–V* (Oxford).

Oliver, J. H., 1977,"The Vatican Fragments of Greek Political Theory", *GRBS* 18, 321–339.

Ormanni, A., 1990, *Il 'regolamento interno' del senato romano nel pensiero degli storici moderni sino a Theodor Mommsen* (Naples).

Paananen U. et al., 1993, *Senatus Populusque Romanus: Studies in Roman Republican Legislation* (Acta Inst. Rom. Fin. 13, ed. J. Vaahtera: Helsinki).

Pailler, J.-M., 1971,"Bolsena 1970", *MEFR* 83, 367–403.

—— 1988, *Bacchanalia: La répression de 186 av. J.-C. à Rome et en Italie,* (BEFRA 270: Rome).

Pares, R., 1953, *George III and the Politicians* (Oxford, repr. 1967).

Pelham, H. F., 1911, *Essays* (Oxford).

Perelli, L., 1982, *Il movimento popolare nell' ultimo secolo della repubblica* (Historica Philosophica 11: Turin).

Pieri, G., 1968, *L'Histoire du cens jusqu'à la fin de la République romaine* (Paris).

Pina Polo, F., 1996, *Contra Arma Verbis* (Heidelberger Althistorische Beiträge und Epigraphische Studien, 22: Stuttgart).

Plaumann, G., 1913, "Das sogenannte *senatus consultum ultimum*", *Klio* 13, 322–86.

Pobjoy, M., 1996, "Rome and Capua from Republic to Empire", unpublished Oxford thesis.

Pocock, J. G. A., 1975, *The Machiavellian Moment* (Princeton).

—— 1977, *The Political Works of James Harrington* (Cambridge).

—— 1987, *The Ancient Constitution and the Feudal Law* (2nd edn., Cambridge).

Pollock, F., and Maitland, F. W., 1968, *A History of English Law* (2nd rev. edn. Cambridge).

Pöschl, V., 1936, *Römischer Staat und griechisches Staatsdenken bei Cicero* (repr. Darmstadt, 1976).

Powell, J. G. F., 1994, "The *rector rei publicae* of Cicero's *De Republica*", *SCI* 13, 19–29.

Purcell, N., 1993, "*Atrium Libertatis*", *PBSR* 61, 125–155.

Quaglioni, D., 1980, "Un 'Tractatus de Tyrannis': Il commento di Baldo degli Ubaldi (1327?–1400) alla Lex Decernimus, C. De Sacrosanctis Ecclesiis (C. 1. 2. 16)", *Il Pensiero Politico* 13, 64–83.

—— 1983, *Politica e diritto nel trecento italiano: Il 'De tyranno' di Bartolo da Sassoferrato (1314–1357)* (Il Pensiero Politico Biblioteca 11: Florence).

Raaflaub, K. (ed.), 1986, *Social Struggles in Archaic Rome* (California).

Rahe, P., 1994, *Republics Ancient and Modern*, 3 vols. (Chapel Hill and London).

Rawson, E., 1969, *The Spartan Tradition in Western European Thought* (Oxford).

Rawson, E., 1971, "Prodigy Lists and the Use of the *Annales Maximi*", *CQ* NS 21, 158–69 = Rawson, 1991, 1–15.

—— 1973, "The Interpretation of Cicero's *De Legibus*", *ANRW* I. 4, 334–356 = Rawson, 1991, 125–148.

—— 1991, *Roman Culture and Society* (Oxford).

Reynolds, J., 1962, "Cyrenaica, Pompey and Cn. Cornelius Lentulus Marcellinus", *JRS* 52, 97–103.

—— 1987, *Aphrodisias and Rome* (London).

Rich, J. W., 1976, *Declaring War in the Roman Republic in the Period of Transmarine Expansion* (Coll. Latomus 149: Brussels).

—— 1996, "Augustus and the *Spolia Opima*", *Chiron* 26, 85–127.

Richard, C. J., 1994, *The Founders and the Classics: Greece, Rome and the American Enlightenment* (Cambridge, Mass.).

Richard, J.-C., 1978, *Les origines de la plèbe romaine* (Paris).

—— 1982, "Contribution à l'histoire de la préture", *RPh* 56, 19–31.

Richardson, J. S., 1983, "The *Tabula Contrebiensis*: Roman Law in Spain in the

Early First Century BC", *JRS* 73, 33–41.

—— 1991, "*Imperium Romanum*: Empire and the Language of Power", *JRS* 81, 1–9.

Ridley, R. T., 1986, "The 'Consular Tribunate' : The Testimony of Livy", *Klio* 68, 444–465.

Rilinger, R. 1976, *Der Einfluss des Wahlleiters bei den römischen Konsulwahlen von 366 bis 50 v. Chr.* (Munich).

—— 1989, "'Loca intercessionis' und Legalismus in der späten Republik", *Chiron* 19, 481–498.

Ross Holloway, R. 1993, *The Archaeology of Early Rome and Latium* (London).

Rouland, N., 1979, *Pouvoir politique et dépendance personnelle dans l'antiquité romaine* (Coll. Latomus 166: Brussels).

Rubino, J., 1839, *Untersuchungen über römische Verfassung und Geschichte*, i (Cassel).

Ryffel, H., 1949, *Metabolē Politeiōn: Der Wandel der Staatsverfassungen* (Berne).

Sabbatucci, D., 1954, *L'edilità romana, magistratura e sacerdozio* (Mem. Acc. Naz. Lincei vi. 3: Rome).

Sandberg, K., 1993, "The *Concilium Plebis* as a Legislative Body", in Paananen *et al.*, 1993, 74–96.

Santalucia, B., 1984, "Osservazioni sui Duumviri Perduellionis e sul procedimento duumvirale", in *Du Châtiment dans la cité: Supplices corporels et peine de mort dans le monde antique* (*CEFR* 79: Rome), 439–452.

—— 1998, *Diritto e processo penale nell'antica Roma* (2nd edn., Milan).

Sasso, G., 1958, *Niccolò Machiavelli: Storia del suo pensiero politico* (Naples; 2nd edn. Bologna, 1980).

—— 1978, "Machiavelli e i detrattori antichi e nuovi di Roma: Per l'interpretazione di Discorsi I. 4", *Atti Acc. Naz. Lincei* Ser. viii. 22. 3, 319–418.

Schama, S., 1989, *Citizens: A Chronicle of the French Revolution* (London).

Schleussner, B. 1978, *Die Legaten der römischen Republik* (Vestigia 26, Munich).

Schmidlin, B., 1963, *Das Rekuperatorenverfahren* (Freiburg).

Schmidt, P. L., 1973, "Cicero De Re Publica", *ANRW* I. 4, 262–333.

Schmitthenner W. F., 1973, *Octavian und das Testament Caesars: eine Untersuchung zu den politischen Anfängen des Augustus* (2nd edn., Munich), 39 ff.

Schulz, F., 1951, *Classical Roman Law* (Oxford).

Scullard, H. H., 1973, *Roman Politics 200–150 BC* (2nd edn., Oxford).

Seager, R. 1972*a*, "*Fulvio*. Some Observations", *JRS* 62, 53–58.

—— 1972*b*, "Cicero and the Word *Popularis*", *CQ* NS 22, 328–338.

Serrao, F., 1956, "Diritto romano: Novità nel campo delle fonti romanistiche", *Stud. Rom.* 4, 198–202.

Shatzman, I., 1972, "The Roman General's Authority over Booty", *Historia* 21, 177–205.

Sherwin White, A. N., 1982, "The Political Ideas of C. Gracchus", *JRS* 72, 18–31.

Siber, H., 1942, "Provocatio", *ZSS* 62, 376–391.

Skinner, Q., 1978, *The Foundations of Modern Political Thought*, 2 vols. (Cambridge).
Smith, C. J., 1994, "A review of archaeological studies on Iron-Age and archaic Latium", *JRA* 7, 285–302.
―― 1996, *Early Rome and Latium: Economy and Society c.1000–500 BC* (Oxford).
Staveley, E. S., 1956, "The Constitution of the Roman Republic 1940–1954", *Historia* 5, 74–119.
―― 1972, *Greek and Roman Voting and Elections* (London).
Stein, A., 1927, *Der römische Ritterstand: Beitrag zur Sozial- und Personengeschichte des römischen Reiches* (Munich).
Stein, P., 1930, *Die Senatssitzungen der Ciceronischen Zeit (68–43)* (Münster).
Steinby, E. M., (ed.), 1995, *Lexicon Topographicum Urbis Romae*, ii, D–G (Rome).
Stibbe C. M. et al., 1980, *Lapis Satricanus: archaeological, linguistic and historical aspects of the new inscription from Satricum* (The Hague).
Strachan-Davidson, J. L., 1912, *Problems of the Roman Criminal Law*, 2 vols. (Oxford).
Strasburger, H., 1960, "Der Scipionenkreis", *Hermes* 94, 61–72.
Sumner, G. V., 1963, "Lex Aelia, lex Fufia", *AJP* 84, 337–358.
―― 1970, "The Legion and the Centuriate Assembly", *JRS* 60, 67–78.
Suolahti, J., 1963, *The Roman Censors* (Helsinki).
Syme, R., 1939, *The Roman Revolution* (Oxford).
―― 1986, *The Augustan Principate* (Oxford).
Taiphakos, I. G., 1995, *Phantasia Politeias Isonomou* (Athens).
Taylor, L. R., 1939, "Cicero's Aedileship", *AJP* 60, 194–202.
―― 1957, "The Centuriate Assembly before and after the Reform", *AJP* 78, 337–354.
―― 1960, *The Voting Districts of the Roman Republic* (Rome).
―― 1962, "Forerunners of the Gracchi", *JRS* 52, 19–27.
―― 1966, *Roman Voting Assemblies* (Ann Arbor).
Thomas, Y., 1981, "Parricidium", *MEFRA* 93, 643–715.
Thommen, L., 1989, *Das Volkstribunat der späten römischen Republik* (Stuttgart).
Tibiletti, G., 1949, "Il funzionamento dei comizi centuriati alla luce della Tavola Hebana", *Athenaeum* 27, 210–245.
―― 1953, "Le leggi *de iudiciis repetundarum* fino alla guerra sociale", *Athenaeum* 31, 5–100.
Torelli, M., 1988, "Poseidonia-Paestum", *Atti del XXVIIsimo convegno di studi sulla Magna Grecia Taranto-Paestum, 9–15 ottobre 1987* (Naples), 33–115.
―― 1993, "Regiae d'Etruria e del Lazio e immaginario figurato del poteri", in R. T. and A. R. Scott (eds.), *Eius Virtutis Studiosi: Classical and Post-Classical Studies in Memory of Frank Edward Brown (1908–1985)* (Cambridge, Mass., and London), 85–121.
Vaahtera, J., 1990, "Pebbles, Points, or Ballots: the Emergence of the Popular Vote in Rome", *Arctos* 24, 161–177.

—— 1993a, "On the Religious Nature of the Place of Assembly", in Paananen *et al.*, 1993, 97–116.
—— 1993b, "The Origin of Latin *suffrāgium*", *Glotta* 71, 66–80.
Vatai, F. L., 1984, *Intellectuals in Politics in the Greek World* (London).
Venturini, C., 1969, "La repressione degli abusi dei magistrati romani ai danni delle popolazioni soggette fino alla *lex Calpurnia* del 149 a. c.", *BIDR* 72, 19–87.
—— 1987, "Concussione e corruzione", *Studi A. Biscardi* 6 (Milan), 133–157.
Versnel, H., 1970, *Triumphus: An Enquiry into the Origin, Development and Meaning of the Roman Triumph* (Leiden).
Vidal-Naquet, P., 1995, *Politics Ancient and Modern* (Cambridge).
Virlouvet, C., 1985, *Famines et émeutes à Rome des origines de la république à la mort de Néron* (CEFR 87: Rome).
Vitucci, G., 1953, "Intorno a un nuovo frammento di Elogium", *RFIC* NS 31, 43–61.
von Fritz, K., 1954, *The Theory of the Mixed Constitution in Antiquity* (New York).
von Lübtow, U., 1955, *Das römische Volk—sein Staat und sein Recht* (Frankfurt).
von Scala, R., 1890, *Die Studien von Polybios* (Stuttgart).
von Ungern-Sternberg, J., 1970, *Untersuchungen zum spätrepublikanischen Notstandrecht: Senatus consultum ultimum und hostis-Erklärung* (Munich).
—— 1988, "Überlegungen zur frühen römischen Überlieferung im Lichte der Oral-Tradition-Forschung", in J. von Ungern-Sternberg and Hj. Reinau (eds.), *Vergangenheit in mündlicher Überlieferung* (Colloquia Raurica 1: Stuttgart), 237–265.
—— 1990, "Die Wahrnehmung des Ständekampfes in der römischen Geschichtsschreibung", in W. Eder (ed.), *Staat und Staatlichkeit in der frühen römischen Republik* (Stuttgart), 92–102.
Walbank, F. W., 1957, *A Commentary on Polybius*, i (Oxford).
—— 1967, *A Commentary on Polybius*, ii (Oxford).
—— 1972, *Polybius* (Berkeley).
Waltzing, J.-P., 1895, *Étude historique sur les corporations professionnelles chez les romains*, 2 vols. (Louvain).
Warren, L. B., 1970, "Roman Triumphs and the Etruscan Kings: the Changing Face of the Triumph", *JRS* 60, 49–66.
Watson, A., 1974, *Law Making in the Roman Republic* (Oxford).
Weiss, R., 1969, *The Renaissance Rediscovery of Classical Antiquity* (Oxford).
Weston, C. C., 1991, "England: ancient constitution and common law", in Burns, 1991, 374–395.
Willems, P., 1878, *Le Sénat de la République romaine*, 2 vols. and app. (Louvain), 1878–1885.
Williamson, C., 1987, "Monuments of Bronze: Roman Legal Documents on Bronze Tablets", *CSCA* 6, 160–183.
Wirzubski, C., 1950, *"Libertas" as a Political Ideal at Rome* (Cambridge).
Wiseman, T. P., 1971, *New Men in the Roman Senate 139 BC–14 AD* (Oxford).
—— 1979, *Clio's Cosmetics* (Leicester).

Wiseman, T. P., 1985, *Roman Political Life 90 BC–AD 69* (Exeter Studies in History 7: Exeter).

—— 1994, *Historiography and Imagination: Eight Essays in Roman Culture* (Exeter Studies in History 33: Exeter).

Wissowa, G., 1912, *Religion und Kultus der Römer* (2nd edn., Munich).

Yakobson, A., 1992, "*Petitio et Largitio*: Popular Participation in the Centuriate Assembly of the late Republic", *JRS* 82, 32–52.

引用的古代资料索引

（索引中的页码为原书页码，即本书边码）

(Rhetorica) Ad Herennium《赫伦尼翁修辞学》

1.21	46 nn.28,31;48 n.39;125 n.14,137 n.68;174 n.34;
4.45	173 n.32
4.47&53	158 n.45
4.68	41 n.25

ALKMAION(Diels-Kranz)阿克马尼翁（迪尔斯-克兰兹辑校）

B4	214 n.2

APPIAN 阿庇安
Bella Civilia《内战记》

1.1.2-3	233 n.2
1.1-6	239 n.15
1.2	243 n.24
1.3.9	110 n.76
1.3.10	113 n.87
1.7	243 n.24
1.8	243 n.24
1.9,37	143 n.97
1.10.41	203 n.38
1.12.51-53	125 n.15;207 n.56
1.12.51-54	62 n.96
1.13.55	143 n.98
1.13.57	123 n.7; 203 n.38
1.14-16	55 n.70
1.14.58	203 n.38
1.14.62	49 n.43
1.16.67	75 n.43;112 n.85
1.17	243 n.24
1.18.73	143 n.97
1.19.79-80	144 n.101
1.19.80	96 n.11
1.21.90-22.91	146 n.110
1.24.102	124 n.12
1.24.102-105	143 n.98
1.28.126	69 n.15;116 n.106
1.28.127	146 n.110
1.29.131	63 n.99;71 n.27
1.29.132	203 n.40
1.30.134	203 n.40
1.30.136	63 n.100
1.32.143	203 n.40
1.35.158	70 n.19
1.49.214-215	50 n.50;52 n.59
1.53.231	50 n.50;52 n.59
1.54.232-233	132 n.44
1.55.244	125 n.16
1.59.266	210 n.64
1.74.342	153 n.21
1.78.359	10 n.5
1.79.79-80	144 n.101
1.98.459	110 n.74;113 nn.87-88
1.99.462	113 n.88
1.100.465	111 n.78
1.100.466	145 n.109
1.100.467	211 n.66
1.100.468	70 n.22
2.12.42	63 n.99
2.13.47-48	22 n.20

2.17.62-63	74 n.41	1316a	221 n.26
2.20.119	70-71 n.23		
2.48.196	110 n.74	ARNOBIUS 阿诺比乌斯	
2.108.452	111 n.81	*Adversus gentes*《反异教徒》	
2.108.453	123 n.7	2.73	188 n.90
2.128.535	77 n.53		
3.94.389-391	49 n.46	ASCONIUS(Clark) 阿斯科尼乌斯(克拉克)	
4.7.27	40 n.2	7	87 n.91
4.17.65	123 n.7	8	72 n.30;120 n.121
Hannibalica 汉尼拔战争		17	109 n.68;160 n.55
12.50	111 n.78	21	184 n.76
Mithridatica 米特拉达梯战争		25	145 n.108
22.83	87 n.90	31	39 n.52;84 n.85
97.446-447	201 n.34	28	160 n.55
		33	39 n.52;67 n.11
ARISTOTLE 亚里士多德		34	89 nn.1-2
Politics《政治学》		36	39 n.52
1.1252b	221 n.27	37	99 n.26;142 n.91
2.1265b40	215 n.6	39	160 n.55
1265b-66a	215 n.6	43	67 n.11;84 n.85
3.1279a	221 n.27	43-45	84 n.83
1279a-b	216 n.9	45	52 n.57;158 n.45
1280a	221 n.27	45-46	157 n.42
4.1273b-74a	215 n.7	47	128 n.25
1291b30-92a15	200 n.25	48	132 n.46
1292b25-30	200 n.25	52	52 n.57;73 n.36
1293b	223 n.35	55	160 nn.55-56
1293b-94a	216 n.10	58	46 n.28;124 n.13
1294a15-17	217 n.14	59	71 n.23
1294a-b	216 n.11;231 n.67	64	52 nn.56-57
1295a-b	231 n.64	71	46 nn.27-29;124 n.13
1295a-96a	216 n.12	71-72	62 n.96;125 n.15;207 n.56
1295b25ff.	217 n.14	75	84 n.84
1295b33-34	215 n.4	76	32 n.24
1296b22ff.	217 n.14	76-77	121 n.1
1297b1-12	216 n.13	76-78	174 n.36
1298b	223 n.35;	77	185 n.81
5.1301a25ff.	217 n.14	80	174 n.38
1304b-6a	221 n.26	81	211 n.66
1310b	222 n.30	84	62 n.92;128 n.25

引用的古代资料索引

ATHENAEUS 阿泰奈奥斯
Deipnosophistai《哲人宴筵》
4.141a   217 n.15

AUGUSTINE 奥古斯丁
De civitate dei《上帝之城》
2.18 & 3.17   239 n.15

CAECILIUS STATIUS (Ribbeck) 凯奇利乌斯·斯塔提乌斯（吕贝克辑校）
Plocium《项链》
172   165 n.7

CAESAR 恺撒
Bellum Civile《内战记》
1.1.1   77 n.55
1.1.2-7   83 n.78
1.27-8   85 n.86
1.5.1   85 n.86; 211 n.66
1.5.3   89 n.2, n.4
1.7.3   211 n.66
1.7.5   89 n.4; 90 n.6
1.32.3   78 n.61
2.21.5   110 n.74
3.20.1   101 n.30
Bellum Gallicum《高卢战记》
1.21.2   115 n.100
1.31.3   166 n.10
1.39.2-4   140 n.81
5.56.3   166 n.10
6.12.1   166 n.10
8.50.1-4   184 n.77
8.50.4   171 n.23; 173 n.30
8.53.1   83 n.80

CASSIODORUS 卡西奥多罗斯
sub anno a.u.c.《编年史》
601   9 n.1

CASSIUS HEMINA (Peter) 卡西乌斯·赫米那（彼得辑校）
fr.20   186 n.84
37   189 n.95

CATO 加图
Orationes (Malcovati)《演说辞》（马尔科瓦提辑校）
fr.117   33 n.27. 参见 under Oratorum Romanorum Fragmenta, no. 8
Origines (Peter)《创始记》（彼得辑校）
fr.80   24 n.25; 217 n.17

CENSORINUS 肯索里努斯
De die natali《日子》
18.13   116 n.107

CICERO 西塞罗
Orationes 演说辞
De Domo《论家宅》
24   87 n.92; 102 n.34
38   165 n.5
39   4 n.9
41   44 n.21; 87 n.92
43-61   206 n.52
45   21 n.19; 45 n.22; 151 n.13; 153 n.21
50   46 n.28; 85 n.89; 87 n.92
54   55 n.69
74   53 n.60; 178 n.51
77   49 n.44
78   141 n.84
110   55 n.69
123   124 n.11
De Haruspicum Responso《论占卜师的回应》
27   131 n.38
43   101 n.33; 135 n.56; 145 n.108; 174 n.38
De Imperio Cnaei Pompeii《论庞培的执行权》
52   196 n.19
55-56   205 n.46
60   5 n.11; 196 n.19
60ff.   194 n.11

62	115 n. 98	2.3	7 n. 17
De Lege Agraria《论土地法》		4.3	82 n. 77
1.8	74 n. 40	4.6	78 n. 56
2.1-3	167 n. 12	4.10	91 n. 14
2.3-4	145 n. 109	*In Pisonem*《反皮索》	
2.4	204 n. 41	2	48 n. 41
2.6-7	193 n. 5	8-9	44 n. 20
2.13	41 n. 75	23	55 n. 69
2.17	143 n. 95	26	78 n. 62
2.17-18	184 n. 7	36	48 nn. 39-40
2.17ff.	143 n. 96	50	212 n. 70
2.18	184 n. 76	*In Vatinium*《反瓦提尼乌斯》	
2.21	46 n. 28;48 n. 41	12	135 n. 56;136 n. 62
2.26ff.	49 nn. 47-48	33-34	128 n. 26
2.28	100 n. 29	35	115 n. 97
2.30	124 n. 13	40-42	132 n. 46
2.31	49 n. 44;143 n. 97;144 n. 99	*In Verrem*《反维列斯》	
2.45	74 n. 40	1.23	53 n. 61
2.71	204 n. 43;206 n. 51	1.29	69 n. 16
2.76	206 n. 51	1.30	134 n. 52;140 n. 82;160 n. 55
2.78	206 n. 51	1.34	101 n. 33
2.81	206 n. 51	1.36	132 n. 47
2.100	164 n. 4	1.44-45	205 n. 47
2.101	123 n. 8	*Actio 2*《反维列斯——二审控告辞》	
2.101-102	205 n. 46	1.14	97 n. 14;132 n. 47
2.102	193 n. 5	1.16	69 n. 16
De provinciis Consularibus《论卸任执政官治理行省法》		1.34	136 n. 60
1	81 n. 74	1.34-40	136 n. 64
3	87 n. 92;102 n. 34	1.37	135 n. 54
6-7	79 n. 66	1.40	136 n. 65
36	106 n. 53	1.108	160 n. 54
36-37	212 n. 72	1.119	101 n. 30
39	77 n. 53	2.32-33	96 n. 12
Divinatio In Caecilium《反凯奇利乌斯》		2.44	135 n. 57;136 n. 65
39	135 n. 57	2.95ff.	77 n. 53
50	142 n. 91	2.96	78 n. 61
55-56	135 n. 57	3.13	201 n. 32
67	137 n. 67	3.18	115 n. 102
In Catilinam《反喀提林》		3.168	135 n. 57
1.27-28	7 n. 17;91 n. 14	3.195	158 n. 48

4.56	158 n.48	9.17	131 n.37
4.149	63 n.98	10.17	78 n.56
5.36	130 n.35;131 nn.37-38;	10.25-26	87 n.94
	167 n.12	11.18	11 n.8;57 n.79;115 n.98;
5.114	135 n.57		126 n.21
5.151	97 n.14;132 n.47	11.29-31	87 n.94
5.163	97 n.14;174 n.36	12.12	85 n.89
5.173	97 n.14;132 n.47	13.31	206 n.52
5.180	164 n.4	13.50	87 n.94
5.180-181	174 n.38	14.36-38	87 n.94

Philippica《反腓力辞》

Post Reditum ad Quirites《流放归来后致人民辞》

1.3	83 n.78	17	59 n.87
1.4	78 n.56		

Post Reditum in Senatu《流放归来后致元老院辞》

1.6	74 n.40,75 n.45		
1.12	75 n.45		
1.21	154 n.25	21	136 n.60
2.50	101 n.33;136 n.62	26	70 n.23
2.81	45 n.23;62 n.94	27	59 n.87
2.82	49 n.43,57 n.78;59 n.85;	28	48 n.39
	204 n.41		

Pro Archia《为阿尔奇亚斯辩护》

2.83	43 n.14;62 n.94	10	160 n.59

Pro Balbo

2.110	49 n.45		
2.112	82 n.77,117	33	63 n.102
3.24	83 n.78	52	160 n.59
3.37-39	87 n.94	53	28 n.4
4.9	18 n.7	55	188 n.90

Pro Caecina《为巴尔布斯辩护》

5.1	77 n.53		
5.8	44 n.21;87 n.92	95	63 n.102
5.12	85 n.89	97	141 n.84

Pro Caelio《为凯利乌斯辩护》

5.18	82 n.77		
5.21&33	143 n.95	34	128 n.27
5.34	89 n.1	70 71	160 n.56

Pro Cluentio《为克伦提乌斯辩护》

5.34,36,40-41,46	87 n.94	38	142 n.93
5.48	145 n.109	74	160 n.55
5.53	87 n.94	91	63 n.99
7.1	80 n.67	99	136 n.60
7.16	40 n.2	118	72 n.29
7.27	80 n.67	120	72 n.29
8.33	87 n.94	121	68 n.13
9.25-27	87 n.94	122	116 n.106
9.16	135 n.54;137 n.68		

126	97 n.13	53	46 n.32
131ff.	72 n.29	65	135 n.57
147	97 n.13	*Pro Quinctio*《为昆克提乌斯辩护》	
148	69 n.18;138 n.74	29,63,65	128 n.25

Pro Cornelio (Puccioni)《为科尔奈利乌斯辩护》(普奇奥尼辑校)

Pro Rabirio Perduellionis Reo《为拉比利乌斯被控重度叛图罪辩护》

1. frr. 31	125 n.15;207 n.5	3	92 n.20
40-41	53 n.61	8	160 n.59
48-51	174 n.36	10	152 n.18
49	32 n.24;121 n.1	12	33 n.27;92 n.16;97 n.14; 152 n.18
50	185 n.81		
2. fr. 5	174 n.38	17	152 n.18

Pro Flacco《为弗拉库斯辩护》

15-17	41 n.7;43 n.15	20	89 n.1-2;90 n.10;91 n.15
30	135 n.54	28	93 n.22
71	96 n.12	32	152 n.18

Pro Marcello《为马尔凯鲁斯辩护》

Pro Rabirio Postumo《为拉比利乌斯辩护》

23	226 n.48	16	167 n.12

Pro Milone《为米洛辩护》

Pro Roscio Amerino《为罗斯奇乌斯辩护》

14	84 n.83	11,54-55,90	158 n.45

Pro Sestio《为塞斯提乌斯辩护》

36	45 n.22	8	101 n.33;136 nn.60,62
40	132 n.46	33	115 n.97
41	46 n.30	34	55 n.69
72	62 n.96	39	135 n.56

Pro Murena《为穆雷纳辩护》

1	45 n.25	65	34 n.31;151 n.13;153 n.21
18	101 n.33; 135 n.56; 136 nn.62-63	71	212 n.72
		79	122 n.2;123 n.7
32	115 n.97	89	160 n.56
35	49 n.42	95	132 n.46;160 n.56
51	75 n.43;77 n.53	96ff.	225 n.42
72	46 n.32	96-98	173 n.32
74-76	181 n.63	101	174 n.38
75	1 n.2	103	173 n.32;174 n.38;206 n.51
87	52 n.57		

Pro Plancio《为普兰奇乌斯辩护》

		104	205 n.46
14	48 n.40	109	204 n.42
35	49 n.42;55 n.71	117-124	43 n.12
36-38	176 n.44	126	43 n.12
45	160 n.55	135	44 n.21;87 n.92
49	48 n.40;60 n.91;130 n.32	137	67 nn.8,10;93 n.21
		140	89 n.3

引用的古代资料索引 387

143	67 nn. 8,10;93 n. 21	1.13.2	78 n. 57;173 n. 31
Pro Sulla		1.13.2-3	187 n. 87
41-42	85 n. 88	1.13.3	173 n. 33;183 n. 71
Pro Tullio		1.13.5	212 n. 71
38-39	128 n. 25	1.14.1	42 n. 11;173 n. 33
47	123 n. 7	1.14.1-2	196 n. 19

Rhetorica 修辞学

Brutus《布鲁图斯》

1	49 n. 45	1.14.2	67 n. 8
55	38 n. 49	1.14.2-4	80 n. 69
62	28 n. 7	1.14.4-5	187 n. 87
85ff.	19 n. 13;157 n. 41	1.14.5	46 n. 31;48 n. 38;70-71 n. 23;81 n. 74;212 n. 71
106	158 n. 48	1.14.6	106 n. 54. 173 n. 33
127-128	157 n. 42	1.15.1	212 n. 71
160	157 n. 42	1.16.1-3	44 n. 20
264	97 n. 13	1.16.2	53 n. 61;187 n. 87
289	41 n. 7	1.16.3	173 n. 33

De Inventione《论发明》

		1.16.3 & 5	160 n. 55
1.4-5	179 n. 59	1.16.8	212 n. 72
2.52	173 n. 32;208 n. 60	1.16.8-10	82 n. 75
2.60	158 n. 45	1.16.8,9,& 11	173 n. 33

De Oratore《论演说家》

		1.16.13	176 n. 43
1.38	52 n. 55	1.17.9	22 n. 20;78 nn. 60-61
1.211	224 n. 38	1.18.4	53 n. 61
2.106	89 n. 3	1.18.7	22 n. 20;78 n. 61
2.132ff.	89 n. 3	1.18.8	118 n. 112
2.170	174 n. 34	1.19.1	212 n. 72
2.257	52 nn. 56,58	1.19.4	106 n. 54;196 n. 19
2.258	119 n. 117	1.19.9	79 nn. 64,66
2.268	115 n. 103;118 n. 115	1.20.4	79 nn. 64,66
2.274	158 n. 46	2.1.8	22 n. 20;123 n. 8
3.2-3	67 n. 8	2.1.9	176 n. 43
3.4	75 n. 45	2.6.2	135 n. 54;137 n. 68;143 n. 95
3.5	3 n. 6	2.9.1	135 n. 56

Partitiones Oratoriae《论演说的结构》

		2.12.1	143 n. 98
104	89 n. 3	2.16.2	22 n. 20;62 n. 94;212 n. 73

Epistulae 书信集

		2.16.4	137 n. 68
Ad Atticum《致阿提库姆》		2.18.2	63 n. 99
1.1.1	55 n. 70	2.18.3	74 n. 40;115 n. 97
1.1.2	115 n. 97	2.19.3	43 n. 12;143 n. 98
1.12.3	187 n. 87	2.19.4	115 n. 97
		2.20.6	10 n. 4

2.24.2-3	80 n.70	15.8.1,11.4,29.1	74 n.40
2.24.3	78 n.59;195 n.18	*Ad Brutum*《致布鲁图斯》	
3.16.1	220 n.23	2.3	77 n.55;84 n.85
3.23.2-4	63 nn.97-98,101-102	13.1	81 n.74
4.1.7	96 n.8;115 n.97;212 n.73	13.3	184 n.77
4.2.4	78 nn.57,61;85 n.86	13.4	67 n.11
4.2.6	74 n.40	23.3	20 n.17
4.3.2	212 n.72	*Ad Familiares*《致友人》	
4.3.3	78 nn.57,61	1.1.3	81 n.74;84 n.82;96 n.8
4.3.3-4	130 n.32	1.2.1	81 n.74;83 n.80;84 n.83
4.3.4	42 n.11	1.2.1-3	84 n.82
4.14.1	220 n.22	1.2.3	85 n.61
4.15.9	115 n.97	1.2.4	3 n.6;85 n.87
4.16.8	55 n.70	1.4.1	175 n.44
4.17.2	49 n.47;85 n.89	1.7.4	3 n.6;85 n.87
4.18.4	49 n.47;160 n.59	1.7.10	102 n.34
5.2.3	3 n.6;85 n.87	1.9.9-12	172 n.27
5.4.2	83 n.79	1.9.25	49 n.47;194 n.9
5.11.4	115 n.97	5.2.3	75 n.45
5.12.2	220 n.22	5.7.2-3	171 n.23
5.21.5	115 n.97	7.5.2	140 n.81
6.1.8	223 n.33	7.13.2	140 n.81
6.1.15	96 n.12	7.30.1	43 n.16
6.3.1,6.5.3,		8.1.1	85 n.88
6.6.3	115 n.97;136 n.65	8.1.4	220 n.22
6.6.4	136 n.62	8.4.1	184 n.77
7.1.4	224 n.40	8.6.4-5	131 n.37
7.3.5	78 n.58;79 n.63	8.8.3	64 n.103
7.7.6	96 n.8	8.8.4-8	3 n.6
7.7.7	78 n.58;79 n.63;85 n.89	8.8.5	193 n.6
8.11.1-2	224 n.40	8.8.6	78 n.59
8.15.3	18 n.7	8.8.6-7	76 n.50; 85 nn.86-87
9.9.3	4 n.9;43 n.14	8.13.2	83 n.80;85 n.86
9.15.2	110 n.74	8.14.1	173 n.30
10.8.3	78 n.57	9.15.4	85 n.89
12.21.1	77 n.53;79 n.66	10.12.3	77 n.55;83 n.80;84 n.85;
13.32	217 n.15		109 n.69
13.32.3	145 n.108	10.16.1	77 n.55
13.33.3	140 n.82	10.25.1-2	145 n.108
14.2.1	43 n.12	11.27.8	171 n.25
14.5.2	74 n.41	11.28.2&4-6	172 n.28

引用的古代资料索引

12.1.1	85 n.89
12.14.1	136 n.66
12.14.4-5	106 n.53
12.14.5	136 n.66;212 n.72
12.15.1&6	136 n.66
12.21	74 n.40
12.25.1	79 n.55
12.29.2	85 n.89
13.15.2	71 n.24
16.11.2	89 n.2
16.12.3	44 n.20

Ad Quintum Fratrem《致兄弟昆图斯》

1.2.10	96 n.12
1.2.15	195 n.18
2.1.1-3	82 n.76
2.3.1-2	42 n.11;45 n.22;73 n.38
2.3.1	153 n.21
2.3.1-2	132 n.46;153 n.21
2.3.2	43 n.12
2.3.3	82 n.75
2.3.5	177 n.48
2.5.1	82 n.76
2.5.2	106 n.54
2.6.2	178 n.50
2.6.3	74 n.41
2.6.4	132 n.46;153 n.21
2.11.1	75 n.45;82 n.77
2.12.3	75 n.44
2.13.1	220 n.22
2.15.4	60 n.91
3.5.1	220 n.23
3.6.4	74 n.41

Commentariolum Petitionis《竞选手册》

16	177 n.47
18	59 n.87
19	177 n.47
29	59 n.87
30	53 n.60;178 nn.51,54
56	59 n.87

Philosophica 哲学

Academica《论学园派》

13	174 n.38

De Amicitia《论友谊》

2	173 n.30
12	78 n.61
26-32	171 n.24
40-43	171 n.24
51	171 n.24
96	46 n.30;146 n.110

De Divinatione《论占卜》

1.55	183 n.70
1.103	60 n.91
2.3	221 n.25
2.42	4 n.9
73.	4 n.9

De Finibus《论至善与至恶》

2.54	151 n.42;158 n.45
3.7	75 n.45
4.77	157 n.42;158 n.45

De Legibus《论法律》

1.1-2	225 n.44
1.8	224 n.40;225 n.44
1.10	74 n.40
1.14	226 n.48
1.15&20	225 n.43
1.17	200 n.29
1.20	226 n.48
2.1-3	225 n.44
2.8-14	225 n.45
2.15-23	182 n.68
2.21	43 n.14;189 n.96
2.23	225 n.43;226 n.45-46
2.30	190 n.98
2.31	43 n.14
2.35-36	189 n.96
3.2-5	225 nn.45,226 n.49
3.4	225 n.43
3.6	67 n.10;93 n.21;97 n.14;138 n.76;141 n.89;227 n.51-52;230 n.61
3.6-7	229 n.58
3.7	115 n.103;117 n.111;131

	n. 37;228 n. 56	1.55-59	172 n. 26
3.8	92 n. 19;96 n. 8;228 nn. 54-55	1.116	168 n. 16
		2.95	158 n. 48
3.9	39 n. 52;67 n. 11;74 n. 40; 110 nn. 72,76;112 n. 83; 123 n. 7;124 n. 12;229 n. 59;230 n. 60	3.47	160 n. 59
		3.112	111 n. 80
		De Re Publica《论共和国》	
		1.15-17	222 n. 29
3.10	34 n. 31;85 n. 87;227 n. 53;229 n. 58;230 nn. 61-62;231 nn. 64,67	1.19	221 n. 25
		1.23	222 n. 29
		1.31	173 n. 30
3.10-11	230 n. 63	1.37-41	222 n. 29
3.11	46 n. 28;151 n. 13;228 n. 57;231 n. 65	1.39	221 n. 27
		1.44	166 n. 9
3.12	225 n. 43	1.44-45	221 n. 26
3.13-14	221 n. 25	1.50	95 n. 6
3.15-16	228 n. 54	1.52	225 n. 41
3.16	124 n. 12	1.53	221 n. 28
3.18	74 n. 40;229 n. 59	1.54-63	225 n. 41
3.19-26	230 n. 60	1.56	221 n. 25
3.22	211 n. 66	1.63	18 n. 9;23 n. 23;110 n. 72
3.23-24	211 n. 66	1.68	221 n. 26
3.23-25	224 n. 36	1.69	166 n. 9;221 n. 28
3.24	62 n. 96	2.4-43	225 n. 41
3.25	232 n. 68	2.14	49 n. 44
3.27	227 n. 53;230 n. 61	2.23	31 n. 20;39 n. 52;67 n. 11
3.29	231 n. 66	2.27	222 n. 29
3.33-39	230 n. 62	2.31	96 n. 10
3.33ff.	46 n. 32;47 n. 35	2.38	29 n. 9
3.38	47 n. 36	2.39-40	56 n. 75;57 n. 77;58 n. 80; 204 n. 41
3.38-39	231 n. 67		
3.39	46 n. 31	2.45	221 n. 26
3.40	231 n. 64	2.45ff.	222 n. 30
3.40-45	230 n. 63	2.45-47	30 n. 15
3.42	231 n. 65	2.51	222 n. 30;224 n. 38
3.44	34 n. 31; 151 n. 13; 225 n. 45	2.52-55	222 n. 31
		2.53	30 n. 15;31 n. 19
		2.54	97 n. 14;154 n. 25
3.46-47	228 n. 57	2.55	100 n. 29
De Natura Deorum《论神性》		2.56	18 n. 9;32 n. 23;67 n. 10; 93 n. 21;222 n. 32
3.74	132 n. 42,n. 45		
De Officiis《论义务》			
1.33	19 n. 14	2.56-57	224 n. 36

引用的古代资料索引

2.57	223 n.35	1.15.1	141 n.90
2.57-58	30 n.15;222 n.31	3.3.42.1	160 n.54
2.60	99 n.24;134 n.50	35.2.1.pr.	95 n.5
2.61	34 n.31;67 n.10;93 n.21;	47.10.5-6	160 n.54
	151 n.13	48.2.12.4	160 n.54
2.63	32 n.22;34 n.33	48.9.pr. &1	160 n.58
2.63-64	223 n.33	48.11	160 n.60
2.65	221 n.26	48.15	160 n.59
2.67	223 n.35;224 n.36	48.19.41	63 n.98
2.68	224 n.36	50.7.15	74 n.40
2.69	223 n.35		
3.23	166 n.9	DIO CASSIUS 狄奥·卡西乌斯	
3.33	221 n.25	7.26.1-3	36 n.39
3.34	205 n.45	8.36.22	67 n.8
3.44	166 n.9	fr.87.5	188 n.91
3.47	225 n.41	36.4.1	10 n.5
4.2	71 n.24;119 n.117	36.30.2	62 n.96
5.3	224 n.39	36.42.2	52 n.57
5.5	226 n.48	37.9.5	160 n.59
5.5-6	p.226;222 n.30;224 n.38	37.27.3	152 n.18
5.6	224 n.39;226 n.48	37.37.1	184 n.77
5.8	222 n.30;224 n.38	37.7.1-2	184 n.75
6.12	225 n.41	37.46.4	119 n.118
Tusculanae Disputationes《图斯库罗姆谈话录》		37.50.1-2	123 n.8
2.62	46 n.32	37.51.3	109 n.68
De Viris Illustribus《名人手迹》		38.7.1-2	63 n.99
50.1	13 n.11	38.8.1	17 n.6;109 n.68
57.3	52 n.55	38.8.6	123 n.8
72.5	52 n.56	38.13.2	72 n.30;120 n.121
73.6-7	45 n.23	39.18.1	132 n.46
Digesta《法学汇纂》		39.23.1	81 n.73
1.2.2.16	98 n.18	39.28.2-3	82 n.77
1.2.2.17	115 n.101	39.31.1	39 n.52
1.2.2.18	111 n.79	39.33.2	201 n.34
1.2.2.21	129 n.30	39.35.1-2	41 n.5;46 n.27
1.2.2,22-23	134 nn.49-50	39.65.1-2	128 n.27
1.2.2.29-31	138 n.75	40.49.5	39 n.52
1.2.2.30	141 n.89	41.1.2-2.1	83 n.78
1.8.9	63 n.98	41.3.1	85 n.87
1.13.pr. &1	134 n.51	41.14.4	105 n.50
1.13.2	136 n.63	41.36.1	110 n.74

42.23.1	85 n.87	2.10.1-3	179 n.55
42.27.2	75 n.45;112 n.83	2.10.3	179 n.57;
42.29.3-4	101 n.30;	4.14.1-3	53 n.61
43.14.35	40 n.2	4.14.2-4	178 n.51
43.47.2	136 n.61	4.14.3-15.5	53 n.60
45.5.3	49 n.46	4.15.2-6	178 n.51
47.2.1	40 n.2	4.16-17	58 n.80
48.43.1	136 n.61	4.17.3-4	177 n.49
49.43.3	131 n.37	4.19.2-3	55 n.73;56 n.75
51.19.6	98 n.20	4.20.3-5	58 n.80
52.7.5,9.1-5,		4.21.2	55 n.73;56 n.75
13.5,14.		4.21.3	56 n.76
3-5,15.4ff.	234 n.4	4.74.4	183 n.72
53.24.4-5	131 n.39	4.75.1-2	39 n.52;67 n.11
53.32.5	194 n.9	4.76.1	39 n.52
54.1.3	111 n.78	4.84.5	39 n.52;
54.26.6	141 n.84	5.1.3	31 n.19
55.3	75 n.45	5.19.1-2	31 n.19
55.4.4	135 n.56	5.63ff.	32 nn.21,24
60.24.3	135 n.56	5.70	110 n.75
		5.70-7	32 n.23

DIODORUS SICULUS 西西里的狄奥多罗斯

11.68.8	121 n.1	5.72.7	18 n.9
12.24-25	25 n.26	6.22-29, 34-44	32 nn.21,24
12.64.1	110 n.72	6.34-44	32 n.21
15.35.3	36 n.39	6.58.2	111 n.79
19.72.6	110 n.72	6.89.1-2	121 n.1
20.36.4	51 n.52	6.89.2	123 n.7
34.6.1-2	203 n.38	6.90.2-3	129 n.28;131 n.37
34/5.28a	75 n.43	6.94.3	129 n.30
34/5.39	136 n.58	6.95.4	131 n.38;
36.12	101 n.33	7.5.1-6.3	31 n.18
		7.16.4-17.5	122 n.2

DIOGENESLAERTIUS 狄奥根尼·拉尔修

7.131	217 n.16	7.17.4	47 n.34
		7.26.2-3	123 n.9
		7.26.3	129 n.29

DIONYSIUS OF HALICARNASSUS 哈利卡纳苏斯的狄奥尼修斯

Antiquitates Romanae《罗马古事记》

		7.35.3	123 n.9
		7.35.3-4	129 n.29
		7.35.4	123 n.8
2.9	p.29	7.59.2	45 n.25
2.10.1	179 n.59	7.59.2-8	58 n.80
		7.59.2-10	47 n.34

7.66	239 n.16	FESTUS(Lindsay)《菲斯图斯》(林赛辑校)	
7.71-73	183 n.70;	42	184 n.75
8.69-70	35 n.38	47	119 n.116
8.77-79	36 n.39	50	71 n.25
8.87.6	124 n.12	51	117 n.111
10.24.1	110 n.74	154	100 n.29
10.24.2	111 n.78	174	83 n.79
10.30.2	121 n.1	182	49 n.44
10.31.2	122 n.6	216	110 n.72
10.31.3-4	123 n.8	220	99 n.24
10.36.1	47 n.34	247	150 n.7
10.41.3	47 n.34	253	101 n.31
10.50.2	99 n.24;	258-259	129 n.28
11.45	35 n.35	268	45 n.23;62 n.94
11.52.3-4	47 n.34	268-270	99 n.24
11.63.1-3	115 n.101	274	109 n.70
12.1-4	35 n.38	288	99 n.25
12.2	82 n.77	290	38 n.47;60 n.91;68 n.12;
12.2.1-4.4	36 n.39		72 n.29
14.4	36 n.39	304	68 n.12;70 n.19
14.12	132 n.43	314	83 n.80
17.4	67 n.8	358-359	115 n.101;117 n.111
20.13	118 n.113	422	129 n.29
20.16.1-2	157 n.39	423-424	32 n.24
		436	130 n.31
FABIUS PICTOR(Peter)法比乌斯·皮克托		454	69 n.17
（彼得辑校）		462-464	11 n.8
fr.15-16	183 n.70	470	19 n.10;73 n.37
Fasti Capitolini(Degrassi)《卡尔托林编年史》		503	49 n.44
（德格拉西辑校）		**Fragmentum Tarentinum**《塔林顿残篇》	
Consulares《执政官年代记》		lines 7	96 n.8
368,367,363,		14	3 n.4
362-360,349-348,		20ff.	63 n.99
331,316-312,		21	71 n.27
263 BC	110 n.73	24	74 n.41
320 BC	111 n.80	25-26	63 n.98
249 BC	112 n.83	26	63 n.102
Praenestini《普拉奈斯特年代记》			
Dec.10	121 n.1	FRONTINUS De aquaeductibus 弗隆提努斯	
Triumphales《凯旋式年代记》		《论引水渠》	
280 BC	112 n.91	94-95&97	120 n.120

99.4	79 n.65

GAIUS Institutiones 盖乌斯《法学阶梯》

4.23	132 n.44
4.30	200 n.29
4.104	126 n.20

GELLIUS 格利乌斯

1.12.9ff.	49 n.45
2.15.4-8	100 n.29
3.3.15	99 n.26
3.4.1	119 n.117
3.18.5	71 n.24
3.18.3-10	79 n.65
3.18.8	69 n.17
4.2.1-4	130 n.35
4.10.2-3	78 n.57
4.10.8	78 n.61;80 n.67;99 n.22
4.12.1	118 n.114;119 n.117
4.20.3	117 n.111
4.20.3-6	118 n.113
5.17.1-2	186 n.84
5.19.4-10	49 n.46
5.19.16	118 n.112
6.6.9	153 n.20
6.19.1-8	127 n.22
6.22.1	119 n.117
7.9.2	130 n.32
7.9.2-6	130 n.31
7.9.6	130 n.34
10.6.1-4	132 n.46
10.15.1-25 &,31-32	18.3 n.72;
11.1.2	99 n.24
11.10.3	206 n.51
11.18.18	154 n.29;
13.12.1-8	99 n.23
13.12.6-9	123 n.9
13.12.9	124 n.12
13.13.4	129 n.29;130 n.3
13.14.4-7	98 n.20
13.15-16	4 n.9;43 n.14
13.15.4	49 n.47;116 n.104; 130 n.32
13.16.1	44 n.18
13.25.26-27	137 n.70;
14.7.4	75 n.45
14.7.7	72 n.31
14.7.8	73 n.38
14.7.9	75 n.46
14.7.9-12	83 n.78
14.7.10	38 n.45
14.8.2	69 n.15
15.27.1-3	49 n.45
15.27.4	38 n.50;43 n.16
15.27.5	55 n.72
17.21.11	129 n.28
17.21.24-25	123 n.8
20.1.53	123 n.8

HERODOTUS 希罗多德

1.65.8	1 n.1
3.80-82	215 n.3
5.77-78	1 n.1

HISTORIA AUGUSTA XX Gordiani《奥古斯都史》第20卷《戈尔狄亚努斯传》

12.1-3	82 n.77

HORACE 贺拉斯

Ars Poetica《诗艺》

343	46 n.32

Epistulae《书信》

1.6.52ff.	177 n.45
1.7.46ff.	18o n.61
1.13.15	177 n.45;

Epodi《颂歌》

4.11	142 n.91;

Saturae《讽刺诗》

1.2.1f.	178 n.53

Inscriptiones Italiae (Degrassi)《意大利铭文集》(德格拉西编)

XIII.3.no.6	144 n.102

引用的古代资料索引

Inscriptiones Latinae Liberae Rei Publicae (Degrassi)《共和国时代拉丁铭文集》(德格拉西编)

110	178 n. 53
309	104 n. 48
309 ff.	167 n. 12
316	141 n. 84
311	183 n. 73
311-312	169 n. 19
316	167 n. 12;169 n. 20
441	139 n. 77
467-474	144 n. 100
467-475	143 n. 95
474	144 n. 102
696	178 n. 50

Inscriptiones Latinae Selectae (Dessau)《拉丁铭文选编》(德苏编)

45	97 n. 13;158 n. 45
47	97 n. 13
49	143 n. 95;144 n. 101
212	5 n. 11;31 n. 17;79 n. 63; 124 n. 12
2676	178 n. 50
6121	79 n. 65
6418 d,e,f	178 n. 53
8775	114 n. 96

IUNIUS GRACCHANUS (Bremer) 尤尼乌斯·格拉古查努斯 (布雷默辑校)

frr. 1-2	134 n. 51

JUSTINIAN Institutiones 查士丁尼《法学阶梯》

4.4.8	160 n. 54
4.18	160 n. 54

JUVENAL 玉外纳

10.100-102	130 n. 35

L'année épigraphique《碑铭学年鉴》

1973, no. 222	144 n. 100

Lex agraria《土地法》

lines 1	55 n. 71
15	144 n. 101
24	144 n. 101
28	139 n. 77
34	127 n. 24
33-36	144 n. 101
35	94 n. 1;116 n. 105;120 n. 120
36	127 n. 24
37-39	161 n. 61
40-42	63 n. 99
46	101 n. 32;137 nn. 69-70
74	137 n. 70
78	94 n. 1
82	201 n. 32
87	96 n. 8
89	115 n. 102

Lex Antonia de Termessibus《关于泰麦苏斯的安东尼亚法》

	207 n. 54
praef. 4	55 n. 71

Lex coloniae genetivae Ursonensis《乌尔苏的盖奈提的古民法》

	65 n. 3;95 n. 5
chap. 81	42 n. 11
91	74 n. 39
94	96 n. 8

Lex Cornelia de XX quaestoribus《关于设置20名财务官的科尔奈利亚法》

	54 n. 64;69 n. 16;210 n. 65
praef. 2	55 n. 71;136 n. 59
I. 1-3	135 n. 54

Lex de imperio Vespasiani《韦帕芗权力约法》

line 19	95 n. 5

Lex de provinciis praetoribus《副执政官法理行省法》

	201 n. 33

Cnidos

III. 4 ff.	54 n. 65;102 n. 36;109 n. 68
III. 7 ff.	212 n. 70
III. 28	100 n. 29
IV. 31-39	114 n. 95
IV. 34-37	96 n. 12

Ⅳ.39-40	194 n.9
Ⅳ.40ff.	136 n.66
V.9ff.	161 n.61
Delphi	
B.5	100 n.29
C.3	194 n.9
C.3ff.	136 n.66
C10ff.	63 n.99
C15ff.	63 n.98
C24ff.	128 n.26

Lex Falcidia《法尔奇狄亚法》
95 n.5

Lex Fonteia《丰泰伊亚法》
126 n.21;185 n.80

Lex Gabinia Calpurnia de Delo《关于提洛岛的加比尼亚-卡尔普尔尼亚法》

	54 n.64
line 3	55 n.69
4	55 n.71
34-35	63 n.98
36	63 n.102

Lex Irnitana《伊尔尼塔纳法》

	65 n.3
chap.96	63 n.98

Lex Iulia agraria (Mamilia)《尤利亚土地法》(马米利亚法)

chap.55	161 n.61

Lex latina Tabulae Bantinae《班提亚拉丁城市法》

lines 1-2	71 n.27
5	43 n.16
7-13	63 n.98;128 n.26;154 n.26
9-11	161 n.61
11-12	123 n.10
12	99 n.25
14ff.	128 n.26
15	138 n.74
17	55 n.69
17-22	63 n.99
19-20	71 n.27
23	69 n.18
24	137 n.72

Lex municipii Malacitani《马拉奇塔尼自治市法》

chap.57	49 n.42

Lex municipii Tarentini《塔林顿自治市法》
65 n.3

Lex osca tabulae Bantinae《班提亚铜表法》

	12 n.10
lines 12ff.	153 nn.19,21
35-37	123 n.10

Adamesteanu《阿达梅斯亚努》

frg.4-5	123 n.10

Lex Papiria de triumviris capitalibus《关于刑事三吏的帕皮利亚法》
155 n.31;200 n.27

Lex Quinctia de aquaeductibus《关于引水渠的秦奇亚法》

	3 n.8;54 n.64
lines 22,39	95 n.5

Lex repetundarum《追偿法》

lines 2	138 n.74;144 n.101
3-6	109 n.66
8-9	112 n.82
10	177 n.47;179 n.57;180 n.61
11	71 n.27
13	69 n.14;71 n.27;144 n.101
14-15	202 n.36
16	69 n.14;138 n.74
16	144 n.101
16-17	71 n.27
18-19	202 n.36
20	177 n.47
20-23	202 n.36
22	69 n.14;138 n.74;144 n.101;177 n.47
23	158 n.49
25	177 n.47
33	179 n.57;180 n.61
35	109 n.66
36-38	202 n.36
44-45	47 n.36
50-54	47 n.35
53	202 n.36

引用的古代资料索引

56	63 n. 98	1.43.1-7	58 n. 80
57-69	137 n. 69	1.42.5	55 n. 73
57	64 n. 103	1.43.10	55 n. 73,56 n. 75
65-66	3 n. 4;202 n. 36	1.43.12	56 n. 7;59 n. 84
69	101 n. 32	1.49.3	29 n. 9
70-72	128 n. 26;154 n. 26	1.42.5-44.1	p. 29
71-72	44 n. 18	1.44.2	118 n. 115
72	46 n. 30;101 n. 32;135 n. 54	1.48	p. 29
74	158 n. 49	1.60.3	31 n. 20
77	51 n. 51	2.1.4-6	30 n. 15
79	135 n. 54;202 n. 36	2.7.6-12	31 n. 19
79-80	101 n. 32	2.7.7	43 n. 16
81	158 n. 49	2.8.2	31 n. 19

Lex Rubria de Gallia Cisalpina《关于山南高卢的鲁布利亚法》

chap. 20,		2.18	18 n. 9;32 n. 23
line 50	96 n. 8	2.18.8	111 n. 79

Lex portorii Asiae《罗马亚细亚省海关法》

	115 n. 102	2.23	32 n. 21

Lex Silia de ponderibus publicis《西利亚法》

	99 n. 25	2.23-33	32 n. 24
lines 11-14	123 n. 10	2.27	32 n. 21

Lex Valeria Aurelia tabula Hebana《赫巴纳的瓦列里亚-奥莱利亚法》

lines 10-11	46 n. 30	2.27.5	178 n. 50
17ff.	48 n. 39	2.29.4	239 n. 16
23-31	59 n. 86	2.29.11	18 n. 9
40ff.	48 n. 41	2.29.11-30.5	32 n. 23
		2.30.5	111 n. 80
		2.33.1	123 n. 7

LIVY 李维

Praef. 9	1 n. 2	2.33.2	121 n. 1
9-12	233 n. 2	2.41	32 n. 21;35 n. 38;36 n. 9
1.13.6	49 n. 44	2.41.11	99 n. 23;134 n. 50;152 n. 16
1.17	39 n. 32	2.55.4-9	125 n. 17
1.24	P. 29	2.56.2	53 n. 62
1.26.	P. 29;33 n. 28	2.56.12	41 n. 8
1.26.5	43 n. 16	2.58.1	121 n. 1
1.26.5-8	152 n. 17	3.20.7	98 n. 20
1.32	p. 29	3.20.8	111 n. 79
1.36.6	43 n. 16	3.21.3	134 n. 50;152 n. 16
1.41.6	29 n. 9	3.29.7	110 n. 76
		3.30.7	121 n. 1
		3.34.6	34 n. 32
		3.36-37	35 n. 34
		3.38.12	75 n. 45
		3.54.11	185 n. 81
		3.54.11-13	121 n. 1

3.55	35 n.35	7.1	36 n.41
3.55.6-7	123 n.7	7.1.1&6	130 n.31
3.55.7	129 n.30;141 n.84	7.2	130 n.31
3.55.7-9	129 n.29	7.3.5-8	104 n.47
3.71.3	43 n.16	7.3.9	111 n.80
4.1-6	34 n.33	7.5.9	140 n.80
4.4.3	134 n.52	7.16.1	37 n.44
4.6.6	122 n.6	7.16.9	132 n.43
4.6.8-9	35 n.36	7.17.12	34 n.32
4.8.1-7	35 n.36	7.21.5	37 n.44
4.8.2-7	115 n.101	1.27.8-9	137 n.70
4.13.2-10	35 n.38	7.28.5	139 n.7
4.13.11-14.7	36 n.39	7.28.7-8	110 n.73
4.16.1	99 n.23	7.28.9	132 n.4
4.22.7	117 n.111	7.42.1	37 n.44;132 n.44
4.24.4-7	117 n.108	7.42.2	145 n.106;195 n.14
4.24.7	118 n.113	8.12.14-16	37 n.42
4.30.3	99 n.24	8.12.16	120 n.121
4.43.4	134 nn.49,52	8.18.12-13	110 n.73
4.48.15f.	122 n.6	8.20.8	99 n.23
5.18.1	60 n.91	8.22.2-3	132 n.45
5.31.7	117 n.110	8.23.11-12	113 n.90
5.32.8	179 n.56	8.23.14	43 n.14
5.46.10-11	110 n.75	8.26.7	113 n.90
5.50.4	178 n.50	8.28	37 n.44
5.52.16	49 n.47	8.29.9	110 n.73
6.1	111 n.77	8.32-33	111 n.80
6.1.11-12	186 n.84	8.32-35	126 n.18
6.11-20	35 n.38	8.40.4	28 n.7
6.16.3	111 n.81	9.8.13	79 n.64
6.18.5	179 n.58	9.15.1	194 n.10
6.19.5-20.1	36 n.39	9.16.1-10	126 n.19
6.20.11	43 n.16	9.26.7ff.	111 n.80
6.20.13	99 n.23	9.26.17ff.	140 n.82
6.34.5	165 n.5	9.28.6	110 n.73
6.35	36 n.41	9.30.1-2	119 n.118
6.37.12	184 n.78	9.30.3	140 n.80
6.38-42	36 n.41	9.30.3-4	37 n.43
6.38.13	111 n.81	9.33.4-34.26	117 n.108
6.42.2	184 n.78	9.34.9	118 n.113
6.42.14	130 n.31	9.34.12	110 n.76

引用的古代资料索引

9.34.24	116 n.106	22.63.7-8	139 n.78
9.36.14	124 n.12	23.11.1-6	188 n.92
9.38.15	49 n.44	23.12.11	112 n.83
9.41.1	194 n.10	23.14.2	110 n.72
9.42.2	194 n.10	23.14.2-3	154 n.29
9.46.1ff.	130 n.31	23.21.6	19 n.10
9.46.3	141 n.86	23.21.3&7	139 n.78
9.46.11	51 n.52	23.22.2-11	110 n.76
10.6.3-9	184 n.78	23.23	70 n.21
10.6.4-6	38 n.46	23.23.2	110 n.73,n.76
10.9.3-6	33 n.28;38 n.45	23.23.5-6	69 n.14
10.13.11	46 n.30	23.30.13-14	139 n.78
10.13.8	145 n.106	23.30.17	129 n.30
10.13.14	132 n.43	23.30.19	114 n.92
10.22.9	113 n.91	23.31.13	43 n.14
10.23.11-12	132 n.44	23.32.2	73 n.37
10.23.13	132 n.43	23.41.7	131 n.37;137 n.67
10.25.11	114 n.95	24.7.12	58 n.82;60 n.91
10.26.12	114 n.95	24.8	46 n.28
10.26.15	114 n.95	24.8.20	58 n.82
10.29.3	114 n.95	24.9.1	194 n.10
14.31.9	132 n.45	24.9.3	60 n.91
10.37.11	26 n.28	24.9.5	17 n.5
10.47.4	132 n.43	24.10.1-2	116 n.104
21.32.3	114 n.95	24.11.7-8	71 n.24
22.1.5	75 n.46	24.18.6	118 n.113
22.1.8-20	186 n.85	24.18.6-7	119 n.117
22.9.7-10.10	186 n.86	24.18.12-13	139 n.78
22.9.9&10.2	73 n.38	24.43.2-3	116 n.106
22.24-30	112 n.84	24.43.3	118 n.113
22.31.7-11	110 n.75	25.1.6-12	188 n.89
22.33.9	193 n.6	25.2	153 n.21
22.35.3	13 n.11	25.2-3	153 n.19
22.41.2-3	100 n.28	25.2.6-8	145 n.105
22.44.5	100 n.28	25.2.7	130 n.32
22.49.16-17	70 n.21	25.2.9	132 n.45
22.57.5	188 n.92	25.1.13 ff.	122 n.3
22.57.5-6	188 n.91	25.3.16	46 n.28;153 n.21
22.57.9	110 n.73	25.5.2-4	184 n.75
22.60.2	82 n.77	25.7.4	193 n.6
22.61.7	122 n.6	25.12.1-2	105 n.50

25.12.2-15	185 n.80	27.36.14	140 n.80
25.12.10	109 nn.69-70	28.8	6 n.12
25.41.9	193 n.6	28.9.10	100 n.28
26.2-3	6 n.14	28.10.7	129 n.30
26.2.1-5	81 n.72	28.45.1-7	78 n.62
26.2.7-3.12	122 n.3	28.45.12	188 n.92
26.3	153 n.19	29.10.4-11.8	188 n.92
26.3.5	153 n.21	29.13.2-3	116 n.106
26.3.8	6 n.15	29.13.7	114 n.92
26.3.9	153 n.20	29.14.5-14	188 n.92
26.16.4	193 n.6	29.15-16	80 n.68
26.18	114 n.92	29.17-19.2	77 n.54
26.18.6-9	145 n.105	29.20.4-9	107 n.56
26.19.10	87 n.92	29.20.4-11	67 n.9
26.21.5	194 n.9	29.20.9-11	124 n.12
26.22.2	58 n.82;60 n.91	29.20.11	129 n.29
26.22.11	58 n.82	29.20-22	157 n.39
26.22.13	60 n.91	29.21-22	126 n.20
26.26.5	75 n.46	29.37.5&8	119 n.116
26.30.1-32.8	81 n.71	29.37.12	119 n.117
26.33	157 n.39	29.37.17	116 n.106
26.33.10-14	126 n.19	29.38.8	129 n.30
26.34	141 n.85	30.1.1-2	101 n.33
26.36.8	139 n.78	30.1.10	19 n.14
26.47.7-8	136 n.66	30.21.12-23.5	77 n.54
27.5.7	15 n.19;200 n.30	3a.26.6	131 n.37
27.5.16	17 n.5	30.27.3	207 n.54
27.5.16-17	110 n.75	30.33.2	101 n.33;136 n.64
27.6.1-2	111 n.80	30.39.5&40.4	111 n.77
27.6.3	58 n.82;60 n.91	30.40.8&43.1	84 n.84
27.6.3-11	62 n.92	31.3.1	81 n.72
27.6.4&8	194 n.10	31.4.6	131 n.37
27.8.4-10	6 n.12	31.6.3-4	206 n.50
27.9.14-10.2	77 n.53	31.9.5ff.	189 n.94;206 n.50
27.11.8	119 n.10	31.13.2-9	87 n.91
27.11.13-14	119 n.117	31.50.1	131 n.37
27.11.15	118 n.113	31.50.7-9	183 n.72
27.16.9	129 n.30	31.50.8	207 n.54
27.23.4-5	200 n.28	31.50.10-11	114 n.92
27.23.7	17 n.6	32.1.1-2	101 n.33
27.36.9	129 n.30	32.8.4-5	101 n.33

32.26.4-18	19 n.14	38.35.4-6	p.13
32.27.6&28.11	114 n.92	38.35.5-6	132 n.44
32.32.7-8	114 n.93	38.36.7	206 n.49
32.37	114 n.93	38.36.7-9	62 n.93;200 n.30
33.21.9	17 n.5	38.42.8-13	84 n.84
33.36.1-3	19 n.14	38.44.9-50.3	81 n.71
33.42.1	184 n.78;200 n.28	3.50.9	195 n.18
33.42.4	137 n.67	38.51.6	179 n.58
33.42.10	132 n.43	38.52-5	127 n.22
34.44.5	119 n.117	38.54.2-55.5	157 n.42
34.44.6-8	126 n.20;157 n.39	38.57.2-8	165 n.5
34.53.1	143 n.96	38.60.8	137 n.69
34.53.4	132 n.43	39.7.4-5	137 n.67
34.54.3	131 n.38	39.8-19	189 n.96
34.55.1-5	187 n.88	39.14ff.	156 n.34,n.41
35.6-7.1	77 n.55	39.14-19	19 n.13
35.7.1-3	87 n.91	39.14.8-10	189 n.96
35.7.4-5	19 n.10	39.14.9	131 n.40
35.10.1-10	170 n.21	39.14.9-10	142 n.92
35.10.9	14 n.17	39.14.10	138 n.75
35.10.11-12	132 n.43	39.15.1	45 n.25
35.40.7	187 n.88	39.15.11	55 n.72
35.41.9-10	132 n.44	39.19.4	207 n.54
36.2.11	115 n.97	39.21.12-13	170 n.21
36.3.3	74 n.39	39.31.4	115 n.97
36.17.1	115 n.97	39.38.8-9	84 n.84
37.46-7	p.9	39.41.5	19 n.13
37.46.2-6	180 n.62	39.44.2	118 n.111
37.46.10	143 n.96	39.44.4	120 n.120
37.49	p.10	40.17.8	170 n.21
37.49.1-7	77 n.54	40.19.9-10	19 n.13
37.50	11 n.7	40.19.11	181 n.63
37.50-51	p.11	40.25.4-26.2	77 n.55
37.51.1ff.	126 n.21	40.29.3-14	189 n.95
37.52-56	12 n.9	40.37.4	19 n.13;156 n.34;157 n.41
37.57.1-8	p.12	40.42.7	183 n.73
37.57.9-58.2	180 n.62	40.42.8-13	11 n.8;126 n.21;183 n.72
37.57.13-14	153 n.21	40.43.2-3	19 n.13;156 n.34;157 n.41
37.57-58	153 n.19	40.44.1	145 n.107
37.58-59	p.13	40.44.10	139 n.78
38.35.1-3	13 n.13-14	40.45.6-8	116 n.104

40.46.16	19 n.12	45.15.8	116 n.106;118 n.113;
40.51.1	116 n.106		119 n.117
40.51.9	51 n.54	45.15.9	117 n.108
41.9.9	15 n.19;200 n.30	45.21.6	41 n.5;46 n.27
41.27.3	19 n.14	45.35.4	150 n.9;160 n.54
41.27.7	73 n.37	45.36.1ff.	41 n.5;46 n.27
42.4.1-2	101 n.33	45.44.7	137 n.68
42.6.11	137 n.67	*Per.*11	38 n.50;110 n.73
42.8-9	67 n.9	*Per.*15	135 n.55
42.9.7-8	170 n.21	*Per.*19	11 n.8;57 n.79;132 n.46
42.10.4	116 n.106	*Per.*47	126 n.21;158 n.44
42.10.7-8	19 n.14	*Per.*48	19 n.13;115 n.97,157 n.41
42.10.9ff.	67 n.9	*Per.*55	127 n.23
42.10.10-11	84 n.84	*Per.*55&*Oxy*	
42.14	82 n.77	*Per.*55	106 n.55
42.19.1	19 n.10	*Per.*58	144 n.100
42.21-2	67 n.9;107 n.57;157 n.42	*Per.*59	120 n.121;123 n.8;146 n.110
42.21.8	17 n.6	*Per.*60	89 n.3
42.32.7-8	127 n.23	*Per.*78	52 n.56
42.61.5	71 n.24	*Per.*84	52 n.56
43.1.4-10	102 n.35	*Per.*89	111 n.78;228 n.56
43.1.5-6	19 n.14	*Per.*91	115 n.98;
43.2	158 n.44	*Per.*97	109 n.68
43.8.2-3	122 n.3		
43.11.4	74 n.39	**LUCAN 卢坎**	
43.12.1	101 n.33	5.382-384	110 n.74
43.14.8	118 n.112		
43.16.4	120 n.120	**LYDUS** *De Magistratibus* 吕底亚的约翰《论职官》	
43.16.9&11	44 n.19		
43.16.10-16	116 n.106	1.25	134 n.49
43.16.11	153 n.20	1.27	135 n.5
43.16.13	118 n.111		
43.17.1	19 n.14	**MACROBIUS 马克罗比乌斯**	
44.16.8	118 n.113	*Saturnalia*《农神节》	
44.16.9	19 n.12	1.7.33	179 n.56
44.20.1	73 n.38	1.10.5	188 n.91
45.12.10	43 n.14	1.15.9-19	182 n.69
45.13.12	137 n.6	1.16.21-24	186 n.84
45.15.1-7	51 n.53;52 n.55	1.16.29	42 n.11
45.15.3-7	118 n.113	1.16.30	44 n.17
45.15.5	118 n.111	1.16.34	44 n.20

引用的古代资料索引

1.17.28	109 n.69-70
2.6.1	130 n.35
3.13.11	49 n.45
3.14.6	144 n.100
3.17.1-3	181 n.63

NONIUS MARCELLUS(Müller) 诺尼乌斯·马尔凯鲁斯(穆勒辑校)

304	165 n.8

Oratorum Romanorum Fragmenta (Malcovati)《罗马演说家残篇》(马尔科瓦提辑校)

No.8,	
frr.78-80	119 n.117
fr.117	97 n.14;206 n.49
fr.124	118 n.114;119 n.117
fr.136	181 n.63
frr.139-140	181 n.63
fr.224	154 n.29
No.17,fr.4	207 n.56
No.18,frr.4-7	228 n.56
No.21,fr.14	118 n.112
fr.18	119 n.117
fr.21	119 n.117
NO.34,fr.16	125 n.15;207 n.56
No.48,fr.23	136 n.58
fr.31	174 n.36
fr.44	206 n.51
No.5,fr.6	174 n.34
No.66,fr.14	174 n.34

OROSIUS 奥罗修斯

4.3.5	126 n.19
5.8.3	62 n.96
5.15	188 n.91
5.16.8	156 n.36

OVID *Fasti* 奥维德《岁时记》

5.285ff.	132 n.43

PERSIUS 佩尔西乌斯

1.129-130	130 n.35

PHOTIUS(Bekker) *Bibliotheca* 弗提乌斯(贝克尔辑校)《书摘》

37	217 n.15

PINDAR Pythian Odes 品达《皮提亚颂诗》

3.86ff.	215 n.3

PISO(Peter) 皮索(彼得辑校)

fr.23	121 n.1
27	130 n.32, n.34

PLATO *Laws* 柏拉图《法律篇》

3.691e-2a,	
693dff.	
6.756e-7a	215 n.5

PLAUTUS 普劳图斯

Amphitruo《安菲特吕翁》

155	99 n.26;142 n.91
703-704	189 n.96

Asinaria《赶驴》

130-133	142 n.93

Aulularia《一坛金子》

167,227	165 n.7
408-411	189 n.96
416-417	142 n.93

Bacchides《酒神》

53	189 n.96
688	142 n.93

Captivi《俘虏》

111	137 n.70
453	137 n.70
475	21 n.19
492ff.	132 n.44
791ff.	130 n.35;131 n.37
1019	142 n.93

Casina《卡西娜》

979-983	189 n.96

Cistellaria《匣子》

493-494	165 n.7

Menaechmi《孪生兄弟》

571ff.	180 n.61

Miles《吹牛的军人》
211-212　　　99 n.26;141 n.89
1016　　　　189 n.96

Persa《波斯人》
62ff.　　　　142 n.93

Poenulus《布匿人》
55-58　　　　118 n.111

Rudens《绳子》
372-373　　　130 n.35;131 n.37
777ff.　　　　154 n.29
778　　　　　142 n.93
857　　　　　142 n.93

Stichus《斯提库斯》
352-353　　　131 n.37

Trinummus《三块钱一天》
271-273　　　169 n.20
466-467　　　165 n.7
468ff.　　　　180 n.61
491-499　　　165 n.7
644-646　　　169 n.20
651　　　　　180 n.60
651ff.　　　　169 n.20
872　　　　　117 n.111
990　　　　　99 n.26;130 n.35

Truculentus《粗鲁汉》
759ff.　　　　142 n.93

PLINY 普林尼
Historiae Naturales《自然史》
7.139　　　　143 n.95
7.143　　　　123 n.8
7.144　　　　124 n.11
8.11　　　　 120 n.120
13.84-57　　　189 n.95
16.37　　　　38 n.50
18.41-43　　　132 n.43
28.17　　　　45 n.23
33.31　　　　48 n.39
34.13　　　　152 n.16
35.6　　　　 167 n.12
35.59　　　　73 n.36

PLINY *Epistulae* 普林尼《书信集》
8.14.9　　　　83 n.80

PLUTARCH 普鲁塔克
Antonius《安东尼传》
8.5　　　　　111 n.78

Brutus《布鲁图传》
14.2　　　　 73 n.36

Caesar《恺撒传》
5.1　　　　　48 n.41
21.5-6　　　　74 n.41
61.10　　　　111 n.81

Cato minor《小加图传》
2.6　　　　　154 n.29
5.1　　　　　124 n.12
8.4-5　　　　140 n.82
16-17　　　　137 n.73
27.5　　　　 55 n.69
28.1　　　　 46 n.28;125 n.14
32.5-6　　　　63 n.99
43.1　　　　 201 n.34
43.2-3　　　　46 n.27
46.3　　　　 48 n.38;144 n.33

Cleomenes《克莱奥麦奈斯传》
2.2-3&11　　　217 n.16

Cicero《西塞罗传》
19.4　　　　 183 n.71

Coriolanus《科利奥拉努斯传》
18.3-4　　　　129 n.29

Crassus《克拉苏传》
14.6-7　　　　74 n.41

Fabius Maximus《法比乌斯·马克西姆斯传》
4.1　　　　　110 n.72
4.3　　　　　111 n.79
4.4-6　　　　186 n.86
9.1　　　　　111 n.79
9.2-3　　　　112 n.84

Flamininus《弗拉米尼努斯传》
18.2　　　　 15 n.18;51 n.53;206 n.49

Gaius Gracchus《盖乌斯·格拉古传》
2.8　　　　　72 n.30;120 n.121

2.9	136 n.58	10.8	125 n.16
3.2	55 n.70	12.1-5	62 n.96
3.5	174 n.36	14.5-8	123 n.7
3.5-7	123 n.7	15.1-2	123 n.7
4.1	92 n.16	15.2-4&7	125 n.15
8.2	146 n.110	19.2-4	75 n.43
10.2	124 n.12	19.3	91 n.15;195 n.18
10.3-4	143 n.98	19.4	112 n.86
11.3	124 n.12;143 n.98	21.5	123 n.7
13.5-14.3	112 n.86	21.7-8	173 n.30
14.3	91 n.15;195 n.18		
18.1	111 n.79	POLYBIUS 波利比阿	
Marcellus《马尔凯鲁斯传》		1.1.5	1;14 n.15
2.5-7	132 n.45	2.21.8	208 n.60
24.11-12	110 n.74	2.38.6	23 n.22
Marius《马略传》		2.38.6-7	200 n.26
4.2	46 n.31	3.49.4&9	114 n.9
5.3-10	158 n.46	3.56.5	114 n.95
5.7	179 n.57	3.76.1	114 n.95
12.1	145 n.106	3.87	111 n.78
31.2	74 n.40	6.3.9-4.5	218 n.18
35.4	125 n.16	6.4.7-9.9	218 n.19
Moralia《道德论集》		6.9.10-14	2 n.3
275 B-C	137 n.68	6.9.10-10.14	219 n.20
276 E-F	116 n.106	6.10.12-14	2 n.3
283B	111 n.78	6.11	p.16;24 n.26
283 B-D	124 n.12	6.11.1	223 n.34
283F-284C	188 n.91	6.12	p.17
Numa《努马传》		6.12.5-9	194 n.8
17.1-4	177 n.49	6.12.8	136 n.64
Pompeius《庞培传》		6.12.8	17 n.4
4.1-6	158 n.46	6.13	pp.17-18,196
22.5-9	119 n.116	6.13.1-3	197 n.20
25.6	212 n.73	6.13.4	151 n.12
51.4-6	74 n.41	6.13.4-5	147 n.1
Poplicola《波普利可拉传》		6.13.5	65 n.1
10.1-6	31 n.19	6.13.6-9	197 n.21
Sulla《苏拉传》		6.13.9-12	200 n.26
8.6	125 n.16	6.14	pp.17,20
Tiberius Gracchus《提比略·格拉古传》		6.14.4	241 n.19
8.10	205 n.4	6.14.4-6	40 n.1

6.14.6	21 n.18;151 n.12;154 n.28	23.12.8	23 n.22
6.14.6-8	147 n.1	23.14.1-2	23 n.22
6.14.9-12	40 n.1	23.14.5	17 n.4
6.14.10	87 n.90;197 n.21	29.27	20 n.16
6.15-18	pp.21-2	30.18	25 n.27
6.15.2-8	67 n.9	31.23.7-12	181 n.63
6.16.1	157 n.39	33.1.5-7	84 n.81
6.16.1-2	151 n.12	35.4.5&9	115 n.97
6.16.2	65 n.1;147 n.1		
6.16.4	pp.122-3	PORCIUS LATRO 波尔西乌斯·拉特罗	
6.16.4-5	P.202	*In Catilinam*《反喀提林》	
6.16.5	62 n.93;125 n.15	19	34 n.32
6.17	198 n.23		
6.17.1-6	65 n.1;120 n.119	PSEUDO-ASCONIUS(Stangl) 伪阿斯科尼乌斯(斯坦格尔辑校)	
6.17.7	65 n.1		
6.18	219 n.21	189	116 n.107
6.19ff.	58 n.81;139 n.79	201	142 n.91
6.19.1	145 n.105	*Res Gestae Divi Augusti*《奥古斯都自传》	
6.19.1	139 n.79;140 n.82	1	96 n.8
6.19.4	71 n.24;145 n.105	1.4	40 n.2
6.19.6-9	139 n.79	10.1	40 n.2
6.21.1-10	139 n.79	10.2	184 n.75
6.50	240 n.18	34.1	95 n.5
6.51	P.22;219 n.21		
6.51.6	195 n.13	SALLUST 萨路斯特	
6.53-4	p.22;28 n.7	*Catiline*《喀提林阴谋》	
6.53-54.4	163 n.1	7.3	1 n.2
6.53.4-6	167 n.12	9.1	1 n.2
6.56	163 n.1	23.5	165 n.6
6.56.6-12	p.22	30.7	142 n.92
6.56.8-9	189 n.93	31.4	160 n.56;175 n.40
6.56.11	190 n.98	31.7	165 n.6
6.57	248 n.38	36.2-3	69 n.14
6.57.1-9	23 n.23	48.3-8	80 n.70
10.4.1-2	130 n.31	48.5-6	81 n.73
10.5.6	180 n.62	50.4	78 n.57;82 n.75
10.19.1-2	136 n.66	51-2	79 n.66
18.11-12	114 n.93	51.21	33 n.27
18.44	20 n.16	51.17-26	90 n.6
18.46	20 n.16	51.35-36	90 n.6
21.18-22	25 n.27	51.36	93 n.23

引用的古代资料索引

51.37-40	6 n. 12
51.40	165 n. 8

Historiae(Maurenbrecher)《历史》(毛伦布雷策辑校)

1.11	1 n. 2;24 n. 26;32 n. 24; 206 n. 48
1.11-12	239 n. 15
1.77.22	89 n. 1
2.45&47	205 n. 47
3.48	174 n. 36
3.48.1	32 n. 24
3.48.3&8	166 n. 10;175 n. 40
3.48.23	205 n. 47

Jugurtha《朱古达战争》

4.5	169 n. 18
27.2	87 n. 92;165 n. 8
30.1	205 n. 47
31	174 n. 36
31.4	166 n. 10
31.7-8	90 n. 8
31.14-15	165 n. 8
37.2	194 n. 10
40	157 n. 42
40.3	205 n. 47
41.2	1 n. 2;40 n. 2
41.6-7	165 n. 6
63.4	140 n. 82
63.6-7	165 n. 6
85.4	164 n. 4
95ff.	136 n. 65
104.3	136 n. 66

Scholia Bobiensia(Stangl)《波比恩西亚注疏》(斯坦格尔辑校)

140	44 n. 21;87 n. 92;137 n. 7
160	176 n. 4
169-170	82 n. 75

SEMPRONIUS ASELLIO(Peter)森普罗尼乌斯·阿塞利奥(彼得辑校)

fr. 6	181 n. 65;203 n. 39

Senatus consultum Calvisianum《卡尔维西亚努斯元老院命令》

149 n. 5

Senatus consultum de Asclepiade《关于阿斯克莱皮奥斯崇拜的元老院命令》

76 nn. 47-48,n. 50;137 n. 68;193 n. 6

Senates Consultum de Bacchanalibus《关于酒神信徒崇拜的元老院命令》

3 n. 7;19 n. 13;70 n. 20; 87 n. 91;157 n. 41;189 n. 96;190 n. 97

Senates Consultum de Oropiis《关于奥罗普斯的元老院命令》

69 n. 16;78 n. 56;83 n. 78; 87 n. 93;80 n. 68;193 n. 6

Senatus Consultum de Tiburtibus《关于提布尔的元老院命令》

19 n. 13;76 n. 47;77 n. 54

SENECA 塞涅卡

De Beneficiis《论恩惠》

3.28.2	167 n. 12
6.34	179 n. 58

Epistulae《书信集》

44.5	167 n. 12

SERVIUS 塞尔维乌斯

Ad Aeneidum《〈埃涅阿斯纪〉注疏》

7.153&174	72 n. 31
8.1	55 n. 72
12.260	45 n. 23

Ad Eclogas《〈牧歌〉注疏》

1.33	46 n. 30
4.33	150 n. 7

SISENNA(Peter)西森纳(彼得辑校)

fr. 17	50 n. 50;52 n. 59
117	137 n. 71
118	48 n. 39

SOLON(West)梭论(威斯特辑校)

frr. 5&36	215 n. 4

STOBAEUS 斯托拜乌斯

Eclogai《摘要》

1.13.2 &20.3	218 n. 19

Florilegium《诗集》	
98.71	218 n.19
SUETONIUS 苏维托尼乌斯	
Julius《恺撒传》	
12	152 n.18
19.1	59 n.87
20.1	85 n.88
20.3	22 n.20
28.3	137 n.71
88.3	73 n.36
Augustus《奥古斯都传》	
36	85 n.88;141 n.84
40.2	177 n.45
45.3	99 n.26
54.1	82 n.75
89.2	228 n.56
Tiberius《提比略传》	
2.3	132 n.46
2.4	128 n.27
Claudius《克劳狄传》	
24.2	135 nn.55-56
Nero《尼禄传》	
2.1	184 n.76
Vespasian《韦伯芗传》	
2.3	48 n.41
Sylloge Inscriptionum Graecarum(Dittenberger)(希腊铭文选)(迪坦贝格编)	
700	136 n.65
750	115 n.100
Tabula Contrebiensis《康特莱比恩斯西法典》	
	148 n.3
Tabula Hebana see Lex Valeria Aurelia《赫巴纳法典》,见《瓦列里亚-奥莱利亚法》	
Tabula Heracleensis《赫拉克莱恩西斯法典》	
lines 16	3 n.4
20	98 n.20
20-52	131 n.37
37-49	137 n.68
50-51	138 n.75;139 n.77;141 n.84
83-8	65 n.3
108ff	65 n.3;72 n.28
132	43 n.16
Tabulae Herculanenses《赫库拉恩塞斯法典》	
no.60	130 n.36
Tabula Ilicitana《伊利奇塔纳法典》	
lines 14&20	48 n.39
TACITUS 塔西佗	
Annales《编年史》	
1.1	233 nn.1-2
1.3	233 n.1
1.77	99 n.26
3.28	233 nn.1-2
3.51	137 n.71
3.55	181 n.63
4.27	135 n.56
4.32	p.13
4.33	233 n.3
6.16	132 n.44
11.22	70 n.22;134 n.51-52;135 n.55;136 n.59
11.24	5 n.11
12.6	5 n.11
1.3.28	123 n.9
13.49	80 n.68
Dialogus de Oratoribus《演说家对话录》	
40.2-3	233 n.2
Historiae《历史》	
2.38	233 n.2
3.72	31 n.17
THUCYDIDES 修昔底德	
2.36.4-37	1 n.1
8.54.4	175 n.39;177 n.47
8.97.1	215 n.4
TITINIUS(Ribbeck)提提尼乌斯(吕贝克辑校)	
fr.108	165 n.7
TURPILIUS(Ribbeck)图皮利乌斯(吕贝克辑校)	
fr.208	165 n.7

引用的古代资料索引

Twelve Tables(RS II,40)《十二表法》《罗马诗典》第2卷第40编）

Tab. I.13-21	149 n.6
I.13-15	150 n.9
I.17-21	150 n.8
VIII.4-6	150 n.10
VIII.8-10	149 n.6
VIII.10	179 n.55
VIII.12	123 n.8;150 n.10
VIII.13	149 n.6
III.23-24a	149 n.6
IX.1-2	6 n.14;34 n.31;151 n.13
IX.1-6	149 n.6
IX.4	150 n.7
XI.1	33 n.30
XI.5	34 n.32
XII.5	34 n.32

VALERIUS MAXIMUS 瓦莱利乌斯·马克西姆斯

1.1.2	11 n.8
2.2.1	82 n.77
2.2.6	73 n.37
2.2.7	38 n.48;76 n.50;122 n.5
2.5.3	157 n.42
2.7.15	126 n.19;157 n.39
3.2.17	112 n.86
3.4.5	160 n.59
3.7.9	157 n.42
4.1.1	100 n.29
4.5.3	43 n.13
5.1.1e	137 n.68
5.4.6	128 n.27
5.4.7	156 n.35
6.1.7-8	132 n.4
6.1.10	100 n.26;142 n.93;143 n.94
6.2.3	52 n.58
6.9.10	158 n.44
7.3.4	19 n.14
7.7.6	101 n.30
8.1. Damn. 4	132 n.46
8.1. Damn. 5	141 n.90
8.1. Damn. 5-6	131 n.39
8.1. Abs. 7	132 n.45
8.6.3	132 n.43
8.15.8	115 n.98
9.5.2	122 n.2

VARRO 瓦罗

De Lingua Latina《论拉丁语》

5.46-54	98 n.20
5.80	104 n.47
5.81	134 n.49;142 n.93;156 n.35
5.143	72 n.32;98 n.20
5.155	82 n.77
5.156	73 n.37
6.11	115 n.103;116 n.107
6.27-28	182 n.69
6.54	109 n.69
6.86	53 n.61;60 n.90;117 n.111;176 n.42
6.86-87	43 n.13
6.87-88	45 n.24
6.88	42 n.11;55 n.72;60 n.90
6.90-91	135 n.53;153 n.19
6.91	43 n.13;45 n.23
6.92-93	45 n.24
6.93	115 n.103;116 n.107
6.94-95	60 n.90
7.42	59 n.87
7.10	72 n.31
7.105	37 n.44

De Re Rustica《论农业》

1.2.9	46 n.30;55 n.69
3.2.1	130 n.32
3.2.2	55 n.70
3.17.1&10	130 n.32

Gerontodidaskalos(Astbury)《过去是老师》（阿斯特伯里辑校）

fr.196	118 n.113

Rerum Humanarum《世传与神圣事物博物志》

bk. XXI	130 n.34

Sesquiulixes(Astbury)《超级奸猾者》(直译《一个半尤利乌斯》)(阿斯特伯里辑校)		ZONARAS 佐纳拉斯	
frr. 478-480	119 n. 116	7.13.3	110 n. 72;134 n. 51
		7.13.13	111 n. 79
		7.15.8	38 n. 48;122 n. 5
VELLEIUS PATERCULUS 维莱乌斯·帕特库鲁斯		7.15.10	34 n. 31;129 n. 28
		7.19.6	115 n. 101;117 n. 108
2.4.4	52 n. 58;173 n. 30	7.19.7-8	72 n. 29
2.12.3	184 n. 76	7.19.8	116 nn. 105-106
2.20.2	52 n. 59	7.24	36 n. 39
2.24.2	123 n. 8		
2.91.3	194 n. 10		

总　索　引

（索引中的页码为原书页码，即本书边码）

Abrogatio 废止 61—62
Achaean League 阿凯亚同盟 23，200，254
M' Acilius Glabrio M. 阿西利乌斯·格拉布里奥 9—10，12—15，180
Acta senatus 元老院日志 85
Aedile 市政官 15，18，43，129—133，228—229
 Curule 牙座市政官 36，129—130
 Plebeian 平民市政官 34，36，129—130
 Prosecution by 由市政官进行的控告 13，131—133，153—154
 Qualified for senate 有资格进入元老院 68
 Sacrosanctity 神圣性 129
L. Aemilius Regillus(pr. 190) L. 埃米利乌斯·雷吉鲁斯（公元前190年副执政官）9，13
Aerarii 预备级 118
Amicitia 友谊 170—173
Annales Pontificum 大祭司编年史 27—28
Annulment（of legislation）（立法的）废止 61—63
M. Antonius（cos. 44）M. 安东尼（公元前44年执政官）57，75，77，91，172
L. Appuleius Saturninus（tr. pl. 100）L. 阿普列乌斯·萨图宁（公元前100年平民保民官）69，91，124，152，159，201，210
Aristotle 亚里士多德 215—218，221，235
Assemblies 人民大会 20—21，40—64，199—202
 for trials ～的审判职能 126—127，150　154，227
 See also comitia，*concilium plebes* 参见人民大会，平民会议条
Augures 占卜官 43页注释⑭，183，185
 Augury 占卜 28
 Auspicia 征兆 49—50，67，102—104，229
 Inauguratio 占卜形式 185
 Libri Augurales 占卜官的著述 4
 See also obnuntiatio 参见阻止条

Bacchanals(in 186 BC)酒神信徒案(公元前186年)19,21注释⑱,156—157,189—190

Brindisi elogium 布林底西铭文 58—59

Caesar(C. Iulius Caesar, cos. 59)恺撒(C.尤利乌斯·恺撒,公元前59年执政官)40,79,81,89—90,92,152,195,212

dictatorship 独裁官任期 111,113

See also Index of Ancient Sources 参见古代资料索引

Calendar 历法 9,182

Campus Martius 马尔斯校场 41,55,73,117

Capitol 卡皮托林山 72—73

Carthage, its constitution 迦太基及其政制 16,22,24注释⑤,217

Sp. Cassius(cos. 486)Sp.卡西乌斯(公元前486年执政官)35—36

Castor, temple of 卡斯托尔神庙 46,55,73

Census 人口统计 29,56,115—120

Censor 监察官 12—13,35,51,56,115—120,228

and senate ～与元老院 67—72

collegiality 同僚制 100

Cicero(M. Tullius Cicero, cos. 63)西塞罗(M.图利乌斯·西塞罗,公元前63年执政官)69,75,77—81,85,155,171

constitutional theories ～的政制理论 220页以下

See also Index of Ancient Sources 参见古代资料索引

Citizenship, granted by assembly 公民权,由人民大会授予 15,52,200

M. Claudius Marcellus(cos. 222)M.克劳狄乌斯·马尔凯鲁斯(公元前222年执政官)81,194

Ap. Claudius Pulcher(cens. 312)Ap.克劳狄乌斯·普尔策(公元前312年监察官)50,52,116

C. Claudius Pulcher(cos. 177)C.克劳狄乌斯·普尔策(公元前177年执政官)51,102

Clientela 荫庇制 29,175—176,178—181

P. Clodius Pulcher(tr. pl. 58)P.克洛狄乌斯·普尔策(公元前58年平民保民官)52,72,78,81,120,132

Collegia 社团 52,177—178,199

Coercitio 强制权 97—99,226—228

Comitia 人民大会 42—44

Calata 卡拉塔人民大会 49

Centuriata 森都里亚大会 21页注释⑲,29,31,41,45,48,55—61,71,103,115—116,151,204,210,222,253,254页注释㊹

Curiata 库里亚大会 49—50

Tributa 特里布斯大会 43,53—55,204

see also assemblies 参见人民大会

Comitium 人民大会会场 41—42, 55,72,82

Concilium 会议 43

 Plebes 平民会议 34,53—55, 121—122,202,210,

Consuetude（*mos*,constitutional tradition）惯例（习俗，宪政传统）4—7,66,90

Consul 执政官 9—10,17—18,21, 43,104—107,192—194

 Consul prior 第一执政官 100

 Election 执政官的选举 56

 Plebeian 平民执政官 36

Contio 预备会 42,44—45,153

C. Cornelius（tr. pl. 67）C. 科尔内利乌斯（公元前 67 年平民保民官）124—125

L. Cornelius Scipio Asiaticus（cos. 190）L. 科尔内利乌斯·西庇阿·亚细亚提库斯（公元前 190 年执政官）9,13,127,157

P. Cornelius Scipio Aemilianus（cos. 147）P. 科尔内利乌斯·西庇阿·埃米利乌努斯（公元前 147 年执政官）56,114,175,179,195,208

P. Cornelius Scipio Africanus（cos. 205）P. 科尔内利乌斯·西庇阿·阿非利加努斯（公元前 205 年执政官）17 页注释④,23,67,78, 106—107,114,170,180,194—195

L. Cornelius Sulla（cos. 88）,his legislation L. 科尔内利乌斯·苏拉（公元前 88 年执政官），他的立法活动 108,210—212

 appointment as dictator 被指定为独裁官 110,113

M' Curius Dentatus（cos. 290）M' 库里乌斯·登塔图斯（公元前 290 年执政官）38,208

Curia（senate-house）库里亚会堂（元老院会堂）72—73

Cursus honorum 荣誉阶梯 144—146,229

Decemviri（*quindecimviri*）*sacris faciundis* 十人（十五人）祭司团 183—188

Decemviri legibus scribundis（Twelve Tables）十人法律委员会（十二表法）34—35,185

Decemviri stlitibus iudicandis 十人争讼审判团 138,148

Dictator 独裁官 18,32,38,43,75 页注释㊺,95—96,109—113,222

Duumvir Navalis 海军两人委员会 37

Duumvir Perduellionis 审判叛国罪的两人法官团 152

Empire, the constitution's value for 帝国，它对宪政的价值 1, 240,251

Epulones（*tresviri*,*septemviri*）宴会祭司（三人，九人）184—185

Equites equo publico 骑士 46,56—57,60,159—160,176

  recognition by censors 由监察官认可 119

Etruscans 埃特鲁斯坎人 28—31

Q. Fabius Maximus (cos. 233) Q. 法比乌斯·马克西姆斯（公元前233年执政官）58,112

Q. Fabius Maximus (cos. 322) Q. 法比乌斯·马克西姆斯（公元前322年执政官）111—112

Q. Fabius Pictor (pr. 189) Q. 法比乌斯·皮克托（公元前189年副执政官）11,15,126

Q. Fabius Pictor, the historian see Index of Ancient sources Q. 法比乌斯·皮克托,历史学家,见古代资料索引

Factio 帮派 165—166,175

Fasces "法西斯" 8,96,100,111

Fasti《年代记》27,244—247

  See also Calendar 也见历法

Fides 忠诚 94

  Bona 善意 109

  Temple of 忠诚之神庙 72,75

Flamen Dialis 第亚里祭司 5,183

Flamen Quirinalis 奎里纳祭司 11,15,126

Flamines 祭司团 183—185

Formula (in jurisdiction) 程式（法律审判）109,148

Freedmen 解放奴隶 51—52

M. Fulvius Flaccus (cos. 125) M. 弗尔维乌斯·弗拉库斯（公元前125年执政官）52,89,113,143

M. Fulvius Nobilior (cos. 189) M. 弗尔维乌斯·诺比利奥（公元前189年执政官）10,13

Funerals 葬礼 22,28

Gentes 家族 30,50,167—170

Haruspices 脏卜师 185

Imagines 蜡制面罩 167,169

Imperium 执行权 18,92—93,96—97,105—106,130,193—194,226—228

Pro praetore 续任副执政官的执行权 114—115

Infamia 丧失名誉 71—72,119

Intercessio (veto), by tribunes 保民官的干预（否决权）21,32—33,38,99,120,202

  on assemblies 对人民大会的干预权 45—46

  on census 对公民登记的干预权 116

  on *senatus consultum* 对元老院命令的干预权 84—85,122—123

  by consuls or praetors 由执政官或副执政官进行的干预 84,100—101

Interregnum 摄政王 28,31页注释④,39,67,99,110,164,229

Interrogatio, special meaning of word 反驳他人,重申自己的意

见,为该词的特殊意义 81
Iudex quaestionis see quaesitor 调查法官,见法官
Iustitium 事务暂停 125
Kings, of Rome 罗马的国王 28—32
Latins 拉丁人 19,46
  Feriae Latinae 拉丁节 108
Legati, ambassadors 使节 19—20,74
  Officers 军官充任 74,229
  Pro praetore 续任副执政官充任 114—115
Legatio libera 还愿使节 74
Leges Aelia et Fufia《埃利亚-弗菲亚法》62
Leges Liciniae Sextiae《李锡尼-塞克斯提亚法》36
Leges Porciae de provocatione《波尔西亚上诉法》97,99,206
Leges Valeriae Horatiae《瓦列里亚-霍拉提亚法》25 页注释㉖,35,129
Lex Aemilia (of M. Scaurus in 115)(公元前 115 年的 M. 斯考鲁斯的)《埃米利亚法》52
Lex Aemilia de censoribus《关于监察官的埃米利亚法》116
Lex Atinia de tribunes plebes《关于平民保民官的安提尼亚法》69
Lex Aurelia iudiciaria《关于审判的奥勒利亚法》160
Lex Caecilia Didia《凯其里亚-迪第亚法》44,62,87,104,210,230

Lex Calpurnia de repetundis《关于勒索钱财罪的卡尔普尔尼亚法》158
Lex Canuleia《卡努雷亚法》35,165
Lex Cassia de suffragiis《关于公民权的卡西亚法》47
Lex censoria《监察官拍卖法》119
Lex Clodia de censoribus《关于监察官的克洛狄亚法》72,120
Lex Coelia de suffragiis《关于投票的科利亚法》47
Lex Cornelia de iniuriis《关于审判的科尔内利亚法》148,160
Lex Cornelia de maiestate《关于尊严的科尔内利亚法》160,212
Lex Cornelia de privilegiis (67 BC)《关于授予特权的科尔内利亚法》(公元前 67 年) 70
Lex Cornelia de sicariis et veneficis《关于刺杀和投毒的科尔内利亚法》158
Lex curiata《库里亚授权法》28—29,49,103,222
Lex Domitia de sacerdotibus (104 BC)《关于祭司的多米提亚法》(公元前 104 年) 184
Lex Gabinia de legationibus《关于使节的加比尼亚法》75
Lex Gabinia de piratis《关于海盗的加比尼亚法》115,205
Lex Gabinia de suffragiis《关于投票的加比尼亚法》47,170,201

Lex Hortensia《霍腾西亚法》37—38,40,122,245

Lex Iulia de civitate《关于公民团体的尤利亚法》52

Lex Iulia de repetundis《关于勒索钱财罪的尤利亚法》160

Lex Licinia de sodaliciis《关于非法结社的李锡尼法》160,176—177

Lex Maenia《曼尼亚法》38

Lex Manilia de imperio Cn. Pompeii《关于 Cn. 庞培执行权的马尼利亚法》5,201,205

Lex Manilia de libertinorum suffragiis《关于解放奴隶公民权的马尼利亚法》52

Lex Maria de suffragiis《关于投票的马略法》46—47

Lex Ogulnia《奥古尼亚法》38,164

Lex Papiria de suffragiis《关于投票的帕皮里亚法》47

Lex Poetelia《波提利亚法》37

Lex Porcia de provinciis《关于行省的波尔西亚法》212

Lex Pupia de senatu habendo《关于元老院集会的普皮法》75

Lex Publilia《普布利亚法》37,122

Lex Repetundarum《关于勒索钱财罪的法律》47,50,202

See also Index of Ancient Sources 参见古代资料索引

Lex Sempronia de capite civium《关于处死公民的森普罗尼亚法》92

Lex Sempronia de provinciis《关于行省的森普罗尼亚法》101—102,212

Lex Sulpicia de libertinis《关于解放奴隶地位的苏尔皮基亚法》52

Lex Terentia de libertinis《关于解放奴隶地位的特伦提亚法》15,51,206

Lex Titia (43 BC)《提第亚法》(公元前43年) 40

Lex Valeria de civitate《关于公民权的瓦列里亚法》15,206

Lex Valeria de provocatione (509 BC)《关于上诉权的瓦列里亚法》(公元前509年) 33,98

(300BC) (公元前300年) 33,37

lex Villia Annalis《维利亚任职年龄法》145,181

L. Licinius Crassus (cos. 95) L. 李锡尼·克拉苏(公元前95年执政官) 67,174,231

M. Licinius Crassus (cos. 70) M. 李锡尼·克拉苏(公元前70年执政官) 80—81,106,160,176,212

P. Licinius Crassus (pont. Max. Cos. 205) P. 李锡尼·克拉苏(大祭司、公元前205年执政官) 5,11,126

M. Licinius Stolo (cos. 364) M. 李锡尼·斯托洛(公元前364年执

政官）36

M. Livius Drusus（tr. pl. 91）M. 李维乌斯·德鲁苏斯（公元前91年平民保民官）52,67,143,210

Ludi 节日 109,129—131,183

Machiavelli, Niccolo 尼可洛·马基雅维利 1,236—243

Sp. Maelius Sp. 马利乌斯 35—36

Magister Equitum 骑兵长官 43, 75,95—96,110—113

Cn. Manlius Vulso（cos. 189）Cn. 曼利乌斯·弗尔索（公元前189年执政官）81,137

M. Manlius Capitolinus M. 曼利乌斯·卡皮托林努斯 35—36

L. Marcius Philippus（cos. 91）L. 马尔西乌斯·腓力普斯（公元前91年执政官）66

C. Marius（cos. 107）C. 马略（公元前107年执政官）46,114,194, 210

Mixed Constitution, theory 混合政制理论 16—17,191—192,214—223, 233—238, 245, 247—250, 252—254

Moderator rei publicae 共和国领袖 224—226

Mos see Consuetudo 风俗,见"习惯"

Multa maxima 最高罚款额 99

Nobiles 贵族,显贵 144—170

Obnuntiatio 阻止 62,104

L. Opimius L. 奥皮米乌斯 89,92, 99,112—113,155

Optimates 贵族,善人 166,173—174

Pagus 选区 52

L. Papirius Cursor（cos. 326）L. 帕皮里乌斯·库尔索（公元前326年执政官）111—112,125—126

Patria Potestas 父权 71,117—118

Patroni 庇护制 177,179—180

Pedarii 低级元老 79,83

People *see* Plebs, *Populus Romanus*, *Comitia* 人民,分别见平民、罗马人民、人民大会

Perduellio 叛国罪 122,150—152

Plebiscitum Ovinium《奥维尼亚平民会议决议》38,67—69

Plebs 平民 32—39,

See also Concilium Plebis, *tribunus plebes* 参见平民会议,平民保民官

Q. Pleminius Q. 普列米尼乌斯 106, 126,157

Police 警察 131

Polybius, and Republican constitution 波里比阿与共和政制 1—2, 16—26, 40, 65, 67, 191, 198, 217—223,237—238,248,250

and return of exiles ~与流放者的回归问题 88

see also Index of Ancient Sources 参见古代资料索引

Pomerium 罗马城边界 72,98

Pompey（Cn. Pompeius Magnus,

cos. 70）庞培（Cn. 大庞培，公元前 70 年执政官）80—81，171—172，195，212

Pontes（gangways）通道 46

Pontifex maximus 大祭司 5，11，14，49，126，183—185，189

Pontifices 祭司 183—184，186—187，189

M. Popilius Laenas（cos. 173）M. 波皮利乌斯·莱纳斯（公元前 173 年执政官）67，107，170

P. Popilius Laenas（cos. 132）P. 波皮利乌斯·莱纳斯（公元前 132 年执政官）92，99，155

Populus Romanus, powers 罗马人民的权力 20—22，41，198—208

　　See also Assemblies, *Comitia Centuriata*, *Comitia Tributa* 参见人民大会、森都里亚大会、特里布斯大会

Populares 平民（派）174—175，205—207，223

M. Porcius Cato（cos. 195）M. 波尔西乌斯·加图（公元前 195 年执政官）13，206

　　See also Index of Ancient Sources 参见古代资料索引

M. Porcius（cos, 195）M. 波尔西乌斯·加图（公元前 195 年执政官）13，206

　　See also Index of Ancient Soures 参见古代索引资料

M. Porcius Cato（pr. 54）M. 波尔西乌斯·加图（公元前 54 年副执政官）78—79，81，124—125，137

L. Postumius Megillus（cos. 291）L. 波斯图米乌斯·麦吉鲁斯（公元前 291 年执政官）66

Praefecti Capuam Cumas 卡普亚-库麦长官 139

Praefectus urbi 城市长官 31 页注释④，75

Praerogativa（centuria）率先投票权（森都里亚大会）60

Praetor 副执政官 17—18，36，43，56，107—109，193—194，200

　　Peregrinus 外事副执政官 11，107，147

　　Urbanus 城市副执政官 11，107，147

Professio（candidature）（候选人）告白 45

Principium（first tribe to vote）第一投票者（第一个投票的特里布斯）55

Proletarii 无产者 55—59

Prorogation 官职续任 113—114

Provincia 行省，区域 101—102，107—108，114，135—136，211—212

Provocation 上诉权 11，15，33—34，37—38，89—90，97—99，125—126，152—157，174，222，226—227

Against dictator 针对独裁官的上诉 111
Publicani（public contractors）（国家合同的）承包人 21—22,119—120
Public land 公有地 21,36,120,201
Q. Publilius Philo（cos. And dict. 339）Q. 普布利乌斯·菲洛（公元前 339 年执政官和独裁官）37,122
Quaesitor 审判官 97,133
Quaestio 法庭 44,71,96—98,108,157—158
Quaestio perpetua 常设刑事法庭 108—109,147—149,158—161,200,228
 De ambitu 审理贿选的～ 158
 De maiestate 审理尊严的～ 159
 De peculantu 审理贪污的～ 158
 De repetundis 审理勒索钱财的～ 108,148,158—159
 De sicariis et veneficis 审理抢劫和投毒的 108,158
Quaestor 财务官 35,133—137
 Consularis 执政官的 134 135
 Parricidii 主审法官 134,142,151—152,156
 Urbanus（at treasury）城市的（在国库）17—18,133,135—137
 in province 行省的 135—136
 prosecutions by 由财务官进行的控告 134—135,153

Quattuorviri viis in urbem purgandis 城市四环卫吏 138
Quinqueviri cis et ultis Tiberim 台伯河两岸五吏
Recuperatores 勒索钱财 108,148,161
Regia 莱吉亚 28—29
Regnum, offence under Republic 王政，共和国时代的罪名 31,35—36
 See also Kings of Rome 参见罗马的国王条
Rex Sacrorum 圣王 28,182—184,241
Rogatores 监票人 46—47
P. Rutilius Lupus（tr. pl. 56）P. 鲁提利乌斯·卢普斯（公元前 56 年保民官）82,84
Sacratio 剥夺法律保护 31
Salii 萨利祭司 164—165,185
Sanctio（in statutes）强制条款（法律条款）63
Saepta 萨普塔 41,46
Secession of plebs 平民的撤离 32
C. Sempronius Gracchus（tr. pl. 123）C. 森普罗尼乌斯·格拉古（公元前 123 年平民保民官）52,75,89,91—92,143—144,209—210
Ti. Sempronius Gracchus（cos. 177）T. 森普罗尼乌斯·格拉古（公元前 177 年执政官）51

Ti. Sempronius Gracchus (tr. pl. 133) T.森普罗尼乌斯·格拉古（公元前133年平民保民官）72,75,91—92,125,172,175,181,201,205,207—209

C. Sempronius Tuditanus (cos. 129) C.森普罗尼乌斯·图狄塔努斯（公元前129年执政官）

Commentaries 注释④

Senaculum 元老院休息厅 73

Senate 元老院 13—14,18—22,29,32,65—93,196—199,213

　relation to magistrates ～与官员的关系 66—68,197—198

　selection 元老的挑选 68—72,119

Senatus consultum 元老院命令 3—4,7,75—93,230

　Per discessionem 直接表决的～ 77,82—83

　"*ultimum*" "紧急状态法" 7,89—93,228

Seniores, contrasted with *iuniores* 老年的,资深的,与青年的、低级的相对 58—61,69

Q. Servilius Caepio (q. 100) Q.塞尔维利乌斯·凯皮奥（公元前100年财务官）124

C. Servilius Glaucia (pr. 100) C.塞尔维利乌斯·格劳西亚（公元前100年副执政官）92,201,210

P. Servilius Isauricus (cos. 48) P.塞尔维利乌斯·伊扫里库斯（公元前48年执政官）79—80

P. Servilius Rullus (tr. pl. 63) P.塞尔维利乌斯·鲁卢斯（公元前63年平民保民官）143

Servius Tullius 塞尔维乌斯·图利乌斯 28,31,55—56

L. Sextius Lateranus (cos. 366) L.塞克斯提乌斯·拉特拉努斯（公元前366年执政官）36

Sibylline Books 西贝尔圣书 184,186,188

Sigonio, Carlo 卡洛·西格尼奥 50 注释㊽,244—246

Sodalitas 社团 30,177

Sortitio, before assembly vote 抽签,人民大会投票前的 46,48—49

　Of *provinciae* for magistrates 为官员分配行省 101,136

Sparta, its constitution 斯巴达及其政制 16,22,217—219,222,238—240,249,254

Statute (*leges*) 法律(法) 3,6—7

　See also under *Lex* in this index and Index of Ancient Sources for individual laws 参见本索引和古代资料索引所征引的各个法律

P. Sulpicius Rufus (tr. pl. 88) P.苏尔皮基乌斯·鲁弗斯 172

Supplicationes 祈祷 12,15,83

Templum (inaugurated space for

magistrate)典礼台（官员祝圣过的地方）43,45—46,60,72
Tribunus Aerarii 特里布斯财务官 53,176
Tribunus Militum 军团长官 37,95,138—140,145
Tribunus Plebis 平民保民官 5,11—13,15,21,26,38,68,121—128,202—203,205—208,210—211,222,229—232
　Auxilium, in response to appeal 上诉后的救助 125—128,202
　Prosecution by 保民官提起控告 6,12—13,34,122,153—154
　Sacrosanctity 神圣性 33,121,123—124
　Veto *see intercessio* 否决权,见干预权
Tribus, in assembly 人民大会中的特里布斯 21,48,50—55,176—177,204
　In census 公民登记中的 117—118
　Organization 组织 30
　See also *Comitia tributa* 参见特里布斯大会
Trinundinum 三个集市日的间隔期 44,62
Triumvir (tres viri) agris dandies 三人委员会

　adsignandis 三人土地委员会 95,143—144
　Capitalis 刑事三吏 95,99,131,138—139,141—143,155
　Coloniae deducendae 三人殖民委员会 12
　Monetalis 铸币三吏 138—139,145
Twelve Tables 十二表法 6,28,34—35,150—151,154,223
　and see *Index of Ancient Sources* 也见古代资料索引
C. Valerius Flaccus (pr. 183, *flamen Dialis*) C.瓦列里乌斯·弗拉库斯(公元前183年副执政官,第亚里祭司) 5
P. Valerius (Poplios Valesios) P.瓦列里乌斯(波普利奥斯·瓦列西奥斯) 30
P. Valerius Poplicola (cos. 509) P.瓦列里乌斯·波普利可拉(公元前509年执政官) 31,67,253
Vicus 选区 52
Virtus 美德 164,169
Voting procedure, in assemblies 投票程序,人民大会中的 46—49
　in *comitia centuriata* 森都里亚大会中的～57—61
　in senate 元老院中的～82—84
　secret ballot 秘密投票 47—48,205

图书在版编目(CIP)数据

罗马共和国政制/(英)林托特著;晏绍祥译.—北京:商务印书馆,2016(2017.1重印)
(汉译世界学术名著丛书)
ISBN 978-7-100-11971-9

Ⅰ.①罗… Ⅱ.①林…②晏… Ⅲ.①罗马共和国—政治体制—研究 Ⅳ.①K126

中国版本图书馆 CIP 数据核字(2016)第 028470 号

所有权利保留。
未经许可,不得以任何方式使用。

汉译世界学术名著丛书
罗马共和国政制
〔英〕安德鲁·林托特 著
晏绍祥 译

商 务 印 书 馆 出 版
(北京王府井大街36号 邮政编码100710)
商 务 印 书 馆 发 行
北京市艺辉印刷有限公司印刷
ISBN 978-7-100-11971-9

2016年3月第1版	开本 850×1168 1/32
2017年1月北京第2次印刷	印张 14

定价:36.00元